W0181295

TOKIO VICE

TOKIO VICE

EINE GEFÄHRLICHE REISE
DURCH DIE
JAPANISCHE UNTERWELT

JAKE ADELSTEIN

Bibliografische Information der Deutschen Nationalbibliothek:
Die Deutsche Nationalbibliothek verzeichnet diese Publikation in der Deutschen Nationalbibliografie; detaillierte bibliografische Daten sind im Internet über http://d-nb.de abrufbar.

Für Fragen und Anregungen:
jakeadelstein@rivaverlag.de

2. Auflage 2011
© 2011 by riva Verlag, ein Imprint der FinanzBuch Verlag GmbH
Nymphenburger Straße 86
D-80636 München
Tel.: 089 651285-0
Fax: 089 652096

Die amerikanische Originalausgabe erschien 2010 bei Pantheon Books, a division of Random House, Inc., New York, unter dem Titel *Tokyo Vice. An American Reporter on the Police Beat in Japan* © 2009 by Joshua Adelstein. All rights reserved. This edition published by arrangement with Pantheon Books, an imprint of the Knopf Doubleday Group, a division of Random House, Inc.

Übersetzung: Martin Rometsch
Redaktion: Caroline Kazianka
Umschlaggestaltung: Evan Gaffney Design; Maria Wittek
Umschlagabbildungen: iStockphoto
Satz: JournalMedia GmbH, München
Druck: GGP Media GmbH, Pößneck
Printed in Germany

ISBN 978-3-86883-083-5

Weitere Informationen zum Thema finden Sie unter

www.rivaverlag.de

Gerne übersenden wir Ihnen unser aktuelles Verlagsprogramm.

Ich widme dieses Buch:

Dem Kriminalpolizisten Sekiguchi,
der mir beibrachte, was es heißt, ein Ehrenmann zu sein.
Ich gebe mir Mühe.

Meinem Vater,
der immer mein Held war und der mir beibrachte,
für das Recht einzutreten.

Der Polizeibehörde von Tokio und dem FBI,
die mich, meine Freunde und meine Familie beschützt haben
und sich unaufhörlich bemühen, die Kräfte der Finsternis
in Schach zu halten.

Und allen, die ich liebte und die gegangen sind
und nicht zurückkehren werden. Ich vermisse euch
und werde euch nicht vergessen.

会うは別れの始め

»Eine Begegnung ist nur der Beginn einer Trennung.«

Japanisches Sprichwort

BEGEISTERTE STIMMEN

»Großartig. Mit abgebrühtem Galgenhumor nimmt Adelstein seine Leser mit auf eine Schattenreise durch die japanische Unterwelt und untersucht die verschlungenen Beziehungen zwischen Journalisten, Polizisten und Gangstern. Fachkundig und überaus unterhaltsam erzählt.«
George Pelecanos, Autor von *Der Totengarten*

»Eindrucksvoll, brutal und nüchtern. Adelstein beschreibt die japanische Mafia wie kein anderer.«
Roberto Saviano, Autor von *Gomorrha: Reise in das Reich der Camorra*

»Ein packendes und informatives Buch. Auf den Spuren zweier spektakulärer Storys gerät Adelstein in einen Wirbel von Zerstörung, der seine Freundschaften, seine Ehe und sogar sein Leben bedroht. Während er mit tiefgründigen Problemen kämpft, bei denen es um Wahrheit und Vertrauen geht, nähert sich sein Buch einem Ende, das Herzklopfen auslöst. Eine erschreckende, zutiefst moralische Geschichte, die man nicht aus der Hand legen kann.«
Misha Glenny, Autor von *McMafia: Die grenzenlose Welt des organisierten Verbrechens*

»Jeder, der sich für tätowierte Yakuza, Badehäuser und die vielen anderen Aspekte der morbiden japanischen Unterwelt interessiert, wird von diesem Buch garantiert gefesselt sein.«
Barry Eisler, Autor von *Tokio Killer*

»Die Geschichte eines *gaijin*, der auf eine so wichtige und gefährliche Story stieß, dass sein Leben bedroht war. Für den Verzicht auf diese Story bot ihm ein Yakuza eine halbe Million Dollar. Stattdessen schrieb er dieses Buch.«
Peter Hessler, Autor von *Über Land: Begegnungen im neuen China*

»In dieser düsteren, oft humorvollen Reise durch Tokios Unterwelt erklärt Jake Adelstein präzise, was es heißt, ein *gaijin* und ein Reporter zu sein. Ob er in Kabukicho Spuren sucht oder einem Yakuza-Mitglied Informationen entlockt, dies ist ein Abenteuer, das nur er schreiben konnte. Ein Muss für alle, die sich für Japan oder für Journalismus interessieren.«
Robert Whiting, Autor von *Tokyo Underworld: the Fast Times and Hard Life of an American Gangster in Japan*

»Adelsteins messerscharfer Bericht über die Unterwelt Tokios ist ein informatives Sachbuch, das mehr enthüllt, als es verspricht – weil er den Mut hat, die Wahrheit zu suchen, und die Unverfrorenheit besitzt, sie auszusprechen.«
Roland Kelts, Autor von *Japanamerica: How Japanese Pop Culture has Invaded the U.S.*

»Adelstein schreibt im klassischen, nüchternen Stil von Dashiell Hammett, aber dies ist nicht San Francisco oder New York, und es ist keine erfundene Geschichte. Ein packendes Buch!«
Alex Kerr, Autor von *Dogs and Demons: Tales from the Dark Side of Japan*

»Ein lebendiger, informativer, schonungslos offener Bericht über die dekadenten, zwielichtigen und sexuellen Aspekte der japanischen Gesellschaft. Pures Vergnügen!«
Karl Taro Greenfeld, Autor von *Speed Tribes: Days and Nights with Japan's Next Generation*

INHALT

TEIL 3 夕暮れ ABENDDÄMMERUNG

EINFÜHRUNG

ZEHNTAUSEND ZIGARETTEN

»Vergessen Sie die Story, oder wir machen Sie fertig. Vielleicht auch Ihre Familie. Aber zuerst Ihre Familie, damit Sie Ihre Lektion lernen, bevor Sie sterben.«

Der gut gekleidete Vollstrecker sprach sehr langsam, so wie man mit Idioten oder Kindern oder ahnungslosen Ausländern spricht.

Offenbar meinte er es ernst.

»Verzichten Sie auf die Story und auf Ihren Job, und alles ist vergessen. Wenn Sie den Artikel schreiben, werden wir Sie überall in diesem Land aufstöbern. Verstanden?«

Es ist keine besonders gute Idee, Yamaguchi-gumi, Japans größte Verbrecherorganisation, zu reizen. Denn etwa 40 000 wütende Mitglieder sind eine Menge.

Die japanische Mafia. Sie können sie als Yakuza bezeichnen, aber viele ihrer Mitglieder nennen sich lieber *gokudo*, was wörtlich »der höchste Weg« bedeutet. Yamaguchi-gumi ist die Spitze des *Gokudo*-Eisberges. Und unter den vielen Einzelgruppen, aus denen Yamaguchi-gumi besteht, ist Goto-gumi mit ihren über 900 Mitgliedern die schlimmste. Sie zerschlitzen Filmregisseuren das Gesicht, werfen Menschen von Hotelbalkons, jagen Planierraupen in Häuser und vieles mehr.

Und der Mann, der mir gegenübersaß und dieses Angebot machte, gehörte zur Goto-gumi.

Seine Stimme war nicht drohend, er grinste auch nicht höhnisch oder kniff die Augen zusammen. Abgesehen von seinem dunklen Anzug sah er nicht einmal wie ein Yakuza aus. Er hatte noch alle Finger. Er rollte das R nicht wie die Ganoven in den Filmen. Eher glich er einem leicht indignierten Kellner in einem schicken Restaurant.

Er ließ die Asche seiner Zigarette auf den Teppich fallen und drückte die Kippe dann automatisch im Aschenbecher aus. Dann zündete er sich mit einem vergoldeten Feuerzeug eine neue Zigarette an. Er rauchte Hope – weiße Packung, Blockbuchstaben. Reportern fällt so etwas auf, aber es waren keine normalen Hope-Zigaretten, sondern eine halb so lange, dickere Version. Mehr Nikotin. Tödlich.

Die Yakuza hatte noch einen weiteren Vollstrecker zu diesem Treffen geschickt, doch der sagte kein einziges Wort. Der Stumme war dünn und dunkel, er hatte ein Pferdegesicht und wirres, langes, orange gefärbtes Haar – der *Chahatsu*-Stil. Er trug den gleichen dunklen Anzug.

Ich war mit einem rangniederen Polizisten gekommen, der früher in der Einsatzgruppe gegen das organisierte Verbrechen im Bezirk Saitama gearbeitet hatte: Chiaki Sekiguchi. Er war etwas größer als ich, fast so dunkel, untersetzt, mit tiefliegenden Augen und einer Elvis-Frisur. Er wurde oft für einen Yakuza gehalten. Wäre er den anderen Weg gegangen, hätte er es bestimmt zu einem angesehenen Gangsterboss gebracht. Er war ein großartiger Polizist, ein guter Freund, in mancher Hinsicht mein Mentor, und er hatte mich freiwillig begleitet. Ich warf ihm einen Blick zu. Er hob die Augenbrauen, warf den Kopf zurück und zuckte mit den Schultern. Er würde mir keinen weiteren Rat geben. Nicht jetzt. Ich war also auf mich allein gestellt.

»Macht es Ihnen etwas aus, wenn ich eine rauche, während ich darüber nachdenke?«

»Nur zu«, sagte der Yakuza etwas zurückhaltender als ich.

Ich zog eine Packung Gudang Garam – indonesische Nelkenzigaretten – aus der Jacke. Sie enthielten viel Nikotin und Teer und rochen wie Weihrauch. Das erinnerte mich an die Tage, die ich als College-Student in einem Zen-Tempel verbracht hatte. Vielleicht hätte ich buddhistischer Mönch werden sollen. Doch jetzt war es ein wenig zu spät dafür.

Nachdem ich mir eine Zigarette in den Mund gesteckt hatte, tastete ich nach dem Feuerzeug, doch der Vollstrecker zückte flink seines und hielt es mir hin, bis er sicher war, dass meine Zigarette brannte. Er war sehr zuvorkommend, sehr professionell.

Ich schaute zu, wie der dicke Rauch in konzentrischen Kreisen die Zigarettenspitze verließ. Die brennenden Nelkenblätter im Tabak knisterten, als ich inhalierte. Es kam mir vor, als sei die ganze Welt still geworden und als gäbe es nur dieses Geräusch: Knacken, Knistern, Glühen. So ist das bei Nelken. Kurz schoss mir der Gedanke durch den Kopf, dass die Funken hoffentlich kein Loch in meinen oder seinen Anzug brannten, doch dann fand ich, dass das momentan meine geringste Sorge sein sollte.

Ich wusste wirklich nicht, was ich tun oder sagen sollte. Keine Ahnung. Denn ich hatte nicht genug Material für den Artikel. Verdammt, es war gar kein Artikel. Trotzdem. Er wusste das nicht, aber ich wusste es. Und meine wenigen Informationen hatten mir diese unangenehme Begegnung eingebrockt.

Aber vielleicht hatte das Ganze auch sein Gutes, vielleicht war es jetzt an der Zeit, nach Hause zu gehen. Vielleicht sollte Schluss damit sein, 80 Stunden in der Woche zu arbeiten, um zwei Uhr morgens nach Hause zu kommen und um fünf wieder zu gehen. Ich war es leid, dauernd müde zu sein.

Leid, Knüllern nachzujagen, von Kollegen ausgestochen zu werden, sechs Abgabetermine am Tag einzuhalten – drei am Morgen für die Spätausgabe und drei am Abend für die Morgenausgabe. Ich war es leid, jeden zweiten Tag verkatert aufzuwachen.

Ich war mir sicher, dass er nicht bluffte. Er schien es sehr ernst zu meinen. Seiner Meinung nach würde die Story, die ich schreiben wollte, seinen Boss umbringen. Natürlich nicht direkt, aber es wäre die Folge gewesen. Und sein Boss war sein *oyabun*, sein Ersatzvater. Tadamasa Goto, der berüchtigtste japanische Gangster. Deshalb fühlte er sich natürlich dazu berechtigt, mich zu töten.

Aber wenn ich meinen Teil des Handels einhalten würde, würden sie dann ihr Wort halten? Doch das größte Problem war, dass ich die Story nicht schreiben konnte, da mir noch Fakten fehlten. Aber das durfte ich ihnen natürlich nicht verraten.

Alles, was ich wusste, war: Im Sommer 2001 hatte sich Tadamasa Goto im Dumont-UCLA-Leberkrebszentrum eine Leber transplantieren lassen. Ich wusste oder glaubte zu wissen, welcher Arzt den Eingriff vorgenommen hatte. Ich wusste, wie viel Geld Goto für seine Leber bezahlt hatte: nach einigen Quellen fast eine Million, nach anderen drei Millionen Dollar. Mir war bekannt, dass die Tokioter Zweigstelle eines Kasinos in Las Vegas einen Teil des Geldes, das er für die Klinik brauchte, in die USA überwiesen hatte. Absolut unklar war mir aber, wie so ein Kerl überhaupt in die USA gelangen konnte. Er musste einen Pass gefälscht oder einen japanischen oder amerikanischen Politiker bestochen haben. Irgendetwas war hier faul. Denn er stand auf der schwarzen Liste des amerikanischen Zolls, der Einwanderungsbehörde, des FBI und der Drogenbekämpfungsbehörde DEA (Drug Enforcement Administration). Er durfte eigentlich nicht in die Vereinigten Staaten einreisen.

Ich war mir sicher, dass hinter Gotos Reise und seiner Operation eine interessante Geschichte steckte. Deshalb hatte ich monatelang daran gearbeitet. Und ich konnte nur vermuten, dass mich während dieser Zeit irgendjemand verpfiffen hatte.

Ich spürte, dass meine Hände zitterten. Die Zigarette schien sich in meinen Fingern aufgelöst zu haben, während ich nachgedacht hatte. Ich zündete mir eine zweite an und dachte: Wie zum Teufel bin ich nur so weit gekommen?

Ich hatte nur diese eine Chance, um die richtige Entscheidung zu treffen. Denn ein zweites Treffen würde es nicht geben. Ich konnte später keine Gegendarstellung abdrucken. Langsam geriet ich in Panik, mein Magen fühlte sich an wie zugeknotet, mein linkes Auge zuckte.

Seit über zwölf Jahren machte ich diesen Job, und ich war bereit aufzuhören. Aber doch nicht so. Wie war ich da nur hineingeraten? Das war eine gute Frage. Es war eine bessere Frage als die, die ich jetzt zu beantworten hatte.

Ich dachte weiter nach und verlor das Gefühl dafür, wie viele Zigaretten ich schon geraucht hatte.

»Vergessen Sie die Story, oder wir machen Sie fertig«, hatte der Vollstrecker gesagt.

Das war das Angebot.

Ich hatte keine Trümpfe in der Hand und keine Zigaretten mehr. Schließlich schluckte ich, atmete aus, schluckte noch einmal und murmelte dann: »In Ordnung. Ich werde die Story ... in der *Yomiuri* ... nicht schreiben.«

»Gut«, sagte er sehr zufrieden. »An Ihrer Stelle würde ich Japan verlassen. Der Alte ist wütend. Sie haben eine Frau und zwei Kinder, oder? Machen Sie Urlaub, einen langen Urlaub. Vielleicht sollten Sie sich einen neuen Job suchen.«

Dann standen alle auf. Wir verbeugten uns äußerst knapp – es war eher ein kurzes Nicken mit starrem Blick.

Als der Vollstrecker und sein Helfer gegangen waren, wandte ich mich an Sekiguchi. »Glaubst du, dass meine Entscheidung richtig war?«, fragte ich.

Er legte mir die Hand auf die Schulter und drückte sie ein wenig. »Du hast getan, was du tun musstest. Es war richtig. Kein Artikel ist deinen Tod wert, keine Story ist den Tod deiner Familie wert. Helden sind nur Leute, die keine Wahl mehr haben. Aber du hattest noch eine Wahl. Und deine Entscheidung war richtig.«

Ich war wie betäubt.

Sekiguchi führte mich aus dem Hotel, und wir stiegen in ein Taxi. In Shinjuku fanden wir ein Café und ließen uns dort in einer Ecke nieder. »Jake«, begann Sekiguchi, »du hast ohnehin mit dem Gedanken gespielt, die Zeitung zu verlassen. Jetzt ist die Zeit eben gekommen. Du bist kein Feigling, wenn du es tust. Du hast keine Trümpfe in der Hand. Die Inagawa-kai, die Sumiyoshi-kai – verglichen mit diesen Leuten sind die wirklich nett. Ich habe keine Ahnung, wie diese Lebertransplantation in den Staaten abgelaufen ist, aber Goto muss gute Gründe haben, wenn er die Geschichte nicht gedruckt sehen will. Was auch immer er angestellt hat, für ihn ist es eine große Sache. Zieh dich da raus.«

Dann klopfte Sekiguchi mir auf die Schulter, um meine Aufmerksamkeit zu erregen. Er schaute mir fest in die Augen und wiederholte: »Zieh dich da raus. Aber gib die Story nicht auf, finde heraus, wovor dieser Bastard Angst hat. Das musst du wissen, denn dein Friedensvertrag mit diesem Mann wird nicht von Dauer sein, das garantiere ich dir. Diese Typen vergessen nichts. Du musst es rauskriegen. Andernfalls musst du den Rest deines Lebens Angst haben. Manchmal muss man erst ein Stück zurückweichen, um dann zurückschlagen zu können. Gib nicht auf. Warte ein Jahr – zwei Jahre, wenn es sein muss. Aber finde die Wahrheit heraus. Du bist Journalist, das ist dein Beruf, das ist deine Berufung. Das hat dich an diesen Punkt gebracht. Finde heraus, was er unbedingt verschweigen will. Der Mann hat Angst, darum geht er so auf dich los. Und nur wenn du den Grund dafür kennst, hast du einen Trumpf in der Hand. Nutze ihn gut. Dann hast du eine Chance, wieder das zu tun, was du tun willst. Als man mich zur Verkehrspolizei versetzt hat, weil einer meiner eigenen Leute mich reingelegt hat, damit ich degradiert werde, wollte ich kündigen. Jeden Tag wollte ich kündigen. Du kannst dir nicht vorstellen, wie man sich als Kripobeamter fühlt, wenn man plötzlich gezwungen ist, Strafzettel zu verteilen, weil irgendein ehrloser Versager anders nicht weiterkommen kann. Aber ich musste an meine Familie denken. Die Entscheidung lag nicht nur bei mir. Also wartete ich ab, ich musste es schlucken, Tag für Tag. Aber die Zeit vergeht, und nach einer Weile gab es die Gelegenheit, ich konnte meinen Standpunkt darlegen, und jetzt mache ich wieder das, was ich ziemlich gut kann. Und bei dir ist es genauso, Jake. Gib nicht auf.«

Natürlich hatte Sekiguchi recht. Das war nicht das Ende.

Aber ich greife voraus.

Es gab einmal eine Zeit, als ich noch keine Yakuza ärgerte, als ich kein kettenrauchender, ausgebrannter Exreporter mit chronischen Schlafstörungen war. Damals kannte ich weder Sekiguchi noch Tadamasa Goto und wusste nicht einmal, wie man auf Japanisch einen anständigen Artikel über Taschendiebe schreibt. Yakuza kannte ich nur aus dem Kino. Damals war ich sicher, dass ich zu den Guten gehörte. Das scheint sehr lange her zu sein.

TEIL 1

朝日

DIE MORGENSONNE

DAS SCHICKSAL IST AUF DEINER SEITE

Der 12. Juli 1992 war der Wendepunkt, was mein Wissen über Japan anbelangt. Ich war auf meinem Stuhl neben dem Telefon festgeleimt, meine Füße steckten im Minikühlschrank – in der Sommerhitze ist jede Kühlung willkommen –, und ich wartete auf einen Anruf der *Yomiuri Shimbun,* der angesehensten japanischen Zeitung. Entweder würde ich dort als Reporter anfangen oder arbeitslos bleiben. Es war eine lange Nacht, der Höhepunkt eines Prozesses, der ein ganzes Jahr gedauert hatte.

Vor Kurzem noch hatte meine Zukunft mich keinen Deut interessiert. Da war ich Student an der Sophia (Joichi) University mitten in Tokio gewesen und hatte ein Diplom in vergleichender Literaturwissenschaft angestrebt und für die Studentenzeitung geschrieben.

Daher besaß ich zwar etwas Erfahrung in diesem Bereich, war aber nicht wirklich für den Einstieg in einen Beruf qualifiziert. Mein nächster Schritt wäre wahrscheinlich gewesen, Englisch zu unterrichten. Außerdem verdiente ich etwas Geld mit Übersetzungen von Kung-Fu-Videos aus dem Englischen ins Japanische. Und weil ich gelegentlich auch noch reichen japanischen Hausfrauen eine schwedische Massage verabreichte, konnte mein Einkommen die täglichen Ausgaben decken. Meine Eltern mussten allerdings die Unterrichtsgebühren bezahlen.

Eigentlich hatte ich keine Ahnung, was ich tun wollte. Den meisten meiner Kommilitonen war schon vor ihrem Abschluss ein Job zugesagt worden. Dieses *naitei* genannte Vorgehen galt zwar als ungehörig, dennoch war es gängige Praxis. Auch ich hatte eine solche Zusage erhalten, und zwar von Sony Computer Entertainment, aber sie galt nur, wenn ich mein Studium um ein weiteres Jahr verlängern würde. Ich wollte diesen Job nicht wirklich antreten, aber immerhin ging es dabei um Sony.

Ende 1991, als ich nur noch ganz wenige Kurse besuchte und eine Menge Freizeit hatte, beschloss ich, die japanische Sprache genauer zu studieren. Denn ich wollte die Prüfung in Massenkommunikation für künftige Hochschulabgänger ablegen, um dann einen Job als Reporter zu ergattern und auf Japanisch zu schreiben. Ich war überzeugt, dass es nicht viel schwieriger sein konnte, für eine überregionale Zeitung mit acht oder neun Millionen Lesern zu schreiben als für eine Studentenzeitung.

In Japan gelangt man nicht zu den großen Zeitungen, nachdem man sich bei lokalen Kleinstadtzeitungen hochgearbeitet hat. Vielmehr holen sich die Zeitungen die meisten ihrer Reporter frisch von der Universität. Die Anwärter müssen sich dann als Erstes einem standardisierten Eignungstest unterziehen, der wie folgt abläuft: Angehende Reporter berichten vor einer großen Zuhörerschaft und schreiben tagelang Tests. Wenn das Ergebnis gut genug ist, folgt ein persönliches Gespräch, dann noch eines und schließlich ein drittes. Wer dabei einen guten Eindruck hinterlässt und seinen Gesprächspartnern gefällt, bekommt vielleicht eine Jobzusage.

Ehrlich gesagt glaubte ich nicht ernsthaft daran, dass eine japanische Zeitung mich einstellen würde. Wie groß war wohl die Chance, dass ein jüdischer Junge aus Missouri in diese elitäre japanische Journalistenbruderschaft aufgenommen wurde? Aber das war mir egal. Wenn ich etwas lernte und ein Ziel hatte, auch wenn es noch so unrealistisch war, so würde ich auf jeden Fall von meinen Bemühungen profitieren, und wenn nur mein Japanisch besser würde.

Aber wo sollte ich mich bewerben? Japan hat eine Menge Zeitungen, die zudem viel wichtiger sind als in den Vereinigten Staaten.

Die *Yomiuri Shimbun* hat die größte Auflage – mehr als zehn Millionen Exemplare täglich – in Japan und sogar in der Welt. Die *Asahi Shimbun* folgte ihr früher dicht auf den Fersen. Jetzt ist der Abstand größer geworden, aber sie liegt immer noch an zweiter Stelle. Die *Yomiuri* galt als offizielle Zeitung der konservativen Liberaldemokratischen Partei, die Japans Politik seit dem Zweiten Weltkrieg dominiert, die *Asahi* als offizielle Zeitung der Sozialisten, die heutzutage fast verschwunden sind. Von der *Mainichi Shimbun*, der drittgrößten Zeitung, hieß es, sie sei die offizielle Zeitung der Anarchisten, weil sie selbst nicht wisse, auf welcher Seite sie stehe. Die *Sankei Shimbun*, damals wohl die viertgrößte Zeitung, galt als Stimme der extremen Rechten, und einige hielten sie für ebenso glaubwürdig wie die Boulevardpresse. Auch sie brachte oft spektakuläre Storys.

Die Presseagentur Kyodo, die »japanische Associated Press«, war schwerer zu beurteilen. Ursprünglich hatte sie Domei geheißen und war die offizielle Propagandaabteilung der japanischen Regierung während des Zweiten Weltkriegs gewesen. Nicht alle Verbindungen waren abgebrochen, als die Firma nach dem Krieg unabhängig wurde. Zudem hatte Dentsu, die größte und mächtigste Werbeagentur Japans (und der Welt), eine Mehrheitsbeteiligung an Kyodo, und das konnte die Berichterstattung beeinflussen. Einen wichtigen Grund gab es allerdings, der Kyodo als Arbeitgeber sehr attraktiv machte: die Gewerkschaft. Denn sie sorgte dafür, dass die Journalisten den Urlaub bekamen, der ihnen zustand – und das war in den meisten japanischen Firmen eher selten.

Dann gab es noch Jiji Press, eine Art kleinen Bruder der Kyodo, aber einen hart arbeitenden. Jiji hatte eine kleinere Leserschaft und weniger Reporter. Es gab Leute, die scherzhaft behaupteten, Jiji-Reporter schrieben ihre Artikel erst, nachdem sie Kyodo gelesen hätten – ein gemeiner Scherz in einer gemeinen Branche.

Anfangs neigte ich zur *Asahi*, aber irgendwann widerstrebte es mir, dass die USA bei jeder Gelegenheit in ein schlechtes Licht gerückt wurde. Das passte nicht zu dem Bild, das die meisten Japaner von Amerika hatten – das Land der Demokratie, das Freiheit und Gerechtigkeit in der ganzen freien Welt verbreitete.

Die Leitartikel der *Yomiuri* waren ziemlich hart, aber sehr konservativ, mit vielen *kanji* – chinesischen Schriftzeichen, die in der japanischen Schrift verwendet werden – und voller Andeutungen. Die Artikel im überregionalen Teil fand ich jedoch wirklich eindrucksvoll. Als der Begriff »Menschenhandel« im allgemeinen Wortschatz noch fehlte, veröffentlichte die *Yomiuri* eine Reihe von schonungslos offenen, gut recherchierten Artikeln über das Leid der thailändischen Frauen, die als Prostituierte nach Japan geschmuggelt wurden. Die Autoren schrieben einigermaßen respektvoll über die Frauen und kritisierten die Polizei zumindest moderat, weil sie kaum etwas gegen diesen Skandal unternahm. Die Zeitung schien mir fest auf der Seite der Unterdrückten zu stehen und für Gerechtigkeit einzutreten.

Da die Prüfungen der *Asahi* und der *Yomiuri* am selben Tag stattfanden, entschied ich mich für die *Yomiuri*.

Die Prüfung war Teil des Journalismusseminars der *Yomiuri Shimbun*, das inoffiziell als gute Gelegenheit galt, Mitarbeiter anzuwerben, bevor die offizielle Bewerbungssaison begann. So konnte die Zeitung die besten Hochschulabsolventen abschöpfen. Da die *Yomiuri* keine große Werbung für diese Tests machte, musste jeder, der Interesse hatte, die Zeitung sorgfältig durchforsten, um den Zeitpunkt nicht zu verpassen. Alle Studenten, die den Ehrgeiz hatten, *Yomiuri*-Reporter zu werden, verschlangen daher die Seiten der Zeitung. In einem Land, in dem das Erscheinungsbild so wichtig ist, musste ich natürlich ordentlich aussehen. Als ich meinen Schrank durchwühlte, entdeckte ich, dass der feuchte Sommer meine beiden Anzüge zu Nährböden für Pilze gemacht hatte. Also trottete ich zu einem riesigen Discount-Herrenausstatter und kaufte einen Sommeranzug für etwa 300 Dollar, der aus dünnem Stoff bestand, angenehm zu tragen war und einen schönen schwarzen Farbton aufwies. Ich gefiel mir darin.

So elegant gekleidet wollte ich meinen Freund Inukai, den Chefredakteur der Studentenzeitung, beeindrucken, doch als ich im Büro auftauchte, das sich in einem dunklen, kerkerartigen Keller befand, reagierte er anders als erwartet.

»Jake-kun, mein Beileid.«

Aoyama-chan, eine andere Kollegin, wirkte nachdenklich, aber sie sagte kein Wort.

Ich verstand nicht, was los war.

»Was ist denn passiert? War es ein Freund?«

»Ein Freund?«

»Der gestorben ist?«

»Hä? Niemand ist gestorben. Allen, die ich kenne, geht es gut.«

Nun nahm Inukai die Brille ab und polierte sie mit seinem Hemd.

»Du hast diesen Anzug also selbst gekauft?«

»Klar. 30 000 Yen.«

Inukai fand das offenbar lustig, das konnte ich daran erkennen, dass er die Augen zusammenkniff wie ein glückliches Hundebaby. »Was für einen Anzug wolltest du denn kaufen?«, fragte er dann ernst.

»In der Anzeige stand *reifuku*.«

Aoyama-chan kicherte.

»Was ist denn?«, fragte ich. »Stimmt etwas nicht?«

»Du Idiot! Du hast einen Anzug für Beerdigungen gekauft. Keinen *reifuku*, sondern einen *mofuku*!«

»Na und, was ist denn da der Unterschied?«

»*Mofuku* sind schwarz. Und niemand trägt einen schwarzen Anzug bei einem Vorstellungsgespräch!«

»Niemand?«

»Na ja, vielleicht ein Yakuza.«

»Tja, könnte ich nicht so tun, als käme ich gerade von einem Begräbnis? Vielleicht kriege ich dann noch Sympathiepunkte.«

»Stimmt, die Leute haben oft Mitleid mit geistig Behinderten.«

Aoyama warf ein: »Oder du bewirbst dich bei den Yakuza. Die tragen Schwarz. Du könntest der erste *gaijin* bei ihnen sein.«

»Nein, dafür eignet er sich nicht«, meinte Inukai. »Und was soll er machen, wenn sie ihn rauswerfen?«

»Stimmt«, sagte Aoyama und nickte. »Wenn es nicht klappt, wird er kaum mehr als Reporter arbeiten können. Denn es ist nicht leicht, mit neun Fingern zu tippen.«

Jetzt war Inukai in seinem Element. »Ich glaube nicht, dass er die Organisation mit neun Fingern verlassen könnte. Vielleicht mit acht. Er ist ein echter Schussel, grob, unbeholfen, nie pünktlich. Ein Barbar.«

»Da hast du recht«, stimmte Aoyama zu. »Immerhin könnte er noch jagen und sammeln. Aber was die Karriere betrifft, ist die Yakuza wohl nichts für ihn, obwohl er in einem schwarzen Anzug wirklich gut aussieht.«

»Also, was soll ich jetzt machen?«

»Kauf dir einen anderen Anzug«, riefen sie im Chor.

»Ich hab nicht genug Geld.«

Inukai schien nachzudenken. »Hmmm. Vielleicht kommst du damit durch, weil du ein *gaijin* bist. Möglicherweise findet jemand den Anzug niedlich ... oder sie halten dich gleich für einen kompletten Idioten.«

In meinem Beerdigungsanzug schleppte ich mich also am 7. Mai zur ersten Stunde des Seminars, das um 12.50 Uhr in einem eindrucksvollen Raum gleich neben dem Hauptbüro der *Yomiuri Shimbun* begann. Das Seminar sollte zwei Tage dauern. Am ersten Tag fanden Kurse statt, am zweiten *enshuu*, also »praktische Übungen«, ein Euphemismus für Prüfungen. Ich war überrascht, dass sie dieses Wort benutzten, weil es im Grunde ein militärischer Begriff ist.[1]

Das Seminar begann mit einer Eröffnungsrede und einem Vortrag »für diejenigen unter Ihnen, die Journalisten werden wollen«, dann folgte ein zweiter Vortrag über ethische Grundsätze des Journalismus. Danach sprachen »Jungs an der Front« – also aktive Reporter – über ihre Arbeit, ihre Freude über eine gute Story und die Enttäuschung, wenn die Konkurrenz ihnen eine Schlagzeile weggeschnappt hatte.

Ich erinnere mich nicht mehr genau an die Vorträge. Denn die vielen Stunden, die ich damit verbracht hatte, einigermaßen Japanisch lesen und schreiben zu lernen, hatten einen Nachteil: Ich konnte die Sprache sehr schlecht verstehen und sprach sie auch nicht sonderlich fließend. Aber ich ging ein kalkuliertes Risiko ein. Denn man brauchte eine ausreichende Punktzahl im schriftlichen Test, um überhaupt zu einem Vorstellungsgespräch eingeladen zu werden. Deshalb hatte ich mich mehr im Lesen und Schreiben geübt als in anderen Fertigkeiten. Ich möchte nicht behaupten, dass ich die japanische Sprache gar nicht verstand, es war eher so, als wäre ich ein bisschen hör- und sprachbehindert.

Aber soweit ich sie verstand, waren die Ausführungen des Polizeireporters über die Abteilung für öffentliche Sicherheit der Tokioter Polizei ziemlich interessant. Der Mann sah aus wie 40, hatte graues Kraushaar und hängende Schultern – die Japaner nennen das »Katzenpose«.

---

[1] *Yomiuri*-Reporter als Gruppe werden mitunter *Yomiuri-gun* (*Yomiuri*-Armee) genannt, und die Reporter der Gesellschaftsredaktion – *shakaibu* – (nationale Nachrichten/Verbrechen/Tokio) sind die *yu-gun* (wörtlich: Faulenzer-Armee, ursprüngliche Bedeutung: Reservetruppe).

Er erklärte, dass die Abteilung für öffentliche Sicherheit nur selten Bekanntmachungen und niemals Pressemitteilungen herausgebe. Alles werde bei Pressekonferenzen gesagt, und wer da nicht aufpasse, der gehe eben leer aus. Das sei kein Ort für Adrenalinsüchtige (oder Ausländer). Manche Reporter besuchten diese Konferenzen ein ganzes Jahr lang, ohne ein einziges Wort zu schreiben. Doch wenn eine Verhaftung stattfand, war das immer eine wichtige Nachricht, weil sie die nationale Sicherheit betraf.

Die eigentliche Prüfung – oder der »militärische Drill«, wie man sie nannte – sollte drei Tage später in der Yomiuri-Berufsschule für Technik in einem Vorort von Tokio stattfinden.

Da ich die Firmenbroschüre nicht gelesen hatte, war ich ein wenig überrascht, dass eine Zeitung auch eine Berufsschule betrieb. Damals wusste ich noch nicht, dass die *Yomiuri* viel mehr war als eine Zeitung. Sie war ein riesiger Firmenkomplex, zu dem unter anderem der Vergnügungspark Yomiuriland, das Reisebüro Yomiuri Ryoko und ein traditionelles japanisches Gasthaus in Kamakura gehörten. Außerdem besaß sie ihre eigene Miniklinik im zweiten Stock der Firmenzentrale, Schlafzimmer in der dritten Etage, eine Cafeteria, eine Apotheke und eine Buchhandlung, sogar ein Massagetherapeut arbeitete im Haus. Und das Baseballteam der Zeitung, die Yomiuri Giants, wurde wegen seiner landesweiten Popularität oft mit den Yankees verglichen. Unterhaltung, Urlaub, Gesundheitsfürsorge und Sport – man konnte sein Leben führen, ohne das *Yomiuri*-Imperium zu verlassen.

Vom Bahnhof aus folgte ich den vielen jungen Japanern in marineblauen Anzügen und mit roten Krawatten, dem typischen »Rekrutenlook« dieses Jahres. 1992 bedeutete das auch, dass all jene, die ihr Haar entsprechend der gängigen Mode braun oder rot gefärbt hatten, es nun wieder schwarz trugen. Ein paar Frauen waren mit nüchternen marineblauen Kostümen bekleidet.

15 Minuten vor Beginn der Prüfung betrat ich die Berufsschule und schrieb mich ein. Eine Mitarbeiterin am Empfang fragte mich: »Sind Sie sicher, dass Sie hier richtig sind?«

»Ja, ich bin sicher«, antwortete ich bescheiden.

Die Prüfung bestand aus vier Teilen: einem japanischen Sprachtest, einem Test in Fremdsprachen (dabei konnte man sich einige aussuchen), einem Aufsatz, und zum Schluss erhielten die Bewerber die Möglichkeit, sich selbst als künftige Mitarbeiter anzupreisen.

20 Minuten vor allen anderen war ich mit dem ersten Teil fertig. Einige Minuten lang saß ich ziemlich stolz auf mich selbst einfach so da, bis ich das Blatt zufällig umdrehte und entsetzt bemerkte, dass auf der Rückseite ebenfalls Fragen standen. Jetzt musste ich mich anstrengen, um noch fertig zu werden. Als die Zeit abgelaufen war, gab ich ab, was ich ausgefüllt (oder nicht ausgefüllt) hatte, ging wütend an meinen Platz zurück und war überzeugt, den Rest der Prüfung vergessen und nach Hause gehen zu können.

Ich muss ziemlich fassungslos dagesessen haben, als ein *Yomiuri*-Mann zu mir kam und mir auf die Schulter klopfte. Er hatte eine Beatlesfrisur, trug eine Metallrandbrille und sprach mit einer heiseren Stimme, die nicht zu seiner Statur und zu seinem Aussehen passte. (Erst nach einiger Zeit erfuhr ich, dass er Endo-san hieß und in der Personalabteilung arbeitete. Er starb einige Jahre später an Kehlkopfkrebs.)

»Sie sind mir unter den Bewerbern aufgefallen«, meinte er auf Japanisch. »Warum machen Sie diese Prüfung?«

»Nun ja, ich dachte, dass ich bessere Chancen habe, einen Job bei der englischsprachigen *Daily Yomiuri* zu bekommen, wenn ich hier gut abschneide.«

»Ich habe einen Blick auf Ihre Unterlagen geworfen. Bei den ersten Fragen waren Sie richtig gut. Aber was ist dann passiert?«

»Ich habe dummerweise zu spät bemerkt, dass es auf beiden Seiten Fragen gab.«

»Ach so. Das werde ich mir notieren.« Er zog einen kleinen Terminplaner aus seiner Jackentasche und kritzelte etwas hinein. Dann wandte er sich wieder mir zu. »Vergessen Sie die *Daily Yomiuri*, das wäre nur Zeitverschwendung. Probieren Sie es bei der richtigen Zeitung. Sie haben immer noch eine gute Chance. Sie sind doch Sophia-Student, nicht wahr?«

»Ja«, antwortete ich.

»Dachte ich mir. Halten Sie durch«, meinte er aufmunternd und tätschelte mir dabei die Schulter.

Da saß ich nun also, und meine Gedanken rasten. Aufgeben und nach Hause gehen oder am Ball bleiben? Schließlich stand ich auf und warf meinen Rucksack über die Schulter. Als ich mich im Raum umsah, hatte ich einen Moment lang den Eindruck, die Zeit sei stehen geblieben. Das Geschnatter war verstummt, die Menschen schienen mitten in ihren Bewegungen erstarrt zu sein, und ich hörte ein schrilles Summen. In diesem Augenblick wusste ich, dass ich vor einer der wichtigsten Entscheidungen meines Lebens stand.

Mit einem dumpfen Knall landete mein Rucksack wieder auf dem Tisch. Dann holte ich meine Bleistifte aus der Tasche, schob meinen Stuhl zurecht und bereitete mich auf die zweite Runde vor. Hätte ich mir die Musik für meinen Lebensfilm aussuchen dürfen, wäre meine Wahl damals sofort auf das James-Bond-Thema gefallen. Zugegeben, das Ausrichten der Bleistifte ist keine tolle Eröffnungsszene, aber für mich war es vergleichbar mit einer Heldentat.

Im nächsten Teil ging es um Fremdsprachen, und ich war schlau genug, Englisch zu wählen. Monatelang hatte ich mich mit Übersetzungen gelangweilt und Kung-Fu-Videos mit Untertiteln versehen. Das sollte sich jetzt auszahlen. Ich musste einen Bericht über die russische freie Marktwirtschaft aus dem Englischen ins Japanische übersetzen und schließlich einen kurzen Text über die soziale Entwicklung in der modernen Gesellschaft aus dem Japanischen ins Englische. Mit beiden Aufgaben war ich vor der nächsten zehnminütigen Pause fertig.

Dann kam der Aufsatz. Das Thema hieß *gaikokujin*, also Ausländer, ein Thema, nach dem jeder Ausländer immer wieder gefragt wurde und über das er an der Sophia Aufsätze schreiben musste. Diesmal hatte ich also Glück, und manchmal ist es besser, Glück zu haben, als gut zu sein.

Wie sich schließlich herausstellen sollte, hatte ich beim Japanischtest zwar schlecht abgeschnitten, war aber dennoch von 100 Bewerbern 19. geworden. Damit war ich im Japanischen besser als zehn Prozent der japanischen Kandidaten. Im Fremdsprachentest wurde

ich sowohl bei der englisch-japanischen als auch bei der japanisch-
englischen Übersetzung Erster. Bei der englischen Übersetzung hatte ich sogar Punkte verloren, was aber nicht viel darüber aussagte,
wie gut ich die englische Sprache beherrschte. Für meinen Aufsatz
bekam ich eine Drei, mehr für den Inhalt als für die Grammatik.
Insgesamt erhielt ich für die ersten drei Teile der Prüfung 79 von 100
Punkten und kam damit auf den 59. von 100 Plätzen. Das war zwar
nicht gerade berauschend, aber ich wurde dennoch zu einem Gespräch eingeladen. Wahrscheinlich lag das auch daran, dass jemand
ein Auge zudrückte, weil ich beim Japanischtest die Rückseite des
Blattes übersehen hatte.
Das erste Gespräch drei Wochen später war angenehm kurz. Ich hatte zunächst die Möglichkeit, meinen Patzer zu erklären, dann wur-
de ich gefragt, was ich von dem Job erwarte und ob ich bereit sei,
Überstunden zu machen. Natürlich versicherte ich, dass ich bereit
war, sehr hart zu arbeiten. Als Nächstes wurde mein Wissen über die
Yomiuri geprüft. Ich verwies auf die Artikel über thailändische Pros-
tituierte, die mich sehr beeindruckt hatten. Das brachte mir bei den
Tokioter Journalisten sicherlich Punkte ein.
Abschließend hieß es, es werde noch zwei weitere Gespräche geben.
Doch dann hörte ich wochenlang nichts mehr.

Jetzt war ich nervös. Was als beinahe spielerische Herausforderung
begonnen hatte, lag nun im Bereich des Möglichen. Jeden Tag ging
ich früh nach Hause und wartete auf das Klingeln des Telefons. Ich
las fleißig die Zeitung und studierte noch intensiver Japanisch. Mir
war klar, dass ich besser werden musste, wenn ich in diesem Job bestehen wollte. Also begann ich auch fernzusehen, um mein Hörver-
ständnis zu verbessern.
Eines Tages hatte ich dann doch genug von der Warterei, deshalb
ging ich ins Kabukicho-Kino, um mir einen schlechten Horrorstrei-
fen anzusehen.
Als ich danach auf dem Heimweg war, stieß ich auf einen lustig aussehenden Tarot-Wahrsageautomaten am Eingang einer Spielhalle.
Vielleicht konnte es ja helfen, in dieser ungewissen Situation einen
Experten zu konsultieren, dachte ich.

Also steckte ich 100 Yen in das Gerät. Der Monitor leuchtete auf, dann erschien ein Wirbel in Grün und Rosa. Nachdem ich die Kategorie »Jobs« und meine Wahrsagerin – Madame Tantra – gewählt hatte, gab ich meine persönlichen Daten ein. Madame Tantra, eine sympathische japanische Frau mit Schultertuch und einem roten Mal auf der Stirn wie eine Hindupriesterin, erschien in einem rauchenden Feuer auf dem Bildschirm und ließ mich Karten aussuchen. Dazu rollte ich die Maus in Form einer Kristallkugel hin und her und klickte auf die Kartenstapel auf dem virtuellen Tisch.

Das endgültige Urteil: Schwertkönig, aufrecht.
Erfolg.
Schlüsselwort: Neugier

Du eignest dich am besten als Werbetexter oder Redakteur oder für einen anderen Beruf, der mit Schreiben zu tun hat. Dafür sind literarische Fähigkeiten und in gewissem Umfang auch eine allgemeine Neugier notwendig. Da du beide Eigenschaften besitzt, kannst du sie bestimmt sinnvoll nutzen. Wenn du deine Antennen immer nach Informationen ausstreckst und deine Neugier wach hältst, IST DAS SCHICKSAL AUF DEINER SEITE.

Ich war begeistert, der Spruch schien mir so zutreffend, dass ich den Ausdruck behielt. Von der Unterstützung des Schicksals beflügelt nahm ich den letzten Zug nach Hause und hörte sofort meinen Anrufbeantworter ab. Die *Yomiuri* hatte tatsächlich angerufen und mir ein zweites Gespräch angeboten.

Beim zweiten Treffen waren drei Männer anwesend. Zwei von ihnen schienen mir wohlgesinnt zu sein, aber der dritte sah mich an, als wäre ich eine Fliege auf seinem Pausenbrot. Ich hatte den Eindruck, dass ich ein umstrittener Bewerber war. Nach einer Weile fragte mich einer von ihnen ernst:
»Sie sind Jude, nicht wahr?«
»Ja, auf dem Papier.«

»Viele Leute in Japan glauben, dass die Juden die Weltwirtschaft beherrschen. Was halten Sie davon?«

Rasch antwortete ich: »Wenn dem so wäre, wäre ich dann hier und würde mich als Zeitungsreporter bewerben? Ich weiß, was man im ersten Jahr verdient.«

Das war offenbar die richtige Antwort, denn der Mann kicherte und zwinkerte mir zu. Weitere Fragen gab es nicht.

Als ich aufstand, um zu gehen, hielt mich einer von ihnen auf und meinte: »Adelstein-san, es gibt nur noch eine Gesprächsrunde. Wenn Sie dazu eingeladen werden, haben Sie es fast geschafft. Wir rufen die in Frage kommenden Kandidaten am 12. Juli an – und wir rufen nur einmal an.«

Da saß ich dann also angespannt und aufgeregt am 12. Juli 1992 in meiner kleinen Wohnung mit den Füßen im Kühlschrank und einer Hand am Telefon. Und der Anruf kam abends um 21.30 Uhr.

»Herzlichen Glückwunsch, Adelstein-san. Sie wurden für die letzte Gesprächsrunde ausgewählt. Bitte kommen Sie am 31. Juli ins Yomiuri-Gebäude. Haben Sie noch Fragen?«

Ich hatte keine.

Das letzte Gespräch verlief sehr gut. Alle lächelten, und die Atmosphäre war entspannt. Schwierige Fragen gab es kaum. Nur einer der Anwesenden wollte mir eine komplizierte Frage zur japanischen Politik stellen, doch hatte er einen so ausgeprägten Osaka-Dialekt, dass ich ihn kaum verstand. Das versuchte ich zu vertuschen, indem ich wie ein Psychiater Teile seines letzten Satzes wiederholte und dann vage anmerkte: »Ja, so kann man das Problem natürlich auch sehen.« Er wertete meine Antwort offenbar als völlige Zustimmung, und ich machte mir nicht die Mühe, ihn davon abzubringen.

Dann kamen die beiden letzten Fragen:

»Können Sie am Sabbat arbeiten?«

Das war kein Problem.

»Dürfen Sie Sushi essen?«

Das war auch keines.

Danach klopfte mir Matsuzaka-san, einer der Personalleiter, der für einen Japaner erstaunlich jüdisch aussah, auf die Schulter und sagte:

»Meinen Glückwunsch. Betrachten Sie sich als eingestellt. Die nötigen Unterlagen erhalten Sie mit der Post.«

Als er mich zur Tür brachte, flüsterte er mir verschwörerisch ins Ohr: »Ich war auch auf der Sophia. Ihre Lehrer haben Sie gelobt. Schön, dass wir jetzt zu zweit sind.« Es war kaum zu glauben, ich hatte wirklich Glück gehabt, dass einer von den Leuten, die über mich urteilen sollten, ein ehemaliger Sophia-Student war.

Ich weiß nicht, warum das Schicksal mir so gewogen war, aber sicherheitshalber warf ich auf dem Heimweg ein paar Münzen auf den Haufen vor dem Buddha im Garten des Nezu-Museums.

Diesem Buddha schuldete ich nämlich noch etwas Geld, das ich mir einmal für die U-Bahn geborgt hatte – und ich bezahle meine Schulden immer.

ES GEHT NICHT UMS LERNEN,
SONDERN UMS VERLERNEN

Da ich erst in sechs Monaten bei der *Yomiuri* anfangen sollte, hatte ich genügend Zeit, um unsicher zu werden. Hatte ich mir vielleicht mehr zugemutet, als ich leisten konnte? Natürlich konnte ich gut genug lesen und schreiben, aber wie sollte ich Leute auf Japanisch interviewen? Matsuzaka, der bei der *Yomiuri* für die Neueinsteiger zuständig war, war ziemlich überrascht, als ich im Oktober in sein Büro platzte und ihn um ein Praktikum bat, das mir helfen sollte, mich auf den Job vorzubereiten.

»Ich finde es gut, dass sie sich perfekt vorbereiten wollen«, meinte er, »aber bisher hat noch nie jemand vor dem offiziellen Beginn hier gearbeitet. Aber Sie sind ja ein ungewöhnlicher Fall, darum will ich sehen, was ich tun kann.« Dann brachte er mich in den zweiten Stock, bot mir eine Tasse Kaffee an, überreichte mir Info-Material für Jungreporter und schickte mich nach Hause.

Etwa zwei Wochen später rief er an, um mir zu sagen, dass er eine Art Minipraktikum für mich arrangiert hatte. Ich sollte etwa eine Woche in verschiedenen Büros verbringen. Mein erster Einsatz führte mich in den Presseclub des Tokyo Metropolitan Police Department (TMPD). Matsuzaka erwartete mich im Hauptquartier der Tokioter Polizei, einem riesigen, labyrinthartigen Gebäude, das alle anderen im Regierungsviertel überragte. Es war das Nervenzentrum der Tokioter Polizei, die aus rund 40 000 Beamten bestand. Matsuzaka wollte mich Ansei Inoue vorstellen, einem legendären Journalisten und Autor des Buches *Thirty-three Years as a Police Reporter*. Inoue war der Star unter den Polizeireportern und wurde im *Yomiuri*-Imperium geliebt, gefürchtet und beneidet. Berühmt geworden war er dadurch, dass er die Unschuld eines Universitätsprofessors bewiesen hatte, der wegen

Mordes an seiner Frau verurteilt worden war. Er hatte nicht nur die Fehler der Polizei und der Staatsanwaltschaft entlarvt, sondern auch den wahren Mörder aufgespürt. Der Fall wurde zum klassischen Beispiel dafür, dass auch Unschuldige verurteilt werden können, wenn sie in das Räderwerk der japanischen Justiz geraten.

Inoue war etwa 1,54 Meter groß und dünn, hatte langes, ungepflegtes Haar und trug einen grauen Anzug, eine schwarze Krawatte und abgewetzte Schuhe. Seine Augen waren hinter braunen Brillengläsern verborgen und blickten trüb. Doch als ich ihm vorgestellt wurde, funkelten sie, denn die Situation schien ihn zu amüsieren.

»Sie sind also der *gaijin*, von dem ich gehört habe«, sagte er lebhaft. »Sie sprechen Japanisch, stimmt's?« Obwohl er die Frage eher an Matsuzaka gerichtet hatte als an mich, antwortete ich ihm.

»Ich spreche Japanisch, aber das Schreiben ist eine andere Sache.« Inoue lachte. »Ach, Sie schreiben wahrscheinlich besser als die Leute, die für mich arbeiten. Gehen wir nach oben.«

Jeder, der das TMPD besuchte, ohne Mitglied des Presseclubs oder Angestellter zu sein oder ohne eine besondere Sicherheitsüberprüfung durchlaufen zu haben, brauchte einen Polizisten als Begleitung, um das Gebäude betreten zu dürfen. Aber Inoue kam und ging nach Belieben. Drei Jahre später, nachdem die Aum-Shinrikyo-Sekte die U-Bahn mit dem Nervengift Sarin besprüht hatte, gab es eine Verschärfung der Sicherheitsmaßnahmen in ganz Tokio.

Wir fuhren mit dem Aufzug in den neunten Stock, in dem sich die Abteilung für öffentliche Angelegenheiten des TMPD und drei Presseclubs befanden: der für die Zeitungen, der für das Fernsehen und der für den Rundfunk und die Lokalzeitungen des Landes. Für die Wochen- und Monatszeitschriften war kein Platz – die Polizei hielt sie für subversive Skandalblätter und setzte sie daher nicht auf die offizielle Liste der Presseclubs.

Ausländische Journalisten waren ebenfalls nicht vertreten. Die wichtigen japanischen Medien haben dagegen nie protestiert und werden es auch nicht tun. Denn wer Teil eines Monopols ist, hat kein Interesse an Konkurrenz.

Einige Reporter spielten Karten auf einem ramponierten Tisch im offenen Bereich vor der Küche. Weiter hinten auf der Etage gab es einen feuchten Raum mit Tatami-Matten, wo die Reporter ihre Futons ausrollen und ihren Kater ausschlafen konnten, während sie auf die nächsten Pressemitteilungen warteten.

Als Inoue und ich in den *Yomiuri*-Teil des Presseclubs kamen, der im Wesentlichen ein rechteckiger Raum war, der durch einen Vorhang als Tür vom Rest abgetrennt wurde, hatten sich alle Reporter um einen Tisch versammelt und betrachteten einen Bildband. Der Raum wirkte gar nicht wie das Quartier der größten Zeitung in Japan. An den Wänden standen hohe Bücherregale, Zeitungen und Zeitschriften lagen auf dem Sofa und auf dem Boden verstreut. Papierkörbe quollen über von zerknüllten Telefaxen, Nudelpackungen und Bierdosen, und auf jedem Schreibtisch stand ein Computer. In einer Ecke befand sich eine Klimaanlage, und auf dem breiten Fenstersims standen sechs Fernseher und drei aufeinandergestapelte Videorekorder. Alle Fernsehgeräte waren eingeschaltet, und ein CB-Funkgerät gab den Funkverkehr der Feuerwehr wieder. In einem Etagenbett neben dem Vorhang schlief jemand in seinen Schuhen und mit der Morgenzeitung auf dem Gesicht.

Inoue und ich gingen zu der Reportergruppe. Das Buch, das sie begutachteten, war *Sex* von Madonna, das gerade veröffentlicht worden war. Die Journalisten – nur Männer – betrachteten und kommentierten ihre Brüste. Inoue stellte mich vor, dann nahm er das Buch und gab es mir: »Finden Sie es obszön?« Da es eine japanische Ausgabe war, waren große Teile der Bilder – Genitalien und Schamhaare – geschwärzt. »Nein, das finde ich nicht.«

»Tja, wenn sie dieses hier herausgebracht hätten«, fuhr er fort und zog dabei die unveränderte amerikanische Ausgabe aus dem Regal, »hätte die Polizei beim Verlag eine Razzia veranstaltet und jedes Exemplar beschlagnahmt. Die Verleger von *Santa Fe*[2] wären fast ver-

---

[2] *Santa Fe*, ein Buch mit Aktfotos der beliebten Schauspielerin Rie Miyazawa, war vor *Sex* erschienen. Es erregte große Aufmerksamkeit, weil Schamhaare zu sehen waren. Die Behörden duldeten das Buch aufgrund der »künstlerischen Qualitäten« stillschweigend und machten damit einen Schritt hin zur weniger restriktiven Politik von heute.

haftet worden, weil sie ein bisschen Schamhaar gezeigt haben. Aber dieses Zeug aus Amerika kommt Pornografie schon sehr nahe. Vielleicht ist es ja Kunst, aber doch auch Pornografie. Wir hätten eine gute Story gehabt, wenn die japanischen Verlage nicht so feige gewesen wären.«

»Würde die Polizei jemanden wirklich deswegen verhaften?«

»Der oberste Gerichtshof hat 1957 entschieden, dass alles obszön ist, was den Betrachter sexuell erregt, was schamlos ist und die Moralvorstellungen der Gesellschaft verletzt. Und weil obszöne Werke verboten sind, ist ihre Verbreitung eine Straftat.«

»Das heißt?«

»Nun ja, für die Polizei heißt das: kein Schamhaar. Jedenfalls früher.« Inoue kicherte. »Das ist schon ein seltsames Land. Die Polizei kümmert es nicht, wenn Sie mitten am Tag Oralsex haben oder wenn die Betreiber der Sexclubs ihre Dienste öffentlich anbieten. Aber sie regt sich auf, wenn Leute anderen Leuten beim Sex zusehen. Und Schamhaar erinnert zu sehr an Sex. Die Moral der Geschichte ist also: Tut es, aber schaut es euch nicht an.«

»Darf so etwas in den Vereinigten Staaten verkauft werden?«, wollte nun ein Reporter wissen.

Die Frage löste eine zwanzigminütige Diskussion über die Unterschiede zwischen japanischer und amerikanischer Pornografie aus. Die Reporter waren schockiert zu erfahren, dass Genitalien in den USA selten mit Tintenfischen oder anderen Meerestieren verdeckt werden und dass auch Sex in Strumpfhosen nicht gerade beliebt ist. Sie baten mich, von meinem nächsten Besuch in Amerika ein paar Videos mitzubringen.

Als wir gingen, warnte mich Inoue: »Tun Sie das bloß nicht. Bringen Sie keine Pornos für diese Idioten mit. Der Zoll würde Sie verhaften, und das ist das Letzte, was wir brauchen. Diese Typen können auch gut ohne dieses Zeug leben.«

Wir machten uns auf den Weg in ein Café, bestellten grünen Tee und er fragte mich, was ich bei der *Yomiuri* tun wolle.

»Ich interessiere mich für Enthüllungsjournalismus und für die Seite Japans, von der ich nicht viel weiß«, erklärte ich, »für die Schattenseite, die Unterwelt.« Ich erzählte ihm, dass mein Vater Gerichtsmediziner sei und mich Verbrechen und die Polizei schon immer fasziniert hätten.

Daraufhin empfahl er mir *shakaibu*, die Gesellschaftsredaktion, die für nationale Nachrichten und Kriminalität zuständig ist. »Das ist die Seele der Zeitung«, meinte er. »Alles andere ist nur das Fleisch auf den Knochen. Aber wir sind die Vertreter des echten Journalismus, der die Welt verändern kann.«

Als ich ihn um ein paar Tipps für meine Karriere als Journalist bat, schwieg er zunächst eine Weile. Er roch ein wenig nach Sake, als er zu sprechen begann, und später erfuhr ich, dass er an diesem Morgen bis fünf Uhr getrunken hatte. Jetzt war es neun Uhr, und wahrscheinlich hätte er nicht so offen geredet, wenn er total nüchtern gewesen wäre.

»Zeitungsjournalismus ist keine höhere Mathematik«, sagte er dann. »Das Muster steht fest. Man hält sich an das Muster und baut darauf auf. Das ist wie in einem Kampfsport. Sie lernen eine Übung, die Sie ständig wiederholen, und verinnerlichen so die grundlegenden Bewegungen. Genauso ist es bei uns. Es gibt etwa drei oder vier Arten, über Gewaltverbrechen zu schreiben. Sie müssen sich den Stil einprägen, Lücken füllen und Fakten ermitteln. Der Rest kommt von selbst. Ein guter Reporter muss acht Regeln einhalten, Jake.

Erstens: Geben Sie nie Ihre Quellen preis. Wenn Sie Ihre Informanten nicht schützen, traut Ihnen niemand mehr. Alle Knüller basieren darauf, dass die anonym bleiben, von denen Sie die Informationen erhalten haben. Das ist das A und O des Journalismus. Ihr Informant ist Ihr Freund, Ihre Geliebte, Ihre Ehefrau und Ihre Seele. Wenn Sie Ihre Quelle verraten, verraten Sie sich selbst, dann sind Sie kein Journalist, nicht einmal ein richtiger Mann.

Zweitens: Schreiben Sie einen Artikel so schnell wie möglich. Denn Nachrichten sind kurzlebig. Wenn Sie eine Chance verpassen, ist die Geschichte vielleicht schon tot oder der Knüller ist geplatzt.

Drittens: Glauben Sie niemandem. Menschen lügen, Polizisten lügen, sogar Ihre Kollegen lügen. Gehen Sie davon aus, dass Sie belogen werden, und seien Sie vorsichtig.

Viertens: Besorgen Sie sich jede Information, die Sie kriegen können. Menschen sind gut und schlecht, Informationen nicht. Bei

Informationen spielt es keine Rolle, wer sie Ihnen gibt oder wie Sie sie erlangt haben. Wichtig sind nur ihre Qualität und ihr Wahrheitsgehalt.

Fünftens: Sie brauchen ein gutes Gedächtnis und eine gewisse Ausdauer. Was die Leute verdrängen, sucht sie manchmal in ihren Träumen heim. Was ein unbedeutender Fall zu sein scheint, kann sich später zu einem Knüller entwickeln. Behalten Sie die laufenden Ermittlungen und deren Fortgang im Auge. Lassen Sie sich nicht von dem steten Strom neuer Nachrichten von den noch offenen Geschichten ablenken.

Sechstens: Sichern Sie Ihre Artikel dreifach ab, vor allem wenn sie nicht auf offiziellen Verlautbarungen der Behörden beruhen. Wenn Sie die gleichen Informationen aus drei verschiedenen Quellen erhalten, sind sie wahrscheinlich echt.

Siebtens: Schreiben Sie den Text wie eine umgekehrte Pyramide. Redakteure kürzen von unten nach oben. Was wichtig ist, steht oben, die banalen Details stehen unten. Wenn Ihr Artikel es bis in die Ausgabe schaffen soll, muss er leicht zu kürzen sein.

Achtens: Lassen Sie nie Ihre persönliche Meinung in einen Artikel einfließen. Überlassen Sie das anderen, Experten oder Kommentatoren. Objektivität ist subjektiv.

Das ist alles.«

Das Ganze war ein erstaunlich offener Ratschlag von einem Mann, der als eher hinterlistig galt. Immerhin hatte Inoue einige Male mit harten Bandagen kämpfen müssen, um es so weit zu bringen. Zunächst war er Regionalreporter gewesen, also quasi ein Bürger zweiter Klasse, denn die wanderten von einem Regionalbüro zum anderen, ohne jemals mehr als ein paar Jahre im Hauptbüro zu verbringen. Deshalb konnten sie auch nicht über die großen Ereignisse schreiben oder in Tokio Karriere machen. Doch Inoue hatte das System überlistet. Irgendwie war es ihm gelungen, in die Landesredaktion aufzusteigen und in den Presseclub der Tokioter Polizei aufgenommen zu werden.

Wie jeder *Yomiuri*-Mitarbeiter wusste er, dass die Abteilung für nationale Nachrichten der richtige Platz für einen angehenden Enthüllungsjournalisten war. Aber es war schwer, dort einen Job zu bekommen, und ihn zu behalten war noch schwerer. Es hieß, dass diese Reporter am längsten arbeiteten, am meisten tranken, am häufigsten geschieden wurden und am frühesten starben. Ich weiß nicht, ob diese Behauptungen jemals statistisch erhärtet wurden, aber fast alle früheren und jetzigen Reporter in dieser Abteilung legen einen beinahe masochistischen Stolz auf ihren Status an den Tag.

Nach drei Tagen beim TMPD schickte man mich für zwei Tage in das Büro nach Chiba. Der Bürochef hieß Kaneko. Er hatte früher in der überregionalen Redaktion gearbeitet und war TMPD-Chefreporter gewesen. Das Büro war sauber und modern, es gab zwei Schreibtischgruppen sowie mehrere Faxgeräte auf Regalen, und alle Akten standen fein säuberlich in chronologischer Reihenfolge in Bücherregalen – das genaue Gegenteil des TMPD-Presseclubs.
Kaneko empfing mich herzlich. Er interessierte sich sehr für meine jüdische Herkunft. Wir setzten uns auf ein Sofa und er begann mich auszufragen, bis er schließlich die Frage stellte, die ihn wirklich interessierte: »Sprechen Sie Hebräisch?«
Als ich verneinte, schien er enttäuscht zu sein. Daher fragte ich ihn, warum das für ihn wichtig war.
»Nun ja, auf den Straßen beim Bahnhof gibt es eine Menge Israelis, die Armbanduhren, Schmuck und Markenwaren verkaufen – natürlich alles gefälscht«, antwortete er. »Und ich vermute, dass sie der Yakuza Schutzgeld zahlen müssen.«
Damals wusste ich noch nicht viel über die Yakuza, nur dass sie Gangster waren und manchmal Gewalt anwendeten.
Kaneko bot mir eine Zigarette an, während er weitersprach.
»Da Sie ein *gaijin* sind, könnten Sie vielleicht mit ihnen reden und etwas herausfinden. Interessant wäre, welchen Anteil die Yakuza bekommt und wie der Handel abgeschlossen wird. Was meinen Sie?«
Natürlich war ich begeistert.
Nun rief Kaneko einen Reporter namens Hatsugai zu sich und ernannte ihn zu meinem Redakteur. Ich bekam einen Füller, einen Notizblock und einen Kassettenrekorder, und 30 Minuten nach meiner Ankunft im Büro wurde ich schon losgeschickt.

Die Straßenverkäufer standen überall, vor allem in der Nähe des Bahnhofs. Die meisten von ihnen waren anscheinend Israelis auf Asienreise, und sie verkauften Waren, die sie in Nepal oder Tibet erstanden hatten. Einige hatten gefälschte Markenuhren und Handtaschen aus Thailand. Ich setzte mich in einen Mister-Donut-Imbiss gegenüber von einem Verkäufer und begann mit meiner Überwachung.

Nach zwei Tagen und vielen Donuts sah ich zwei Japaner in weißen Hosen, grellen bedruckten Hemden und mit Dauerwelle, die auf einen israelischen Verkäufer zugingen. Es waren eindeutig Ganoven. Einer von ihnen war groß und hatte eine breite Stirn, aber der Kleine ging voraus. Sofort verließ ich die Imbissstube und schlenderte an ihnen vorbei.

Die beiden stellten sich an die Seiten des Tisches des Händlers, und ich konnte hören, wie der kleinere Gangster vier oder fünf Worte zu dem Israeli sagte. Ein Wort war *shobadai*, das ich noch nie zuvor gehört hatte. Der Händler murmelte etwas auf Hebräisch, zog ein Banknotenbündel aus einer Schublade und überreichte es dem kleinen Japaner. Dieser gab es an seinen größeren Kollegen weiter, der die Geldscheine ganz dreist in aller Öffentlichkeit zählte, dann einsteckte und den Händler dann mit seinen Waren allein ließ.

Nun ging ich zu dem Israeli, betrachtete seinen Schmuck und sagte mitfühlend: »Ich wusste gar nicht, dass Sie für einen Straßenstand Miete zahlen müssen.«

Der Mann warf seinen Pferdeschwanz zurück und sah mich misstrauisch an. Dann entspannte er sich, da er mich wohl für einen Landsmann hielt. »Ich muss zahlen, damit die Bullen oder diese Kerle mich in Ruhe lassen. Sie kriegen 35 Prozent von allen meinen Einnahmen.«

»Aber woher wissen die denn, was Sie einnehmen?«

»Sie sehen, was auf dem Tisch liegt und wissen genau, was fehlt, wenn sie wiederkommen. Man kann sie nicht reinlegen.«

»Warum gehen Sie nicht zur Polizei?«

»Mann, Sie müssen hier neu sein. Ich habe ein Touristenvisum, und wenn ich zur Polizei gehe, dann lande ich im Knast. Das wissen die Yakuza, und ich weiß es auch. So ist es eben, wenn man hier Geschäfte machen will. Man hat keine Wahl.«

»Mist!«, sagte ich. »Ich wollte eigentlich auch in dieses Geschäft einsteigen. Ich habe keine Lust mehr, Englisch zu unterrichten.«

»Man verdient nicht schlecht«, gab der Händler zu, »etwa 100 000 Yen (rund 1000 Dollar) am Wochenende. Aber in Yokohama soll das Geschäft noch besser laufen.«

Ich bot ihm ein paar Donuts an, und er erzählte mir von seinen Abenteuern in Thailand. Etwa 30 Minuten später kamen ein anderer Israeli und seine japanische Freundin in einem Lieferwagen an und luden ihre Ware aus.

Händler eins stellte mich vor, Händler zwei hieß Easy und begann sofort, sich mit starkem hebräischem Akzent über die Gangster zu beklagen. »Ich hasse diese Dreckskerle! Je mehr wir verdienen, desto mehr nehmen sie uns ab. Am liebsten würde ich ihnen gar nichts geben, aber Keiko«, und dabei zeigte er auf seine Freundin, »hält das für keine gute Idee.«

Keiko nickte, dann fragte sie: »Kennen Sie die Sumiyoshi-kai?«

Selbst ich hatte von der Sumiyoshi-kai, einer der größten Yakuza-Gruppen in Tokio, gehört und wusste, dass es nicht ratsam war, ihr in die Quere zu kommen. Wenn die Händler weiter Geschäfte machen wollten, mussten sie sich an die Spielregeln halten.

Nachdem ich ins Büro zurückgekehrt war, berichtete ich Kaneko von dem Gespräch. Er war sehr erfreut über meine Erkenntnisse.

»Was bedeutet *shobadai*?«, fragte ich ihn.

»Das ist ein Slangausdruck für Miete. *Basho* bedeutet Platz, und *dai* bedeutet Geld. Aber statt *bashodai* sagen die Yakuza *shobadai*. Sie verdrehen gern die Buchstaben, damit normale Leute sie nicht verstehen. Es ist der übliche Jargon, ein Wort, das das Ausnehmen der Straßenhändler bezeichnet.«

Dann forderte Kaneko mich auf: »Schreiben Sie den Artikel.«

Das war der Sprung ins kalte Wasser! Der Ausgangspunkt war, dass die Yakuza ausländische Straßenhändler erpresste, die sich nicht bei der Polizei beschweren konnten, und dass dies eine Einkommensquelle für das organisierte Verbrechen war. Ich bemühte mich wirklich, aber der Artikel war furchtbar, denn ich wusste nicht viel über die Gesetze gegen das organisierte Verbrechen, die damals noch neu waren, und ich hatte keinen Kontakt zur Polizei, um die Story zu vertiefen.

Als Hatsugai den Artikel überflog, meinte er höflich: »Nicht schlecht, ein guter Anfang. Ich werde mit der Polizei in Chiba reden und sehen, was die von der Sache hält. Dann schmeißen wir unser Material zusammen und versuchen, das Ganze in der Lokalzeitung unterzubringen.«

Als ich am nächsten Montag ins Büro kam, begrüßte mich Kaneko aufgeregt. »Adelstein, große Neuigkeiten! Da heute nicht viel los ist, kommt Ihr Artikel in die überregionale Ausgabe. In die Abendausgabe!«

Er versicherte mir, dass es ein großer Erfolg für einen Reporter aus einem Regionalbüro sei, in der überregionalen Ausgabe gedruckt zu werden. Er war mindestens so begeistert wie ich.

Die Schlagzeile lautete: »Ausländische Straßenhändler Zielscheibe des organisierten Verbrechens. Yakuza beutet illegale Händler, die keinen Polizeischutz anfordern können, aus und erpresst von ihnen Geld.« Das war zumindest an diesem Tag eine Nachricht für die ganze Nation. Natürlich stand mein Name nicht unter dem Text – er fehlte meist sogar bei altbewährten Reportern, also kein Grund zur Klage.

Alles in allem war es eine respektable Leistung, und Inoue rief mich am selben Morgen an und gratulierte mir. Ich war mit einer Schlagzeile in die überregionale Ausgabe gekommen, obwohl ich noch nicht einmal eingestellt war!

Da ich mich nun doch ein wenig selbstsicherer fühlte, beschloss ich, noch etwas herumzureisen, bevor mein Leben als Arbeitnehmer anfangen würde. Die *Yomiuri* vergab zinslose Darlehen an neue Angestellte, damit diese vor Arbeitsbeginn ins Ausland reisen konnten. Es war ein reizvolles Angebot und machte natürlich gleichzeitig aus Mitarbeitern Schuldknechte. Doch ich wollte das Angebot nutzen, um ein paar Monate in Hongkong zu verbringen und die chinesische Kampfkunst *wing chun* zu studieren, die mich schon seit Langem interessierte. Doch leider riefen mich Mitarbeiter der Zeitung an, um mir mitzuteilen, dass mein Visum nicht verlängert worden sei und ich sofort zurückkommen und mich darum kümmern müsse, da ich sonst keinen Job bekommen würde.

Die Einreisebehörde befand sich nur drei Minuten vom Hauptbüro der *Yomiuri* entfernt in einem baufälligen Haus. Im Erdgeschoss und im ersten Stock wimmelte es nur so von mürrischen Ausländern. Ich war per Postkarte aufgefordert worden, dort vorzusprechen, und musste über eine Stunde lang warten, bis ich in das entsprechende Zimmer gerufen wurde.

Mein Gesprächspartner war ein alter Bürokrat mit vielen Goldzähnen und grauem Haar, das er mit Pomade an die Seiten geklebt hatte. Da er offenbar lieber englisch mit mir reden wollte, tat ich ihm den Gefallen.

»Sie werden vom nächsten April an für die *Daily Yomiuri*[3] arbeiten?«

»Nein, ich werde von diesem April an für die japanische *Yomiuri* arbeiten.«

»Die japanische *Yomiuri*?«

»Ja, die japanische Ausgabe.«

»Dann sind Sie Fotograf?«

»Nein, ich werde als Journalist arbeiten.«

»Als Journalist? Schreiben Sie japanisch?«

»Ja, und deshalb arbeite ich für die japanische *Yomiuri* und nicht für die *Daily Yomiuri*.«

»Also die japanische *Yomiuri*?«

»Ja genau.«

»Wenn Sie japanisch schreiben, ist das dann internationale oder nationale Arbeit?«

»Das weiß ich nicht. Das müssen Sie doch wissen.«

»Hm. Haben Sie einen Vertrag?«

---

3 Die *Daily Yomiuri* ist eine englischsprachige Ausgabe der *Yomiuri Shimbun* mit einigen eigenständigen Artikeln. Großteils besteht der Inhalt aus übersetzten Artikeln aus der japanischen *Yomiuri*. Einige ausländische Journalisten und Korrespondenten in Tokio arbeiten zeitweise dort, und es gibt sehr gute Artikel. Die meisten Japaner aber betrachten es als Degradierung, Folter oder Strafe, wenn sie zur *Daily Yomiuri* abgestellt werden, zumindest aber nur als Übergang, bis sie eine bessere Stellung in der Redaktion für internationale Nachrichten erhalten.

»Nein, keinen Vertrag, ich werde ein festangestellter Mitarbeiter sein, ein *seisha-in*[4].«

»*Seisha-in*? Aber Sie sind kein Japaner?«

»Soviel ich weiß, nein.«

»Dann brauchen Sie einen Vertrag.«

»Ich habe keinen Vertrag. Ich bin ein *seisha-in*, und die bekommen keinen Vertrag, die werden einfach für immer eingestellt.«

Er kratzte sich am Kopf und holte dann durch die Zähne Luft. »Ich denke, Sie sollten einen Vertrag unterschreiben und dann noch einmal zurückkommen.«

»Wann?«

»Wenn Sie den Vertrag haben.«

»Und an wen soll ich mich dann wenden?«

Das verwirrte ihn offenbar, denn er begriff, dass er die Verantwortung für mein Visum übernehmen musste. Nach einem kurzen Blick nach links, so als ob er überlegte, an wen er mich weiterreichen könnte, gab er mir zögernd seine Karte.

»Sie können mich anrufen.«

Ich verließ das Gebäude ziemlich verärgert, schließlich hatte ich einen Traum verwirklicht – ich hatte eine feste Anstellung in einem riesigen Unternehmen bekommen. Und jetzt sollte ich einem Vertrag hinterherlaufen. Aber ich wollte alles: den Job fürs Leben, die Krankenversicherung des Konzerns, die Visitenkarte, die nie endende Arbeit und auch noch ein besseres Visum.

Also ging ich im Hauptbüro der *Yomiuri* zum Empfang und bat darum, jemanden aus der Personalabteilung sprechen zu können. Als ein hohes Tier der Abteilung zu mir kam, erklärte ich ihm die Situation und auch, dass ich nicht begeistert von der Idee war, einen Vertrag mit der Firma abschließen zu müssen. Eigentlich ging ich davon aus, dass er irgendetwas Bürokratisches murmeln wür-

---

[4] Ein *seisha-in* ist ein Festangestellter. Im Jahr 1993 bedeutete das, dass man einen Job fürs Leben bekam. Einmal eingestellt, wurde man nie entlassen. In den Neunzigerjahren boten mehrere große Firmen solche Jobs an.

de und mich dann auf einen hastig formulierten Vertrag warten lassen würde.

Doch stattdessen sah er mich an und meinte: »Das ist das Dümmste, was ich je gehört habe. Wir haben Sie fest eingestellt, und das ist Ihr Status. Keiner Ihrer Kollegen bekommt einen Vertrag, und wir wollen Sie auch nicht anders behandeln.«

Dann nahm er die Visitenkarte des Immigrationsbeamten, sagte: »Ich kümmere mich darum« und schickte mich nach Hause.

Gleich am nächsten Morgen rief die Einreisebehörde an, und eine junge Frau fragte mich außergewöhnlich höflich, ob ich um 14 Uhr vorbeikommen könne, um den nötigen Papierkram zu erledigen.

Als ich nachmittags den Warteraum betrat, wurde ich sofort in das Büro von Mr. Goldzahn geführt.

»Ich muss mich für die Verwirrung entschuldigen. Aber Ihr Fall ist wirklich ungewöhnlich. Haben Sie Ihren Pass dabei?«

Ich überreichte ihm den Ausweis und schon fünf Minuten später kam er mit einem Dreijahresvisum zurück, das es mir erlaubte, in den Bereichen internationale Angelegenheiten und Geisteswissenschaften zu arbeiten. Dann wünschte er mir viel Glück und schob mich nervös zur Tür hinaus.

Ich kann nicht sicher sagen, ob ein entsprechender Telefonanruf der Grund dafür war oder ob es sich vielleicht um eine ganz normale Prozedur handelte. Auf jeden Fall war ich beeindruckt und meinte zum ersten Mal die Macht zu spüren, die die *Yomiuri* besaß.

An diesem ersten April wurden alle 60 Neulinge als *Yomiuri*-Mitarbeiter vereidigt. Die Zeremonie fand in der Zentrale des Unternehmens statt. Der Präsident der Firma hielt eine Rede, unsere Namen wurden verlesen, Fotos wurden geknipst. Viele der Neulinge kannte ich bereits von früheren Veranstaltungen.

Nach der Zeremonie lud mich Matsuzaka, der Sophia-Absolvent, der sich für mich eingesetzt hatte, zu ein paar Drinks ein. Zu diesem Zeitpunkt meiner Karriere trank ich noch keinen Alkohol, doch wir gingen dennoch in eine kleine Bar in Ginza. Aus den Lautsprechern in der Decke tönte John Coltrane, und die Marmortische und die Bar glänzten so, dass sogar das gedämpfte Licht in ihnen funkelte. Es war ein schönes Lokal, nicht die übliche Kneipe, die *Yomiuri*-Reporter sonst anlockte.

Ich bestellte Cola und begann zu schwärmen, wie sehr ich mich darauf freue, einem Büro zugewiesen zu werden und das Handwerk von Grund auf zu lernen.

Doch Matsuzaka unterbrach mich gleich mit einer Geste. »Hier geht es nicht ums Lernen, sondern ums Verlernen. Sie müssen alte Verbindungen kappen, Gewohnheiten aufgeben, Vorurteile überwinden, alles vergessen, was Sie zu wissen glauben. Das ist das Erste, was Sie lernen werden. Wenn Sie ein hervorragender Reporter sein wollen, müssen Sie Ihr bisheriges Leben hinter sich lassen. Sie müssen Ihren Stolz, Ihre Freizeit, Ihre Hobbys, Ihre Vorlieben und Ihre Meinungen aufgeben.

Wenn Sie eine Freundin haben, wird sie Sie verlassen, sobald Sie keine Zeit mehr haben, und Sie werden sehr wenig Zeit haben. Ihren Stolz müssen Sie ablegen, weil alles, was Sie zu wissen glauben, falsch ist.

Sie müssen freundlich zu Leuten sein, die Sie aus politischen, gesellschaftlichen oder moralischen Gründen nicht mögen. Sie müssen sich den höhergestellten Reportern fügen. Sie dürfen nicht über Leute urteilen, sondern müssen lernen, den Wert der Informationen zu beurteilen, die sie Ihnen geben. Sie haben weniger Zeit, um zu schlafen, Sport zu treiben oder Bücher zu lesen. Ihr Leben wird sich darauf beschränken, die Zeitung zu lesen, mit Ihren Informanten etwas zu trinken, die Nachrichten anzuschauen, zu überprüfen, ob jemand Ihnen zuvorgekommen ist, und Termine einzuhalten. Sie werden mit Arbeit überschwemmt sein, die Ihnen sinnlos und dumm erscheint, aber Sie werden sie trotzdem erledigen.

Sie werden lernen, nicht die Wahrheit zu suchen, die Ihnen am liebsten wäre, sondern die echte Wahrheit, und Sie werden sie so formulieren, wie sie ist, nicht so, wie Sie es gerne hätten. Es ist ein wichtiger Job. Journalisten sind die einzige Kraft in diesem Land, die die anderen Kräfte zügelt. Sie sind die obersten Hüter der zerbrechlichen Demokratie, die wir in Japan haben.

Lösen Sie sich von Ihren Vorurteilen, Ihrer Würde und Ihrem Stolz, und machen Sie Ihre Arbeit. Wenn Sie das schaffen, können Sie ein großartiger Journalist werden.«

Das alles sagte er ohne Pause in einem ganz ruhigen Monolog. Mir war klar, dass er lange darüber nachgedacht haben musste.

Aber er war noch nicht fertig.

»Und eines noch: Seien Sie vorsichtig, sonst verlieren Sie alles, was Ihnen wichtig ist, und sich selbst auch. Es ist ein heikler Balanceakt. Manche Leute geben alles für ihren Beruf auf, ohne davon zu profitieren. Diese Firma wird für Sie sorgen, solange Sie nützlich sind, und wenn Sie nicht gerade ein Verbrechen begehen, wird man Sie nie entlassen. Ihr Arbeitsplatz ist sehr sicher. Aber als Reporter sind Sie ein Verschleißteil. Wenn Sie nicht mehr nützlich sind, bleiben Sie kein Reporter, dann müssen Sie etwas anderes machen. Ein Reporter hat in diesem Unternehmen eine kurze Halbwertszeit. Genießen Sie Ihren Status, solange Sie ihn haben. Leben Sie einfach, verzichten Sie auf Dinge, die Sie nicht brauchen, aber sorgen Sie dafür, dass Sie etwas Wichtiges hinterlassen.«

Danach wechselte er abrupt das Thema und sprach über Baseball, einen Sport, über den ich trotz meiner amerikanischen Wurzeln wenig wusste.

Ich war nicht zum ersten Mal davon überrascht, wie ernst die Leute bei der *Yomiuri* ihren Beruf nehmen. Japanische Journalisten gelten bei ausländischen Medien oft als kriecherische Büroarbeiter, aber das ist nicht ganz richtig.

Während ich noch über Matsuzakas Worte nachdachte und vorgab, bestens über amerikanische Freizeitbeschäftigungen Bescheid zu wissen, kam eine junge Reporterin zu uns, deren Einstellung Matsuzaka vor ein paar Jahren ebenfalls unterstützt hatte. Sie war ärgerlich, weil man sie aus einem Regionalbüro geholt hatte, nur um einige Monate lang am Layout mitzuarbeiten. Doch Matsuzaka erklärte ihr, dass dies ein Teil des Prozesses sei, den alle durchlaufen müssten, ehe sie in die Reporter-Oberliga aufsteigen dürften, eine Art Initiationsritual.

Dann schickte er uns im selben Mietwagen nach Hause. Die *Yomiuri* verfügte über eine eigene Autoflotte, die Reporter zu Interviews, Pressekonferenzen und manchmal auch nach Hause brachte. Als ich einstieg, meinte Matsuzaka:

»Jake, Sie gehen nach Urawa. Das ist ein harter Job. Das Büro ist spartanisch eingerichtet und liegt im Herzen von Saitama. Aber es ist eine interessante Aufgabe, weil Sie die Chance haben, für die Landesausgabe zu schreiben. Und Sie werden eine Menge schreiben, Sie werden sehr beschäftigt sein.«

»Urawa? Ist das in der Nähe von Tokio?«

»Ganz in der Nähe. Aber wenn Sie dort sind, wird es Ihnen vorkommen, als läge Tokio auf der anderen Seite des Planeten. In Urawa sind alle extrem beschäftigt. Aber denken Sie an das, was ich Ihnen gesagt habe. Geben Sie nicht auf. Wir setzen große Hoffnungen in Sie.«

Als wir nach Hause fuhren, erzählte ich Matsuzakas Schützling, dass man mich nach Urawa schicken werde. Ihre Antwort lautete: »*Goshushosama desu.*« Diesen Ausdruck benutzt man auf Beerdigungen, um sein Beileid auszudrücken.

Saitama ist eine große, halb ländliche, halb vorstädtische Präfektur gleich außerhalb von Tokio, und Urawa ist eine riesige Wohnstadt, aus der müde Arbeiter in die Hauptstadt strömen.

Saitama. Ein Ort, den städtische Japaner so uncool finden, dass sie daraus ein Adjektiv gemacht haben: *dasai,* »nicht angesagt, langweilig«.

LOS, IHR FLASCHEN,
PACKT EURE NOTIZBLÖCKE!

Dem Büro in Urawa eilte ein übler Ruf voraus. Ein Reporter, der früher einmal dort gearbeitet hatte, schrieb in der Zeitschrift *Tsukuru* einen vernichtenden Artikel mit dem Titel »Yomiuri Shimbun: drei Monate der Desillusionierung«. Und für den, dem das noch nicht reichte, gab es noch den Untertitel: »Enttäuschung, Verzweiflung, Leiden und zum Schluss die Entscheidung«.

Der Artikel beschrieb die endlose Reihe von banalen Aufgaben, die man dem Autor aufgezwungen hatte. Er musste sieben Tage in der Woche jeweils 24 Stunden lang zur Verfügung stehen. Ein Redakteur bekam einen Wutanfall, weil der Reporter ein *kanji*, ein chinesisches Schriftzeichen benutzt hatte, das nicht auf der offiziellen Liste der Zeitung stand. Er beschimpfte den jungen Mann und warf ihm eine Sandale an den Kopf. Um sechs Uhr abends stank das ganze Büro nach Sake, weil der Redakteur den Arbeitstag für beendet erklärte und dann immer eine Flasche öffnete.

In meinem ersten Jahr bei der Zeitung bestätigten sich diese Eindrücke teilweise. Doch das erste Jahr als Reporter ist in Japan ein ausgeklügeltes Initiationsritual, unterbrochen von einigen Arbeitseinsätzen. Wenn der Neuling die Zeit übersteht, geht es ihm ein wenig besser. Wer Glück hat, bekommt dann selbst neue Sklaven, die er herumschubsen kann, während er mehr Zeit hat, die Grundregeln des Journalismus zu entdecken.

Die *Yomiuri* hatte vor Kurzem beschlossen, ihre Truppen im Urawa-Büro zu verstärken, weil die ewige Konkurrentin, die *Asahi*, ihr Büro in Urawa ihrer *shakaibu*, also der Redaktion für Tokio und das Land, unterstellt hatte. Während unser Büro sich nur auf die mageren Ressourcen des Regionalbüros stützen konnte, standen der *Asahi* daher 100 Reporter zur Verfügung, die im Falle einer großen Story nach Saitama geschickt werden konnten. Deshalb hatte die *Yomiuri* sich dafür entschieden, die Arbeitskräfte aufzustocken.

Vier Frischlinge dienten in der Schlacht um Urawa als Kanonenfutter: Tsuji, Kouchi, Yoshihara und ich. In japanischen Firmen sind die Leute, die zeitgleich mit einem eingestellt werden, und vor allem jene, mit denen man seinen ersten Einsatz bestreitet, die familienähnlichste Gruppe, der man je angehören wird. Zwischen Kollegen, die *doki* sind, also »derselben Zeitphase« angehören, entsteht eine enge Bindung, die so lange besteht, wie sie in der Firma bleiben, oft sogar noch länger.

Ich hatte enormes Glück. Meine künftigen Kollegen gefielen mir auf den ersten Blick, als wir uns beim *Yomiuri*-Gelöbnis zum ersten Mal trafen – und sie schienen mich auch zu mögen.

Jun Yoshihara war 22, also zwei Jahre jünger als ich, und sah wie ein Popstar aus. Er hatte an der Universität Waseda Volkswirtschaft studiert, war groß, fit und so bleichgesichtig, dass er wie ein Europäer wirkte. Eine kurze Zeit lang nannten wir ihn »The Face« (das Gesicht), und in Gedanken nenne ich ihn heute noch so.

Naoki Tsuji oder »Frenchie« war 25, ebenfalls Waseda-Absolvent und hatte französische Literatur studiert. Von uns vieren war er der Intelligenteste. Er war immer tadellos frisiert, trug maßgeschneiderte Anzüge und las ständig irgendeinen unbekannten japanischen Roman oder ein französisches Meisterwerk. Er strahlte Geist und gute Kinderstube aus.

Das alles passte natürlich überhaupt nicht zur *Yomiuri*, und wahrscheinlich wurde er deshalb von den älteren Reportern besonders schikaniert, die sich über seine bloße Existenz ärgerten. Vielleicht hätte er bei der *Asahi* mehr Erfolg gehabt. Heute ist Naoki ein erfolgreicher Autor, der vier Romane veröffentlicht hat.

Yasushi Kouchi hatte den Spitznamen »Chappy« (Kerlchen). Er war 24 und hatte ein Diplom in Internationalen Beziehungen der Universität Tsukuba. Da er früh seine Haare verloren hatte, sah er älter aus, als er war. Er war einer der zuverlässigsten Menschen, die ich

je kennengelernt habe, und seine rasche Auffassungsgabe hat mich
einige Male gerettet.

Wir waren schon eine sonderbare Truppe: »The Face«, Chappy, Frenchie und der *gaijin*. Aber wir halfen einander vom ersten Tag an. Und ich war sehr, sehr bald auf ihre Hilfe angewiesen, denn ein unbedeutender Vorfall hätte meine Karriere schon früh beenden können.
Es war der Abend vor unserem ersten offiziellen Arbeitstag. In einer *Izakaya*-Kneipe stieg eine Willkommensparty, und obwohl ich schrecklich erkältet war, ging ich hin, da das quasi Pflicht war.
Die ganze Belegschaft war da: Hara, der Chefredakteur mit der Figur eines Sumo-Ringers und einem tiefen, fröhlichen Lachen, in einem italienischen Anzug und mit einer Rolex. Er trug Dauerwelle, eine Brille, die der Nasenspitze gefährlich nahe saß, und seine Haare kringelten sich um die Ohren herum, sodass er fast ein wenig jüdisch aussah.
Ono, der nur leihweise im Urawa-Büro war, war der Chef der Polizeireporter in der Präfektur und somit der unmittelbare Vorgesetzte von uns Neulingen. Er sah wie eine kleinere Version von Hara aus, und seine Augen glichen Schlitzen in einem Kürbis. Ono war sehr stolz darauf, eigentlich *Shakaibu*-Reporter zu sein, und schon nach fünf Minuten hatte er klargestellt, dass er kein gewöhnlicher Regionalreporter war und nicht ewig hier in der Pampa bleiben würde.
Dann waren da noch Hayashi und Saito, die beiden Redakteure. Saito sprach einen solchen Dialekt, dass es sich anhörte, als fehlten ihm ein paar Zähne. Wenn er nüchtern war, konnte er sehr hilfsbereit sein. Hayashi war klein (und empfindlich, was diese Tatsache betraf) und galt als trinkfreudiger Sklaventreiber. Zum Glück für uns war er meist betrunken.
Shimizu, der für die Dateneingabe in den Computer verantwortlich war, hatte einen Schnurrbart, gelbe Zähne, keine Haare auf dem Kopf und gehörte zum unersetzlichen Inventar des Büros.
Yamamoto war hinter Ono die Nummer zwei unter den Polizeireportern und der Mann, der mein Mentor und bisweilen Folterer werden sollte. Sein Gesicht sah fast mongolisch aus. Nakajima, sein Handlanger, hatte ein langes Gesicht, keine Haare mehr und hatte auf dem College Naturwissenschaften als Hauptfach studiert. Er ent-

sprach dem klassischen Bild eines Wissenschaftlers: kühl, analytisch, trocken. Aber er war besser gekleidet als alle anderen.

Und schließlich Hojo, der Fotograf des Büros, dessen Nase so rot war und so viele geplatzte Blutgefäße aufwies, dass er Ire hätte sein können. Als Dienstältester durfte er ungestraft alles zu jedem sagen, und genau das tat er an diesem Abend.

Wir Neulinge mussten uns an den Tisch ganz hinten in der Kneipe stellen und uns vorstellen. Ono war der Erste, der unsere Becher mit Sake füllte, und danach verbrachten wir den Rest des Abends damit, seinen Becher zu füllen und dabei jedes Mal *kampai* (Prost) zu sagen. In Japan schenken Untergebene ihren Vorgesetzten Sake ein und nur gelegentlich erwidern Letztere den Gefallen.

Ono und Hara erzählten Geschichten aus dem Krieg, und ich versuchte, krank und angetrunken, dem Gespräch zu folgen. Plötzlich hob Hara sein Glas für einen Trinkspruch. Da der Sake leider meinen Schnupfen nicht geheilt hatte, bahnte sich mitten in Haras Toast auf einmal ein gewaltiger Niesanfall seinen Weg durch meine Nasenhöhlen und explodierte, bevor ich die Hand ans Gesicht führen konnte. Ein enormer Schleimball flog aus meiner Nase und streifte »The Face« und Chappy, ehe er sein Ziel traf: den arglosen Hara, meinen ersten Chef, der meine Zukunft in seinen Händen hielt.

Eine schreckliche Stille trat ein, die ewig zu dauern schien.

Dann schlug mir Chappy mit einer Zeitung auf den Kopf und johlte: »Jake, du bist wirklich ein Barbar!« Auch Yoshihara versetzte mir einen Hieb. Das brach das Eis, und alle lachten, auch Hara, der sich mit einer Serviette, die »The Face« ihm flink gereicht hatte, die Brille abwischte. Ich verbeugte mich ausgiebig, um mich zu entschuldigen, aber da schlug mir auch Hojo mit seiner Serviette auf den Kopf und fragte: »Weißt du, wie man dieses Ding benutzt, du Idiot?«

Innerhalb weniger Sekunden war aus einer furchtbar peinlichen Situation ein Scherz geworden. Sogar Ono amüsierte sich.

»Du bist wirklich ein mutiger *gaijin*«, meinte er, »ich kenne niemanden, der so etwas je getan und überlebt hat.«

Ich verbeugte und entschuldigte mich erneut, aber Ono machte eine wegwerfende Bewegung, als sei nichts geschehen. Er goss mir wieder Sake ein und befahl mir, auszutrinken.

Danach schleppte uns Shimizu in seinen Lieblingsclub, und ich kann mich nur noch daran erinnern, dass Ono laut Karaoke sang. Irgendwann schob mich jemand in ein Auto und schickte mich nach Hause.

Mein neues Apartment war klein und lag über einem traditionellen Teeladen mit Konditorei, fünf Minuten mit dem Fahrrad vom Büro in Urawa entfernt. 1993 wollten noch immer viele Leute nicht an Ausländer vermieten, aber die Firma hatte die Wohnung für mich besorgt und als Bürge unterschrieben. Das Wundervollste daran war das Badezimmer. In meinen fünf Jahren als College-Student in Japan hatte ich nie in einem Apartment mit eigenem Bad gewohnt. Deshalb musste ich entweder das öffentliche Bad oder eine Münzdusche benutzen. Fünf Minuten heißes Wasser für 100 Yen in der Münzdusche, 300 Yen für das öffentliche Bad.

Als ich meinen schmerzenden Körper in dieser Nacht in meiner eigenen Badewanne ausstreckte und dabei hoffte, nur einen leichten Kater zu bekommen, fühlte ich mich großartig. Ich hatte einen Job, hatte einen potenziell tödlichen Niesanfall überlebt und besaß eine Badewanne. Kann ein Mensch sich mehr wünschen?

Am nächsten Tag, dem 15. April 1993, erschien ich morgens um halb neun im Urawa-Büro der *Yomiuri Shimbun* und setzte mich mit den anderen Neuankömmlingen in die Eingangshalle. Verglichen mit dem makellosen Büro in Chiba war dieses Büro, milde ausgedrückt, ein Rückschritt. Chappy holte tief Luft und sagte: »Das ist ein Rattenloch. Ich hatte mir etwas Besseres erhofft.« Frenchie meinte: »Es sieht auf jeden Fall nicht aus wie das typische Zeitungsbüro in der Firmenbroschüre.« »The Face« murmelte nur, er habe von noch schlimmeren Büros gehört.

Das Büro belegte den größten Teil des ersten Stocks eines Bürogebäudes in einer Wohngegend. Nur der Chef hatte sein eigenes Zimmer mit Tür, der Rest des Büros war offen, keine Kabinen, keine Privatsphäre. Der Empfangsbereich am Fenster war nicht besonders gemütlich. Drei Kunstledersofas standen um einen langen Tisch, der mit Zeitungen überladen war. Auch unter ihm stapelten sich Zeitschriften. Die Jalousien an den Fenstern waren mit einer Nikotinschicht bedeckt, die wie Fliegenleim alles einfing, von Staub bis zu Insekten.

Es gab zwei große Schreibtischgruppen. Die beiden Redakteure hatten den Tisch nahe der Mitte. Die älteren Reporter saßen an den drei Tischen im hinteren Teil des Raumes und genossen den Luxus eines Sofas an der Wand. Es gab auch eine Dunkelkammer und neben ihr einen Raum mit einer Tatamimatte, wo die Nachtschicht schlief. Dort gab es auch ein Bad mit Dusche und einen Schreibtisch mit Schubladen voller Pornos. Die Redakteure konnten da ihre Nickerchen machen, aber für die anderen Reporter war er tagsüber tabu. Die Schreibtische der vier Neuen standen mitten im Büro. Dort waren wir am verwundbarsten.

Auf fast jedem Schreibtisch stand ein Tastentelefon, aber damals noch kein Computer. Es gab eine zentrale Datenstelle, wo Artikel eingetippt und zum Redigieren ans Hauptbüro geschickt wurden. Wir mussten unsere Artikel telefonisch an diese Stelle durchgeben, und Shimizu tippte sie dann noch einmal ab und formatierte sie. Das Ganze war ziemlich ineffizient.

Ono kreuzte gegen neun müde und schlecht gelaunt auf. Anscheinend hatte er in dem Anzug geschlafen, den er am Abend zuvor getragen hatte. Er stellte sich vor den Empfangstisch und starrte uns an.

»Wer zum Teufel hat euch gesagt, dass ihr hier sitzen dürft?«, schrie er.

Wir standen sofort auf.

Doch dann lachte er, und wir durften uns wieder setzen. Dann überreichte uns Nakajima ein Exemplar des Handbuchs für Polizeireporter, Version 1.1 mit dem Titel *Ein Tag im Leben eines Polizeireporters*, einen Beeper, den wir an der Hüfte tragen sollten und der immer eingeschaltet sein musste, und einige Dokumente: Artikelsammlungen, eingeteilt in Kategorien wie Raub, Mord, Körperverletzung, Brandstiftung, Drogen, Organisiertes Verbrechen, Preisabsprachen, Verkehrsunfälle und Taschendiebstahl.

»Dies sind Beispiele für Artikel, die ihr als Polizeireporter schreiben werdet«, erklärte Nakajima. »Schaut sie euch genau an und prägt euch den Stil ein. Ich erwarte, dass ihr das in einer Woche auch könnt. Hier habt ihr alles, was ihr braucht, um einen Artikel zu schreiben. Also, an die Arbeit!«

Das war der Anfang und das Ende unserer offiziellen Ausbildung zu Polizeireportern.

Der nächste Punkt auf der Tagesordnung war die Aufzählung unserer täglichen Pflichten neben dem Schreiben. Wenn wir beispielsweise abends ins Büro kamen, mussten wir die Essensbestellungen der höherrangigen Kollegen entgegennehmen. Während der Nachtschicht mussten wir das Archiv auf den neuesten Stand bringen.

Die Regeln für das Archiv waren unglaublich kompliziert. Es war genau vorgeschrieben, wo wir das Datum eines Artikels notieren mussten, wie wir aufschreiben sollten, aus welcher Ausgabe er stammte, wo wir ihn abheften und eine Kopie ablegen mussten und mit welchem Vermerk Artikel der Landesausgabe und Titelstorys zu versehen waren. Das Handbuch für den Umgang mit dem Archiv war erheblich dicker als das Handbuch für Polizeireporter.

Zu unseren weiteren Pflichten gehörte auch das Schreiben von Minibiografien für eine Spalte mit dem Titel »Der kleine König unseres Hauses« in der kostenlosen Lokalzeitung des Verlages. Im Wesentlichen handelte es sich dabei um Geburtsanzeigen. Damit wir Erfahrungen mit Nachrichten aller Art sammelten, sollten wir auch die Ergebnisse lokaler Sportveranstaltungen notieren, Statistiken führen und Wettervorhersagen schreiben. Das alles erforderte natürlich unterschiedlichste Schreibstile.

Dann bekamen wir einen Monatsplan, aus dem hervorging, wer Frühschicht, Spätschicht oder Nachtschicht hatte und wer für den Sport zuständig war. Im Terminkalender einiger älterer Kollegen sah ich kleine Quadrate mit diagonalen Linien. Als ich fragte, was das sei, antwortete Nakajima:

»Das sind die Urlaubstage.«

»Aber bei uns fehlen diese Kästchen«, meinte ich.

»Das liegt daran, dass ihr keinen Urlaub habt«, antwortete er.

Gegen ein Uhr nachts erhielten wir einen Intensivkurs im Schreiben von Sportnachrichten. Plötzlich kam ein Anruf aus dem Polizeipresseclub. In Tsurugashima war ein Mann erstochen in einem Kombiwagen aufgefunden worden. Die Nachricht stammte von der Polizei der Präfektur Saitama, die anscheinend die Mordkommission einsetzen wollte.

Aufgeregt rief Ono: »Los, ihr Flaschen, packt eure Notizblöcke, eure Kameras und macht euch auf die Socken.« Morde waren in Saitama wie überall in Japan immer eine wichtige Nachricht, die landesweit von Bedeutung war – was viel über den Sicherheitsstandard eines Landes aussagt. Eine Ausnahme war es nur, wenn das Opfer ein Chinese, ein Yakuza, ein Obdachloser oder ein farbiger Ausländer war. Dann sank der Nachrichtenwert um 50 Prozent.

Ono erklärte das weitere Vorgehen: »Wir fahren an den Schauplatz des Verbrechens und machen Interviews. Ihr müsst alles über den Toten herausfinden – wer er war, wann man ihn zuletzt gesehen hat, wer an seinem Tod interessiert sein könnte – und ein Foto ergattern. Wir brauchen ein Porträtfoto. Es ist mir egal, woher ihr es bekommt, aber bringt es mit. Wenn ihr irgendetwas Interessantes findet, dann informiert den Reporter im Presseclub oder das Urawa-Büro. Los jetzt.«

Also brachen wir auf. Da neue Mitarbeiter in den ersten sechs Monaten noch kein Auto fahren durften, fuhren zwei von uns mit Yamamoto und anderen Reportern mit und die anderen beiden riefen ein Taxi.

Die Fahrt von Urawa nach Tsurugashima dauerte lang. Die Ortspolizei von Nishi Iruma hatte mit den Ermittlungen bereits begonnen und das Dezernat eins – für Mord und Gewaltverbrechen – des Polizeihauptquartiers der Präfektur hatte seinen Chef geschickt. Als ich am Tatort eintraf, brachte mich Yamamoto auf den neuesten Stand: In der Nacht zuvor hatte die Ehefrau so gegen 23 Uhr den 41-jährigen Ryu Machida tot in einem Kombiwagen gefunden, der mitten in einem Industriegebiet stand. Er lag auf dem Rücksitz und hatte eine Stichwunde in der linken Brustseite. Offenbar war er verblutet. Machida war drei Tage vorher auf dem Weg zur Arbeit zuletzt gesehen worden. Da er nicht nach Hause gekommen war, hatte seine Familie bei der Polizei eine Vermisstenanzeige aufgegeben und schließlich um eine Suchaktion gebeten.

Ich war aufgeregt, endlich war ich mit offizieller *Yomiuri*-Visitenkarte und -Armband vor Ort. Aber der Tatort war abgeriegelt. Die Polizei hatte ein großes Gebiet um das Auto herum mit gelbem Band umzäunt, und auf einem Schild stand »Betreten verboten«. Es waren keine Menschen zu sehen. Pflichtbewusst ging ich herum, klopfte an Türen und versuchte, jemanden zu finden, der etwas gesehen hatte. Doch die meisten Leute blieben stumm vor Erstaunen, als sie mein weißes Gesicht sahen, und sagten dann, wenn sie sich erholt hatten, nur: »Nein.«

»The Face« und Chappy hatten auch nicht mehr Glück.

In einer Fabrik für Autoteile stellte ich mich einem älteren Angestellten als Jake Adelstein von der *Yomiuri Shimbun* vor. Seine Reaktion sollte ich, wie sich bald herausstellen sollte, noch öfters erleben:

»Ich brauche nichts.«

»Aber ich verkaufe nichts.«

»Ich habe schon eine Zeitung abonniert.«

»Ich verkaufe keine Zeitungen. Ich bin Reporter der *Yomiuri*.«

»Ein Reporter?«

»Ja, ein Reporter.« Dann überreichte ich ihm meine Visitenkarte.

»Hmmm.« Er las die Karte dreimal. »Aber Sie sind ein *gaijin*, nicht wahr?«

»Ja, ich bin ein *Gaijin*-Reporter, der für die *Yomiuri* arbeitet.«

»Und warum sind Sie hier?«

Solche oder so ähnliche Szenen erlebte ich mehrmals, weil mich alle zunächst für einen Zeitungsjungen hielten. Ein Mann in mittlerem Alter, der im Pullover an die Tür kam, beklagte sich sogar darüber, dass seine Morgenzeitung nicht rechtzeitig zugestellt wurde.

Also beschloss ich, meine Taktik zu ändern. »Hallo«, begann ich, »ich bin Reporter bei der *Yomiuri Shimbun* und arbeite an einem Artikel. Hier ist meine Karte. Es tut mir leid, dass ich Ausländer bin und Ihre Zeit in Anspruch nehmen muss, aber ich würde Ihnen gerne ein paar Fragen stellen.«

Das beschleunigte zwar den ganzen Prozess, aber die Ergebnisse waren immer noch gleich null. Doch meine Kollegen hatten auch nicht mehr Erfolg. Also wurden wir in die Firma geschickt, in der das Opfer gearbeitet hatte. Dort hatten sich bereits zahlreiche Reporter der anderen Medien versammelt. Da wir kurz nach Feierabend eintrafen, strömten die Arbeiter aus dem Gebäude, aber man hatte ihnen wohl verboten, mit der Presse zu reden, denn wir stießen auf eine Mauer des Schweigens.

Ich lief noch etwas umher, um vielleicht doch noch fündig zu werden, und stieß auf einen Mann in einem grünen Overall, der einen LKW belud. Als ich ihn grüßte, blinzelte er nicht einmal, als er mein unjapanisches Gesicht sah. Ich fragte ihn, ob jemand einen Grund gehabt haben könnte, seinen Kollegen umzubringen.

»Na ja, er hatte eine Affäre mit einer Kollegin«, antwortete er. »Und das wussten alle. Es könnte also seine Frau oder vielleicht seine Geliebte gewesen sein. Wollen Sie ihren Namen wissen?«

Natürlich wollte ich. Als ich Schwierigkeiten hatte, den Namen richtig aufzuschreiben, nahm er mir den Notizblock aus der Hand und notierte ihn. Ich dankte ihm überschwänglich, aber er winkte ab.

»Sie haben nichts von mir gehört, und ich habe nie mit Ihnen gesprochen.«

»Alles klar.«

»Yoshiyama, die Geliebte, ist seit ein paar Tagen nicht mehr zur Arbeit gekommen. Ende der Geschichte.«

Ich rief sofort Yamamoto von einem öffentlichen Telefon aus an. Aber ich war so aufgeregt, dass er mich zuerst nicht verstand. Nachdem ich mich etwas beruhigt hatte, ließ er sich alle Einzelheiten berichten. Dann wies er mich an, mit Yoshihara an der Sache weiterzuarbeiten.

Zunächst riefen wir jede Frau namens Yoshiyama, die wir im Telefonbuch finden konnten, an. Yoshihara stieß dann endlich auf die Richtige, denn ein Mann gab an, sie könne nicht ans Telefon kommen, weil sie gerade mit der Polizei rede. Volltreffer!

Unser nächster Befehl lautete, zur Pressekonferenz ins Revier der Polizei von Nishi Iruma zu gehen. Kanda, der Lokalreporter, war schon dort und sprach mit dem stellvertretenden Polizeichef. Junge Reporter der *Asahi* und von der Lokalzeitung in Saitama schwärmten herum, aber die dickste Menschentraube stand am Kaffeeautomaten.

Kanda hatte bereits einen Becher Kaffee in der Hand. Er war ein erfahrener Reporter, fleißig und aggressiv. Er trug eine Metallrandbrille, die den größten Teil seines Gesichts verdeckte, und hatte einen langen, fettigen Pony, der ihm über die Brille hing. Er rief mich zum Tisch des Polizeibeamten und stellte uns vor. Nachdem wir die üblichen Höflichkeiten ausgetauscht hatten, zog Kanda mich in eine Ecke, gratulierte mir zu meiner Arbeit, verbot mir aber, auf der Pressekonferenz etwas zu sagen.

»Wenn du auf einer Pressekonferenz eine wichtige Frage stellst, machst du deinen Knüller kaputt. Man fragt nur nach Einzelheiten zu Fakten, die ohnehin jeder kennt, nicht nach Details, die noch im Dunkeln liegen. Also schau zu und hör zu.«

Die Pressekonferenz fand in einem Konferenzraum im ersten Stock statt. Fernsehleute bahnten sich einen Weg durch die Menge, und Journalisten stellten ihre Kassettenrekorder auf das Podium, wo der Leiter der Mordkommission sprechen würde.

Er las alles vom Blatt ab: »Das Opfer, Machida, wurde anscheinend vor einigen Tagen getötet, wahrscheinlich an dem Abend, als er verschwand. Die lange Messerklinge durchdrang offenbar das Herz und tötete ihn sofort. Die offizielle Todesursache ist Blutverlust. Das Opfer wurde wohl im Auto getötet, da sich dort Blutspritzer befinden. Wir sprechen mit seinen Freunden und seinem Arbeitgeber, um Hinweise zu finden. Es wurde auch eine offizielle Ermittlungsgruppe gebildet, deren Namen wir heute Abend noch bekannt geben werden. Das ist vorläufig alles. Fragen?«

Zunächst hob niemand die Hand. Offenbar wollten die Journalisten bei der offiziellen Pressekonferenz keine wichtigen Fragen stellen, sondern die Polizisten lieber nach der Konferenz löchern. Trotzdem fühlte sich jemand dann doch verpflichtet, irgendetwas zu fragen.

»Ihren Berichten zufolge hat die Ehefrau die Leiche gefunden. Wie kam das?«

»Sie hat die Gegend mit einer Freundin abgesucht und das Auto stehen sehen. Der Tote befand sich darin.« Für mich war das ein wichtiger Hinweis.

»Wann wurde die Polizei darüber informiert, dass Machida vermisst wurde?«

»Zwei Tage nach seinem Verschwinden.«

»Warum hat die Familie so lange gewartet?« Diese Frage stellte ein *Asahi*-Reporter mit gerunzelter Stirn.

Doch der Polizist biss nicht an. »Tja, wie lange darf man denn warten? Würde Ihre Frau eine Vermisstenanzeige aufgeben, wenn Sie heute Nacht um zwei Uhr noch nicht zu Hause wären?«

»Meine Frau? Ganz bestimmt.«

Einige lachten. Der Rest der Pressekonferenz war unergiebig, und die Gruppe zerstreute sich dann auch schnell.

Wir fuhren zurück nach Urawa und verglichen unsere Notizen. Als Yamamoto gegen drei Uhr morgens vom Haus des Polizeichefs zurückkehrte, den er um weitere Informationen gebeten hatte, ergänzte er unsere Erkenntnisse. Die Frau, die Frau Machida bei der Suche geholfen hatte, war jene Yoshiyama, die angeblich eine Affäre mit ihm gehabt hatte. Für die Polizei war sie natürlich die Hauptverdächtige.

Der nächste Tag brachte nichts Neues. Wir befragten Nachbarn und konnten nachweisen, dass die Polizei Yoshiyama verhörte. Doch sie verweigerte die Aussage. Am Morgen des nächsten Tages gab sie jedoch ihrem Mann gegenüber alles zu. Nachdem er die Polizei gerufen hatte, wurde die Täterin festgenommen, und wir konnten die Nachricht gerade noch in der Abendausgabe unterbringen:

»Yoshiyama war Teilzeitbeschäftigte in der Firma, in der Machida arbeitete. Die beiden hatten seit Frühjahr des vergangenen Jahres eine Affäre, die Machida beenden wollte.

Am Zwölften trafen sie sich nach der Arbeit auf einem Parkplatz in der Nähe und unternahmen dann eine dreistündige Fahrt. Gegen 21 Uhr parkte Machida das Auto in der Nähe der Fabrik, und es kam zu einem Streit. Yoshiyama stach ihn mit einem langen Messer in die Brust und tötete ihn. Sie behauptete, Machida habe die Beziehung und sein Leben beenden wollen und sie habe ihm lediglich diesen Wunsch erfüllt. Yoshiyama war eine Bekannte von Frau Machida. Deshalb bot sie Frau Machida an, ihr bei der Suche nach ihrem Mann zu helfen. Die Polizei hat die Waffe noch nicht gefunden, wohl aber eine Saftdose mit Yoshiyamas Fingerabdrücken.«

Im September 1994 wurde Yoshiyama zu acht Jahren Zwangsarbeit verurteilt.

Das Ganze war kein besonders aufregender Fall, doch ich konnte ein paar Pluspunkte sammeln, weil ich so früh Hinweise auf die Täterin gefunden hatte. Natürlich war das mehr dem Glück als meinem Geschick zu verdanken, aber: Im Journalismus zählt immer das Ergebnis, nicht der benötigte Aufwand.

ERPRESSUNG, DIE BESTE FREUNDIN
DES JUNGREPORTERS

Nach einigen Monaten als Polizeireporter hatte ich mich mit mehreren Polizisten angefreundet, aber noch keinen einzigen Knüller gelandet. Was auch schwierig war, denn dazu musste ich von einem interessanten Fall Wind bekommen, den niederrangigen Beamten finden, der ihn bearbeitete, sein Vertrauen gewinnen, ihm seine Informationen entlocken und dann in der Hierarchie nach oben wandern, ohne dass die hohen Tiere merkten, dass ich unten bereits Informationen erhalten hatte.

Manchmal wartete ich stundenlang, bis ein Informant nach Hause kam, und konnte nur hoffen, dass er während eines kurzen Gesprächs ein paar verwertbare Krümel ausspucken würde. Wenn es sich um einen großen Fall handelte, traf ich den Informanten vielleicht tagelang nicht zu Hause an. 1993 waren solche Kontakte noch schwieriger, weil die meisten Leute kein Handy besaßen. Ich brauchte also immer auch Glück, um ihn am Arbeitsplatz, zu Hause oder irgendwo sonst anzutreffen.

Zudem musste ich mir von einer dritten Partei bestätigen lassen, dass ich über alle Fakten verfügte, und ich musste meinen Redakteur davon überzeugen, dass es kein Risiko war, einen Artikel zu veröffentlichen, ohne dass wir uns auf eine offizielle Pressemitteilung berufen konnten. Manchmal musste ich zu Verdächtigen nach Hause fahren, um zu überprüfen, ob sie verhaftet worden waren; denn in Japan werden die entsprechenden Namen nicht veröffentlicht. Wenn ich dann bereit war, den Artikel zu schreiben, und den Polizeichef darüber informierte, gab er oft eilig eine Pressemitteilung heraus und machte damit meinen Knüller – und alle meine Bemühungen – zunichte.

Trotzdem hatte ich Erfolg, und zwar auf die altmodische Weise: Erpressung.

Jeden Abend tippte ich meist langweilige Sportberichte, Geburtsanzeigen und Todesnachrichten und nahm die Essensbestellungen meiner Vorgesetzten entgegen. Dazwischen stieg ich auf mein Fahrrad, fuhr hinüber zum Polizeirevier Omiya und hing bei den Polizisten herum. Wenn sie nicht beschäftigt waren, setzte ich mich meist zu ihnen und wir plauderten ein wenig. Wir tranken grünen Tee und unterhielten uns über Politik, frühere Fälle oder das Fernsehprogramm. Oft brachte ich ihnen auch Donuts mit, die wohl kaum zur üblichen Kost der japanischen Polizisten gehörten, ihnen aber zu schmecken schienen.

Einer meiner Informanten, ein Bahnpolizist, erzählte mir von einem Berufstaschendieb, den man vor einigen Wochen geschnappt hatte und der zahlreiche Diebstähle gestanden hatte. Ich fand es erstaunlich, dass dieser Taschendieb jeden Tag im Anzug und mit Krawatte »zur Arbeit« ging – ein echter Profi also. Dass ähnliche Geschichten immer wieder in japanischen Nachrichten auftauchen, wusste ich damals noch nicht, daher erregte der Fall mein Interesse.

Nachdem ich die Hinweise dreifach geprüft hatte, war ich bereit, einen Artikel zu schreiben. Ich hatte alles, was ich brauchte – abgesehen von der Zahl der Straftaten, die er gestanden hatte, und die war die Grundlage für die Story. Da auch die Manager der Bahn sie nicht kannten, blieb mir nichts anderes übrig, als mit einem hohen Beamten der Polizei von Omiya zu reden, die den Fall bearbeitete.

Der Polizeichef hieß Fuji. Er galt als hervorragender Polizist, vor allem bei Verhören, aber die Reporter fanden ihn durchweg unsympathisch. Er war groß und mager, hatte die übliche dicke Brille auf der Nase und trug immer zerknitterte graue Anzüge. Schon um zehn Uhr morgens hatte er dunkle Schatten unter seinen Augen.

Ich glaube nicht, dass er mich sympathisch oder unsympathisch fand, sondern einfach nur lästig. Einer jener nervtötenden kleinen Reporter, die irgendwann von einem anderen Neuling abgelöst wurden, und in diesem Fall hoffentlich von einem Japaner. Ich sagte ihm, dass ich diesen Artikel schreiben wolle, und bat ihn um seine Zustimmung. Aber er ging nicht darauf ein.

»Wenn Sie genug zu wissen glauben, dann schreiben Sie ihn. Aber ich wette, dass Sie nicht wissen, wie viele Taschen er geleert hat, bevor wir ihn geschnappt haben. 10, 100, 200?«

»Es waren also über 100?«

»Sie wissen es nicht, oder?«

»Nein.«

»Tja, dann ist das wohl keine Story. Warum warten Sie nicht einfach eine Woche, dann bekommen Sie alle Details.«

»Nur ich?«

»Nein. Wir veröffentlichen die Ergebnisse in einer Woche, und Sie können dann alle Fragen stellen, die Sie haben.«

»Aber dann ist es keine Exklusivmeldung mehr.«

»Das ist nicht mein Problem. Ich mache nur den Papierkram, und meine Beamten ermitteln. Sobald wir alle Fakten beisammen haben, geben wir sie bekannt, und Sie schreiben darüber. Dann ist der Fall abgeschlossen.«

Dann rief er einen Polizisten zu sich und zeigte auf mich. »Würden Sie Adelstein-san bitte eine Tasse Tee bringen? Er arbeitet sehr hart und sieht durstig aus.« Er ließ mich an seinem Schreibtisch sitzen und Tee trinken, während er nach unten ging, um mit seinem Stellvertreter zu reden. Wahrscheinlich wollte er ihn warnen, dass ich herumschnüffelte.

Wenn ich ein Polizist gewesen wäre, hätte ich mich genauso verhalten. Mein Artikel würde ihm natürlich nicht das Geringste nützen. Ich hatte auch nicht den entsprechenden Namen, um ihm einen guten Artikel zu versprechen, und ich konnte ihm auch keine Informationen anbieten, die einen Handel ermöglicht hätten. Andererseits hatte er auch nichts zu verlieren. Denn der Artikel würde dem Ansehen der Polizei in der Umgebung sicher nicht schaden.

Bis zur Pressemitteilung blieb mir noch eine Woche. Also ging ich an diesem Abend wieder zu meinen Polizeifreunden, trank Tee und schaute fern. Auf einmal bemerkte ich ein Bild am Schwarzen Brett, die Phantomzeichnung eines Diebes, der große Elektronik- und Bekleidungsgeschäfte an einer wichtigen Straße der Stadt geplündert hatte. Der Text dazu beschrieb sein Aussehen, seine Vorgehensweise und jedes beraubte Geschäft in allen Einzelheiten.

»Habt ihr etwas dagegen, wenn ich ein Foto vom Revier mache?«, fragte ich wie beiläufig einen Beamten, der gerade an einem Marmeladendonut kaute. »Mein Vater ist Gerichtsmediziner in Missouri, und es würde ihn bestimmt interessieren, wie ein japanisches Polizeirevier aussieht.«
Die Männer waren gebührend beeindruckt davon und fragten mich über die Arbeit meines Vaters aus, während sie sich für die Fotos aufstellten. Ich dirigierte sie neben das Schwarze Brett und machte eine Nahaufnahme vom Phantombild.
Um 23 Uhr war ich wieder im Büro, aß ein Stück kalte Pizza, die noch im Kühlschrank lag, und entwickelte den Film – damals noch eine unangenehme Arbeit. Ich vergrößerte den Text, schnitt ihn aus, machte schlechte Kopien davon, zerknüllte sie und nahm die mieseste Version mit nach Hause. Ich wollte den Eindruck erwecken, als hätte ich eine Kopie von einem der Opfer oder einem örtlichen Händler erhalten oder sie aus einem Papierkorb gefischt. Niemand durfte wissen, dass ich das Schwarze Brett fotografiert hatte, als ich im Polizeirevier herumhing. Das hätte meinen Zugang zum Revier gefährdet, und meine Donut kauenden Freunde hätten Ärger bekommen.

Am nächsten Tag ging ich in eines der Geschäfte, sprach mit dem Chef über das Verbrechen und fragte ihn, ob er ähnliche Fälle kenne. Er zeigte mir seine Kopie des Polizeiberichts, wollte sie mir aber nicht geben. Gegen zwei Uhr nachmittags ging ich ins Revier von Omiya und bat erneut um ein Gespräch mit Fuji.
Fuji bot mir einen Platz an, stützte die Ellbogen auf den Schreibtisch und sah mich spöttisch an.
»Na, was macht die große Story?«, fragte er.
»Die habe ich aufgegeben.«
»Aufgegeben?«
»Ja, ich habe eine bessere. Ich werde einen Artikel über die jüngsten Ladendiebstähle in Omiya schreiben. Und wahrscheinlich werde ich auch dieses Phantombild abdrucken.«
Dabei zeigte ich ihm die Kopie, gab sie ihm aber nicht.
»Woher haben Sie das?«, fauchte er.

»Ich habe bereits mit einigen Opfer gesprochen.« Das war weder eine Antwort noch eine richtige Lüge, konnte aber so verstanden werden, wie ich wollte.

Fuji schimpfte: »Wir befinden uns mitten in den Ermittlungen. Wenn Sie das veröffentlichen, verschrecken Sie den Täter, und wir erwischen ihn nie.«

»Tja, das ist nicht mein Problem«, gab ich zurück. »Ich muss Informationen sammeln und sie so schnell wie möglich aufschreiben und veröffentlichen, zum Nutzen der Bevölkerung. Aber wenn Sie wollen, kann ich erwähnen, dass Sie noch ermitteln.«

»Schreiben Sie nichts darüber.«

»Ich bin Reporter. Ich muss schreiben, das ist mein Job. Ihre Aufgabe ist es, zu ermitteln und Verbrecher zu fangen, und ich muss auch ermitteln und meine Ergebnisse in die Zeitung bringen. Wenn ich nicht schreibe, arbeite ich nicht, und derzeit habe ich nichts Besseres für einen Artikel.«

Fujis Augen verengten sich hinter seinen dicken Brillengläsern. »Ich könnte Ihnen etwas viel Besseres bieten.«

»Und das wäre?«

»Ich gebe Ihnen Informationen über den Taschendieb, die noch keine andere Zeitung besitzt.«

»Schön, aber ich bin nur daran interessiert, wenn das Ganze absolut exklusiv ist.« Ich fand mich unverschämt frech.

»Das geht nicht. Wenn wir Sie bevorzugen, kommen alle anderen Reporter und beschweren sich, dass sie ungerecht behandelt werden.«

»Dann lassen Sie sie eben jammern. Ich muss meinem Chef in 30 Minuten mitteilen, was ich für die Morgenausgabe liefern kann. Und bis jetzt habe ich nur diesen Serieneinbrecher.«

»Warten Sie«, sagte er. »Geben Sie mir 30 Minuten.« Er winkte einer Polizistin, die eine Tasse grünen Tee brachte und vor mir auf den Tisch stellen wollte, als Fuji sie aufhielt. »Wäre Ihnen Kaffee lieber?«, fragte er.

»Nein, nein, Tee ist wunderbar.«

»Aber Sie bevorzugen Kaffee, oder?«

»Nun ja ...«

Fuji nickte der Frau zu.

»Sahne oder Zucker?«, fragte sie.

»Beides bitte.«

»Okay, warten Sie hier«, wies Fuji mich an, bevor er die Treppe hinunterstieg.

Der Pulverkaffee schmeckte schrecklich, aber immer noch besser als der grüne Tee.

Nach 20 Minuten kam Fuji zurück. »Also, kommen Sie morgen Mittag in die Dojo-Trainingshalle. Ich sage Ihnen dann alles, was Sie über den Taschendieb wissen wollen. Legen Sie sich aber Ihre Fragen vorher zurecht, denn ich mache das nur einmal.«

Das war's.

An diesem Abend erzählte ich Yamamoto von dem Handel. Er war erfreut und stinksauer zugleich.

»Du hast wegen dieser Story den Polizeichef erpresst?«

»Ich hab ihn nicht erpresst. Ich habe eine Story gegen eine andere getauscht.«

»Du hast ihn erpresst.«

»Habe ich ihm etwa gedroht?«

»Äh ... nein.«

»Dann ist es auch keine Erpressung.«

»Adelstein, du bist wirklich unbezahlbar. Du hast Mumm. Und raffiniert bist du obendrein.«

»Habe ich etwas falsch gemacht?«

»Bei dem Aufwand hättest du ihm eine bessere Story entlocken sollen. War der lausige Taschendieb wirklich alles, was du erreichen konntest?«

»Es gab sonst nichts.« »Na schön«, sagte er. »Besorg dir die Story, schreib den Artikel und ich versuche, das Ganze beim Ressortchef als Exklusivmeldung unterzubringen.«

Als ich am nächsten Tag in die Trainingshalle kam, wartete Fuji schon auf mich. Es saß mit gekreuzten Beinen auf der Tatamimatte und hatte ein Bündel Papiere auf dem Schoß. Nachdem ich die Schuhe ausgezogen hatte, betrat ich die Matte und setzte mich ihm in der *Seiza*-Stellung gegenüber: die Knie eng beieinander, die Füße unter dem Gesäß.

Fuji nahm die Brille ab, legte sie neben sich und schaute mich an. Also zog ich Notizblock und Kugelschreiber heraus.

»Adelstein.«

»Ja, Fuji-san.«

»Ihre Socken passen nicht zueinander.«

Ich schaute auf meine Füße. Es stimmte, ich trug eine graue und eine schwarze Socke. »Tut mir leid, aber heute Morgen hatte ich es etwas eilig.«

Fuji schüttelte den Kopf. »Sie sind ein komischer Typ. Zuerst habe ich Sie für etwas unbedarft gehalten, aber Sie scheinen genau zu wissen, was Sie tun. Andererseits können Sie nicht einmal die richtigen Socken anziehen.«

»Das stimmt wohl.«

»In den acht Jahren, seit ich Polizist bin, habe ich noch nie einem Reporter exklusive Informationen gegeben.«

»Es ist mir wirklich eine Ehre, der Erste zu sein.«

»Und der Letzte. Sie dürfen niemandem verraten, dass ich Sie in diesen Fall eingeweiht habe. Wenn jemand Sie fragt, woher Sie die Informationen haben, was sagen Sie dann?«

»Ich glaube nicht, dass das jemanden interessiert.«

»Oh doch. Ich kenne die Sorte.«

»Meine Sorte?«

»Die Reporter. Also, was sagen Sie dann?«

Ich dachte einen kurzen Augenblick nach. »Ich sage, dass eine undichte Stelle im Polizeihauptquartier meinen Chef informiert hat und ich den Artikel schreiben musste, weil ich dafür zuständig bin.«

»Ausgezeichnete Antwort.«

Dann schilderte Fuji die Ereignisse, die zur Festnahme des Taschendiebes geführt hatten, und die interessanten Aspekte des Falles. Er nannte das Geburtsdatum des Diebes und die Zahl der Straftaten, die der Bursche gestanden hatte. Und er beantwortete geduldig alle meine Fragen.

Er hat mir zwar nie wieder zu einem Knüller verholfen, solange ich über Verbrechen in Omiya berichtete, aber er fragte mich jedes Mal, wenn ich mit ihm plauderte, ob ich grünen Tee oder Kaffee haben wolle.

Der Artikel erschien Ende November in der Spalte »Hintergrund-
nachrichten« der lokalen *Yomiuri*, und dies sogar mit meinem Namen darunter.

ES IST NEUJAHR,
ALSO LASST UNS KÄMPFEN!

Das Ende des alten und der Beginn des neuen Jahres sind in Japan wichtige Ereignisse. An Silvester strömen Tausende von Japanern in buddhistische Tempel, um die Glocken schlagen zu hören. Die große Bronzeglocke des Tempels wird 108 Mal geschlagen, einmal für jede Kardinalsünde im buddhistischen Universum. Wer zuhört, wird angeblich von seinen Sünden befreit und kann das neue Jahr frisch und rein beginnen.

Nach dem Läuten der Tempelglocke pilgern die Menschenmassen zu den Shinto-Schreinen, um für Glück im kommenden Jahr zu beten. Drei, vier oder – abhängig vom Kalender - fünf Tage lang arbeitet niemand. Viele Leute kehren in ihre Heimatstadt zurück, und die Straßen der Geschäfts- und Regierungsbezirke sind still und verlassen.

Bevor das alles jedoch geschieht, wird die wichtigste Zeremonie im Leben einer Firma abgehalten, meist in der ersten Dezemberhälfte. Diese *bonenkai* ist eine »Vergiss-das-Jahr-Feier«, eine passende Bezeichnung, wenn man bedenkt, wie viel Alkohol dabei getrunken wird. Alle, Mitarbeiter und Chefs, schlagen über die Stränge und amüsieren sich köstlich. Für das *Yomiuri*-Büro in Urawa bedeutet das traditionell ein ausgiebiges Trinkgelage. Meine erste *bonenkai* war da keine Ausnahme.

Sie fand in einer Art Kneipe statt, die *izakaya* genannt wird. Das Menü bestand wie üblich aus Fisch (roh und gekocht), Jakitori, Tofu, Essiggurken, Reisbällchen und Katzenfisch-Tempura, da Urawa für diesen Fisch berühmt ist.

Zu Beginn lief alles reibungslos. Alle Neulinge mussten etwas zur Unterhaltung beitragen, also zeigte jemand Kartentricks, ein anderer verdrehte Ballons zu Tieren, und mir gelang es, eine 500-Yen-Münze die Nase hochzuziehen, was als unglaubliche Leistung galt. Und danach ging die Party so richtig los.

Wir verließen gerade die Kneipe, als Kimura, der rechtsgerichtete, kaisertreue Chef des Büros in Kumagaya, plötzlich zu nerven begann. Der kleine, stämmige Bursche mit dem kurzen Haar und den Dauerwellen erinnerte mich an den Yakuza, den ich als Praktikant kennengelernt hatte.

Nüchtern war er ein netter Kerl, aber betrunken konnte er richtig unangenehm werden, und an diesem Abend hatte er ziemlich viel gebechert. Schon als wir die nächste *izakaya* betraten, hackte er ständig auf mir herum, und nachdem wir uns hingesetzt hatten, grinste er höhnisch und meinte: »Wenn ich dich so anschaue, Adelstein, dann weiß ich echt nicht, warum wir den Krieg verloren haben. Wie konnten wir nur gegen einen Haufen schlapper Amerikaner verlieren, gegen Barbaren ohne Disziplin, ohne Kultur und ohne Ehre? Das verstehe ich wirklich nicht. Lang lebe der Kaiser! *Tenno ni banzai!*«

In über fünf Jahren als College-Student war ich keinem Nationalisten begegnet. Natürlich wusste ich, dass es sie gab. Ich wusste, dass Yukio Mishima, einer der wichtigsten Schriftsteller Japans, Bodybuilder, schwul und Nationalist war. Ich hatte rechtsradikale Gruppen in ihren schwarzen Kombis durch die Stadt fahren sehen, mit Lautsprechern, aus denen kaiserliche Marschmusik dröhnte. Aber ich war unsicher, wie ich mich Kimura gegenüber verhalten sollte. Was erwartete er von mir? Sollte ich sagen »Tut mir leid, dass wir den Krieg gewonnen haben«?

Da ich mich aber grundsätzlich nicht mit Betrunkenen streite, nickte ich bloß und machte typisch japanische Bemerkungen wie »So kann man es auch sehen« oder »So könnte es gewesen sein«.

Anfang der Neunzigerjahre galten historische Revisionisten und kaisertreue Typen wie Kimura im Allgemeinen als liebenswerte Exzentriker, die niemand ernst nahm. Also beschloss ich, Kimura ebenfalls nicht ernst zu nehmen.

Yoshihara und Chappy retteten mich, indem sie einige Male mit mir Platz tauschten. Aber Kimura folgte mir wie ein Pitbull einem Eichhörnchen. Als wir auf eine weitere Bar zutorkelten, tippte er mir auf die Schulter.

»Ich habe im Mitteilungsblatt der Firma gelesen, dass du *wing chun* trainierst. Das ist doch eine chinesische Kampfkunst, oder?«

»Stimmt.«

»Kennst du *shorinji kempo*?«

»Ja, das ist eine sehr interessante japanische Kampftechnik, die Doshin So entwickelt hat.«

»Es ist die beste Kampftechnik der Welt, eine japanische Kampf-kunst.«

»Sie ist ganz bestimmt großartig, aber ich ziehe *wing chun* vor, weil es besser zu mir passt.«

»*Shorinji kempo* ist die beste.«

Ich drehte mich um und ging mit Yamamoto auf die Tür unseres neuen Zieles zu. Da sah ich aus dem Augenwinkel, dass Kimura mir einen Roundhouse-Kick verpassen wollte.

Eigentlich bin ich kein guter Kampfsportler. *Wing chun* ist bekannt für einen kurzen, wuchtigen Stoß mit den Fingerknöcheln. Selbst nach jahrelangem *Wing-chun*-Training beherrschte ich nur drei Din-ge wirklich korrekt. Und dieser Stoß war eines davon.

Ohne nachzudenken drehte ich mich um, wehrte den Tritt ab und boxte Kimura voll auf den Brustkorb, sodass er umfiel. Der Stoß war wirklich gut gelungen, wie wenn man einen Tennisball genau an der richtigen Stelle trifft.

Für einen älteren Mann war Kimura ziemlich geschmeidig. Er sprang wieder auf, packte mich, nahm mich in den Schwitzkasten und rang mich zu Boden. Inzwischen waren alle Mitglieder unserer Gruppe herbeigeeilt, um nachzusehen, was los war. Nachdem ich mich etwas befreit hatte, schlug ich Kimura gegen seinen Kehlkopf, und während er nach Luft schnappte, rollte ich mich auf ihn. Ich wollte ihm gera-de in meiner benebelten Wut den Handteller auf die Nase knallen, als Odanaka, ein älterer Reporter und meist liebenswürdiger, etwas pummeliger Bursche, mich von Kimura herunterzog.

Kimura hielt die Hand an seinen Hals und wollte sich erneut auf mich stürzen, aber einige Kollegen hielten ihn fest. Er stieß wüste Beschimpfungen aus.

»He, du hast doch angefangen!«, schrie Odanaka ihn an. »Worüber beklagst du dich eigentlich? Solltest du nicht ein Vorbild sein?« Odanaka war einer der wenigen Leute, die sich auch für die jüngeren Reporter einsetzten. Man brauchte wirklich Mut, um einen Vorgesetzten in der *Yomiuri*-Hierarchie zurechtzuweisen.

Jetzt mischte sich Saito ein und stupste Odanaka mit dem Zeigefinger an. »Halt den Mund. Lass sie doch kämpfen, das ist lustig.« Er grinste, als er die anderen mit einer Geste anwies, den vor Wut schäumenden Kimura loszulassen.

»Was für ein Chef bist du eigentlich?«, rief Odanaka. »Du kannst doch nicht zulassen, dass ein älterer Kollege auf den Neulingen herumhackt! Du solltest Kimura lieber eine Standpauke halten, du lächerlicher Zwerg!«

Da versetzte Saito ihm einen Schwinger, und Odanaka hätte ihn fast am Kiefer getroffen. Die Menge teilte sich jetzt in vier Gruppen auf: Eine hielt Kimura fest, eine Saito, eine beschützte mich und eine hinderte Odanaka daran, Saito zusammenzuschlagen.

Schließlich ging ich mit Yamamoto und ein paar anderen nach Hause. Unterwegs aßen wir noch in einem Fastfood-Restaurant eine Schüssel Reis mit Rindfleisch. Natürlich machte ich mir Sorgen. Würde ich womöglich deswegen meinen Job verlieren?

Doch Yamamoto versicherte mir, dass ich nichts zu befürchten hätte. »Darum geht es doch beim *bonenkai*. Morgen ist alles vergessen, nicht wirklich natürlich, aber niemand wird mehr darüber reden, also solltest du es auch nicht tun. Übrigens – ein guter Schlag. Wenn du so gut Artikel schreiben wie kämpfen könntest, wärst du nicht so eine Nervensäge.«

Und er hatte recht. Am nächsten Tag taten alle so, als hätte es den vergangenen Abend nie gegeben. Auch mit Kimura sprach ich nie wieder darüber, und wir kamen sogar besser miteinander aus als vorher. Er begann mich freundschaftlich Jake-kun zu nennen, und ich hütete mich davor, mit ihm über Politik zu diskutieren.

Ich dachte schon, dass mein Jahr ruhig enden würde, da kam der 29. Dezember, an dem Yamamoto und ich die Einzigen im Presseclub der Polizei von Saitama waren. Er las Comics auf dem Sofa,

und ich tippte einen Artikel über Aloepflanzen, die im Winter blüh-
ten. Auf der Frequenz der Feuerwehr hörten wir von einem Brand in
Kawaguchi. Also sprang ich in ein Taxi und fuhr hin.
Als ich ankam, war das Feuer bereits eingedämmt. Doch während
ich mir Notizen machte, meldete das Funkgerät im Feuerwehrauto,
dass ganz in der Nähe ein weiterer Brand ausgebrochen sei. Während
die Feuerwehrmänner noch zu ihren Autos liefen, rannte ich schon
voraus zu dem Park, in dem das Feuer ausgebrochen sein sollte.
Als ich am Eingang des Parks um die Ecke bog, prallte ich fast auf eine
Flammensäule in Menschengestalt. Ich kam ihr so nahe, dass meine
Augenbrauen versengt wurden. Die Gestalt umkreiste langsam, wie
ein Roboter eine Schaukel, während Leute aus der Nachbarschaft
sie mit Wasser aus Eimern übergossen und mit Feuerlöschern be-
sprühten. Eine Gruppe Kinder schaute dem Ganzen fasziniert zu.
Schließlich brach die Gestalt zusammen und krümmte sich wie ein
Fötus auf dem Boden. Es roch nach Kerosin, verbrannten Hotdogs
und Hoisin-Soße.
Der Mann atmete noch, er keuchte, und sein Brustkorb bewegte sich.
Er holte noch fünfmal Luft, dann starb er.
Eine Sekunde lang herrschte Totenstille. Sogar die Kinder schwie-
gen. Nur das Brummen des Verkehrs, der wenige Straße entfernt
vorbeirollte, war zu hören und das Knistern der Haut. Sonst nichts.
Dann redeten plötzlich alle durcheinander.
Die Feuerwehr kam zwei Minuten später. Ein Sanitäter versuchte,
dem Opfer den Puls zu fühlen, aber er versengte sich dabei die Finger und schrie vor Schmerz auf. Ein Kollege kam mit einem Stetho-
skop und setzte es dort auf, wo vermutlich die Brust gewesen war,
dann erklärte er den Mann für tot und deckte ihn mit einer blauen
Plane zu. Die Polizei war noch nicht eingetroffen.
Ich rief im Büro an, erklärte, wo ich war, und begann dann, die Leute
in der Menge zu befragen. Drei Kinder, die das Ganze mitbekommen
hatten, erzählten mir alles. Der Mann, der einen blauen Arbeitsan-
zug getragen hatte, war mit einem roten Plastikkanister voller Kerosin
im Korb in den Park geradelt. Er hatte angehalten, sich das Kerosin
über den Kopf geschüttet und eine Schachtel Streichhölzer aus der
Tasche geholt. Zuerst hatte er Schwierigkeiten, eines anzuzünden,

weil die Hölzchen von Kerosin trieften. Als er endlich ein trockenes gefunden hatte, entzündete er es an einem Stein, führte es an die Brust und stand sofort in Flammen.

Die Kinder überlegten noch, wie sie das Geräusch beschreiben konnten, das dabei entstanden war, der Selbstmord schien sie nicht im Geringsten aus der Fassung zu bringen.

Als Nächstes sprach ich mit einem der Feuerwehrmänner. »Es ist furchtbar«, sagte er, »zu dieser Jahreszeit passiert das oft. Es sind Menschen, die Angst vor dem neuen Jahr haben. Für uns ist das immer ein anstrengender Feiertag.«

»Ist das nicht ein sehr schmerzhafter Tod?«

»Nein, normalerweise nicht, weil man das Bewusstsein verliert. Aber wenn man nicht sofort stirbt, wird es schrecklich. Dann erleidet man grausame Schmerzen, während der ganze Körper sich entzündet. Und schließlich stirbt man an Selbstvergiftung. Er hat es richtig gemacht.«

Dann wuchtete er die Leiche ins Heck eines Krankenwagens und wünschte mir ein gutes neues Jahr.

Ich ging in das örtliche Polizeirevier, um mir die bekannten Fakten zu besorgen.

Das Opfer war Hikoki Harasawa, 28 Jahre alt, geboren am 5. Januar. Für ihn hätte also nicht nur ein neues Jahr, sondern auch ein neues Lebensjahr begonnen. Er wohnte etwa fünf Minuten vom Park entfernt. Seine Nachbarn sagten aus, dass er seinen Arbeitsplatz verloren habe, als eine Fabrik für Autoteile geschlossen worden war. Er sei seit Monaten arbeitslos gewesen. Doch irgendwie konnte ich kaum glauben, dass ein Mann sich allein deshalb selbst anzündete. Erst später, als ich begann, mich mit dem Kreditwuchersystem der Yakuza zu befassen, fand ich heraus, was ihm wahrscheinlich den Rest gegeben hatte: hohe Schulden bei sehr gefährlichen Leuten.

Als ich Yamamoto im Presseclub anrief, hatte er nur eine Frage: »Ist der Mann berühmt?«

Ich verneinte.

»Dann lass gut sein.«

DAS HANDBUCH FÜR DEN PERFEKTEN SELBSTMORD

Japaner glauben, dass es eine richtige Art und Weise gibt, zu leben, zu lieben, eine Frau zum Orgasmus zu bringen, sich den kleinen Finger abzuhacken, die Schuhe auszuziehen, eine Keule zu schwingen, einen Artikel über Mord zu schreiben, zu sterben – und sich selbst umzubringen. Es gibt den rechten Weg, den vollkommenen Weg für einfach alles.

Der Respekt vor diesem Weg ist ein wesentlicher Bestandteil der japanischen Gesellschaft, die Handbücher schätzt und Regeln gerne genau befolgt. In der alten Zeit, bevor Bücher massenhaft gedruckt wurden, schrieb man solche Leitfäden auf Schriftrollen, und die Leute glaubten, *kotodama*, die Seele oder der Geist der Sprache, wohne in jedem Wort. Wer einen Gedanken ausspricht, haucht ihm Leben ein, und diese Wörter haben spirituelle Macht. Dieser Glaube verlieh dem geschriebenen und gesprochenen Wort eine fast mystische Bedeutung und förderte die Ehrfurcht vor dem geschriebenen Wort mehr als im Westen.

Noch heute sind die Japaner von Handbüchern besessen. Vor einigen Jahren war der Ausdruck *manual ningen* – »Handbuchmenschen« – modern. Damit waren junge Japaner gemeint, die anscheinend gar nicht mehr selbstständig denken konnten. Der Ausdruck ging in die Umgangssprache ein und wird jetzt für einen Menschen benutzt, der nur Anweisungen befolgen kann und keine eigenen Ideen hat.

Es ist auch nicht ungewöhnlich, dass Handbücher wochenlang auf der Bestsellerliste stehen. Amazon Japan (www.amazon.co.jp) zählte auf seiner Website 9994 Handbücher auf, als ich dieses Kapitel schrieb.

Der absolute Bestseller war ein Handbuch für Streitgespräche mit Koreanern, denen nichts Nettes über Japan einfällt. Koreaner beklagen immer noch, dass die Japaner ihr Land besetzt, seine Einwohner versklavt, Frauen vergewaltigt, Sprache und Kultur verboten, biologische Experimente mit Kriegsgefangenen gemacht und Tausende von Koreanern entführt und nach Japan verschifft haben, wo sie in Fabriken schuften mussten. Und die Stoßrichtung dieses Buches ist klar: Sagt diesen jämmerlichen Koreanern, dass sie aufhören sollen zu übertreiben und den Mund halten sollen.

Das Buch hatte allerdings eine unerwartete Nebenwirkung: Dadurch, dass es um die Vorwürfe der Koreaner ging, wurden die Menschen auf die unrühmliche Vergangenheit der japanisch-koreanischen Beziehungen aufmerksam, ein Thema, das das japanische Kultusministerium in den öffentlichen Schulen nicht behandeln ließ. Nach dem Motto: Wer die Geschichte nicht kennt, braucht sich auch nicht zu entschuldigen.

Auf dem zweiten Platz der Bestsellerliste stand *Kabu no zeikin*, ein Handbuch für Steuerzahler, die Aktien besitzen oder verkaufen. Den dritten Platz eroberte ein Handbuch für künftige Hausbesitzer. In einem Land, in dem Grundstücke knapp und Mieten hoch sind, träumen die Menschen davon, als Vermieter reich zu werden. Allerdings ist der Mieterschutz in Japan sehr streng. Wahrscheinlich ist dieses Buch deshalb so gefragt.

Platz vier belegte *Das Handbuch für den perfekten Selbstmord*, das jedes Jahr auf der Liste erscheint. Und der Titel ist wirklich ernst gemeint. Mehr dazu später.

An fünfter Stelle stand *Das Handbuch des Superorgasmus durch Fellatio und Cunnilingus – mit über 400 Fotos*. Da die Japaner sehr an Sex interessiert und Perfektionisten sind, ist dieses Buch im ganzen Land weit verbreitet. Dass dieses Buch sich so gut verkauft, sagt einiges über die japanische Einstellung zum Sex aus: Sie ist positiv, begeistert, klinisch und ernsthaft. Männer wie Frauen wollen ihre »Technik« verbessern oder mit Hilfe von Lehrbüchern ihr Wissen erweitern.

Nummer sechs war *The Advanced Cardiac Life Support Provider Manual* – ein Handbuch über Herzgesundheit, das von der amerikanischen Herzgesellschaft herausgegeben und ins Japanische übersetzt wurde. Ich vermute, dass viele Leute, die Nummer fünf kauften, auch Nummer sechs erwarben.

An siebter Stelle stand *Das Handbuch des Vorspiels*. Dass dieses Buch auf Platz sieben stand und nicht auf Platz fünf, verrät wohl, dass die meisten Japaner die Grundlagen des Liebesspiels schon beherrschen.

Nummer acht war ein Buch für Ingenieure, die eine wirklich schwierige Prüfung bestehen wollten. Da ich schon vom Titel Kopfweh bekomme, möchte ich ihn hier gar nicht erst erwähnen, sondern nur darauf hinweisen, dass viele Japaner sich sehr für Technik und technische Berufe interessieren.

Auf dem neunten Platz landete *Der gefragte Mann (Wie man Mädchen betört): Ein Handbuch der 40 (Techniken). Was Frauen im tiefsten Herzen wirklich von Männern wollen.* Dieses Buch wurde 2003 zum ersten Mal veröffentlicht und ist ein bewährter Bestseller.

Nummer zehn: *Das unentbehrliche Handbuch für die Hochschuleignungsprüfung.* In Japan bestimmt die Universität, von der man aufgenommen wird, das ganze restliche Leben. Das Abschlussdiplom ist dabei gar nicht so entscheidend, auch wenn ein vorzeitiges Ausscheiden sich natürlich ungünstig im Lebenslauf macht. Aber wer die Aufnahmeprüfung zu einer angesehenen Universität schafft, hat fast schon die wichtigste Schlacht im Kampf um einen guten Arbeitsplatz gewonnen. Deshalb ist diese Prüfung für die meisten Japaner außerordentlich wichtig. Der Umstand, dass dieses Buch auf der Liste nicht weiter oben steht, spiegelt die gesellschaftliche Umstrukturierung und die sinkende Geburtenrate wider, vielleicht auch die allgemeine Verdummung der japanischen Jugendlichen. Würde man den Titel ändern, beispielsweise in *Das unentbehrliche Manga-Handbuch für die Hochschuleignungsprüfung*, würden die Verkäufe möglicherweise alle Rekorde brechen.

Das waren also die zehn Bestseller vor einigen Jahren. Drei haben mit Sex zu tun, zwei mit Leben und Tod – ziemlich ausgewogen.

In meinem zweiten Jahr bei der *Yomiuri* bekam ich einen Einblick in die Wirkungsweise dieser Handbücher. Mein Beeper forderte mich auf, Takagi anzurufen, den Gerichtsmediziner der Mordkommission von Urawa.

»He, Jake, willst du etwas echt Gruseliges sehen?«

»Klar.«

»Aber keine Bilder.«

»Okay.«

»Und auch keine Namen.«

»Keine Namen?«

»Es ist ein Jugendlicher. Deshalb keine Namen. Du kennst die Regeln.«

Er gab mir die Anschrift und riet mir, sofort hinzufahren. »Die Kollegen von der Mordkommission sind noch nicht da. Und wenn die dein langnasiges *Gaijin*-Gesicht dort sehen, sitzen wir beide in der Tinte.«

»Okay, ich hab's kapiert.«

In Japan bekommt man den Schauplatz eines Verbrechens selten zu sehen. Da der Polizeifunk Anfang der Neunzigerjahre digitalisiert wurde, konnten wir Journalisten ihn nicht mehr abhören. Wenn man keinen Informanten in der Funkzentrale hatte, dauerte es aber meist mehrere Stunden, bis die Polizei die Presse über ein Verbrechen unterrichtete. Und wenn wir dann am Tatort eintrafen, hatte die Polizei das Gebiet bereits weitläufig mit dem üblichen gelben Band abgesperrt.

Ich weiß nicht, warum Takagi, dessen Stimme rau war wie Sandpapier, weil er von morgens bis abends Peace-Zigaretten rauchte, mich anrief. Vielleicht, weil ich so sympathisch war oder weil ich ihm Eintrittskarten für ein Baseballspiel der Yomiuri Giants besorgt hatte – wahrscheinlich eher deshalb.

Auf jeden Fall traf ich genau 15 Minuten nach unserem Telefonat am Schauplatz des Verbrechens ein. Es war ein typisches vierstöckiges, unscheinbares Gebäude mit Eigentumswohnungen. Auf den Balkonen hingen Kleider zum Trocknen. Takagi begrüßte mich flüchtig und führte mich in den dritten Stock. Wir gingen über den Flur, und er öffnete dann die entsprechende Wohnungstür.

Es roch irgendwie leicht salzig und nach etwas, das ich nur als Mischung aus Hotdogs und verbrannten Schokokeksen beschreiben kann. Im Wohnzimmer standen Kartons, als wäre jemand gerade am Ein- oder Ausziehen.

Takagi führte mich ins Schlafzimmer, das eindeutig das Zimmer eines Jugendlichen war. An den Wänden hingen Poster von japanischen Teenageridolen mit schlechten Zähnen. In einer Ecke waren Mangas gestapelt, und auf dem Fußboden befanden sich Fertignudelpackungen. Der Junge lag mit dem Gesicht zur Wand oben auf einem Etagenbett. Sein nackter Rücken war uns zugewandt.

Ich weiß eigentlich nicht, warum, aber ich wollte den Jungen gerade an der Schulter berühren, als Takagi mich stoppte.

»Achtung, Jake-san. Fast hättest du dich auch umgebracht. Du kannst doch Japanisch lesen, also mach die Augen auf, du Idiot.«

Er legte einen Arm um meine Schulter und schob mich näher an den Jungen heran. Aus der Nähe sah ich auf dem Rücken des Toten ein Stück Papier, auf dem in kleiner Schrift stand: »Bitte nicht anfassen, Stromschlaggefahr.« Als ich mich über ihn beugte, sah ich Drähte, die auf seiner Brust und an seinen Brustwarzen klebten. Sie liefen die Wand entlang und endeten in einer Steckdose.

Ich war sprachlos. Takagi lachte. »Du musst vorsichtiger sein, Jake-san.«

»Was ist passiert?«

Takagi nahm ein Buch vom Schreibtisch neben dem Bett – *Das Handbuch für den perfekten Selbstmord.* »Er hat den Teil über den Tod durch Stromschlag gelesen und die Anweisungen genau befolgt. Hier, ich halte es, und du liest. Aber nicht anfassen.«

Dem Buch zufolge ist dieser Tod nahezu schmerzlos. Man spürt nur einen kurzen Schmerz, wenn der erste Schock einsetzt, dann hört man sofort zu atmen auf, das Herz steht still, und man ist innerhalb von Sekunden tot. Ein sauberer Tod. Der Körper wird kaum verletzt, sodass ein Begräbnis im offenen Sarg möglich ist. Der Autor wies darauf hin, dass sich nur sehr wenige Menschen auf diese Weise das Leben nehmen. Aber sie sei billig, schmerzlos und schnell und verdiene eine Neubewertung.

»Darüber solltest du schreiben«, meinte Takagi. »Wir werden den Selbstmord des Jungen nicht öffentlich bekannt machen, aber ich finde, man sollte etwas über dieses Buch schreiben. Eltern sollten davon wissen, damit sie, wenn sie es im Zimmer ihres Kindes entdecken, etwas unternehmen können. Es hilft ja nicht nur beim Selbstmord, es ermutigt geradezu dazu.«

»Warum hat er sich umgebracht?«

»Seine Familie ist eben erst von Osaka zugezogen. Vielleicht hat sich jemand über seinen Akzent lustig gemacht oder er wollte nicht umziehen. Wer weiß, er hat keinen Brief hinterlassen – nur die Warnung auf seinem Rücken.«

»Das ist erstaunlich überlegt.«

»Es ist eine verdammte Schande. Aber diese Warnung ist tatsächlich sehr überlegt – und höflich. Er hat sogar ›bitte‹ geschrieben. Und er hat kein Chaos angerichtet. Ich habe schon viele Selbstmörder im Teenageralter gesehen und manche denken überhaupt nicht an ihre Familie.«

Ich schrieb den Artikel noch am selben Tag, obwohl ich auch Bedenken hatte, denn womöglich war das sogar Werbung für das Buch. Dennoch fand ich es wichtig, dass noch mehr Menschen von diesem gefährlichen Werk erfuhren.

Abgesehen von Selbstmord, Sex oder Reichtum gibt es noch viele Bereiche, in denen Handbücher für Japaner wichtig sind. Auch als junger Polizeireporter hatte ich ja als Erstes das Handbuch *Ein Tag im Leben eines Polizeireporters* bekommen. Auch wenn das Buch spannend ist, möchte ich Ihnen das japanische Justizsystem lieber auf meine Art erklären.

Die japanische Polizei ist in Form einer Pyramide aufgebaut. Ganz oben steht der Nationale Rat für öffentliche Sicherheit, der seine Weisungen vom Kabinett des Premierministers empfängt. Dem Rat untergeordnet ist die Nationale Polizeibehörde (NPA).

Die NPA ist eine politische und administrative Behörde, die keine eigenen Ermittlungen durchführt, aber bisweilen Ermittlungen über Präfekturgrenzen hinweg koordiniert. Sie erlässt allgemeine Richtlinien für alle Polizeiorganisationen in Japan. Viele, die an die Spitze der NPA aufsteigen, haben zwar ein Examen abgelegt, besitzen aber wenig oder keine Erfahrung in der echten Polizeiarbeit.

Unter der NPA stehen die 47 Polizeibehörden der Präfekturen, die Verbrechen in ihrer Region aufklären. Den höchsten Status genießt die Polizeibehörde der Hauptstadt Tokio (TMPD), die ein wenig dem FBI ähnelt, weil sie oft Fälle übernimmt, die eher nationalen als lokalen Charakter haben.

Die oberste Polizeibehörde einer Präfektur befehligt kleinere Polizeireviere und Außenstellen in der Umgebung, *koban* genannt. Die NPA macht ihre eigenen Leute zu hohen Verwaltungsbeamten in lokalen Polizeirevieren und sorgt auf diese Weise dafür, dass die NPA ihre Macht behält und keiner jemals so einen Job bekommt, der sich vor Ort und in der Polizeiarbeit auskennt und wirklich fähig wäre, eine große Polizeibehörde zu leiten. Die lokale Polizei erledigt die eigentliche Arbeit einschließlich der Ermittlungen und der Verkehrsüberwachung.

Jedes Polizeirevier besteht in der Regel aus folgenden Abteilungen: Gewaltverbrechen, Betrug, Wirtschaftskriminalität, Verkehr, Jugendstraftaten, Verbrechensverhütung und Sitte. Hinzu kommt ein Dezernat für das organisierte Verbrechen. Drogen, Kreditkartenbetrug und Menschenhandel zählen in manchen Präfekturen zum organisierten Verbrechen, aber die Grenzen sind hier nicht eindeutig abgesteckt.

In den meisten großen Fällen übernehmen Beamte aus den Hauptquartieren die Ermittlungen, und ihre Kollegen in den örtlichen Revieren arbeiten ihnen zu. Sie übernehmen die Laufarbeit, fahren die Limousine des Leiters des Morddezernats, besorgen das Mittagessen für ihre Vorgesetzten und sind ansonsten den Launen des *honbu* (Hauptquartiers) ausgesetzt. Wenn die TMPD mit anderen Präfekturen zusammenarbeitet, ist sie eine Art *honbu* und erwartet von allen anderen, die Rolle der untergeordneten Reviere zu spielen.

Auch unter Polizeireportern gibt es eine Hierarchie. In Tokio sind die Reporter des TMPD-Presseclubs für die Polizeihauptquartiere und ihre Verlautbarungen zuständig. Die Distriktreporter übernehmen bestimmte Viertel von Tokio.

Ein Jungreporter sollte sich mit einfachen Polizisten anfreunden und interessante Fälle aufreißen, bevor das Hauptquartier sie übernimmt. Wer wirklich gut ist, stößt schon ganz unten in der Hierarchie auf einen Knüller. Das bedeutet meist, von einer Verhaftung zu erfahren, ehe sie offiziell verkündet wird.

Die Polizei veröffentlicht regelmäßig kurze Presseerklärungen, und von einem Reporter wird dann erwartet, dass er die bestehenden Lücken füllt, indem er telefonisch Fragen stellt oder den Tatort aufsucht. Jeder große Fall wird im Voraus angekündigt, und zusätzlich zu der mageren Presseerklärung gibt es mündliche Erläuterungen im Presseclub, der sich im Hauptquartier einer Präfektur befindet. Auch manche größere Polizeireviere haben einen Raum für die Presse. Natürlich haben nicht alle Reporter Zugang zu diesen Presseclubs. Nicht im Reporterhandbuch steht, wie man mit Polizisten umgehen muss, obwohl das wahrscheinlich ganz entscheidend ist. Irgendwann einmal habe ich jemanden sagen hören, dass ein Polizeireporter eine »männliche Geisha« sei. Das beschreibt ziemlich gut, was Reporter tun müssen, um eine Story zu bekommen – zumindest einige von uns. Manchen Leuten muss man eine Menge Honig ums Maul schmieren, und oft ist eine lange Vorbereitung nötig. Ich ziehe es vor, Informationen selbst zu sammeln und mit Polizisten zu handeln, anstatt um Krümel zu betteln. Aber das ist eben mein persönlicher Stil. Natürlich war ich genauso eine männliche Geisha wie die meisten meiner Kollegen, auch wenn es mir manchmal vielleicht gelang, eine bessere Ausgangsposition einzunehmen.

Das folgende Memo überreichte uns ein ehemaliger Vorgesetzter. Es macht deutlich, wie viel Überredungskunst und Schmeichelei von einem Polizeireporter verlangt wird. Der Autor ist meiner Meinung nach ein hervorragender Journalist, der sich wirklich anstrengt, um eine Story zu ergattern, und der sich nicht auf das Wohlwollen der Polizisten verlässt, denen er einen Gefallen getan hat. Wie dem auch sei, der Mann ist auch als Einschleimer unübertroffen.

Memo für Polizeireporter:

Es ist traurig, dass ich für euch Nieten ein Abc des Polizeijournalismus schreiben muss. Ich habe vor etwa zehn Jahren zuletzt auf diesem Gebiet gearbeitet, doch eines kann ich euch versichern: Das TMPD-Clubteam kann große Pläne schmieden, aber keine Schlacht gewinnen. Betrachtet dies nicht als Rat eures Chefs, sondern als Rat eines älteren Kollegen: Der Job ist härter, als ihr glaubt. Wenn ihr nur Dienst nach Vorschrift macht oder euch auf den Namen *Yomiuri* beruft, dann werden euch höchstens ein oder zwei von zehn Polizisten einen Tipp geben.

Wenn ihr abends planlos Polizisten zu Hause aufsucht, werden sie euch gar nichts verraten. Denn jeder kann sich die Anschrift eines Polizisten von seinem *sempai* (einem älteren Kollegen) besorgen, dorthin fahren, ein paar Stunden warten, bis er nach Hause kommt, sich einschleimen und ihm hin und wieder Eintrittskarten für ein Baseballspiel der Giants zukommen lassen. Wenn das schon alles wäre, hätten selbst ganz unerfahrene Reporter schon Erfolg.

Natürlich findet jeder Polizeireporter die Bereiche besonders wichtig, für die er zuständig ist. Und selbstverständlich ist es wichtig, herauszufinden, welcher Beamte ein lohnendes Ziel wäre. Doch entscheidend ist die Frage, wie man aus ihm einen Informanten machen kann. Wie kann man sich von den anderen Reportern unterscheiden? Denkt mal darüber nach.

Seid ihr im Kontakt mit dem Polizisten, den ihr im Auge habt? Habt ihr ihn nach seinem Geburtstag gefragt, seinem Geburtsort, seiner Herkunft, den Geburtstagen seiner Frau und seiner Kinder, seinem Hochzeitstag? Wisst ihr, wann seine Kinder eingeschult werden, ob sie einen Job haben, welche Feiertage oder besonderen Ereignisse in der Familie anstehen? Gratuliert ihr dann entsprechend oder bringt ihm, besser noch, ein Geschenk?

Schenkt ihr dem Polizisten Kleinigkeiten, wenn ihr ihn abends besucht? Eintrittskarten für ein Spiel der Yomiuri Giants sind da nicht besonders beeindruckend. Denn er wird denken: »Ach ja, er ist Reporter bei der *Yomiuri*. Dann bekommt er sie wahrscheinlich kostenlos.« Geht lieber zu Daimaru im Tokioter Bahnhof oder in ein ähnliches Geschäft und kauft Speisen oder Getränke aus der Region, in der ihr geboren wurdet. Dann erzählt ihr eurem Polizeifreund: »Das habe ich mir extra von zu Hause schicken lassen« oder »Das habe ich von einer Reise für Sie mitgebracht«. Solche Lügen wirken gut, aber es kommt auch auf das richtige Timing an. Wenn ihr ihm an einem kalten Tag eine warme Fleischpastete oder eine heiße, süße Adzukibohnenpastete bringt, wunderbar. Wenn der Mann nicht nach Hause kommt, dann gebt ihr das Essen eben seiner Frau oder Freundin und sagt: »Hier, es schmeckt nicht, wenn es kalt wird.« So bringt ihr sie wenigstens dazu, die Haustür zu öffnen, und das ist immer ein wichtiger erster Schritt.

Fragt ihr die Polizisten, ob sie mit euch etwas essen oder trinken wollen? Bietet ihr ihnen an, mit euch in einer gemieteten Limousine zu fahren? Das ist eine wunderbare Gelegenheit, sie bei Regen oder Schnee von zu Hause zum Bahnhof oder umgekehrt zu bringen.

Besucht ihr die Polizisten am Morgen und bringt ihnen Exemplare der *Yomiuri*, wenn sie die Zeitung nicht abonniert haben? Selbst wenn ihr nur 100 Yen ausgebt, um dem Burschen eine Tasse Kaffee oder einen Sportdrink zu spendieren, unterscheidet ihr euch schon dadurch von den vielen anderen.

Wenn einer eurer Polizeifreunde krank ist, nehmt ihr euch dann die Zeit, ihn nachmittags zu besuchen? Wenn ihr ihn nur abends besucht, befindet ihr euch auf dem Niveau eines Jungreporters von Yamagata-TV. Wenn die Frau oder die Kinder des Mannes erkältet sind, dann kauft ihnen eine Arznei oder Orangensaft.

Wenn ihr Nachtschicht habt, dann gebt eurem Polizeikumpel Bescheid: »Ich bin die ganze Nacht im Büro, also ruf mich an, wenn etwas Interessantes passiert!« Und wenn euer Freund Nachtschicht hat, dann bringt ihm einen kleinen Imbiss vorbei und plaudert eine Weile mit ihm. Anstatt zu klagen, dass ihr keine Informationen von der Polizei erhaltet, wenn sie einen neuen Fall bearbeitet, müsst ihr euch mit den Pressesprechern anfreunden, damit ihr die Ersten seid, die davon hören.

Wenn ihr euch nur darüber beschwert, dass die Polizisten die Fernsehjournalisten bevorzugen, dann ändert sich nichts. Dieses Gejammer hört ihr von allen unerfahrenen und unengagierten Reportern und damit könnt ihr zehn Jahre lang Polizeireporter sein, ohne die Fernsehleute ein einziges Mal auszustechen. Wenn ihr den Geburtstag eures Polizeifreundes nicht kennt, dann fragt im Büro, bei älteren Kollegen oder an anderer Stelle nach.

Nutzt ihr die Vereine, die Leute aus eurer Präfektur gegründet haben, zum Beispiel die Vereinigung der in Saitama Geborenen? Selbst wenn ihr aus Tokio stammt, solltet ihr euch der Vereinigung jener Präfektur anschließen, in der ihr als Reporter begonnen habt. Nutzt die Verbindungen, die ihr während eurer Zeit in einem Regionalbüro mit Polizisten geknüpft habt, um Tokioter Polizisten kennenzulernen, die zur gleichen Zeit wie eure Informanten die Polizeiakademie besucht haben.

Die allerbeste Kontaktpflege besteht darin, eure Familie und ihre Familie zusammenzubringen. Wer Zeit miteinander verbringt, bleibt auch in Kontakt.

Habt ihr jemals mit eurer Frau und euren Kindern samstags einen spontanen Kurzbesuch bei eurem Freund gemacht? Bringt ihn dazu, euch seine jüngeren Kollegen vorzustellen. Wenn ihr einen Polizisten kennt, der bald pensioniert wird, dann freundet euch ohne Zögern mit ihm an und bittet ihn darum, euch seinen jüngeren Kollegen vorzustellen.

Wenn Sie glauben, dass dieses ganze System sehr polizeifreundliche, voreingenommene Reporter hervorbringt, dann haben Sie recht. Die japanische Polizei ist sehr geschickt darin, die Presse zu manipulieren, und wir waren durchaus bereit, uns manipulieren zu lassen, um einen Knüller zu landen.

DER MORDFALL "IMBISSBUDEN-MAMA"

Rendezvous mit Frauen sind für einen Reporter beinahe unmöglich. Die aufkeimende Beziehung mit meiner ersten ernsthaften japanischen Freundin endete definitiv mit einem Telefonanruf um neun Uhr abends. Nicht von ihr, sondern von Yamamoto. Es war mein erster freier Tag seit drei Wochen, und I-chan und ich lagen auf meinem Futon und wollten den lange vermissten Sex nachholen, als das Telefon klingelte. Natürlich hatte ich keine andere Wahl, als aufzustehen und den Hörer abzunehmen.

»Adelstein, wir haben möglicherweise einen Mord in Chichibu. Du musst sofort hinfahren. Sei in zehn Minuten hier, das Auto steht bereit.«

Also zog ich mich an, und I-chan war sauer.

»Tut mir leid, Schätzchen«, sagte ich, »aber ich muss zur Arbeit.«

»Mistkerl! Du hattest schon deinen Spaß, aber ich noch nicht!«

»I-chan, es tut mir wirklich leid, aber ich muss los.«

In perfektem Englisch rief sie: »Ach, Arbeit, Arbeit, Arbeit. Lass sie doch verdammte fünf Minuten lang warten!«

Aber ich hatte bereits mein Hemd angezogen und suchte mein Yomiuri-Armband, die Kamera, die knitterfreie Krawatte und den Kugelschreiber. »Ich mache es wieder gut«, versprach ich feierlich. »Nächstes Mal darfst du oben liegen.«

Unsere Romanze machte gerade schwere Zeiten durch, denn ich arbeitete ohne Unterlass, vergaß Anrufe und war an meinem freien Tag meist so müde, betrunken oder verkatert, dass mein Unterhaltungswert gegen null tendierte. Es lief schon seit einer Weile nicht gut, aber ich hoffte, dass sie sich an einen Freund gewöhnen könnte, der nie da war. Obendrein hatte ich die Lage noch verschlimmert, weil ich keine Zusagen für unsere gemeinsame Zukunft gemacht hatte.

»Hör mal, es tut mir echt leid. Aber die Kollegen warten auf mich.«
»Wenn du jetzt gehst, dann ist es aus mit uns«, warnte sie mich.
»Ich muss gehen«, sagte ich.

Ich stieg auf mein Fahrrad und fuhr in Rekordzeit zum Büro. Yamamoto wartete bereits im Auto, also sprang ich auf den Beifahrersitz, dann rasten wir nach Chichibu.

Zunächst informierte mich Yamamoto über den Fall. Das Opfer hatte eine Imbissbude[5] in Chichibu geführt. Eine Angestellte hatte sie an diesem Abend um 19.54 Uhr im Pyjama im Bett gefunden. Die Mitarbeiterin hatte sie gesucht, da sie nicht in der Bar aufgetaucht war, dann hatte sie den Notarzt gerufen. Dem ersten Anschein nach hatte ihr jemand mit einem stumpfen Gegenstand auf die rechte Kopfseite geschlagen.

Das Opfer wohnte in einem schäbigen Gebäude – gleichförmige beige Häuser standen Reihe an Reihe, typisch für den sozialen Wohnungsbau in Japan. Alle hatten Balkone mit Metallgeländer und Wäscheleinen, auf denen immer etwas hing, bei Regen und Sonne, Tag und Nacht. Das Gebäude war schlecht beleuchtet, und das Einzige, was wir drinnen hörten, war das undefinierbare Getöse der Fernseher, das durch die dünnen Wände der Apartments drang.

Die Polizei hatte das ganze Gebäude bereits abgesperrt. Ich spielte den dummen *gaijin* und kroch unter dem gelben Band mit dem Schild »Betreten verboten« durch. So konnte ich immerhin mit zwei Personen reden, bevor ein Beamter zu mir kam und mich auf Englisch ermahnte: »Gehen weg. Hier kann nicht sein.«

Danach versuchte ich, mit ein paar Leuten ins Gespräch zu kommen, die an der Polizeibarriere herumlungerten und das Gebäude anstarrten. Schließlich ging ich zum benachbarten beigefarbenen Haus, klingelte an Türen und erkundigte mich nach der Mama-san,

---

[5] Eine Imbissbude ist eine Art billiger Hostessenclub. Es gibt dort meist eine Karaoke-Maschine, ein paar Mädchen, die Getränke servieren, und ein paar einfache Speisen. Die Inhaberin ist oft eine ehemalige Hostess, die ihre besten Jahre hinter sich hat, aber das ist nicht immer so.

bis ich einen Vorarbeiter aus einer Betonfabrik fand, der die Imbiss-bude regelmäßig besucht hatte. Er besaß sogar ein Bild von ihr – die Imbissbuden-Mama war erstaunlich mollig – und war bereit, es mir leihweise zu überlassen.

»Haben Sie eine Ahnung, wer sie umgebracht haben könnte?«, fragte ich.

»Hmmm, ich weiß nicht. Vielleicht ein Kunde, der Schulden bei ihr hatte. Sie konnte richtig gemein werden, wenn man seine Rechnung nicht fristgemäß bezahlte. Ich kenne Kredithaie, die mehr Mitgefühl haben.«

Das konnte ich wohl schlecht über die Verstorbene schreiben. »Was ist mit ihrem Mann?«, wollte ich wissen.

»Keiner da. Sie wohnte bei ihrer Tochter. Die Leute sagen, die bei-den seien nicht gut miteinander ausgekommen. Es ging immer um den Freund der Tochter.«

»War er ein Yakuza oder nur irgendein Ganove?«

»Schlimmer. Er war Ausländer.«

»Was für ein Ausländer?«

»Weiß ich nicht. Ich kann sie nicht voneinander unterscheiden«, meinte er verlegen. »Aber er sah ungefähr so aus wie Sie.«

Wunderbar, dachte ich. Dann haben wir ja einen Verdächtigen. Als Nächstes rief ich Yamamoto an und informierte ihn.

Er gratulierte mir zu meinen Erkenntnissen und berichtete dann, was er bei der kurzen Pressekonferenz erfahren hatte. Die Polizei von Chi-chibu sprach von Mord und hatte eine Untersuchungskommission ge-bildet, die inoffiziell »Mordfall Chichibu, Imbissbuden-Mama« hieß. Die Frau hatte ihre Imbissbude seit fast 15 Jahren, sie war meist um fünf Uhr nachmittags zur Arbeit gegangen. Da sie an diesem Tag aber nicht gekommen war, hatte eine der Hostessen an die Tür ihrer Woh-nung geklopft, aber keine Antwort erhalten. Die Tür war verschlossen gewesen. Auf Bitten der besorgten Hostess hatte der Haumeister die Tür mit seinem Schlüssel geöffnet. Das Apartment war aufgeräumt, und es gab keine Hinweise auf einen Kampf oder Einbruch. Aber die Imbiss-Mama war tot. Sie lag mit dem Gesicht nach unten auf ihrem Futon, und Blut war auf die Matratze getropft. Ansonsten war alles in Ordnung, auch schien nichts gestohlen worden zu sein.

Eine erste Untersuchung deutete darauf hin, dass sie zwischen Mitternacht und den frühen Morgenstunden gestorben war. Die Wunde ließ darauf schließen, dass jemand sie mit einem stabförmigen Gegenstand, vielleicht mit einem Baseballschläger, so geschlagen hatte, dass sie sofort tot war. Ein Schlag auf den Schädel hatte genügt, und sie war verblutet.

Eine Angestellte hatte sie nach der Arbeit um ein Uhr nach Hause gebracht. Sie war die Letzte, die das Opfer lebend gesehen hatte. Eine Freundin von der Highschool hatte um zehn Uhr angerufen, aber niemand hatte den Hörer abgenommen. Das passte zum geschätzten Todeszeitpunkt. Die 28-jährige Tochter war dabei beobachtet worden, wie sie gegen halb drei mit einem Mann das Haus verlassen hatte.

Yamamoto fragte mich: »Sind die Leute von der Spurensicherung am Tatort?«

»Woher soll ich das denn wissen?«

»Na, sie tragen blaue Uniformen, auf denen Spurensicherung steht. Wahrscheinlich suchen sie jetzt die Waffe. Wenn du ein Bild von ihnen mit der Waffe kriegst, drucken wir es. Ich schicke dir Frenchie zur Unterstützung. Chappy wird das Bild des Opfers abholen.«

Als Chappy erschien, dämmerte es fast schon. Er brachte mir einige *kairo*, kleine Heizkissen, die an der Luft sofort warm werden, wenn man darauf klopft. Ich stopfte sie in sämtliche Taschen, wartete, schaute mich um und hoffte, etwas Lohnendes zu erspähen.

Das Gebäude war immer noch abgesperrt, aber ich sah, dass die Beamten der Spurensicherung das Gebüsch am anderen Ende des Grundstücks durchsuchten, dort, wo es an ein Feld grenzte. Andere Reporter standen auf dem Parkplatz herum und befragten offenbar Leute, die auf dem Weg zur Arbeit waren.

Ich überlegte gerade, wie ich vorgehen sollte, als mir im Gestrüpp etwas auffiel, was wie ein Abflusskanal in der Böschung neben dem Gebäude aussah. Ich vermutete, dass der Kanal auf das Feld und unter dem gelben Band hindurch führte. Also beschloss ich nachzusehen.

Ich kroch in den Kanal und tauchte voller Schmutz genau unterhalb der Böschung wieder auf. Nun hatte ich eine gute Sicht auf die

Beamten, die das Gebüsch durchsuchten. Ich holte meine riesige Kamera mit Teleobjektiv hervor und begann zu knipsen. Auf einmal spürte ich, wie sich eine große Gestalt über mich beugte.

»Sie müssen Mr. Adelstein sein«, sagte eine Stimme.

Nervös blickte ich auf. Es war Kanji Yokozawa, der Chef der Spurensicherung, ein altgedienter Ermittler in Mordfällen, der großes Ansehen genoss. Er trug eine Baseballmütze, eine randlose Brille mit quadratischen Gläsern und die dunkelblaue Kleidung des Spurensicherungsteams. Seine weißen Latexhandschuhe hatte er bis zu den Handgelenken hinuntergerollt.

Ich konnte nicht erkennen, ob er ärgerlich war, schließlich befand ich mich hinter der Polizeiabsperrung. »Ja, der bin ich«, antwortete ich freundlich.

»Mr. Adelstein, ich frage mich, wie Sie an diesem gelben Band dort drüben vorbeigekommen sind.«

»Nun ja, ich bin durch den Abwasserkanal gekrochen.«

»Aha. Und haben Sie schon hübsche Fotos gemacht?«

»Es geht so, aber ich warte eigentlich darauf, dass Sie die Mordwaffe finden.«

»Wenn wir sie finden, sage ich es Ihnen, dann posiere ich sogar für ein Foto. Aber ich fürchte, es wird nicht einfach werden. Übrigens, wenn Sie beim Durchstreifen der Felder etwas finden, was die Mordwaffe sein könnte – eine Keule, eine Metallstange oder ein anderer stumpfer Gegenstand –, dann fassen Sie sie bitte nicht an. Lassen Sie sie liegen und rufen Sie uns.«

Yokozawa war wirklich durch und durch ein Gentleman, sogar mir gegenüber. Die meisten Mitglieder der Mordkommission sind ziemlich barsch und mögen keine Reporter, aber Yokozawa war die Ausnahme. Deshalb beschloss ich zu testen, wie weit ich gehen durfte.

»Wenn Sie schon mal hier sind«, begann ich, »dürfte ich Ihnen dann ein paar Fragen stellen?«

»Sie dürfen. Vielleicht kann ich nicht alle beantworten, aber ich sage Ihnen, was ich weiß.«

»Danke, Yokozawa-san«, sagte ich. »Also, der Gerichtsmediziner gab an, dass die Frau mit einem einzigen Schlag auf den Kopf getötet worden ist. War das ein Zufallstreffer?«

»Gute Frage. Ich vermute, dass der Mörder genau wusste, was er tat. Die meisten Verbrecher wissen es nicht und schlagen mehrere Male zu, selbst wenn sie das Opfer schon mit dem ersten Schlag getötet haben. Sie sind dabei so aufgeregt, dass sie oft noch die Schultern oder die Wirbelsäule zertrümmern. Hier war das nicht so. Das war in gewisser Hinsicht professionell.«

»Ein Auftragsmörder?«

»Nein, das wohl nicht. Aber wer auch immer sie umgebracht hat, er war sehr effizient. Er oder sie wusste, wie man tötet.«

»Sie denken also an den Freund der Tochter?«

»Darauf kann ich nicht antworten. Aber überlegen Sie mal: Der Freund der Tochter ist Iraner. Viele Iraner in Japan sind ehemalige Soldaten, und viele haben im irakisch-iranischen Krieg gekämpft. Sie wissen also, wie man tötet – mit Messern, Gewehren, Händen, stumpfen Gegenständen. Viele Polizeibeamte – aber das sage ich Ihnen nur ganz im Vertrauen – fürchten die Iraner mehr als die Yakuza.«

»Wer hat Ihrer Meinung nach die Tür abgeschlossen?«

»Nun, das muss jemand mit einem Schlüssel gewesen sein. Möglicherweise ist jemand ins Apartment eingedrungen, hat die Imbissbuden-Mama getötet, ihren Schlüssel gestohlen und dann die Tür abgeschlossen, um die Entdeckung der Leiche zu verzögern. Kann sein, ist aber eher unwahrscheinlich. Die Frau hat die Tür wohl kaum unverriegelt gelassen oder jemanden im Pyjama empfangen. Derjenige, der die Tür nach dem Mord abgesperrt hat, besaß also wahrscheinlich einen Schlüssel.«

Yokozawa nickte mir zu und ging zurück ins Haus, nicht ohne noch zu erwähnen, dass die Polizei den Fall ziemlich schnell aufklären werde.

Ich blieb noch eine weitere Stunde vor Ort, aber meine einzige Ausbeute war das unscharfe Foto eines Polizisten mit einem Plastikbeutel, in dem anscheinend ein blutiges Sweatshirt lag. Sonst sah ich nichts Interessantes.

Im Büro tauschten wir unsere Erkenntnisse aus. Yamamoto berichtete, dass die Polizei davon ausgehe, dass der Freund der Tochter die Imbissbuden-Mama ermordet habe. Unklar sei aber noch, ob die Tochter ihn dazu angestiftet habe. Die Tochter stehe derzeit unter

Schock, ihre Vernehmung sei daher schwierig, und der iranische Freund sei unauffindbar.

Ende der Achtzigerjahre, als die japanische Wirtschaft boomte und überall gebaut wurde, schlossen Japan und der Iran eine Vereinbarung, die es Iranern ermöglichte, ohne Visum in Japan zu arbeiten. Das war Teil einer inoffiziellen Politik der Regierung, um das Land mit dringend benötigten Arbeitskräften zu versorgen. Viele Iraner kamen und blieben.

Als die Wirtschaftsentwicklung im Jahr 1993 wieder zurückging, wurde die Vereinbarung zwar aufgehoben, aber in Chichibu gab es immer noch so viel Schwerindustrie und Fabriken, dass die Iraner Arbeit fanden.

Jetzt, nach diesem Mord, schnappte sich die Polizei von Saitama jeden Iraner, der in Chichibu arbeitete und den sie finden konnte. Das kostete natürlich Zeit.

Ich verbrachte die zugestandenen drei Tage in Chichibu, verfolgte Spuren, sprach mit Iranern und Fabrikarbeitern, nutzte das *Yomiuri*-Spesenkonto für Getränke mit Chappy in schäbigen Hostessenclubs und ging zu Pressekonferenzen, in denen immer weniger Informationen gegeben wurden. Und ich musste über die Beerdigung berichten. Artikel über Beerdigungen folgen mit geringen Abweichungen immer dem gleichen Muster: Die Beerdigungen sind »still und traurig« und man hört immer »unterdrücktes Schluchzen« in der Menge. Selbst wenn die Verwandten des Verstorbenen sich am Abend zuvor noch gut amüsiert haben, wenn sie gelacht, Erinnerungen an schöne Erlebnisse mit dem Verstorbenen ausgetauscht und sich betrunken haben, steht das nie in der Zeitung.

Mir war ziemlich mulmig bei dem Gedanken an das Begräbnis, und das aus gutem Grund. Inzwischen wusste die ganze Stadt, dass der Hauptverdächtige der iranische Freund der Tochter war. Da ich Jude mit typisch jüdischen Gesichtszügen bin, dunkles Haar, olivenfarbene Haut, große Nase, konnte ich durchaus als Iraner durchgehen. In meiner Vorstellung wurde ich mit dem Verdächtigen verwechselt und von der wütenden Menge zu Tode getrampelt.

Ich protestierte bei Yamamoto, aber vergeblich.

Der Trauerzug war groß. Die Tochter des Opfers war da – wir hatten den Auftrag, ein Foto von ihr zu schießen, da sie immer noch als verdächtig galt –, außerdem Verwandte und Kunden. Alles in allem 90 Leute, und alle ausnahmslos in korrektem Trauerschwarz.

Nach dem Gottesdienst, als alle Weihrauch auf die Kohlenpfanne gestellt und sich vor dem Foto des Opfers verbeugt hatten, hielt der jüngere Bruder des Opfers eine Rede. »Sie war eine wundervolle Schwester. Sie kümmerte sich immer voller Hingabe um andere Menschen. Wenn ich daran denke, was ihr passiert ist, werde ich einfach wütend. Aber wie soll ich mit dieser Wut umgehen? An wem kann ich sie auslassen?«

Er machte eine Pause, und ich hatte das bedrohliche Gefühl, dass er mich anstarrte. Alle 90 Trauernden schienen mich anzustarren. Nervös streifte ich mein *Yomiuri*-Armband über und hoffte, dass es den Zorn von mir ablenken würde. Plötzlich durchbrach die Stimme eines kleinen Jungen die Stille: »Ich muss aufs Klo! Ich kann nicht mehr warten, sonst pinkle ich hier auf den Boden.« Nervöses Gekicher erfüllte den Raum, und alle Augen wandten sich langsam von mir ab.

Hinterher wäre ich gerne nach Hause gefahren, um zu schlafen, aber drei Tage Sportberichte, Veranstaltungshinweise und Geburtsanzeigen wollten geschrieben werden. Also blieb ich bis ein Uhr nachts im Büro und prüfte, ob wir alle Daten richtig eingegeben hatten. Zwei Stunden lang las ich das Gekritzel der Mütter, die Bilder ihrer Kleinen geschickt hatten, um sie drucken zu lassen. Chappy und ich erfanden aus Spaß immer irgendwelche Bildlegenden wie »Ich sabbere nicht, weil ich ein Baby bin, sondern weil Mama große Titten hat!« oder »Wenn ihr findet, dass ich ein behaartes Gesicht habe, dann solltet ihr mal die Haare auf meiner Zunge sehen!«.

Um zwei Uhr radelte ich schließlich nach Hause. Die Wohnung war leer. Ein Zettel von I-chan lag auf dem Futon: »Es ist aus.« Ihre Sachen waren weg. Sie hatte den Futon geputzt, das Geschirr gespült und sogar die Badewanne gesäubert und den Müll rausgebracht. Es war die ordentlichste Trennung, die ich je erlebt habe. Ich legte mich im Anzug auf den Futon und überlegte, ob ich sie anrufen sollte, doch darüber schlief ich ein. Und das war's dann.

Yamamoto war der Meinung, dass ich anfangen sollte, abends Yokozawa zu besuchen. Denn der Polizist schien mich zu mögen, und Yamamoto hoffte, er werde erneut irgendetwas ausplaudern, was uns in diesem Fall Vorteile gegenüber der Konkurrenz verschaffen könnte.

Als ich an die Tür von Yokozawas Wohnung klopfte, öffnete seine Frau. Obwohl es noch früh am Abend war, war er zu Hause und saß im Bademantel auf dem Sofa. Er sagte, dass die meisten Reporter erst nach zehn an seine Tür klopften und bat mich, niemandem zu erzählen, dass er früher nach Hause gekommen sei. Ich lachte und versprach es.

Dann plauderten wir über das Wetter und mein Leben in Japan und kamen schließlich endlich auf den Fall Chichibu zu sprechen. Er deutete an, dass man eine Waffe gefunden habe, ließ sich aber nicht darauf festnageln. Ich machte mir im Kopf Notizen, denn für einen Reporter ist es tabu, abends bei einem Polizisten etwas aufzuschreiben. Das hätte die Illusion zerstört, dass sich zwei Profis zwanglos miteinander unterhalten und nicht etwa deshalb, um Informationen zu ergattern. Die Regeln sind genau festgelegt. Wenn man beim Trinken etwas von einem Polizisten erfährt, darf man sich nie auf ihn berufen. Hat man dann genug Material, um einen Artikel zu schreiben, spricht man von »Personen im Umkreis der Ermittler« oder allgemein von »der Polizei von Saitama« als Quelle.

Das gemeinsame Trinken ist auch für die Polizei wichtig, weil es eine gute Ausrede ist. Denn der Beamte kann dann beteuern: »Nein, ich habe diesem Reporter nichts gesagt. Gut, wir waren betrunken, vielleicht ist mir da etwas herausgerutscht. Aber ich kann mich nicht daran erinnern.«

Nachdem Yokozawa und ich etwa eine halbe Stunde über den Fall gesprochen hatten, ging ich zur nächsten Telefonzelle und rief Yamamoto an. Ich versuchte, das Gespräch Wort für Wort zu wiederholen. Er meinte, ich hätte großartige Arbeit geleistet und er würde die Informationen weitergeben. Ich hatte keine Ahnung, ob er von mir tatsächlich etwas Wichtiges erfahren hatte, aber wahrscheinlich konnte Yamamoto zwischen den Zeilen lesen und sah das große Ganze. Jedenfalls war es mir peinlich, ihn zu fragen, was denn genau hilfreich gewesen war.

Am nächsten Morgen im Presseclub kamen Yamamoto und Ono zeitig vorbei und begannen einen Artikel für die Abendausgabe zu verfassen. Wir hatten exklusive Informationen, und die Schlagzeile dazu lautete. »Mordfall Imbissbuden-Mama: Polizei sucht iranischen Freund der ältesten[6] Tochter.«

Der Artikel besagte, dass die Polizei demnächst einen Iraner festnehmen werde, der bereits wegen des Verstoßes gegen die Einwanderungsbestimmungen gesucht werde. Anhand eines blutbefleckten Sweatshirts, einer Hose, in der sich ein Schlüssel zum Apartment befand, und eines blutbefleckten Metallgegenstandes, der in der Nähe des Tatorts gefunden worden sei, habe die Spurensicherung die Identität des Verdächtigen ermittelt. Der Haftbefehl sei beantragt und es werde damit gerechnet, dass er noch an diesem Tag vollstreckt werden könne.

Es war ein echter Knüller – keine Story im Sinne von Enthüllungsjournalismus, sondern die »Wir haben es geschrieben, bevor die Polizei es bekannt gab«-Variante. Die Polizei nahm den Iraner dann in der Tat noch am gleichen Tag fest, und die *Asahi*, unsere stärkste Konkurrentin in der Zeitungswelt, musste nachträglich darüber berichten.

An diesem Abend sprach ich noch mit Yokozawa, der mich zu der Story beglückwünschte. Ich blieb bescheiden, wie es sich gehörte, zumal mir immer noch nicht bewusst war, was ich eigentlich dazu beigetragen hatte. Laut dem Chef der Spurensicherung hatte der Iraner die Imbissbuden-Mama umgebracht, weil sie nicht wollte, dass er ihre

---

[6] Die Reihenfolge der Geburt ist in Japan äußerst wichtig. Ich wurde oft dafür gerügt, dass ich nicht nachgeforscht hatte, ob eine in einem Artikel erwähnte Person das älteste, zweitälteste oder jüngste Kind war. Selbst wenn nur ein Kind beteiligt war, bezeichnet man es als älteste Tochter oder ältesten Sohn. Denn dem ältesten Kind einer Familie gebührt ein besonderer Respekt, und man spricht sie oft mit »älteste Tochter« (onē-san) oder »ältester Sohn« (onī-san) an. Als ich versuchte, das meinen jüngeren Schwestern in Missouri zu erklären, erwiderten sie nur: »Du magst ja in Japan als ältester Sohn gelten, aber ein Freak bist du trotzdem.«

Tochter heiratete. Der Mann legte allerdings kein Geständnis ab und behauptete: »Das ist eine Polizeifalle – man hat mich reingelegt.« Für mich war der Fall abgeschlossen. Erst ein knappes Jahr später dachte ich wieder an ihn.

Ich aß gerade *yakisoba* im Bahnhof Omiya, als Takahashi, unser Neuling, mich anrief. Er klang so hysterisch, wie ich als Jungreporter auch geklungen hatte, wenn ich von den Neuigkeiten überwältigt war und drei Leute mir gleichzeitig unterschiedliche Befehle zubrüllten. Nach einer Weile brachte ich ihn dazu, mir die Presseerklärung vorzulesen.

In der ersten stand im Wesentlichen Folgendes: Im Maruyama-Park in Ageo war die Leiche einer jungen Japanerin gefunden worden, die mit einem Damenschal stranguliert worden war. Die Farbe des Schals wurde nicht erwähnt.

Ich hörte Yamamoto im Hintergrund meinen Namen schreien. Er wollte wohl, dass ich zum Tatort kam, also machte ich mich auf zum Maruyama-Park.

In Städten wie Tokio und Saitama sind die Parks meist riesige Parkplätze mit ein paar Schaukeln, Wippen und einer spärlichen Vegetation, die ums Überleben kämpft. Doch der Maruyama-Park ist ein echter Park mit großen Grasflächen und Baumgruppen. Das Opfer war im Gebüsch hinter einem kleinen Pavillon in der Mitte des Parks gefunden worden.

Die Polizei hatte zunächst versucht, den ganzen Park abzusperren, war dann aber am Protest einiger zorniger Mütter gescheitert, die für ihre Kinder keinen anderen Spielplatz hatten. Deshalb war die gesperrte Zone ein eher kleiner Bereich rund um den Tatort. Als ich ankam, standen neugierige Hausfrauen, Parkarbeiter, Büroangestellte, Schüler, die nichts Besseres zu tun hatten, und ältere Leute, die einen Spaziergang machten, am gelben Absperrband. Natürlich schwärmten bereits Reporter im Park herum und hielten nach etwas Ausschau, das sie für einen Artikel verwerten konnten.

Da ich keine Chance sah, mich dem Tatort weiter zu nähern, beschloss ich, mich meinen Kollegen anzuschließen und die Parkbesucher zu befragen. Hatten sie vielleicht irgendetwas Verdächtiges

gesehen? Lungerten oft irgendwelche Gangs im Park herum? War
der Park bei jungen Leuten für romantische Treffen beliebt? Galt der
Park als ungefährlich?

Ein zahnloser älterer Mann in einem gelben Hemd, Jeans und San-
dalen beklagte sich langatmig über die Iraner, die seit einiger Zeit im
Park herumhingen. Er vermutete, dass sie arbeitslos waren und die
Zeit irgendwie totschlagen mussten oder sich über die Möglichkeiten
unterhielten, an einen Job zu kommen. Als am Nachmittag das erste
Polizeiauto eingetroffen war, habe er gesehen, wie die Iraner sich ver-
drückt hätten. Das war noch die beste Information, die ich nach einer
Stunde bekommen hatte.

Als Nächstes rief ich Nakajima an und berichtete ihm, was ich erfahren hatte.

»Mist! Versuch jemanden zu finden, der etwas gesehen hat. Yamamoto geht zur Pressekonferenz. Wir halten dich auf dem Laufenden.«

Also lief ich weiter im Park herum und sprach mit einigen Leuten,
kam aber nicht wirklich weiter. Die Polizisten taten das Gleiche
wie ich, aber die Männer von der Spurensicherung in ihren blau-
en Uniformen waren diesmal nicht zu sehen. Die Polizei war wohl
so sehr davon überzeugt, dass der Schal die Mordwaffe war, dass sie
es nicht die Mühe wert fand, den Park nach anderen Hinweisen zu
durchsuchen.

Bei meinem nächsten Anruf im Büro meinte Yamamoto, dass ich ihn
zur Pressekonferenz aufs Polizeirevier begleiten solle. Ich sollte mir
Notizen machen und sie an die Kollegen weitergeben, die dann für
die nächste Ausgabe einen Artikel zusammenstellen würden. Allmählich trauten sie mir offenbar zu, dass ich Japanisch verstand – oder sie
litten gerade unter Personalmangel. Denn mein Japanisch war etwa
so gut wie das eines Kindes in der Mittelschule.

Saeki, der Chef der Mordkommission von Saitama, leitete die Pressekonferenz. Er hatte unreine Haut, trug eine Brille mit dicken Gläsern,
und obwohl er rund zehn Kilo Übergewicht hatte, gelang es ihm dennoch, viel zu große Anzüge zu kaufen. Da er allmählich kahl wurde,
ließ er sein Haar an den Seiten lang wachsen und kämmte es über
die blanke Stelle auf dem Schädeldach. Diese Frisur heißt in Japan
»Strichcode«. Saeki galt als hervorragender Polizist. Aus irgendwel-

chen mir unerfindlichen Gründen war ich ihm allerdings ein Dorn im Auge. Deshalb war ich froh, dass Yamamoto die Fragen stellte.

Die Konferenz begann mit der Biografie des 23-jährigen Opfers. Dann folgte eine Flut von überaus präzisen, aber nicht unbedingt wichtigen Fragen, die Reporter nun einmal stellen müssen. Wo lag die Leiche? In welche Richtung zeigten ihre Füße? Lag sie auf dem Rücken? In welche Richtung zeigte ihr Kopf? Die letzte Frage ist tatsächlich sinnvoll, denn Japaner lagern Tote meist so, dass der Kopf nach Norden zeigt. Wenn das auf die Tote zutraf, war der Mörder womöglich ein Japaner, der Reue empfand.

Saeki forderte uns nun auf, ruhig zu sein und zuzuhören.

Die Leiche war an der Nordseite des Sommerpavillons im Gebüsch entdeckt worden. Der Kopf zeigte zum Pavillon, der Körper lag parallel zum Buschwerk. Die Frau lag auf dem Rücken und hatte die Arme ausgebreitet. Sie trug einen dunkelblauen Overall, eine gestreifte Bluse, Schuhe und Socken. Ein interessantes Detail, denn fehlende Schuhe und Socken hätten auf einen Doppelselbstmordversuch schließen lassen, bei dem der Partner in letzter Minute gekniffen hatte. Die meisten Japaner ziehen nämlich ihre Schuhe und Socken aus, bevor sie sich umbringen. Es ist nicht nur ein schlimmer Fehler, ein japanisches Haus mit Schuhen zu betreten, sondern es gilt auch als ungehobelt, mit Schuhen ins Jenseits zu gehen.

Ihre Bluse war ein wenig hochgerutscht, sodass die Unterwäsche zu sehen war. Sie hatte die Kleidung an, die sie auch am Tag zuvor getragen hatte.

Und man hatte sie mit einem rosa Schal erdrosselt.

In ihren Taschen befanden sich ein Autoschlüssel und ein Taschentuch. Das Auto stand in der Nähe. Unter dem Fahrersitz fand sich ein Beutel mit 6 000 Yen (etwa 60 Dollar) – was gegen Raubmord sprach – und der Ausweis des Opfers. Ihr Familienname lautete Nakagawa. Das war alles.

Danach schickte Yamamoto mich zurück in den Park, um wie die Polizei weiter nach Augenzeugen zu suchen. Andere Reporter fuhren zum Haus der Ermordeten.

Nach ein paar Stunden trafen wir uns und verglichen unsere Notizen. Die Polizei von Saitama hatte das Adressbuch des Opfers gefunden, und unter den 40 dort verzeichneten Namen waren die mehrerer Ausländer. Polizisten vernahmen jeden Einzelnen von ihnen. Der rosa Schal, mit dem der Mord vermutlich begangen worden war, gehörte wohl nicht der Toten, denn ihre Familie hatte ihn noch nie gesehen. Aber das entscheidende Indiz war wieder, dass das Opfer einen ausländischen Freund gehabt hatte. Am Tag ihres Todes war sie zu ihm gefahren. Er hieß Abdul, wurde aber Andy genannt. Offenbar handelte es sich um einen Iraner, der vorgab, Franzose zu sein. Eine Freundin des Opfers berichtete, dass die beiden sich in einem Fitnesscenter in Ageo kennengelernt hatten.

Als sie das hörten, fuhren Nakajima und Takahashi nach Ageo, wo sie etwas zu erfahren hofften. Doch sie wurden von Mitarbeitern des Fitnessstudios sofort vor die Tür gesetzt, denn die Polizei hatte sie angewiesen, nicht mit Journalisten zu sprechen.

Doch da hatte der *gaijin* eine gute Idee: Ich wollte mein Glück im Fitnessstudio versuchen, indem ich mich als Kumpel des Iraners ausgab. Wie erwartet hielt Yamamoto das für eine raffinierte Idee, während Nakajima die Nase verzog. Aber schließlich stimmten alle zu, denn schließlich konnte es ja nicht schaden. Also zog ich Jeans und ein Polohemd an. Da ich mich an diesem Morgen nicht rasiert hatte, wuchsen mir hübsche Stoppeln. Ich war überzeugt davon, dass sie mir glauben würden.

Am Empfang gab ich in einem Japanisch mit pseudoiranischem Akzent an, dass Andy mein Freund und Landsmann sei. Dann fragte ich, was eine Mitgliedschaft im Fitnessstudio kosten würde. Das Personal war anfangs zurückhaltend, taute aber mit der Zeit immer mehr auf. Sie sagten, dass Andy und Nakagawa ein nettes Paar gewesen seien. Beiläufig ließ ich in das Gespräch einfließen, dass ich mir von Andy erst etwas Geld borgen müsse, um die Mitgliedschaft bezahlen zu können. Ob sie mir wohl sagen könnten, wo er wohne, da ich nur seine Arbeitsadresse hätte?

Sie waren sehr entgegenkommend. Mit der Anschrift in der Hand verließ ich später das Fitnessstudio und fühlte mich wie Jim Phelps in *Mission Impossible*.

Jumbo und ich fuhren sofort zu Andys Adresse. Dabei handelte es sich um ein heruntergekommenes zweistöckiges Holzhaus mit einer

Waschmaschine im Flur, die alle benutzten. Der Hauswirt erzählte uns, dass die Polizei das Haus ein paar Stunden nach dem Auffinden der Leiche durchsucht und etwa ein Dutzend Ausländer mitgenommen habe, deren Visa abgelaufen waren. Unser Gespräch wurde dann leider abrupt von zwei Polizeibeamten unterbrochen, die zufällig zurückgekommen waren und uns hinauswarfen.

Im Polizeirevier herrschte mittlerweile das reinste Chaos, denn das Personal des Fitnessstudios hatte, wenige Minuten nachdem ich im Studio gewesen war, angerufen, woraufhin ein Zeichner losgeschickt worden war, um von dem verdächtigen Freund Andys ein Phantombild anzufertigen. Mehrere Beamte wurden beauftragt, diesen Freund, einen möglichen Komplizen, aufzuspüren. Sie begannen daher damit, nach Spuren zu suchen, und zeigten den Leuten im Park das Phantombild. Weitere zwei Beamte überwachten das Fitnessstudio für den Fall, dass der Verdächtige zurückkommen sollte.

Ich erfuhr erst am nächsten Morgen von dem Ganzen. Gegen Mitternacht hatte Yokozawa, der Chef der Spurensicherung, die Phantomzeichnung zu Gesicht bekommen und mich erkannt. »Ihr Idioten«, schrie er seine Leute an, »das ist kein Iraner. Das ist der ausländische *Yomiuri*-Reporter, der sich wohl als Iraner ausgegeben hat.«

Yokozawa war stocksauer, und beinahe wäre ich von der Polizei sogar festgenommen worden. Schließlich erhielt Yamamoto einen unfreundlichen Telefonanruf und musste sich überschwänglich entschuldigen, wobei er sich sogar verbeugte. Freundlicherweise schnauzte er mich nicht an, sondern riet mir nur, Saeki und Yokozawa auf Knien um Vergebung zu bitten. Denn die Polizei hatte wegen mir einige Zeit vergeudet und mit mehreren Beamten ein Phantom gesucht.

Am nächsten Tag ging ich daher vor der Pressekonferenz zu Saeki und stotterte mit einem sehr mulmigen Gefühl im Magen eine Entschuldigung. Saeki war sehr verärgert und für eine Sekunde dachte ich, er werde mir eine Ohrfeige verpassen. Schweigend starrte er mich an, dann sagte er langsam: »Wissen Sie, Adelstein, am liebsten würde ich Sie wegen Behinderung der Ermittlungsarbeit in den Knast stecken. Aber weil Sie ein junger, grüner, ahnungsloser Barbar sind, lasse ich es Ihnen diesmal noch durchgehen. Aber tun Sie so etwas nie wieder.«

»Versprochen«, sagte ich und nutzte dann schamlos die Gelegenheit, um weitere Informationen zu erhalten. »Die Polizei scheint ja jeden Iraner in der Stadt festgenommen zu haben, sicher auch den gesuchten, oder?«

Meine Unverfrorenheit verblüffte Saeki. Er nahm die Brille ab, säuberte die Gläser mit einem Taschentuch und meinte dann: »Sie hatten anscheinend Erfolg als Iraner. Ich kann Ihnen nicht sagen, ob das stimmt, aber Sie sind nahe dran.« Dann lächelte er und setzte die Brille wieder auf. »Ich muss jetzt los. Seien Sie in Zukunft ein netter Junge und gehen Sie uns aus dem Weg.« Dann eilte er in den Konferenzraum im oberen Stockwerk.

Yokozawa traf ich im Erdgeschoss, wo er sich gerade eine Dose Apfelsaft aus dem Münzautomat holte. Als ich mich bei ihm entschuldigte, verbeugte ich mich so tief, dass meine Stirn den Boden berührte. Daraufhin tätschelte er mir den Kopf und sagte: »Entschuldigung angenommen. Aber versuchen Sie so etwas nie wieder. Ich werde schon dafür sorgen, dass Sie das Ganze nie vergessen.« Selbst heute noch, mehr als ein Jahrzehnt später, macht er jedes Mal, wenn wir uns begegnen, eine Anspielung auf meine iranische Herkunft.

Obwohl ich weiter an dem Fall arbeitete, hatten wir diesmal das Nachsehen. Eines Morgens druckten sowohl die *Mainichi* als auch die *Sankei* Artikel, die andeuteten, dass Abdul, der iranische Freund, der Mörder sei und bereits in Untersuchungshaft sitze. Für mich als Polizeireporter war das kein schöner Tag.

Ich werde wohl nie erfahren, ob meine kleine Maskerade im Fitnessclub schuld daran war, dass die Polizei uns die nötigen Informationen vorenthielt – aber vielleicht ist das auch besser so.

BEGRABT MICH IN EINER FLACHEN
GRUBE – WENN DIE YAKUZA KOMMEN

Die Geschichte der Yakuza ist düster. Es gibt zwei Haupttypen: die *tekiya*, das sind im Wesentlichen Straßenhändler und kleine Trickbetrüger, und die *bakuto*, ursprünglich Spieler, aber heute auch Kredithaie, Schutzgelderpresser, Zuhälter und Firmenplünderer. Fast die Hälfte der Yakuza sind Japaner koreanischer Herkunft, und viele sind Kinder von Koreanern, die als Zwangsarbeiter nach Japan verschleppt wurden. Ein weiterer großer Teil besteht aus *dowa*, der ehemaligen Kaste der Unberührbaren, die Tiere schlachteten, Lederwaren herstellten und andere als unrein geltende Tätigkeiten ausübten. Obwohl das Kastensystem längst der Vergangenheit angehört, sind die Vorurteile gegenüber den *dowa* geblieben.
Es gibt 22 offiziell anerkannte Yakuza-Gruppen in Japan. Die großen drei sind die Sumiyoshi-kai mit 12 000 Mitgliedern, die Inagawa-kai mit 10 000 Mitgliedern und die Yamaguchi-gumi mit 40 000 Mitgliedern und mehr als 100 Untergruppen. Jede Gruppe muss Monatsbeiträge zahlen, die an die Spitze der Organisation fließen. Die Zentrale der Yamaguchi gumi nimmt somit jeden Monat allein dadurch mehr als 50 Millionen Dollar ein, und das ist noch zurückhaltend geschätzt. Begonnen hat die Yamaguchi-gumi als Hafenarbeitergewerkschaft in Kobe. Im Chaos nach dem Zweiten Weltkrieg breitete sie sich dann in die Industrie aus. Japans Polizeibehörde schätzt, dass die Verbrechersyndikate des Landes, einschließlich der Yamaguchi-gumi, aus 86 000 Gangstern bestehen und somit viel größer sind als die amerikanische Mafia auf dem Gipfel ihrer Macht.
Die Yakuza sind wie eine Familie strukturiert. Neue Mitglieder schwören dem Vater, dem *oyabun*, Treue. Bindungen werden gefes-

tigt durch rituellen Sake-Austausch und die Gründung von Bruder-schaften. Geschäftsleute dürfen *kigyoshatei*, also Unternehmensbrü-der werden. Jede Organisation ist wie eine Pyramide aufgebaut.

Die heutigen Yakuza sind findige Unternehmer, eher »Geschäftsleute mit Gewehren« als ein Haufen tätowierter Strolche in weißen Anzügen, die Samuraischwerter schwingen. Ein Bericht der Nationalen Polizei-behörde warnte 2007 vor Yakuza, die ins Wertpapiergeschäft eingestie-gen seien und Hunderte von börsennotierten Firmen infiltriert hätten: »Dieses Übel wird die Grundfesten der Wirtschaft erschüttern.« Laut der *Übersicht über die japanische Polizei*, einem Dokument in engli-scher Sprache, das die Polizeibehörde im August 2008 an ausländische Polizeibehörden verteilt hat, sind die »Boryokudan (Yakuza) eine enor-me Bedrohung für das öffentliche Leben und das unternehmerische Handeln. Sie begehen verschiedene Verbrechen, um Geld zu beschaf-fen, wobei sie in die legale Wirtschaft eindringen und vorgeben, legale Geschäfte zu betreiben. Zu diesem Zweck gründen sie Firmen, die sie selbst führen, oder sie arbeiten mit anderen Firmen zusammen.«

Die Yakuza haben in Japan seit Langem einen ganz ambivalenten Sta-tus. Wie ihre italienischen Vettern haben sie starke, wenn auch ver-schleierte Verbindungen zu der Regierungspartei, in Japan also zu der Liberaldemokratischen Partei (LDP). Robert Whiting, der Autor von *Tokyo Underworld*, und andere Experten weisen darauf hin, dass die LDP sogar mit Yakuza-Geld gegründet wurde. Dies ist ein derart offe-nes Geheimnis, dass es sogar Comics gibt, die davon handeln. Premier-minister Koizumi Junichiros üppig tätowierter Großvater war Mitglied der Inagawa-kai. Er diente als Minister und hieß bei seinen Wählern *irezumidaijin* (»der tätowierte Minister«). Da die Yakuza Streitigkeiten früher weitestgehend unter sich austrugen und die Familien anderer Gangster oder die von »Nichtmitstreitern« nicht behelligten, waren sie vor dem Zorn der Bürger und der Aufmerksamkeit der Polizei si-cher. Sie galten eher als »notwendiges Übel« oder gar »zweite Polizei«, die Japans Straßen von Räubern und gewöhnlichen Dieben säuberte. Trotzdem galten sie immer auch als Gesetzlose.

Diese Ambivalenz hätte 1992 enden sollen, als die Regierung zur Strafe für die Exzesse der Yakuza während der Blütezeit in den Acht-zigerjahren ein strenges Gesetz gegen das organisierte Verbrechen beschloss. Damals stiegen die Kriminellen massenhaft in den Immobilienhandel und andere legale Geschäfte ein. Doch der Staat hat die Mitgliedschaft in einer kriminellen Vereinigung immer noch nicht für illegal erklärt, und die Polizei verfügt immer noch nicht über die Hilfsmittel, die in anderen Ländern im Kampf gegen die Mafia als unentbehrlich gelten: Telefonüberwachung, mildere Strafen für Geständige und Zeugenschutzprogramme.

Es ist auch unwahrscheinlich, dass die japanische Polizei demnächst solche radikalen Maßnahmen gegen die Yakuza ergreifen darf. Die Organisation ist in mancher Hinsicht stärker denn je, obwohl die ersten Gesetze gegen sie schon vor beinahe 17 Jahren verabschiedet wurden. Die Yamaguchi-gumi besitzt ein Grundstück, das von hohen Mauern umgeben ist, in einem der reichsten Teile von Kobe. Sie besitzt Immobilien, und es gibt keine Möglichkeit, sie daraus zu vertreiben. Das liegt natürlich daran, dass sie in Japan als legale Organisation gilt. Ihre Mitglieder haben die gleichen Rechte wie normale Bürger, und die verschiedenen Gruppen gelten als Vereine – wie der Rotary Club. Selbst wenn ihr das Gebäude nicht gehört, in dem sie Büros eingerichtet hat, sondern nur gemietet ist, ist es nahezu unmöglich, Verträge zu kündigen. Der Verband der Anwälte in Nagoya empfiehlt daher Firmen und Vermietern, in jeden Vertrag eine Klausel aufzunehmen, die eine Kündigung erleichtert, wenn die Mietpartei dem organisierten Verbrechen angehört. Nagoya ist der Sitz der Kodo-kai, der führenden Fraktion der Yamaguchi-gumi, mit etwa 4000 Mitgliedern.

Die Probleme mit dem organisierten Verbrechen sind in Nagoya so groß, dass der Anwaltsverband 2001 ein Handbuch mit dem Titel *Die wichtigsten Firmen des organisierten Verbrechens – Wesen und Umgang* herausgab. Es gibt einige Rechtsanwälte, die sich auf Verfahren gegen Yakuza spezialisiert haben.

Die Tokioter Polizei stellte 2006 eine Liste mit den Namen von rund 1000 Tarnfirmen der Yakuza in und um Tokio zusammen.[7]

---

[7] Die Japan Anti-Social Organized Crime Database (JASOC), eine private Datenbank, zählt in der Region Kanto mehr als 2400 Namen auf.

Etwa ein Fünftel von ihnen sind Immobilienfirmen. Die neueste Liste zeigt, dass die Yakuza sich jetzt noch häufiger mit Wertpapieren, Wirtschaftsprüfung, Finanzberatung und ähnlichen Tätigkeiten beschäftigen.

1998 brachte die Nationale Polizeibehörde einen Bericht heraus, der die Tarnfirmen der drei wichtigsten Mafiagruppen in Japan behandelt und belegt, dass die Yakuza sich vor allem für Immobilien, Finanzwesen, Bars, Restaurants und Unternehmensberatung interessiert.

Manche Polizisten in Tokio benutzen sogar das Wort Makler als Synonym für Yakuza. So eng sind deren Verbindungen mit dem Immobiliengeschäft. Im März 2008 stellte sich heraus, dass die Suruga Corporation im Laufe mehrerer Jahre mehr als 14 Milliarden Yen (146 Millionen Dollar) an Mitglieder der Yamaguchi-gumi und Goto-gumi bezahlt hat, damit diese Mieter aus Häusern verjagten, die sie kaufen wollte. Der darauf folgende Skandal führte dazu, dass die Firma von der Börse ausgeschlossen wurde. Ein erneuter Beweis dafür, wie eng die Beziehungen zwischen Yakuza und der Immobilienbranche sind.

Interessant an diesem Vorfall ist auch, dass ein ehemaliger Staatsanwalt und ein ehemaliger Beamter der Abteilung Organisiertes Verbrechen der Nationalen Polizeibehörde im Aufsichtsrat von Suruga saßen. Personen, deren eigentliche Aufgabe es sein sollte, gegen die Yakuza zu ermitteln, haben sich also bestenfalls täuschen oder vielleicht sogar kaufen lassen. Ein Fall nach dem anderen zeigt, dass die Behörden unfähig sind, die Yakuza in Schach zu halten, oder sich nicht einmal trauen, es zu versuchen.

Und die Yakuza wissen ganz genau, was sie tun müssen, um unter dem Schutzmantel des Gesetzes leben und arbeiten zu können, und sind daher nur schwer zu fassen.

Die wichtigen Bandenchefs sind bekannt, ja berühmt. Die Bosse der Sumiyoshi-kai und der Inagawa-kai gewähren Zeitungs- und Fernsehreportern Interviews, Politiker dinieren mit ihnen. Sie besitzen Talentagenturen – zum Beispiel *Burning Productions* –, die bekanntermaßen Tarnfirmen der Yakuza sind. Doch das hindert große japanische Medienunternehmen nicht daran, mit ihnen zusammenzuarbeiten. Es gibt Fanzeitschriften, Comics und Filme, welche die

Yakuza verherrlichen. Diese Mafia hat Metastasen überall in der Gesellschaft gebildet und tritt so offen auf, wie es in Amerika oder Europa undenkbar wäre.

Da die Yakuza sich weiterentwickelt haben und heute sehr schwer zu durchschauende, komplexe Straftaten begehen, wird es für die Polizei immer schwieriger. Denn die sogenannten *marubo*, Polizisten, die das organisierte Verbrechen bekämpfen, beschäftigen sich mit einfachen Einschüchterungs- und Erpressungsfällen, nicht aber mit umfangreichen Aktienmanipulationen oder komplizierten Betrügereien.

Die Yamaguchi-gumi ist äußerst unkooperativ, seit Shinobu Tsukasa 2005 ihr Anführer wurde. Früher konnte die Polizei verschiedene Organisationen gegeneinander ausspielen, um Informationen zu erhalten – die Yamaguchi-gumi pflegte die Sumiyoshi-kai zu verpfeifen und umgekehrt. Heute ist die Sumiyoshi-kai immer häufiger die einzige Gegenspielerin und hat daher keinen Grund zu kooperieren. Als die Polizei von Aichi 2007 ein Büro der Kodo-kai durchsuchte, stellte sie entsetzt fest, dass Fotos der für das organisierte Verbrechen zuständigen Beamten und ihrer Familien sowie ihre Adressen an den Wänden der Yakuza-Zentrale hingen. Die Namen aller Beamten einer anderen großen Polizeibehörde gelangten voriges Jahr sogar in das Internet. Die Yakuza, vor allem die Yamaguchi-gumi, haben also nicht nur keine Angst mehr vor der Polizei, sondern drohen ganz unverhohlen: »Wir kennen euch, wir wissen, wo ihr wohnt, also nehmt euch in Acht!«

Ein Beamter der Polizeibehörde der Präfektur Osaka bestätigt diesen Befund. »Seit 1992 die Gesetze gegen das organisierte Verbrechen erlassen wurden, hat sich die Zahl der Yakuza kaum verändert. Es sind seit 16 Jahren etwa 80 000. Aber sie haben mehr Geld und mehr Macht denn je, und die Yamaguchi-gumi hat heute einen enormen Einfluss in vielen Bereichen. Sie ist in mancher Hinsicht die LDP des organisierten Verbrechens und arbeitet nach dem Motto ›In der Anzahl liegt die Macht‹. Sie hat Kapital, Personal und ein Informationsnetz, das sich mit dem der Polizei messen kann, und sie breitet sich in jede Branche aus, in der Geld zu verdienen ist.«

Früher ließen die Yakuza die Normalbürger in Ruhe, doch das ist lange her. Heute ist niemand mehr vor ihnen sicher, nicht einmal Journalisten – oder deren Kinder.

Wie viele andere Reporter auch schrieb ich einige Zeit über die Yakuza, ohne wirklich Kontakt zu ihnen gehabt zu haben. Das änderte sich sehr schnell, als Naoya Kaneko, genannt »The Cat«, die Nummer zwei der Sumiyoshi-kai von Saitama, anrief und bei »The Face« die Nachricht hinterließ, dass er mich sprechen wolle. Nervös fragte »The Face«, als er mir die Nachricht ausrichtete: »Du hast doch keinen Ärger, oder? Warum will die Sumiyoshi-kai dich sprechen?«
Ich erwiderte, dass ich meines Wissens nicht in Schwierigkeiten sei und auch keine Ahnung habe, warum der Kerl mit mir reden wolle. Zunächst wollte ich Yamamoto fragen, wie ich vorgehen sollte, doch dann überlegte ich es mir anders. Denn er würde wahrscheinlich anordnen, den Anruf zu ignorieren, oder würde einen älteren Kollegen beauftragen, mich zu begleiten.
Damals war ich regelmäßig Gast in der »Maid Station«, wo ich angeblich einigen Angestellten nach Feierabend Englischunterricht gab. Die »Maid Station« war eine Art »Gesundheitsclub« für Erwachsene. Die Mädchen dort waren wie Dienstmädchen gekleidet, nannten die Kunden Herr und badeten, massierten und befriedigten sie. Fünf von ihnen wollten Urlaub in Australien machen, und ihr fürsorglicher Arbeitgeber, den ich kennengelernt hatte, als er in Saitama Taxi gefahren war, arrangierte Privatunterricht für sie. Und der Lehrer war ich.
Der Club befand sich in Minami Ginza, im Herzen des Sumiyoshi-kai-Reviers. Warum hatte Kaneko wohl angerufen? Hatte ich mich in seinem Revier schlecht benommen? Wollte er mich erpressen? Aber womit? Ich war Junggeselle, und in den Neunzigerjahren war eine Sexmassage in Saitama so japanisch wie Sushi.
Ich wusste wirklich nicht, was ich tun sollte, aber mein Polizeiinformant versicherte mir, dass Kaneko nicht gefährlich sei und es für mich als Reporter sogar vorteilhaft sein könne, ihn zu kennen. Also rief ich Kanekos Büro von einer öffentlichen Telefonzelle aus an.
Der Typ, der ans Telefon ging, sprach laut und war offenbar schlecht gelaunt. Als ich meinen Namen nannte, trat eine längere Pause ein –

offenbar dachte er darüber nach, wie er mich ansprechen sollte. Ich musste meinen Namen sieben Mal wiederholen. Dann sprach der Mann mit Kaneko, und das hörte sich etwa so an: »He, da ist ein verdammter *gaijin* am Telefon. Er sagt, er sei Reporter. Kennen Sie diesen Idioten?« Kaneko schnauzte ihn an: »Halt die Sprechmuschel zu und behandle den Mann mit Respekt. Ich habe auf seinen Anruf gewartet.« Ich hatte mir Kaneko als bedrohlich wirkenden, undeutlich sprechenden Schläger mit Reibeisenstimme vorgestellt. Aber als er ans Telefon ging, klang seine Stimme erstaunlich sanft. »Sie sind also Jake«, begann er. »Tut mir leid, dass ich Sie im Büro angerufen habe. Aber ich wusste nicht, wie ich Sie sonst erreichen kann. Und bitte verzeihen Sie meine Mitarbeiter, sie sind grob, unhöflich und schlecht erzogen. Bitte stören Sie sich nicht daran.«

»Äh, natürlich nicht. Was kann ich für Sie tun?«

»Ich habe ein ungewöhnliches Problem. Es ist etwas heikel, und ich hoffe, dass Sie mir helfen können, es zu lösen.«

»Nun ja, eigentlich ist es nicht meine Aufgabe, Probleme für Yakuza zu lösen.«

»Selbstverständlich nicht. Mir ist auch klar, dass ich Sie in eine schwierige Lage bringe. Aber ich würde sehr gerne mit Ihnen über diese persönliche Angelegenheit sprechen. Es könnte sich auch für Sie lohnen.«

»Es wäre mir ein Vergnügen. Aber annehmen kann ich nichts von Ihnen.«

»In Ordnung. Wann würde es Ihnen passen?«

»Wir wäre es morgen nach dem Mittagessen?«

»Gut. Vielen Dank. So finden Sie mich. ... Falls Sie sich verfahren, fragen Sie einfach die Leute. Man kennt mich hier.«

Da ich mich tatsächlich nicht auskannte, verirrte ich mich natürlich und musste den Typen vor einem »Pink Salon«[8] bitten, mir den Weg

---

[8] So heißen Etablissements, in denen oraler oder manueller Sex angeboten wird. Der Preis liegt bei 3000 Yen (30 Dollar) pro 30 Minuten, eine Tasse Kaffee inklusive. In Tokio gibt es nicht mehr viele Salons dieser Art. Eine Zeitschrift für Frauen, die in der Sexindustrie arbeiten wollen, warnt vor dem verstärkten Auftreten von Karpaltunnelsyndromen bei dieser Tätigkeit.

zu Kanekos Büro zu zeigen. Der Mann zeichnete mir höflich eine Karte und lud mich dann ein, hereinzukommen und das Angebot des Salons zu testen. Normalerweise waren Ausländer zwar nicht zugelassen, aber jeder Freund von Kaneko sei auch ein Freund des Salons. Außerdem, fügte er schief grinsend hinzu, lief das Geschäft nachmittags schlecht.

Ich lehnte ab, schließlich hatte ich etwas vor.

Kanekos Hauptquartier befand sich hinter einer Reihe von Sexclubs, einem vietnamesischen Restaurant und einem Tierpräparator. Es sah aus wie das Zweigbüro einer kleinen Baufirma. Auf der Glastür, die sich öffnete, als ich sie berührte, stand ein Firmenname. Im Empfangsbereich saß ein furchteinflößender Kerl auf dem Sofa und blätterte ein Pornomagazin durch. Er blickte auf, erhob sich, sagte kein Wort und klopfte an eine Tür.

Heraus kam Naoya Kaneko, »The Cat«. Er war etwa 1,70 Meter groß und vermutlich Ende 50. Seine Augen waren schmal, sein Haar oben etwas dünn, und er trug einen Kinnbart. Dunkler Anzug, weißes Hemd, Krawatte mit Paisleymuster, schwarze Slipper. Zwei Goldringe an der rechten Hand. Er wirkte eher wie ein Politiker als wie der Vizechef der Sumiyoshi-kai.

Wir schüttelten uns die Hände, und Kaneko zeigte auf eines der drei dunkelbraunen Ledersofas. Er setzte sich mir gegenüber. Der furchteinflößende Kerl ging hinaus und kam mit zwei Tassen grünem Tee in lackierten Näpfchen zurück – eine Geste, die Respekt ausdrücken soll.

Kaneko nippte an seinem Tee, ich ließ meinen stehen.

»Mögen Sie den Tee nicht?«

»Ich bin kein großer Teeliebhaber«, antwortete ich.

»Wie wäre es dann mit einem Kaffee?«

»Sehr gerne.«

Nun wandte er sich an den furchteinflößenden Kerl und bellte: »Bring ihm Kaffee.«

Irgendwie schien er erleichtert zu sein, als der Kaffee kam und ich die Tasse an die Lippen führte.

Als Nächstes begannen wir mit der formellen Vorstellung. Kaneko überreichte mir seine *meishi* (Visitenkarte), die ich in beide Hände nahm, wobei ich mich verbeugte. Dann gab ich ihm meine Karte, die er seinerseits mit beiden Händen und einer Verbeugung (nicht so tief wie meine) entgegennahm.

Dies ist ein allseits bekanntes Ritual: Man überreicht seine Karte mit einer Hand, um zu zeigen, dass man unbedeutend und bescheiden ist. Die Karte des anderen nimmt man dagegen mit beiden Händen entgegen, um damit auszudrücken, dass er eine wichtigere Persönlichkeit ist. Dann hebt man die Karte auf Augenhöhe, schaut sie genau an und wägt den jeweiligen gesellschaftlichen Rang gegeneinander ab, um in dem folgenden Gespräch den korrekten Ton zu treffen. Solange noch beide Gesprächspartner stehen, steckt man die Karte des jeweils anderen in sein Kartenetui. Es wäre eine grobe Beleidigung, die Karte zu falten, zu rollen oder sonst irgendwie zu beschädigen. Ich warf also einen Blick auf seinen Titel und die Schmuckbuchstaben, bevor ich die Karte geschickt in mein Visitenkartenetui schob. Er betrachtete meine Karte ebenfalls und steckte sie dann in sein Etui, das aus reinem Platin zu bestehen schien.

Dann plauderten wir eine Weile. Er fragte mich, wie ein Ausländer einen Job bei der *Yomiuri Shimbun* bekommen könne, und ich fasste mein bisheriges Leben in Japan zusammen.

»Ich wünschte, ich hätte das College besucht«, meinte er schließlich. »Dann wäre mein Leben anders verlaufen. Und ich hätte es tun können. Sie hatten Glück, dass Sie diese Chance bekommen haben.«

Ich stimmte zu, dann räusperte ich mich und fragte, warum er mich angerufen hatte.

»Ich hörte, Sie seien vertrauenswürdig und ein guter Reporter.«

»Wer hat das gesagt?«

»Das wäre ja Petzen. Sagen wir einfach, ich habe Gutes von Ihnen gehört. Es gibt da etwas, das ich wissen muss, und ich denke, dass Sie es herausfinden können. Und ich glaube auch, dass Sie es für sich behalten werden. Die Leute sagen, dass Sie wie ein Japaner sind, ein ehrenwerter Mann.«

»Das höre ich zum ersten Mal. Sind Sie sicher, dass ich der richtige *gaijin* bin?«

»Ganz sicher.«

Es kommt nicht oft vor, dass ein Yakuza einem Komplimente macht. Vermutlich waren sie gelogen, aber das störte mich in dem Moment nicht.

Also gab ich das Lob zurück. »Nun ja, und ich habe gehört, dass Sie, obwohl Sie ein Yakuza sind, kein totaler Unmensch sind, dass Sie ein Gentleman und eher ein Wirtschaftskrimineller als ein Schlägertyp sind. In Ihrer Branche heißt das wohl so viel wie, dass Sie Mutter Teresa sind.«

Er grinste und fragte, wer von meinen Bekannten ihn denn kenne. Als ich erwiderte, dass natürlich auch ich nicht petzen wolle, musste er lächeln.

Dann bot er mir eine Zigarette an, die ich auch nahm. Er zündete sie an, dann deutete er auf meine unberührte Teetasse.

»Sie möchten wissen, warum ich keinen grünen Tee mag?«, fragte ich.

Kaneko lachte. »Nein, aber es geht um Tee. Wissen Sie, ein- oder zweimal in der Woche schauen ein paar Polizeibeamte bei mir vorbei. Ich biete ihnen meist eine Tasse Tee und vielleicht etwas Gebäck an. Wir plaudern, und sie gehen wieder. Das ist der übliche Ablauf. Doch neuerdings wollen sie ihn nicht anrühren, wenn ich ihnen Tee serviere. Sie wollen gar nichts mehr anrühren. Es ist ihnen wichtig, es nicht zu tun.«

»Und das ist ein Problem?«

»Moment, als ich sie gefragt habe, warum sie meine kleinen Gesten der Höflichkeit zurückweisen, haben sie geantwortet, dass bei der Polizei das Gerücht umgeht, ich hätte einen Beamten bestochen. Wenn sie daher etwas von mir annähmen – Tee, Gebäck oder auch nur einen Kalender –, dann hätten sie sofort die Kollegen von der Internen Ermittlung auf dem Hals. Und deshalb lehnen sie alles ab.«

»Aber warum ist das für Sie ein Problem?«

»Weil jetzt jeder in der Organisation glaubt, dass die Polizisten nur eine Schau abziehen und dass in ich Wirklichkeit ein Informant der Polizei bin. Dass sie mich umgedreht haben.«

»Nur weil die Ihren Tee nicht trinken?«

»Genau. Ich bin sicher, dass die Beamten wirklich glauben, dass ich einen von ihnen besteche. Aber die Leute, mit denen ich zusammenar-

beite, sind nicht davon überzeugt. Sie halten es nur für einen Trick, mit dem der Anschein erweckt werden soll, dass ich kein Informant bin. Wenn das so weitergeht, bin ich bald in ernsten Schwierigkeiten.«
»Und was bedeutet das in Ihrer Branche?«
»Das bedeutet, dass meine eigenen Leute, die Männer, die ich wie meine Kinder aufgezogen habe, mich mitten in der Nacht in die Berge von Chichibu schleppen, mir in den Kopf schießen und mich in einer flachen Grube verscharren werden.«
»Oje. Könnte es noch schlimmer kommen?«
»Ja. Vielleicht lassen sie mich auch mein Grab selbst schaufeln, schlagen mich dann zu Brei und begraben mich lebendig. Aber das glaube ich nicht, immerhin war ich sehr lange dabei. Ich habe mir wohl genug Respekt verdient, um erst begraben zu werden, wenn ich ganz tot bin.«
Plötzlich war mir zum Lachen zumute und ich suchte nach einem Anzeichen dafür, dass er scherzte. Aber ich fand keines. »The Cat« war offenbar tatsächlich verzweifelt. Und darum hatte er mich angerufen.
»Also, wen haben Sie in der Tasche?«, fragte ich daher.
»Niemanden. Ich besteche keine Polizisten. Und ich bin kein Spitzel. So mache ich keine Geschäfte. Die Polizei und ich haben immer gut kooperiert. Ich weiß wirklich nicht, von wem dieses Gerücht stammt.« Er hatte sich über den Tisch gebeugt und flüsterte beinahe. Unsere Nasen hätten sich berühren können, das wäre dann mein erster Eskimokuss mit einem Yakuza gewesen.
»Und ...?«
»Ich wüsste gerne, warum die Polizei von Saitama davon überzeugt ist, dass ich einen von ihnen schmiere. Ich möchte den Namen des Polizisten wissen, den ich angeblich besteche. Das würde mir sehr weiterhelfen.«
Darüber musste ich eine Weile nachdenken. Nach einer zweiten Zigarette antwortete ich: »Nun ja, Kaneko-san, ich bin Reporter, kein Informant der Yakuza. Und um die Wahrheit zu sagen, ich tue den Yakuza nicht so gern einen Gefallen. Aber ich kenne jemanden, mit dem ich reden könnte. Und wenn ich der Meinung bin, dass ich Ihnen eine Information weitergeben kann, denn werde ich es tun. Aber ich kann nichts versprechen.«

»Mehr verlange ich auch nicht.«

»Wenn ich nun schon einmal hier bin – darf ich Sie dann etwas fragen?«

»Nur zu. Das ist das Mindeste, was ich für Sie tun kann.«

»Wie verdienen Sie Geld für die Organisation? Die Polizei behauptet, dass 70 Prozent Ihres Einkommens aus dem Verkauf von Speed stammt. Aber ich glaube das nicht. Vielleicht gibt es ja Tausende von Speedkonsumenten in Saitama, aber sehen tue ich nicht viele.«

»Sie haben recht. Ich möchte nicht ins Detail gehen, aber wenn Sie wollen, erkläre ich Ihnen, wie dieses Geschäft funktioniert.«

»Ja, bitte.«

Dann beschrieb mir Kaneko seine kriminellen Machenschaften. In ihren besten Zeiten war die Sumiyoshi-kai sehr gut darin, Immobilienpreise in die Höhe zu treiben und dafür Geld von Maklern und Banken zu kassieren. Außerdem verdiente sie Geld, indem sie Mieter aus Apartmenthäusern vertrieb, damit deren Verkaufswert stieg. Diese Praxis nennt man *jiage*. Da das japanische Mietrecht sehr mieterfreundlich ist, waren die Dienste der Yakuza äußerst gefragt. Manchmal behinderten sie die Versteigerung gepfändeter Grundstücke, indem sie Ganoven als Mieter in die Häuser einschleusten, entweder im Auftrag des ursprünglichen Eigentümers, der das Gebäude zu einem niedrigen Preis zurückkaufen wollte, oder zugunsten einer ihrer Scheinfirmen. Illegale Müllbeseitigung war auch sehr rentabel, und das Schutzgeld aus der Sexindustrie in Omiya kam noch hinzu. Aber die größte Einnahmequelle war Erpressung. Kaneko erklärte es so: »Sie und ich sind im gleichen Geschäft. Sie sammeln Informationen und verkaufen sie. Und wir tun das auch. Sie werden dafür bezahlt, schockierende Informationen in die Zeitung zu bringen; wir werden dafür bezahlt, dass wir solche Informationen nicht veröffentlichen. Wir sind also beide Teil der Informationsbranche.«

Die Sumiyoshi-kai erpresste also Firmen und Geschäftsleute, die irgendwelche peinlichen Geheimnisse hatten. Manchmal erfuhr sie auch davon, dass eine Firma in finanziellen Schwierigkeiten steckte, und bot daraufhin Hilfe an. Dann zog sie das verbliebene Kapital ab und löste das Unternehmen auf, nicht ohne es vorher für weitere Betrügereien benutzt zu haben. Die klamme Firma machte dabei oft bereitwillig mit. Die Sumiyoshi-kai nutzte die Immobilien der Firma, um Kredite mittelgroßer Banken abzusichern, die sie nie zurückzahlte. Wenn das Unternehmen dann bankrott ging, hatten sie und der Firmenchef schon abkassiert. Sobald dann der Firmenbesitz gepfändet und versteigert wurde, mischten sich die Yakuza ein, kauften Grundstücke und Gebäude zu einem geringen Preis und verkauften sie dann wieder oder ließen sie von einer dritten Partei ersteigern, die dafür eine Gebühr bezahlen musste.

Die Sumiyoshi-kai besaß außerdem mehrere Scheinfirmen: Zeitarbeitsfirmen, Kreditwucherer und sogar eine Versicherung. Letztere wurde benutzt, um andere Versicherungen mit falschen Behauptungen zu erpressen. Ihr Inkassobüro trieb für legale Konsumentenkreditbanken faule Kredite ein. Sie verkaufte Eintrittskarten auf dem Schwarzmarkt und betrieb Pfandhäuser, die Diebesgut verkauften. Natürlich hatte sie auch eine Talentagentur, die Pornoproduzenten mit jungen Frauen versorgte. Die Frauen wurden gut bezahlt und zu nichts gezwungen.

Einzelhandelsgeschäfte der Sumiyoshi-kai verkauften Erotika und gebrauchte Mädchenunterwäsche, auf die japanische Männer scharf sind. Sie besaß Speditionen und übernahm bei Großveranstaltungen den Sicherheitsdienst. Wenn die Yakuza einen Vertrag für ein Bauvorhaben abschlossen, machten sie selbst keinen Finger krumm, sondern überließen die Arbeit Subunternehmern, denen sie natürlich nur einen Teil ihrer eigenen Einnahmen gönnten.

Die politische Organisation, die sie gegründet hatten, erhielt nicht nur Steuervergünstigungen, sondern bot noch bessere Möglichkeiten, Firmen zu erpressen, indem sie ihnen Abonnements ihres hauseigenen Nachrichtenblattes zu einem enorm hohen Preis verkaufte und auf diese Weise Schweigegeld weniger auffallend kassierte.

Kanekos Darstellung der Yakuza-Geschäftswelt war brillant und präzise. In einer Stunde erklärte er mir das System besser, als jeder andere es je hätte tun können. Da er damit seinen Teil des Handels erfüllt hatte, versprach ich, mich umzuhören. Als ich mich verabschiedete, bot er mir an, mich in seinem Auto und von seinem Fahrer an mein nächstes Ziel bringen zu lassen. Ich aber lehnte lieber ab.

An diesem Abend rief ich meinen Informanten an und erzählte ihm alles, was Kaneko gesagt hatte.

»Sehr interessant«, meinte er. »Ich kümmere mich persönlich darum. Vermutlich versucht jemand in seiner eigenen Organisation, »The Cat« zu eliminieren. Zehn zu eins, dass das ein Machtkampf ist.«

»Er hat gesagt, dass er immer gut mit der Polizei kooperiert habe.«

»Nun ja ... Lassen Sie mich das erklären. Ein Beamter arbeitet in der Abteilung eins der Einsatzgruppe gegen das organisierte Verbrechen, die Informationen über die Yakuza sammeln soll: Wie viele Büros haben sie? Wie viele Mitglieder? Wer ist in der Organisation und wer nicht? Am schnellsten bekommen die Beamten Antworten, wenn sie direkt zu den Yakuza gehen und fragen. Aber »The Cat« ist ein schlauer alter Fuchs, darum rückt er nicht einfach so mit der Sprache heraus. Er lässt das Material einfach im Büro herumliegen, und wir lesen es dann, während er telefoniert. Oder manchmal wirft er es in den Papierkorb, und wir nehmen es dann unauffällig mit. Er übergibt es uns nie selbst.«

»Warum macht er das?«

»Weil die Dinge eben so laufen. Er tut den Polizisten einen Gefallen, und dann haben wir auch keinen Grund, sein Büro zu durchsuchen, um etwas Brauchbares zu finden. Das klappt ganz gut so.«

»Warum zapft ihr nicht einfach seine Telefone an?«

»Wir sind nicht in Amerika, und wir sind nicht das FBI. Wir würden keine Erlaubnis bekommen, Wanzen zu installieren.«

»Glauben Sie, dass er jemanden schmiert?«

»Wenn er es tun würde, wäre er nicht so dumm, sich dabei erwischen zu lassen. Er ist der schlaueste Yakuza in der Organisation. Ich werde rauskriegen, was da läuft, und mich dann bei Ihnen melden.«

Zwei Tage später rief er mich an. Die Gerüchte wurden von einem gewissen Yoshinori Saito verbreitet, der Nummer vier in der Sumiyoshi-kai. Saito hatte einem Beamten der Abteilung eins erzählt, dass Kaneko einen seiner Kollegen schmiere. Da er keinen Namen genannt hatte, war die ganze Abteilung in Aufregung und suchte fieberhaft nach dem Verräter.

So weit, was die Polizei betraf. In puncto Yakuza war es so, dass sich Kaneko und Saito seit Langem nicht besonders gewogen waren. Vor Kurzem hatte Saito den LKW-Fahrern, die durch Saitama fuhren, Speed verkaufen wollen, aber Kaneko hatte damit nichts zu tun haben wollen. Denn Kanekos Chef, Nakamura, hatte offenbar in seiner Jugend Crystal Meth konsumiert, und Kaneko wollte seinen Chef nicht in eine Sache hineinziehen, die ihn womöglich zu seinen schlechten Gewohnheiten zurückgeführt hätte. Saito hatte das Gerücht absichtlich verbreitet, da er wusste, dass es Kaneko verdächtig machen würde. Offenbar hatte er nicht den Mumm, »The Cat« selbst herauszufordern, sondern zog es vor, dass die Organisation sich um ihn kümmerte.

»Was soll ich Ihrer Meinung nach mit dieser Information anfangen?«

»An Kaneko weitergeben, und zwar so schnell wie möglich.«

Nach einigem Zögern erklärte ich mich damit einverstanden, Kaneko aufzuklären. Also rief ich in seinem Büro an und vereinbarte für denselben Abend ein Treffen.

Es war eiskalt, aber das war auch schon egal, da ich sowieso schon vor Aufregung zitterte. Noch bevor ich an die Tür seines Büros klopfen konnte, öffnete Kaneko sie und forderte mich mit einer Geste auf einzutreten. Er trug Jeans und einen dunkelgrünen Pullover und sah wie ein Segellehrer aus.

Ich setzte mich aufs Sofa, und diesmal trank ich den Tee. Dann erzählte ich »The Cat« alles, was ich wusste.

Er nickte, während ich sprach. Seine Augen waren geschlossen, die Finger hatte er gespreizt auf den Tisch gelegt. »Ich danke Ihnen. Dafür schulde ich Ihnen etwas«, meinte er dann.

»Vielleicht steht es mir ja nicht zu, so etwas zu sagen«, erwiderte ich, »aber warum verlassen Sie nicht einfach die Organisation, anstatt sich mit diesem Mist herumzuärgern?«

»The Cat« öffnete die Augen und holte tief Luft. »Schauen Sie mich doch an. Wenn ich so angezogen bin, sehe ich vielleicht aus wie jeder andere Geschäftsmann an seinem freien Tag. Aber wenn ich die Ärmel hochkrempele« – er tat es –, »dann ist dieses nette Bild zerstört.« Von den Handgelenken bis zum Oberarm war seine Haut über und über mit bunten, kunstvollen Tätowierungen überzogen.

»Ich bin weit über 40 und habe mich selbst für immer gebrandmarkt. Ich habe keine Ausbildung, kein Diplom, bin weder sozial- noch krankenversichert. Ich habe nur Geld auf der Bank und diese Organisation. Wohin könnte ich gehen? Wenn ich fliehe, jagt mich die Sumiyoshi-kai und bringt mich um, weil sie mich für einen Polizeispitzel hält. Aber wenn ich bleibe, habe ich eine Chance zu überleben. Es ist vielleicht kein tolles Leben, aber ich bin nicht bereit, es wegzuwerfen. Darum werde ich mich um dieses Problem kümmern.«

Ich dankte ihm für den Tee und wollte gerade gehen, als er mir die Hand auf die Schulter legte und mir in die Augen sah.

»Sie haben mir das Leben gerettet. So etwas vergesse ich nicht. Wenn Sie irgendetwas brauchen – Informationen, Frauen, Geld –, dann kommen Sie zu mir. Es gibt Schulden, die man nie zurückzahlen kann. Und ich stehe bis zu meinem Tod in Ihrer Schuld.«

»Eigentlich habe ich nicht viel getan.«

»Entscheidend ist nicht, wie viel Sie tun, sondern was Sie tun.«

»Dann hätte ich gerne Informationen, aber nur, wenn damit keine Verpflichtungen verbunden sind. Ich möchte nicht in der Schuld eines Yakuza stehen.«

»Kein Problem. Aber eines muss klar sein: Ich werde Ihnen nur etwas über andere Yakuza-Gruppen erzählen, nicht über unsere. Unser Geschäft bleibt unser Geschäft. Sie können Fragen stellen, und ich werde Sie nicht belügen, aber wenn es um uns geht, werde ich nichts sagen. Ist das klar?«

»Ja.«

»Und Sie wollen wirklich keine Frau?«

»Nein, ich bin versorgt.«

»Liegt das vielleicht daran, dass Sie lieber Jungs mögen?«

»Nicht, dass ich wüsste.«

»Nun gut, in Ordnung.« Dann begleitete er mich zur Tür und schüttelte mir zum Abschied die Hand.

Zwei Wochen später tranken wieder ein paar Polizisten grünen Tee in Kanekos Büro. Ich erkundigte mich nie danach, was aus Saito geworden war, und sprach auch mit Kaneko nie wieder über diese Angelegenheit.

Von diesem Zeitpunkt an hatten Kaneko und ich eine beinahe geschäftliche Beziehung. Ich besuchte ihn alle paar Wochen auf eine Tasse Tee, nachdem ich mich vorher telefonisch angemeldet hatte. Er gab mir ein paar Hinweise für einige Geschichten, und wir sprachen über die gefährlichen Seiten eines Lebens als Yakuza im Vergleich zu dem eines Journalisten. Dann ging jeder wieder seiner Wege. Er versuchte immer wieder, mich mit einer heißen Japanerin zusammenzubringen, aber ich lehnte ab.

Kanekos Gunst war für mich als Reporter ein Vorteil. Natürlich zögerte ich immer wieder, ihn um Informationen zu bitten, denn ich war sicher, dass er mich früher oder später dann auch um einen Gefallen bitten würde. Aber er tat es nie. Außerdem fragte ich mich, ob es moralisch vertretbar war, Informationen von einem Mann anzunehmen, der sich selbst als antisozialen Gesetzesbrecher bezeichnete. Wahrscheinlich gehört das zum Einmaleins des Enthüllungsjournalismus, aber ich hatte dennoch Bedenken. Doch irgendwann begriff ich die Lektion, die man mir von Anfang an beigebracht hatte: Informationen sind nicht gut oder böse, sie sind einfach nur Informationen. Die Leute, die Informationen liefern, haben ihre Gründe und Motive, oft auch unsaubere. Aber wichtig ist nur die Sauberkeit der Information, nicht die des Informanten.

Dank »The Cat« erfuhr ich zum Beispiel noch vor der Polizei, dass ein Bandenkrieg zwischen Yakuza-Gruppen bevorstand. Das half mir, an der Sache dranzubleiben. Er war die beste Quelle, die ein Polizeireporter sich wünschen kann, und eine gute Quelle ist immer besser als 100 schlechte.

DIE VERSCHWUNDENEN HUNDEFREUNDE
AUS SAITAMA
TEIL 1:
ICH SOLL IHNEN VERTRAUEN?

Das organisierte Verbrechen, Diebstahl und die öffentliche Sicherheit waren jetzt meine Spezialgebiete. Mit anderen Worten: 24 Stunden täglich und sieben Tage in der Woche Yakuza.

Yamamoto war befördert worden und leitete jetzt das Ganze. Dadurch wurde Nakajima die Nummer zwei im Büro. Er und ich kamen nicht sonderlich gut miteinander aus, und die anderen nannten uns Kobra und Mungo. Ich war der Mungo, weil ich erstens mehr Haare hatte und zweitens unruhiger war und andauernd wie ein Irrer herumrannte. Nakajima dagegen hatte das, was die Japaner eine Giftzunge – *dokuzetsu* – nennen: Er war sehr kritisch, spöttisch und geschickt darin, andere herabzusetzen. Zudem hatte er weniger Haare und bewegte sich ruhig. Im Gegensatz zu mir war er ordentlich und gewissenhaft. Ich konnte schon verstehen, warum ich ihm so auf die Nerven ging.

Yomawari, also die Hausbesuche bei Polizisten, waren zu einem Teil meines Lebens geworden. Wenn ich Glück hatte, konnte ich danach sofort nach Hause gehen, weil mein Bericht bis zum nächsten Morgen Zeit hatte. Aber meist musste ich zurück ins Büro nach Urawa oder in den Presseclub fahren und Sportberichte oder einen anderen Mist tippen, ehe ich nach Hause konnte, um ein paar Stunden zu schlafen.

An einem dieser Abende im Januar saßen Yamamoto und ich im Büro herum und aßen Pizzareste, als Kobra hereinkam. Er war äußerlich ruhig wie immer, aber unterschwellig sehr aufgeregt. Bevor er uns in den Fall einweihte, warnte er mich: »Adelstein, die Sache ist streng geheim. Also halt bloß deine große Klappe.«

Kobra hatte von seinem Polizeiinformanten erfahren, dass ein Hundezüchter namens Gen Sekine in der Nähe von Kumagaya im Verdacht stand, ein Serienmörder zu sein. Sekine war wohl ein Yakuza, ein ehemaliger Yakuza oder ein Verbündeter der Yakuza. In den vergangenen zehn Jahren waren auf jeden Fall mehrere Leute, die mit ihm zu tun hatten, verschwunden. Die Polizei hatte Untersuchungen eingeleitet, als die ersten drei Personen vermisst wurden. Als dabei aber nichts herauskam, weil alle Spuren im Sand verliefen, waren die Fälle in Vergessenheit geraten.

Das änderte sich erst, als Akio Kawasaki, der Präsident einer Abfallbeseitigungsfirma, nicht mehr nach Hause kam. Nach mehreren Tagen ging seine Frau zur Polizei, die jedoch wenig Interesse zeigte und nur sehr oberflächliche Fragen stellte: Hat Ihr Mann sich in letzter Zeit ungewöhnlich benommen? Gab es zu Hause Probleme? War er jemals einige Tage fort, ohne Ihnen Bescheid zu sagen? Hat er Feinde?

Frau Kawasaki verneinte all diese Fragen. Aber im Laufe der Befragung erwähnte sie, dass ihr Mann Streit mit einem Hundezüchter hatte. Plötzlich wurde der zuständige Polizist aufmerksam und meinte ernst: »Wenn Ihr Mann mit Sekine zu tun hatte, dann müssen Sie sich auf das Schlimmste gefasst machen.«

Frau Kawasaki ging daraufhin erschrocken nach Hause, und die Polizei holte angestaubte Akten aus dem Keller.

Zwei Monate später wurde Kawasaki immer noch vermisst, und das Morddezernat der Polizei von Saitama stellte eine Sonderkommission zusammen, die sein Verschwinden untersuchen sollte. Als Nakajimas Informant von diesem Fall sprach, arbeiteten gerade zehn Beamte daran. Der Polizist versicherte Nakajima, dass kein Grund bestehe, die Story gleich zu drucken. Wenn die *Yomiuri* geduldig wartete, werde sie die entsprechenden Informationen exklusiv erhalten. Da selbst die Polizeiführung von Saitama die Details des Falles noch nicht kannte, war die Gefahr gering, dass andere Zeitungen Wind von der Sache bekamen.

Das alles klang ziemlich heftig: Hundezüchter, Yakuza, vermisste Personen – wie aus einem schlechten japanischen Fernsehfilm. Wir wussten, warum die Ermittlungen sich nicht auf die vermissten Personen, Mordverdacht oder irgendeine große Sache konzentrierten, sondern auf ein eher kleines Vergehen wie Betrug. Denn ein Haftbefehl wegen Betruges war viel leichter zu erhalten als einer wegen Mordes. Und war ein Verdächtiger erst einmal in Gewahrsam, so konnte er auch zu anderen Straftaten befragt werden, einschließlich Mord. So ging das Morddezernat routinemäßig vor.

Ich hatte den Auftrag, das Zeitungsarchiv nach Informationen über den Hundezüchter und seine Tierhandlung mit dem eigenartigen Namen »Afrikanischer Zwinger« zu durchforsten. Da die *Yomiuri* damals noch keine elektronische Datenbank besaß, musste ich ganz altmodisch Artikelsammlungen durchblättern. Nach zwei Tagen brannten mir die Augen, aber ich hatte immerhin einen Artikel vom 14. Juli 1992 gefunden, dessen Schlagzeile lautete: »Auf Wiedersehen, Raubtier: Süßes Löwenbaby kommt in den Zoo der Präfektur Gunma. Tierzüchter in Kumagaya hielt den Kleinen auf seinem Balkon.«

Sekine hatte anscheinend ein Löwenbaby auf dem Balkon seines Hauses aufgezogen, und ängstliche Nachbarn hatten daraufhin die Behörden verständigt. Damit verstieß er gegen mehrere Stadtverordnungen, deshalb kam das Löwenbaby in einen Zoo und Sekine musste ein kleines Bußgeld zahlen.

Die Entdeckung dieses Artikels war insofern ein Durchbruch, als er uns unter anderem das chinesische Schriftzeichen für Sekines Namen lieferte. Im Japanischen hilft die gesprochene Form eines Namens nicht unbedingt weiter. Ich musste einmal eine japanische Frau suchen, deren Namen wir an der Universität New York bekommen hatten. Wir kannten die romanisierte Schreibweise ihres Namens und ihr Alter, aber es gab mehrere *Kanji*-Varianten ihres Familiennamens und mindestens 20 Versionen für ihren Vornamen. Für den Fall, dass ein unwissender Amerikaner ihren romanisierten Namen falsch geschrieben hatte oder ihr Name eine ungewöhnliche Schreibweise aufwies, wäre eine Datenbank natürlich sehr nützlich gewesen. Das *Kanji*-Schriftzeichen war auf jeden Fall wichtig, um eine Person genau zu identifizieren. Jetzt konnten wir also Sekine anhand der Schriftzeichen in den verfügbaren Datenbanken suchen.

Wie sich herausstellte, war Sekine ziemlich berühmt. Er war einer der erfolgreichsten Hundezüchter im Land. Zeitschriften hatten über ihn berichtet, und er war in Fernsehshows aufgetreten. Er hatte den Alaska-Malamut zu einem der edelsten Showhunde in Japan gemacht. In Interviews behauptete Sekine, er habe in Afrika gelebt, im Busch Tiere gejagt und wilde Tiger nur mit seinem Blick vertrieben. Er wurde allmählich kahl, und sein Resthaar war grau gesprenkelt. Seine kleinen Perlenaugen schielten ständig, und die Furchen in seiner Stirn verliehen ihm einen nachdenklichen Gesichtsausdruck. Seine raue Stimme klang, als habe er von Geburt an starke Zigaretten geraucht. Er besaß drei Läden und plante, einen kleinen Safaripark anzulegen. Vor Kurzem hatte er im Fernsehen einem vor Ehrfurcht starren Journalisten erzählt, dass er aus Hubschraubern gesprungen und Löwen niedergerungen habe. Das ist ein Kerl, schoss mir durch den Kopf, der sicher töten kann, ohne mit der Wimper zu zucken.

Ende Januar hatten wir – vor allem dank Nakajimas Arbeit und Anleitung – vier Personen ermittelt, die vermisst wurden und von denen man annahm, dass Gen Sekine sie ermordet hatte: Kawasaki, eine Hausfrau, einen Yakuza-Chef und dessen Fahrer. Das Tatmotiv war allerdings noch unklar.

Unser *Yomiuri*-Team ermittelte im Geheimen, denn wir wollten die Öffentlichkeit erst kurz vor der Verhaftung des Hundezüchters informieren. Dieser Plan scheiterte allerdings am 17. Februar.

Ich war gerade im Presseclub, als Yamamoto mir ein Exemplar der Sportzeitung *Asuka* vor das Gesicht hielt.[9]

»Schau dir das an«, knurrte er grimmig, »jetzt ist die Katze aus dem Sack.«

Er hatte recht. Eine riesige Schlagzeile lautete: »Vier Personen in Saitama vermisst. Rätselhafter Hundezüchter unter Verdacht.« Es

---

[9] In Japan unterscheiden sich Sportzeitungen kaum von Boulevardzeitungen. Sie enthalten zwar vor allem Sportberichte mit einem gewissen Wahrheitsgehalt, aber die restlichen Seiten sind blutrünstigen Nachrichten sowie Klatschgeschichten vorbehalten. Typisch für diese Blätter sind ihre »rosa Seiten« mit schlüpfrigen Fotos und Zeichnungen, erotischen Storys, Informationen über Sexclubs und Massagesalons sowie Anzeigen dieser Etablissements. Gelegentlich berichten sie anscheinend auch über Verbrechen.

wurden sogar Angaben über die Opfer gemacht – schrecklich unkorrekt, aber immerhin. Eine Sportzeitung hatte uns also übertrumpft.

»Ruf alle an, sie sollen sofort ins Urawa-Büro kommen. In 30 Minuten ist dort Krisensitzung.«

Als wir im Büro eintrafen, steckten Hara, der Büroleiter, und der Chefredakteur die Köpfe zusammen und studierten die Abendausgabe der *Asuka*. Dann wandte sich Hara an Yamamoto und rief: »Ich dachte, dieser Knüller sei uns sicher!«

Yamamoto schluckte und antwortete: »Na ja, der Artikel ist nicht gut recherchiert. Und die *Asuka* ist neu in diesem Spiel ... Außerdem liest die keiner. Wir sollten das Ganze ignorieren und weiter an unserer Story arbeiten.«

»Was meinen Sie?«, fragte der Chefredakteur Kobra.

Nakajima stimmte Yamamoto zu.

Aber der Chefredakteur war anderer Meinung. »Was ist, wenn morgen jede andere Zeitung im Land außer uns diese Story nachdruckt? Dann sehen wir alt aus. Woher sollen wir wissen, dass unsere Konkurrenten nicht weiter sind als wir?«

»Das glaube ich nicht«, wandte Nakajima zögerlich ein.

»Sie glauben es nicht? Oder wissen Sie, dass die uns nicht voraus sind? Würden Sie die Verantwortung übernehmen für eine verpasste Story?«

Nakajima schwieg eine Weile, dann meinte er bestimmt: »Ich finde es zu früh, jetzt einen Artikel zu bringen.«

»Nun, die Öffentlichkeit weiß schon Bescheid. Wir müssen wohl auf den fahrenden Zug aufspringen, auch wenn das früher kommt, als uns lieb ist. Aber wir haben keine Wahl. Wir sollten aufhören zu diskutieren und anfangen zu schreiben. Der Büroleiter für diese Region wird mir jeden Moment aufs Dach steigen.«

Nachdem ich mir das alles angehört hatte, hob ich in einem seltenen Anflug von Tapferkeit die Hand, obwohl ich noch ein Jungreporter war. Yamamoto wollte mich mit hektischen Gesten zum Schweigen auffordern, aber ich ignorierte ihn einfach. »Darf ich etwas sagen?«, begann ich.

»Wer hat Sie etwas gefragt?«, schnauzte der Chefredakteur mich an und machte eine typisch japanische Geste, die »Halts Maul« bedeutet.

Doch jetzt mischte sich Hara ein. »Hast du eine Idee, Jake?«

»Na ja«, krächzte ich mit belegter Stimme. »Wir haben so eine Art Deal mit der Polizei von Saitama. Sie geben uns alle Informationen, wenn wir mit der Story warten. Wenn eine Festnahme ansteht, sagen Sie uns Bescheid. So war die Abmachung, aber wenn wir uns nicht daran halten, verlieren wir ihr Vertrauen und brechen unser Versprechen.«

»Gutes Argument, Jake«, meinte Hara und nickte. »Aber die Voraussetzungen haben sich verändert, denn jetzt gibt es bereits einen Artikel.«

»Aber in einer Zeitung, die niemand liest und die unglaubwürdig ist. Es machte einen großen Unterschied, ob sie darüber schreiben oder wir. Wenn wir diese Story jetzt schreiben, gewinnen wir vielleicht eine Schlacht, aber wir verlieren den Krieg.«

Hara dachte eine Weile über meine Worte nach, dann seufzte er: »Ich fürchte, den Artikel können wir nicht ignorieren. Ich kenne die Polizei. Sie werden ein bisschen verärgert sein, aber das legt sich bald. Fangen wir an, wir müssen die Morgenausgabe vorbereiten.«

Damit war die Besprechung beendet. Kobra hielt mich noch im Flur auf und sagte: »Danke, dass du das gesagt hast. Du verstehst mehr von der Arbeit mit der Polizei, als ich dachte. Du bist zwar schlampig und undiszipliniert und deine Texte sind schrecklich, aber du hast einen guten Instinkt. Vielleicht bist du ja doch kein hoffnungsloser Fall.«

»Danke.«

Yamamoto war im hinteren Teil des Büros. »Adelstein, du hast recht«, flüsterte er mir zu. »Es ist dumm, jetzt einen Artikel zu schreiben. Aber manchmal geht es eben nicht anders. Von jetzt an ist das die wichtigste Story, an der wir arbeiten. Deshalb bekommt jeder ein Opfer zugewiesen. Du musst alles über dein Opfer herausfinden: Woher kannte es Sekine, wann wurde es zuletzt lebend gesehen, was für ein Mensch war es, warum wurde es wohl ermordet und alles andere, was uns nützlich sein könnte. Wir brauchen Bilder, Kommentare, Zeugenaussagen, alles, was wir kriegen können. Da dein normales Einsatzgebiet das Dezernat für das organisierte Verbrechen ist, bist du der richtige Mann für den Yakuza Endo und seinen Fahrer Wakui. Beide werden vermisst. Von morgen an ist dein Leben Endos Leben.«

So begann mein Jahr des Hundes.

Unser erster Artikel über die vermissten Hundefreunde von Saitama erschien am Morgen des 19. Februars mit der Schlagzeile »Mehrere Hundefreunde in Saitama zwischen April und August vermisst. Ärger mit Verkäufen«. Der Artikel erschien in der Morgenausgabe, und alle anderen Zeitungen wussten jetzt, dass die *Yomiuri* in diesem Fall weit voraus war und sie sich enorm anstrengen mussten.

Leider stießen wir die Polizei mit dem Artikel total vor den Kopf, denn jetzt wusste Sekine, dass gegen ihn ermittelt wurde, und darum sank die Chance, dass er Fehler machte. Außerdem würde er jetzt eventuell wichtige Beweise vernichten.

Dass wir unser Versprechen gebrochen hatten, verzieh uns die Polizei nicht, das machte der Polizeichef Nakajima unmissverständlich klar, und Yokozawa, der kultivierte Leiter der forensischen Abteilung, setzte die *Yomiuri* nun auf seine persönliche Leck-mich-Liste. Die anderen Zeitungen, die ebenfalls über den Fall berichteten, waren ihnen egal. Doch wir hatten als erste seriöse Zeitung einen Fall publik gemacht, der noch nicht reif dafür war. In ihren Augen wären wir daher allein schuld, falls etwas schiefgehen sollte.

Noch am selben Tag fuhr ich zum ersten Mal nach Konan, um Informationen über Endo zu bekommen. In Konan gab es eine riesige Fabrik, einen Golfplatz, eine Stadthalle, eine Grundschule, eine Mittelschule, eine Highschool, einen Lebensmittelladen und ein Familienrestaurant. Ansonsten noch viele Felder, ein wenig Landwirtschaft und wenig Möglichkeiten, etwas zu tun.

Als Erstes erkundigte ich mich bei der Feuerwehr nach Endo, denn ich wusste aus Erfahrung, dass Feuerwehrleute gesprächiger sind als Polizisten. So erfuhr ich, dass Endo vor seinem Verschwinden die Nummer zwei in einer Verbrecherbande namens Takada-gumi gewesen war – hinter einem gewissen Takada. Die Gang gehörte zum Inagawa-Clan. Eigentlich hatte ich erwartet, dass die Leute, wenn überhaupt, mit einem Gemisch aus Furcht und Ehrfurcht über diesen Endo reden würden. Aber stattdessen lobten ihn alle und schienen sich sogar Sorgen um ihn zu machen.

Ein Feuerwehrmann meinte: »Endo ist ein großartiger Bursche. Er war nicht immer ein Yakuza, früher fuhr er LKWs. Ich habe ihm

1984 bei der Bürgermeisterwahl sogar meine Stimme gegeben. Politiker sind ohnehin alle korrupt, also wählt man am besten einen, von dem man schon weiß, dass er korrupt ist. Vielleicht überrascht er einen dann und tut etwas Gutes.«

Was für eine verrückte Stadt war das bloß, in der ein bekannter Yakuza als Bürgermeister kandidieren konnte? Doch immerhin hatte Endo nur 120 Stimmen bekommen und haushoch verloren. In der Stadthalle bekam ich eine Kopie des Fotos, das Endo anlässlich seiner Kandidatur eingereicht hatte. Er sah hart aus, hatte die tödlichen, starren Augen eines potenziell explosiven Yakuza und die leichte Dauerwelle, die den ländlichen Yakuza zu gefallen schien. Offenbar hatte er mehrere Nasenbeinbrüche hinter sich. Es war sicher nicht leicht, diesen Kerl umzubringen.

Als Nächstes fuhr ich mit dem Taxi zu Endos Haus, das in einer ruhigen Umgebung lag. Es war ein schönes, großes Gebäude. Da das Tor offenstand, ging ich hinein und warf einen Blick auf den überquellenden Briefkasten. Plötzlich stand jemand hinter mir.

Es war ein kleiner, alter Mann, völlig kahl und so dünn, dass seine Haut durchsichtig zu sein schien. Er trug Jeans und ein T-Shirt, obwohl es noch ziemlich kalt war. Auf dem Hemd standen in grellem Grün obszöne englische Wörter.

»Was tun Sie hier?«, fragte er ruhig.

»Ich suche Yasunobu Endo. Das ist doch sein Haus, oder?«

»Ja, das ist sein Haus, aber er kommt nicht mehr nach Hause.«

»Warum nicht?«

»Weil er tot ist, ein Gangster hat ihn umgelegt, zu Hackfleisch verarbeitet und an Hunde verfüttert. Alle hier wissen das.«

»Wirklich? Sie haben das nicht zufällig alles beobachtet?«

»Nee. Ich hab nichts gesehen, aber ich weiß einiges. Ich kenne diese Stadt, ich kenne Endo, und ich kenne den Ganoven.«

»Meinen Sie Gen Sekine?«

»Ich hab den Namen des Kerls vergessen. Aber darf ich Sie etwas fragen?«

»Klar, schießen Sie los.«

»Warum suchen Sie Endo?«

»Ich bin Zeitungsreporter. Wenn Leute verschwinden, selbst Yakuza, ist das eine Nachricht wert. Ich will herausfinden, warum er verschwunden ist.«

»Er ist nicht verschwunden, er ist jetzt Hackfleisch, Hundekot.«

»Das haben Sie schon gesagt. Aber wenn jeder hier weiß, wer ihn umgebracht hat, warum hat die Polizei dann den Mörder noch nicht verhaftet?«

»Na, weil sie Beweise brauchen, Dummkopf. Wissen und beweisen sind zwei Paar Stiefel. Wenn Sie Reporter sind, wie Sie behaupten, sollten Sie das eigentlich wissen.«

»Ich bin noch nicht lange dabei«, sagte ich, »ich lerne noch.« Dabei reichte ich ihm meine Visitenkarte. Er warf einen Blick darauf und steckte sie in seine Hosentasche.

»Warum hat Sekine ihn getötet? Welchen Grund könnte er gehabt haben?«

»Ach, das«, seufzte der Mann, dann zog er eine Packung Zigaretten heraus, zündete sich eine an und nahm einen so tiefen Zug, dass die halbe Zigarette innerhalb von Sekunden zu Asche verbrannte. Nach einer Weile atmete er aus.

»Endo ist ein Yakuza. Und Yakuza jagen den Leuten gerne Angst ein. Sekine hat den Yakuza gefährliche Tiere verkauft – Tiger, Löwen und andere Tiere, mit denen sie normalen Leuten Angst machen konnten.«

»Aber warum sollte er Endo umbringen?«

»Keine Ahnung. Vielleicht ist er einfach nur böse. Auf jeden Fall ermordet er Menschen. Und Endo muss ihm irgendwie in die Quere gekommen sein.«

»Wie konnte er einen so großen Mann wie Endo umbringen?«

»Vielleicht hat er ihm eine Giftspritze in den Hals verpasst. Wumm! Ich habe einmal gesehen, wie er so einen Hund getötet hat, einen großen Hund. Vor langer Zeit habe ich mal für Sekine gearbeitet, aber jetzt nicht mehr. Er ist ein schlechter Mensch und tut böse Dinge. Endo war zwar ein Yakuza, aber für einen Yakuza war er gar nicht so schlimm.«

»Können Sie sich daran erinnern, wann Sie Endo zum letzten Mal lebend gesehen haben?«

»Nein, das weiß ich nicht mehr.«

»Wissen Sie, wann er verschwand?«

»Ja, das weiß ich. Denn ich weiß, wann ich ihn zum letzten Mal nicht gesehen habe.«

»Wann war das?«

»Das war letztes Jahr am 22. Juli, in der Früh.«

»Sie erinnern sich noch genau an diesen Tag? Warum?«

»Weil Endo versprochen hatte, mich an diesem Tag ins Krankenhaus zu fahren, damit ich meine Herztabletten holen konnte. Aber der Bursche ist nicht gekommen. Endo oder sein Fahrer – Wakui, ein netter Kerl – fuhren mich manchmal ins Krankenhaus. Das habe ich immer im Kalender aufgeschrieben. Als er an dem Tag nicht kam, war ich sauer, weil ich meine Medizin wirklich brauchte.«

»Danach haben Sie ihn also nicht mehr gesehen?«

»Genau, aber jemand hat mir erzählt, dass Endo und Sekine Streit hatten. Da wusste ich, dass Endo tot war und der Junge wahrscheinlich auch. Es ist eine Schweinerei. Ich hab der Polizei gesagt, dass Sekine sie umgebracht haben muss.«

Ich war zufrieden, mit diesen Angaben konnten wir ziemlich genau bestimmen, wann Endo verschwunden war. Während ich mir noch Notizen machte, ging der Alte plötzlich zum vollen Briefkasten, zog den kompletten Inhalt heraus und reichte ihn mir.

»Hier, das interessiert Sie doch, oder?«

Natürlich interessierte mich das, dennoch meinte ich: »Das geht nicht, das wäre Diebstahl.«

»Aber Sie haben es doch nicht gestohlen. Diese Post gehört nämlich niemandem. Tote lesen ihre Post nicht, und das Postamt schickt ihnen das Zeug nicht in die Hölle nach. Also, nehmen Sie es schon mit, vielleicht finden Sie ja etwas.« Damit legte er mir die Briefe in die Hände.

»Na gut«, seufzte ich und stopfte die Post in meinen Rucksack, »aber ich muss jetzt los. Danke für alles.«

Der Alte blieb mitten auf der Straße stehen und zündete sich eine neue Zigarette an. Bevor ich in ein wartendes Taxi einstieg, fragte ich ihn: »Kennen Sie jemanden, der noch etwas über Endo oder den Zeitpunkt seines Verschwindens wissen könnte?«

»Fragen Sie doch seine Freundin. Sie heißt Yumi-chan.«

»Yumi-chan?«

»Ja, sie ist echt heiß.«

»Müssen Sie heute auch ins Krankenhaus?«

»Ja.«

»Steigen Sie ein.« Als Dankeschön für seine Informationen nahm ich ihn im Taxi mit.

Die Mordkommission bewegte sich langsam wie ein Gletscher, die Abteilung für Wirtschaftskriminalität ärgerte sich, dass sie Sekine nicht wegen Betruges festnehmen konnte, und ich hatte erst Ende Mai wieder mit dem Fall zu tun.

Als ich einen Kontaktmann, der im Dezernat für das organisierte Verbrechen arbeitete, besuchte, schimpfte er: »Diese Blödmänner haben den besten Mann, den wir in der Abteilung haben, auf diesen Hundezüchterfall angesetzt. Und glauben Sie, irgendjemand hätte mich gefragt? Natürlich nicht. Obwohl wir den Mann dringend hier brauchen.«

Ich war sofort neugierig: »Wer ist denn der Mann? Ein Leutnant oder so was?«

»Nein, er ist eigentlich kein richtiger Kripobeamter. Ein echter Außenseiter, mag keine Prüfungen. Aber niemand überführt Verdächtige so schnell wie er. Vielleicht deshalb, weil er selbst wie ein Yakuza aussieht – aber nicht wie so ein Schlägertyp, sondern wie ein Boss. Er wohnt in Konan. Vielleicht ist er ja sogar mit Takada zur Schule gegangen!«

»Den würde ich gerne mal kennenlernen.«

»Dann besuchen Sie ihn doch. Er beißt nicht. Aber seien Sie höflich. Und sagen Sie ihm bloß nicht, dass ich Sie geschickt habe.«

»Was soll ich ihm denn dann sagen?«

»Am besten, dass jemand im Morddezernat Ihrem Chef seinen Namen verraten hat. Er mag die Leute dort ohnehin nicht. Und Sie müssen dann keinen Namen nennen, weil Sie Ihren Chef natürlich nicht verpetzen dürfen.«

»Wie heißt er denn?«

»Sekiguchi.«

Yamamoto war sehr erfreut darüber, dass ich eine neue Quelle aufgetan hatte. Da wir bei der Polizei immer noch in Ungnade standen, war jede andere Möglichkeit gut.

»Gut gemacht, Adelstein. Aber wenn du diesen Burschen zum Reden bringen willst, brauchst du einen Plan. Hat er Kinder?«

»Keine Ahnung. Ich denke schon. Irgendjemand hat etwas von Töchtern erwähnt.«

»Gut. Dann nimm Eis mit.«

»Warum Eis? Nur weil Kinder angeblich immer Eis mögen?«

»Nein, das ist deine Eintrittskarte, Adelstein. So kommst du durch die Tür. Wenn der Mann nicht zu Hause ist, kannst du zu seiner Frau sagen, dass du Eis mitgebracht hast, und sie bitten, es in den Kühlschrank zu legen, damit es nicht schmilzt. Wenn er zu Hause ist, nimmt er das Eis vielleicht an und lässt dich rein. Wenn seine Kinder das Eis sehen, wollen sie sicher etwas davon haben. Und vielleicht finden sie dich nett. Wenn ja, hast du seine Frau auf deiner Seite.«

»Ich soll mich bei seiner Frau einschleimen?«

»Ja, stell dich gut mit ihr. Arbeite an deinem Japanisch, Jake. Vertrau mir. Wenn du etwas mitbringst, dann Eiscreme. Und denk daran, du willst ja Eindruck schinden. Denn kein Polizist ist verpflichtet, mit uns zu reden. Also glaub mir: Kein guter Polizeireporter taucht mit leeren Händen auf – niemals.«

»Äh, kann ich das als Spesen abrechnen?«

»Vergiss es, das zahlst du aus eigener Tasche. Jeder bezahlt für seine Quellen selbst.«

Das war der Nachteil an meinem Job. Man bekommt zwar vielleicht eine Gehaltserhöhung von der *Yomiuri*, aber sie ist der Arbeitszeit nie angemessen. Und außerdem hat man ein sehr kleines Spesenkonto, aber je besser man wird, desto mehr Geld braucht man, um Polizisten zu bewirten und zu beschenken. Sogar die Eintrittskarten für die Yomiuri Giants, von denen oft angenommen wurde, dass wir sie umsonst bekämen, mussten wir aus eigener Tasche bezahlen. Aber je mehr Informanten wir hatten, desto höher waren die Ausgaben.

Trotzdem befolgte ich Yamamotos Rat und kaufte in einem Supermarkt den größten Becher Schokoladeneis, den es gab. Dann fuhr ich um sieben Uhr abends zum Haus des Ermittlers. Es stand auf einem leeren Feld, hatte eine kleine Veranda und sah eher wie eine Hütte aus.

Ich ließ den Fahrer außer Sichtweite warten. Als ich mich dem Haus näherte, war ich nervös wie immer bei solchen ersten Treffen. Aber da ich den Mann, mit dem ich mich anfreunden wollte, gar nicht kannte, war es diesmal sogar noch schlimmer.

Als ich klingelte, hörte ich Kinder lachen – perfekt. Dann kam Frau Sekiguchi an die Tür und schaltete das Licht ein. Zwei kleine Mädchen tauchten an ihren Seiten auf, streckten die Köpfe vor und starrten die Erscheinung vor ihnen neugierig an.

»Ich bitte vielmals um Entschuldigung – ich weiß, es ist schon spät. Mein Name ist Jake Adelstein von der *Yomiuri Shimbun*«, sagte ich in meinem höflichsten Japanisch und überreichte ihr meine Karte.

Sie sah verwirrt aus. »Aber wir haben die *Yomiuri* bereits abonniert.«

»Danke«, antwortete ich und verbeugte mich, »aber ich bin Journalist und würde gerne mit Ihrem Gatten sprechen.«

»Ach so. Ich frage ihn, ob er mit Ihnen reden möchte.«

Sie ging hinein, und die zwei Mädchen kamen auf die Veranda. »Was bist du denn?«, fragte die Kleinere.

»Müsste es nicht heißen, wer bist du?«, verbesserte ich sie.

Aber sie blieb stur. »Nein, ich meine, was bist du? Ein Mensch bist du auf jeden Fall nicht.«

»Doch, er könnte ein Mensch sein«, meinte ihre Schwester.

Ich wusste nicht so recht, was ich dazu sagen sollte. »Warum glaubst du denn, dass ich kein Mensch bin?«

Die Kleine antwortete sofort. »Du hast spitze Ohren und eine so große Nase, dass du kein Mensch sein kannst.«

»Aber was bin ich denn dann?«, wollte ich wissen.

Sie kam näher und starrte in mein Gesicht. »Du hast eine große, lange Nase, spitze Ohren und große, runde Augen. Und du tust so, als könntest du japanisch sprechen wie ein Mensch. Du musst ein *tengu* sein – ein Kobold.«

Ihre große Schwester schüttelte den Kopf. »Nein, Chi-chan, er hat nur ein spitzes Ohr. Und seine Haut ist nicht rot, nur rosa. Aber er hat auf jeden Fall eine *Tengu*-Nase.«

Chi-chan wollte, dass ich mich bückte, damit sie meine Nase berühren konnte. Ich tat es. Ohne zu zögern steckte sie zwei Finger in meine Nasenlöcher und zog heftig daran. Ich wäre fast umgekippt. Dann wischte sie sich die Finger an ihrer Jeans ab, kratzte sich am Kopf und klatschte plötzlich in die Hände. »Jetzt weiß ich es, du bist halb *tengu* und halb Mensch. Oder was meinst du, Yuki-chan?«

Bevor Yuki-chan ihr Urteil dazu abgeben konnte, kehrte Frau Sekiguchi zurück. »Mein Mann will nicht mit Reportern reden. Tut mir leid«, sagte sie entschuldigend.

»Ich verstehe«, erwiderte ich, »ich schreibe für die Zeitung über das organisierte Verbrechen und weiß, dass viele Polizisten ungern mit der Presse zu tun haben. Aber manchmal kann ich, ob Sie es glauben oder nicht, sogar nützlich für sie sein.«

Frau Sekiguchi lachte. »Nun, vielleicht ein andermal.«

Ich reichte ihr die Tüte mit der Eiscreme. »Das hier würde die Fahrt nach Urawa nicht überleben. Bitte nehmen Sie es, es fängt schon an zu schmelzen. Ich bin sicher, dass Chi-chan und Yuki-chan sich darüber freuen werden.«

Dann verabschiedete ich mich von den Kindern und ging langsam in Richtung Taxi. Als ich das Feld halb überquert hatte, hörte ich eine tiefe Stimme: »Yomi-san (etwa: Herr *Yomiuri*), warten Sie!«

Ich drehte mich um und sah eine imposante Gestalt in Jeans und mit T-Shirt auf der Veranda. Es war Sekiguchi. Ich kehrte um.

»Danke für das Eis«, sagte er und schüttelte mir fest die Hand. »Aber das ist viel zu viel für vier Leute. Am besten kommen Sie rein und essen mit.«

Sekiguchi hatte sehr dunkle Augen, hohe Wangenknochen und eine ausgeprägte Nase, die offensichtlich einmal gebrochen gewesen war. Er winkte mich hinein.

Die Kinder und Frau Sekiguchi saßen auf dem Wohnzimmerboden und hatten die Füße unter die Decke eines niedrigen Tisches gestreckt. Meine Visitenkarte lag vor Frau Sekiguchi, und die beiden Mädchen hatten etwas auf dem Tisch verteilt, was nach Hausaufgaben aussah. Sekiguchi brachte fünf Teller mit Eiscreme und stellte sie auf den Tisch. Nun reichte ich ihm das Bier, das ich sicherheitshalber ebenfalls mitgebracht hatte.

»Oh, danke!«, sagte er und brachte es in die Küche, dann setzte er sich und fragte plötzlich: »Ach, Verzeihung – möchten Sie ein Bier trinken?«

135

»Nein, danke. Aber trinken Sie kein Bier?«

»Nein, nicht zu Hause. Das wäre ein schlechtes Beispiel für die Kinder.«

Er zündete sich eine Zigarette an und hielt mir die Packung hin. Ich nahm gerne eine Zigarette, schon um meinen Händen eine Beschäftigung zu geben.

Im folgenden Gespräch stellte Sekiguchi Fragen über mich, meine Herkunft und mein Leben vor der Zeit bei der *Yomiuri*. Er konnte sehr gut zuhören, entweder war er wirklich interessiert oder er konnte gut so tun. Als wir das Eis aufgegessen hatten, dankte er mir noch einmal.

»Das war köstlich. Sie haben Erfolg gehabt, denn Sie wollten hereingebeten werden und haben es geschafft. Jetzt bleibt nur die Frage, ob ich Ihnen trauen kann und soll?«

»Ja, das ist die Frage.«

»Woher haben Sie eigentlich meinen Namen?«

Ich zögerte kurz, denn ich wollte nicht lügen, aber auch nicht alles ausplaudern. »Wie Sie wissen, schreibe ich über organisierte Kriminalität, das ist mein Fachgebiet als Polizeireporter.«

»Aber Sie sind hier, weil ich am Hundezüchterfall arbeite.«

Ich nickte. »Das stimmt. Ich schreibe über das organisierte Verbrechen, und Sie kümmern sich um den vermissten Yakuza. Das habe ich jedenfalls gehört.«

Er nickte und sagte: »Aber Sie haben meine ursprüngliche Frage nicht beantwortet. Woher haben Sie meinen Namen und meine Adresse?«

»Wenn ich Ihnen das sage, wie können Sie mir dann noch vertrauen? Wie können Sie dann sicher sein, dass ich Ihren Namen nicht dem Falschen verrate? Und wenn ich es Ihnen sagen würde, bestünde dann nicht die Gefahr, dass Sie sich meinen Informanten vorknöpfen?«

Sekiguchi lachte. »Gute Antwort. Sie sind gut vorbereitet. Na schön, ich frage nicht nach Namen. Aber geben Sie mir einen Tipp. Ich verspreche, dass ich das nicht gegen Sie verwende und auch nicht nach Ihrem Informanten forsche. Ich bin nur neugierig.«

»Sie wollen also, dass ich Ihnen vertraue?«

»Das müssen wir wohl beide.«

»In Ordnung. Ich bin dem Morddezernat schließlich nicht zur Loyalität verpflichtet. Es gehört nicht zu meinem Arbeitsgebiet. Jemand, der den Fall bearbeitet, nannte meinem Chef Ihren Namen. Er will mir nicht sagen, wer es war, und ich würde ihn nie danach fragen.« Sekiguchi kräuselte die Lippen, drückte seine Zigarette aus und grinste. »Diese Burschen verbringen 80 Prozent ihrer Zeit damit, sich die Presse vom Leib zu halten und die Ermittlungen zu sabotieren. Aber natürlich gibt jeder von ihnen Informationen an seinen Lieblingsreporter weiter, vor allem an hübsche Frauen. Also, was wollen Sie wissen?«

»Was können Sie mir über Endo sagen«, begann ich, »und über Gen Sekine?«

»Was wissen Sie denn schon über Endo?«

Ich sagte ihm, was ich wusste, dann bot mir Sekiguchi noch eine Zigarette an, und wir rauchten beide.

»Wie soll ich Sie eigentlich ansprechen? Ich habe keine Lust, jedes Mal *Aderusutain* zu sagen.«

»Jake reicht.«

»Jake-san? Jake-kun?«

»Einfach Jake.«

»Gut, ich werde Ihnen sagen, was ich weiß, aber unter einer Bedingung.«

»Und die wäre?«

»Ein Großteil dieser Informationen ist nur der unteren Ebene bekannt. Wenn Sie sie drucken, dann werden die hohen Tiere, die diese Informationen noch nicht hatten, unten nach der undichten Stelle suchen. Sie müssen also warten, bis eine Information die Leiter nach oben gestiegen ist, bevor Sie sie noch einmal überprüfen. Andernfalls fliegen Ihre Quellen auf. Verstanden?«

»Ja, klar.«

»Okay, ich sage Ihnen also, was ich weiß, und Ihr Umgang mit den Informationen verrät mir, wie zuverlässig Sie sind. Kapiert?«

»Kapiert.«

»Nach den bisherigen Ermittlungen hat Sekine acht Menschen ermordet. Der Mord an Endo lässt sich von allen noch am ehesten durch Indizien und Zeugenaussagen belegen. Wir haben Zeugen, die bestätigen können, dass Endo Sekine kurz vor seinem Verschwinden getroffen hat und dass Sekine ihn an diesem Tag verletzt hat. Mehr sage ich dazu nicht.«

Ich fragte Sekiguchi, wieso ein Hundezüchter wie Sekine einen so engen Kontakt zur Yakuza haben könne.

»Bevor Sekine nach Konan kam, hatte er mit der Yamaguchi-gumi einen heftigen Streit, bei dem es um Geld ging. Er gehörte einer anderen Yakuza-Gruppe an, der Kyokuto-kai. Als er hierherkam, führte ihn ein Kunde in die Takada-gumi ein, die ihn dann unter ihre Fittiche nahm.

Zum Dank dafür schenkte er Takada, dem Boss, einen unglaublich teuren Hund. Das war der Beginn seiner Beziehung zur Inagawa-kai. Er versorgte die Yakuza mit exotischen Tieren und verkaufte jedem Yakuza, der Geld hatte, scharfe Hunde und wilde Tiere. Die Kerle mögen diese Biester, weil sie ihr Image als harte Jungs stärken. Einer Gruppe verkaufte er sogar einen Löwen. Der lebt noch. Aber dieser Typ mag eigentlich gar keine Tiere, er bewundert sie in gewisser Weise und benutzt sie.

Vor ein paar Monaten zum Beispiel stritten sich Sekine und ein Kunde über den Preis für einen Hund. Die Verhandlungen waren festgefahren. Stellen Sie sich die Situation einmal vor: Der Kunde steht in Sekines Laden und zu seinen Füßen sitzt ein reinrassiger Alaska-Malamut. Der Kunde besteht darauf, dass er auf keinen Fall die anderthalb Millionen Yen zahlen wird, die der Züchter verlangt, und fordert eine halbe Million Nachlass.

›Du willst 500 000 Yen Rabatt?‹, murmelt Sekine und streichelt lächelnd den Hund. Dann nimmt er eine Schere vom Tisch, schneidet dem Hund ein Ohr ab und wirft es dem Kunden vor die Füße. ›Okay‹, sagt er, ›du hast gewonnen. Hier hast du den Rabatt.‹ Der Mann zahlt den Preis, nimmt den Hund und geht, weil er fürchtet, dass das nächste abgetrennte Ohr womöglich nicht dem Hund gehören wird.

Würde ein normaler Mensch so handeln? Sekine bewundert die Tiere, weil sie kein Gewissen haben und nur instinktiv reagieren. So würde er auch gerne sein.«

Der Abend war für mich sehr interessant gewesen. Als Sekiguchi mich zur Tür brachte, legte er mir seine kräftige Hand auf die Schulter und hielt mich auf. Ich drehte mich um. Hatte ich womöglich einen schlimmen Fauxpas begangen?

Er schaute mir in die Augen und zeigte dann auf meine Füße. »Ihre Socken passen nicht zusammen. Wussten Sie das?«

Gegen Mitternacht war ich wieder in Saitama. Yamamoto wartete auf mich.

»Und, wie ist es gelaufen?«, fragte er.

»Sehr gut«, antwortete ich. »Aber er war echt zugeknöpft, hat nur gesagt, dass er an dem Fall arbeitet. Immerhin bin ich ins Haus gekommen.«

»Ausgezeichnet«, meinte Yamamoto.

Ich hatte ihm nicht die Wahrheit gesagt, weil ich zwar ihm, nicht aber Kobra traute. Da ich Sekiguchis Warnung ernst nahm, wollte ich verhindern, dass meine Notizen zu schnell nach oben wanderten und Sekiguchi dafür bezahlen musste. Zum ersten Mal wurde mir bewusst, dass ich sogar vor meinen Kollegen manchmal etwas verheimlichen musste, um meine Kontaktleute zu schützen. Später musste ich lernen, dass man bisweilen auch vor Menschen, die man liebt, etwas verheimlichen muss.

DIE VERSCHWUNDENEN HUNDEFREUNDE
AUS SAITAMA
TEIL 2:
AUSSERHALB DES BETTS SIND YAKUZA
NUR WERTLOSE BLUTSAUGER

Nach vielen Monaten Arbeit an diesem Fall dachte ich immer öfter an meinen ersten Tag bei der *Yomiuri* zurück, als ein Vorgesetzter gesagt hatte, dass es ein Jahr dauern könne, bis eine Story reif sei. Damals hatte mir das gefallen, aber jetzt brauchte ich unbedingt eine Pause, denn ich war am Ende meiner Kräfte.

Ich informierte Sekiguchi darüber, dass ich mir eine Woche frei nehmen wollte.

Er lachte. »Daraus wird sicher nichts werden.«

Und er hatte recht, denn nach nur vier Tagen war ich wieder an der Arbeit. Ein Mitglied der Takada-gumi, ein *chinpira* namens Shimizu, hatte Sekine in seinem Geschäft attackiert, und Sekiguchi verhörte jetzt den Verdächtigen.

Ich aß gerade Eis mit den Mädchen, als der Ermittler nach Hause kam, die Schuhe auszog und sich zu uns an den Tisch setzte. Anscheinend fand er es ganz natürlich, dass ich dort saß.

»Glaubt Shimizu, dass Sekine der Mörder von Endo ist?«, platzte ich heraus, obwohl die Kinder da waren, aber die achteten nicht auf uns.

»Ja, das glaubt er. Er hat zugegeben, Sekines Gesicht, aber nur das, mit einem Teppichmesser bearbeitet zu haben. Wir haben sein Geständnis zu Protokoll genommen, dann hat er es unterschrieben. Danach habe ich ihn beiseitegenommen und ihn gebeten, mir ehrlich zu sagen, ob er das auf Anordnung von Takada getan habe. Aber Shimizu hat es vehement bestritten.«

Sekiguchi fuhr fort: »Ich wollte das auch von Takada selbst hören, also habe ich ihn besucht – das mache ich oft, um die Dinge im Griff zu behalten. Als ich ihn direkt darauf ansprach, ob er diesen Idioten beauftragt habe, zuckte Takada nicht mit der Wimper und meinte nur: ›Wenn ich dem Kerl befohlen hätte, Sekine zu erledigen, und er wäre zurückgekommen, ohne diesen Dreckskerl ernsthaft verletzt zu haben, dann hätte ich ihn aufgeknüpft. Shimizu ist eine totale Niete, er ist kein Yakuza. Wenn er nicht so blöd wäre, hätte er dem Hundemann das Messer in den Bauch gerammt.‹«

An diesem Punkt beschloss Sekiguchi, mir ein paar Hintergrundinformationen zu geben. »Viele Yakuza nennen sich selbst nicht gerne so. Vergessen Sie auch das offizielle Wort *boryokudan* (wörtlich: »gewalttätige Gruppen«). Sie nennen sich lieber *gokudo*.« Er schrieb die chinesischen Schriftzeichen auf eine Serviette. »*Goku* bedeutet extrem, und *do* Weg. Ein *gokudo* geht also seinen Weg bis zum Ende, er gibt nicht auf, sondern erledigt seinen Job. Die jungen Burschen von heute haben die Bezeichnung *gokudo* nicht verdient, sie sind nur Schläger, die Männer werden wollen.

Meine Aufgabe besteht jetzt darin, den Eindruck zu erwecken, als würden wir alles tun, damit Sekine am Leben bleibt. Takadas Jungs sollen glauben, dass das Gesetz sie mit aller Härte verfolgt, wenn sie Sekine etwas antun. Es ist verrückt, aber ich tue das, damit Takada nicht das Gesicht verliert und beschließt, Sekine selbst umzulegen.«

Sekiguchi wandelte auf einem schmalen Pfad. Aber er hielt auch die Ermittlungen am Laufen. Als Endo vermisst worden war, hatten viele gemutmaßt, dass Sekine ihn umgebracht hatte. Doch Takada wollte das nicht hören, er konnte nicht glauben, dass ein normaler Bürger, wie durchgeknallt er auch sein mochte, einen Yakuza ermorden würde. Das hatte es noch nie gegeben. Aber seit Sekiguchi an dem Fall arbeitete, schien Takada seine Meinung allmählich zu ändern. Und ihm gefiel die ganze Sache überhaupt nicht.

Gelegentlich rief Takada Sekiguchi an und sagte dann ganz beiläufig: »Ich werde wohl ein paar Löcher in Sekine pusten. Mit diesem Fall vergeuden Sie doch nur Ihre Talente. Ich werde ihn für Sie beenden, dann können Sie bald an besseren Fällen arbeiten.« Sekiguchi bat ihn dann höflich, den Hauptverdächtigen nicht umzubringen. Nach einer Weile wurde aus diesen Gesprächen eine Art Zwei-Mann-Komödie.

Niemand wusste genau, wie oder wo Endo ermordet worden war. Aber Sekiguchi hatte herausgefunden, was Endo am letzten Abend vor seinem Verschwinden gemacht hatte. Nach ein paar illegalen Glücksspielen hatte er um 21 Uhr Yumi-chan angerufen und ihr mitgeteilt, dass er etwas später kommen werde.

Und noch etwas Wichtiges hatte Sekiguchi ermittelt: Ein örtlicher Tierarzt hatte Sekine eine Menge Strychninnitrat verkauft – um kranke Tiere einzuschläfern.

Auch ich hatte versucht, etwas über Endos letzte Stunden herauszufinden, und bald schon tauchte ich jeden zweiten Tag bei Sekiguchi auf, um die Informationen zu überprüfen, die ich erhalten hatte. Wahrscheinlich verstieß ich damit gegen die Gebote der Höflichkeit, aber es schien Sekiguchi seltsamerweise nicht zu stören. Frau Sekiguchi bat mich sogar, auf die Kinder aufzupassen, wenn sie einkaufen ging, und schließlich half ich ihnen auch bei ihren englischen Hausaufgaben.

Eines Tages spürte Sekiguchi Yumi-chan auf, die in einer Bar arbeitete. Als Yoshihara und ich am nächsten Abend dorthin gingen, begrüßte uns die Mama-san und führte uns zu einem Tisch. Yoshihara verlangte nach Yumi-chan.

Das Lokal war ein typischer Hostessenclub: Kronleuchter, ein paar Sofas für intimes Geplauder, eine Karakoe-Maschine, ein großer Kerl hinter der Bar. Die Polster bestanden aus purpurrotem Samt, das Licht war so diffus, dass die Kerzen auf den Tischen wie Scheinwerfer wirkten, und der Barmann, der mich nur kurz musterte, hatte keinen Hals, einen Kurzhaarschnitt und einen hässlichen Anzug, der zu eng war – Yakuza-Alarm!

Yumi hingegen war bezaubernd. Sie hatte ein ovales Gesicht und kesse, schmale Lippen und schien nur etwas kleiner zu sein als ich. Sie setzte sich neben Yoshihara, während ihre Kollegin Kimiko neben mich rutschte.

Während Yoshihara an seinem Whiskey mit Wasser nippte, den Yumi ihm eingegossen hatte, erklärte er leise, wer wir waren und warum wir

gekommen waren. Sie erschrak erst, und eine Sekunde lang fürchtete
ich, dass sie den Barkeeper auffordern würde, uns rauszuwerfen. Doch
irgendwie schien Yoshiharas direkte Art sie schließlich zu beruhigen.
Seufzend sagte sie dann: »Na gut, ich erzähle Ihnen, was ich weiß,
aber nicht umsonst. Dies ist eine Bar, und ich arbeite hier. Als Kunde
dürfen Sie mich fragen, was Sie wollen. Aber ich erwarte, dass Sie
sich wie ein guter Kunde benehmen, der einer Frau eine Flasche
Champagner kauft.«
Yoshihara und ich sahen uns an. Konnten wir uns das leisten? Und
abgesehen davon, dass wir die Kosten nicht als Spesen verbuchen
durften, war es auch streng verboten, Informationen zu kaufen. Und
dies hier kam dem schon sehr nahe.
Schließlich bestellten wir eine Flasche Champagner, und als das Pri-
ckelwasser floss, sprudelten auch die Informationen. Endo hatte den
Club regelmäßig besucht und war ein echter Gentleman gewesen.
Er war älter als sie, hatte ihr Wein und Essen bezahlt und sie großzügig beschenkt. Und er strahlte eine gewisse tierische Anziehungskraft
aus. Sie hatte aus Neugier mit ihm geschlafen und festgestellt, dass
er gut im Bett war.
Das Letzte, was sie von ihm gehört hatte, war besagter Anruf gewesen.
Sie hatte keine Ahnung, wen er an dem Abend treffen wollte. Sie hatten selten über seine Arbeit gesprochen. Jetzt, da er tot war, vermisste
sie ihn, aber sie war nie wirklich in ihn verliebt gewesen. Eines jedoch hatte ihr an ihm nicht gefallen: Da er ganz mit Tätowierungen
bedeckt war, hatte sich seine Haut kalt angefühlt. »Manchmal hatte
ich das Gefühl, mit einer Schlange zu schlafen. Gut im Sommer,
aber nicht im Winter.«
»Kannten Sie Endo ebenfalls?«, fragte ich nun Kimiko.
»Ja, natürlich, aber nicht so gut wie Yumi. Ich mag Yakuza. Sie wissen, wie man eine Frau im Bett befriedigt. Aber außerhalb des Betts
sind sie wertlose Blutsauger.«
»Kennen Sie viele Yakuza?«
»Ich war die Geliebte eines Yakuza, ehe ich hier anfing, aber er ist gestorben.«
»Eines natürlichen Todes?«
»Allerdings, er ist beim Sex abgekratzt.«

Da wir uns nur ein kurzes Gespräch leisten konnten, gab mir Yoshihara bald ein Zeichen, dass es Zeit war zu gehen. Ich dankte Kimiko für ihre Gesellschaft, dann bezahlten wir unsere Rechnung – 30 000 Yen (etwa 300 Dollar) – und verabschiedeten uns voneinander.

Als ich sicher war, dass Yoshihara mit dem Taxi fort war, kehrte ich um, ging zurück in die Bar und setzte mein Gespräch mit Kimiko fort. Da ich noch nie zuvor eine Yakuzabraut getroffen hatte, wollte ich mir diese Gelegenheit nicht entgehen lassen.

An diesem Abend kehrte ich nicht mehr ins Büro zurück.

Wahrscheinlich würde es meinem Image als Mann guttun, wenn ich sagen könnte, dass ich sie überredet hätte, die Nacht mit mir zu verbringen. Aber sie hatte stets das Heft in der Hand. Und im Bett war sie wild, aggressiv und eindeutig erfahrener als ich.

Mit dieser Nacht begann etwas, das ich nur als mehrere Monate lang andauernde Dreierbeziehung bezeichnen kann – allerdings nicht in sexueller Hinsicht. Kimiko lieferte mir Informationen über die Welt der Yakuza, und ich reichte sie an Sekiguchi weiter, der seinerseits die Takada-gumi im Auge behielt und mir ab und zu etwas Neues erzählte.

Eines Nachmittags, als Kimiko und ich in ihrer Wohnung Sex hatten, strich sie mir zärtlich mit den Fingernägeln über den Rücken und fragte, ob ich ein Geheimnis erfahren wolle.

»Klar«, antwortete ich, »verrat mir dein Geheimnis.«

»Rate mal, wo Sekine jetzt ist.«

»Wahrscheinlich arbeitet er in seinem Laden.«

»Das glaube ich eher nicht.«

»Okay, gib mir einen Tipp.«

»Den musst du dir erst verdienen ...«

Als ich meinen Teil des Handels erfüllt hatte, fuhr sie fort: »Takada hat ihn. Wahrscheinlich verhören sie ihn gerade.«

»Wie zum Teufel ...«

»Sie werden die Wahrheit schon aus ihm rauskriegen.«

»Woher weißt du das?«

»Einer von Takadas Jungs war gestern Abend in der Bar und hat damit geprahlt. Er sagte, sie würden sich Sekine schnappen, ihn in Stücke schneiden und an seine eigenen Hunde verfüttern.«

»Kann ich mal telefonieren?«
»Wen willst du denn anrufen?«
»Gib mir einfach das Telefon.«
Ich rief Sekiguchi an, der nur zuhörte, keine Fragen stellte, mir dankte und dann sofort auflegte.

Erst vier Tage später sprach ich wieder mit ihm. In der Zwischenzeit war es mir dank Kimiko gelungen, einen Freund Endos, der kein Yakuza war, aufzuspüren und weitere Informationen zu erhalten. Angeblich hatte Endo den Hundezüchter erpresst und wollte ihm seinen ganzen Besitz wegnehmen – Grundstücke, das Haus und das Geschäft.
Sekiguchi freute sich, mich zu sehen.
»Jake, danke für den Anruf neulich. Ihre Information war sehr gut.«
»Was ist denn passiert?«
»Etwa zehn Minuten nach Ihrem Anruf hat sich Takada bei mir gemeldet. Er wollte mich überraschen, aber ich habe ihm keine Chance gegeben, sondern ihn gleich gefragt, was er mit Sekine vorhabe. Der sollte doch tabu für ihn sein. Takada war sehr beeindruckt davon, dass ich schon Bescheid wusste, und meinte: ›Ja, ich habe den Dreckskerl. Ich werde ihm ein paar Fragen stellen, und Sie dürfen gerne heimlich zuhören.‹ Ein verführerisches Angebot, aber ich habe natürlich abgelehnt. Ich bat ihn, den Mann nicht umzubringen und mir zu sagen, was er von ihm erfahren würde.«
»Sie sind nicht gleich losgerannt, um Sekine zu retten?«
»Nein. Takada hat mir sein Wort gegeben.«
»Und Sie haben ihm geglaubt?«
»Manchmal muss man den Leuten vertrauen, Jake. Sogar Leuten, die nicht vertrauenswürdig sind. Aber dadurch, dass man ihnen vertraut, werden sie vertrauenswürdig. Ich habe Takada vertraut, weil er mir sein Wort gegeben hat. Hätte er mir nicht sein Wort gegeben, dann hätte ich meine Kollegen in Gyoda gerufen, um Sekine zu befreien.«
»Und was haben Sie erfahren?«
»Takada hat erzählt, dass der arme Bastard geheult hat wie ein Baby, aber geschworen hat, dass er Endo nicht angerührt hat. Sie haben

ihn drei Stunden lang in die Mangel genommen, und er hat nichts zugegeben. Dann hat Takada ihn am Kragen gepackt und gesagt: ›Vielleicht hast du Endo umgelegt, vielleicht auch nicht. Jedenfalls ist er nicht mehr auf dieser Welt, das spüre ich. Und das Mindeste, was du ihm schuldest, ist ein Gebet für seine Seele.‹ Takada zerrte Sekine dann vor den kleinen Buddhaschrein in seinem Büro. Sekines Hände zitterten so sehr, dass er drei Weihrauchstäbchen zerbrach, ehe es ihm gelang, eines anzuzünden und in die Asche zu stecken. Takada lachte, als er es mir erzählte, und meinte, es sei eine tolle Show gewesen.«

»Wenn Sekine Takada gegenüber nicht plaudert, wird er auch bei der Polizei kein Geständnis ablegen«, gab ich zu bedenken.

»Da irren Sie sich«, sagte Sekiguchi. »Aber verraten Sie mir zuerst, wie in aller Welt Sie erfahren haben, dass Takada ihn geschnappt hat.«

»Ein Vögelchen hat es mir erzählt.«

»Ein Vögelchen?« Sekiguchi sah mich einen Moment sehr ernst an, dann räusperte er sich. »Hören Sie, Jake, wir kennen einander noch nicht sehr lange. Und ich weiß, dass ein Reporter seine Quellen nicht preisgibt, das respektiere ich. Aber ich muss erfahren, woher Sie das wussten. Das ist keine Sache zwischen Reporter und Polizist. Wir reden hier von Mann zu Mann. Es ist wichtig, und ich werde es niemandem sagen. Sie müssen mir vertrauen.«

Ich zögerte, wollte er nur prüfen, ob ich meine Informanten unter allen Umständen schützte, oder meinte er ernst, was er sagte?

»Warum müssen Sie es wissen?«

»Ich muss sicher sein, dass Takada nicht erfährt, was ich Ihnen erzähle. Ich glaube zwar nicht, dass das passiert, aber vielleicht wissen Sie nicht, wer mit wem redet. Also ...?«

»Na schön. Ich habe es von Kimiko erfahren.«

»Kimiko? In der Bar, in der Yumi arbeitet?«

»Genau.«

»Und was zum Teufel haben Sie an einem Freitagabend bei Kimiko gemacht?«

»Ich hatte so eine Art Verabredung.«

Sekiguchi war verblüfft. »Sie treiben es mit Kimiko? Jake, Sie sind wirklich eine Informationshure.«

»Ist das schlimm?«

»Nein, nein, Sie sind ledig, das ist okay. Aber vergessen Sie nicht, dass sie eine Yakuzabraut ist. Und sie nimmt Shabu.«

»Shabu?«

»Speed. Methamphetamin. Sie ist drogensüchtig. Also passen Sie auf, dass Sie sich keine Hepatitis C oder Schlimmeres holen.«

»Das wusste ich gar nicht.«

»Na ja, seien Sie vorsichtig.«

»Soll ich ihr lieber den Laufpass geben?«

»Nein, treffen Sie sich weiter mit ihr. Horchen Sie sie aus. Verdammt, holen Sie alles aus ihr raus, was Sie wollen. Aber sagen Sie es mir.« Dann schüttelte er wieder den Kopf und bot mir eine Zigarette an, die ich dankend annahm.

Ich lernte eine Menge von Sekiguchi, vor allem, dass die Zeit, die man sich für scheinbar unwichtige Dinge nimmt, sehr wichtig ist. Immer wenn Sekiguchi einen Yakuza in den Knast steckte, besuchte er danach dessen Familie, kaufte manchmal sogar Lebensmittel für sie oder half der Frau bei Reparaturen. Er besuchte auch den Yakuza im Gefängnis und berichtete ihm, wie es seiner Familie ging. Sekiguchi nahm Verbrechen und Verbrecher nie persönlich, er tat nur seine Pflicht, und sie taten die ihre.

Diese Mühe zahlte sich meistens aus. Denn wenn der Yakuza entlassen wurde und nach Hause zurückkehrte, war er eher bereit, Sekiguchi mit Informationen zu versorgen. Auch wenn er sich nicht mehr mit dem organisierten Verbrechen einließ, hatte er doch immer noch Verbindungen zur Yakuza und konnte Sekiguchi nützliche Tipps geben. Mit der Zeit hatte dieser sich so sein eigenes kleines Yakuza-Informationsnetzwerk aufgebaut. Und ich beschloss, ihm darin nachzueifern, so gut ich konnte.

Im Juli lud Sekiguchi mich zu einem Grillabend ein. Die Japaner grillen keine Hotdogs oder Rindfleisch, sondern Fisch, kleine, süße, frische Flussfische namens *ayu*. Sie werden aufgespießt, mit Salz eingerieben, über Holzkohle gegrillt und in eine grüne Soße getunkt. Einfach köstlich. Als wir auf seiner Veranda saßen, Cola tranken und die Fische aßen, gab er mir noch einen Rat: »Sie müssen säen, wenn der Boden noch halb gefroren ist. Säen Sie im Frühling.«

Da es ungewöhnlich für ihn war, in Metaphern zu reden, bat ich um eine Erklärung.

»Nun, der Hundezüchterfall ist jetzt akut, aber Sie sollten ihm nicht Ihre ganze Zeit widmen, sondern auch mit ein paar anderen Polizisten Kontakt halten. Warum? Weil die derzeit keine guten Fälle und deshalb reichlich Zeit haben und gegen Ihre Gesellschaft wahrscheinlich nichts einzuwenden haben. Wenn Sie ihnen etwas bringen würden, an dem sie arbeiten könnten, wären sie Ihnen dankbar. Besuchen Sie Ihre Informanten, auch wenn nichts anliegt, dann betrachtet man Sie als Freund oder Kumpel und nicht als gierigen Opportunisten. Vertrautheit schafft Vertrauen. Sie sind ziemlich früh auf diesen Fall gestoßen, noch bevor mein Name bekannt wurde. Darum habe ich Sie hereingelassen.«

Mit einem Spieß kratzte er den Augapfel eines Fisches heraus und bot ihn mir an. Ich schob ihn in den Mund – gar nicht schlecht. Die beiden Mädchen schauten zu und applaudierten. Dann bot auch Frau Sekiguchi mir den Augapfel ihres Fisches an, doch ich lehnte höflich ab. Meine Tagesration hatte ich schon intus.

»Wie wird sich dieser Fall Ihrer Meinung nach entwickeln?«, fragte Sekiguchi.

Ich hatte keine Ahnung.

»Die Betrugsgeschichte wird wohl platzen. Aber es gibt zwei Leute, die wahrscheinlich wissen, wie Sekine Endo und Kawasaki, den Direktor der Müllbeseitigungsfirma, umgebracht hat. Das sind Ryoji Arai, sein sogenannter Geschäftspartner, und Shima, Arais Fahrer. Es ist ganz einfach. Wir müssen nur einen Grund finden, diese beiden festzunehmen – und sie haben weiß Gott einiges auf dem Kerbholz. Dann spielen wir sie so lange gegeneinander aus, bis sie die Informationen ausspucken, die wir brauchen. Und dann schnappen wir uns Sekine. Das würde ich tun, wenn ich das Sagen hätte, aber leider habe ich nicht das Sagen.«

»Wer ist Arai, und was hat er mit Sekine zu tun?«

»Das müssen Sie selbst herausfinden, Jake. Ich könnte es Ihnen sagen, aber das wäre zu einfach. Erkundigen Sie sich, Sie werden es schon herauskriegen.«

Während ich mit Kimiko und mit Sekiguchi beschäftigt war, leisteten die anderen *Yomiuri*-Reporter vorzügliche Arbeit. Sie fanden eine Menge über Sekines Leben heraus. Offenbar hatte er sich immer im Umkreis der Yakuza bewegt. Schon in seiner Jugend war er oft im Büro der örtlichen Gang und hatte ihr als Laufbursche gedient. Aber es war ihm nie gelungen, ein vollwertiges Mitglied zu werden.

Sein Leben war unauffällig, bis er 1972 anfing, mit exotischen Tieren zu handeln. Das Geschäft blühte zunächst, dann folgten Höhen und Tiefen. 1983 heiratete er und ließ sich in Kumagaya im Norden der Präfektur Saitama nieder. Er senkte seine Unkosten, indem er selbst Schweine und Rinder schlachtete und den Fleischabfall zu Hundefutter verarbeitete. Aber die Nachbarn beklagten sich über das Blut, das aus dem Laden auf die Straße lief, und über die Kadaver, die Sekine zusammen mit anderem Müll einfach wegwarf. Also veränderte Sekine sein Vorgehen, und die Nachbarn gewöhnten sich an ihn.

Im Büro verglich ich meine Notizen mit denen meiner Kollegen. Ich fand heraus, dass Ryoji Arai und Sekine sich seit etwa zehn Jahren kannten. Bis vor Kurzem war Arai für die Werbung der Tierhandlung zuständig gewesen. Dann hatte er sich mit Sekine zerstritten – doch vorher war Arais Frau verschwunden. Wahrscheinlich hatte Arai sie ermordet, und Sekine hatte ihm geholfen, die Leiche zu beseitigen.

Von einem Informanten bei der Polizei erfuhr ich, dass Arai gesucht wurde. Denn er hatte es geschafft, sich Mitglieder der zwei größten Verbrecherorganisationen Japans – Inagawa-kai und Sumiyoshi-kai – zum Feind zu machen. Er hatte den Hund des einen verletzt und den anderen um einen großen Geldbetrag geprellt.

Aus einer anderen Quelle hörte ich, dass ein *zetsuenjo* auf Arais Namen in Umlauf sei. Wenn jemand eine Yakuza-Gruppe verlässt, verschickt die Organisation zwei verschiedene Arten von Briefen an ihre Mitglieder. Ein *hamonjo* (»zerbrochenes Tor«) bedeutet, dass der Betreffende nicht mehr mit der Organisation verbunden ist und der Empfänger ihm keinen Schutz gewähren und keine Geschäfte mit ihm machen soll. Die Botschaft eines *zetsuenjo* lautet: Diese Person hat uns verraten, darf sich nicht mehr Mitglied nennen und wird von uns gesucht. Manchmal wird auch nach dem Aufenthaltsort des Verräters gefragt. Ein *zetsuenjo* kann zum Beispiel ein Plakat sein, auf dem »Gesucht – tot oder lebendig« steht und das in Verbrecherkreisen zirkuliert. Mein Informant erlaubte mir, den *zetsuenjo* zu kopieren.

Mit dieser Kopie fuhr ich zu Sekiguchi. Es war sechs Uhr an einem heißen, feuchten Abend. Ich trug meinen Sommeranzug, eine Seidenkrawatte und Ausgehschuhe und sah sehr schick aus. Sogar meine Socken passten zusammen.

Als ich zur Tür ging, öffnete sie sich, und heraus kamen die vier Mitglieder der Familie Sekiguchi, alle in grauen Trainingsanzügen.

»Jake, Sie kommen gerade richtig. Los, joggen Sie mit!«

»Aber ich habe einen Anzug an.«

»Na und, laufen können Sie doch trotzdem, oder?«

Die Kinder zogen mich am Arm. »Los Jake. Wenn du mit unserem Vater reden willst, musst du rennen.«

Ich hatte keine Wahl, also begann ich zu laufen und versuchte mit Sekiguchi Schritt zu halten. Schon nach zehn Minuten waren wir in den Hügeln, und meine einzigen guten Schuhe wurden zu Opfern der Pflicht.

»Also«, fragte Sekiguchi, »haben Sie etwas über Arai herausgefunden?«

»Ja«, keuchte ich. »Ich habe seinen *zetsuenjo* dabei.«

»Zeigen Sie her.«

Ich zog ihn aus meiner Tasche und hielt ihn hoch. Sekiguchi las im Laufen.

»Ausgezeichnet, Jake. Gut, dass Sie etwas auf eigene Faust tun. Ich werde Sie nicht ewig füttern können.«

»Das habe ich … auch nicht … erwartet.« Allmählich fiel es mir schwer, Sekiguchis Tempo zu folgen, und das, obwohl er zwei Packungen am Tag rauchte.

Auch die Kleinen hatten kein Mitleid mit mir. »Komm schon, Jake, schneller.«

Also versuchte ich, mich nicht ganz zu blamieren, und erhöhte das Tempo, aber Sekiguchi holte mich problemlos ein.

»Außer Form, Jake? Vielleicht überlebe ich Sie ja?«

»Durchaus möglich.«

»Wollen Sie umkehren?«

»Gerne.«

»Okay, dann treffen wir uns vor dem Haus.«

»Kommt nicht in Frage. Ich gebe nicht auf, wenn Sie weitermachen.«

»Na, dann will ich mal gnädig sein«, sagte Sekiguchi, rief seine Truppe zu sich und verkündete: »Wir kehren um. Und Jake zuliebe im Marschschritt.«

Dann gab Sekiguchi mir noch ein paar Informationen: Arai und Sekine waren Geschäftspartner gewesen. Arai hatte einen teuren Hund an den Chef einer Sumiyoshi-kai-Gruppe verkauft und sollte sich um ihn kümmern, während der Mann auf Reisen war. Stattdessen ließ er aber das Tier im Stich und verließ die Stadt mit Geld, das er sich von der Gruppe geborgt hatte, um ein Tierimportgeschäft zu gründen. Angeblich floh er auch mit ein paar Millionen Yen, die Takada ihm geliehen hatte.

Als der Sumiyoshi-Chef zurückkam und seinen Hund halbtot vorfand, schäumte er vor Wut und schwor, Arai aufzustöbern. Jetzt bekam Arai es doch mit der Angst, setzte sich in die Provinz ab, änderte seinen Namen, wurde religiös und begann, buddhistische Bilder zu malen. Erst vor Kurzem war er wieder aufgetaucht und schien wieder für Sekine zu arbeiten. Und dann war er plötzlich verschwunden und unauffindbar. Es war sehr wahrscheinlich, dass er etwas über die Vermissten wusste, die Kontakt mit Sekine gehabt hatten.

Sekiguchi wurde auf einmal sehr ernst. »Hören Sie, Jake, niemand darf von dem, was ich Ihnen jetzt sage, etwas erfahren, klar? Das bleibt unter uns, weil ich diese Sache irgendwie vermasselt habe.«

»In Ordnung.«

»Gut. Arai schuldete Takada ein paar Millionen Yen, als er abhaute. Alle dachten daher, er sei umgebracht worden, nur wir wussten es besser. Als Arai wieder auftauchte und dann verschwand, ging ich zu Takada und fragte ihn, ob er etwas über ihn wisse.

Takada sagte, dass er tot sei. Aber ich belehrte ihn eines Besseren und versicherte ihm, dass er noch lebe. Da wir nicht wussten, wo Arai sich aufhielt, hoffte ich, dass Takada ihn vielleicht finden würde. Schließlich fanden wir aber Arai zuerst. Er ist total pleite und kann seine Schulden bei Takada nicht begleichen. Wenn Takada ihn erwischt, ist er ein toter Mann.

Da ich Arai aber lebend brauche, besuchte ich Takada und überredete ihn, sich zurückzuhalten und dem Typen kein Haar zu krümmen. Aber dann mischte sich die Sumiyoshi-Gruppe ein, die Arai auch gegen sich aufgebracht hatte, und beschloss, diesen verdammten Hundequäler zu erledigen, bevor Takada es tun würde. Also musste ich auch diese Burschen zu beruhigen versuchen. Innerhalb von ungefähr einer Woche musste ich diesem Dreckskerl zweimal das Leben retten.

Aber es ist echt kein Vergnügen, diese Tiere im Zaum zu halten. Ich habe allmählich genug davon. Wenn die Ermittlungen im Fall Sekine scheitern, kann ich wohl auch nicht mehr viel tun. Ich kann die Yakuza nicht ewig im Auge behalten und versuchen, vernünftig mit ihnen zu reden.«

Ich war überrascht von der Geschichte und meinte: »Wäre es nicht am einfachsten für alle, wenn Sie in Urlaub gehen und Takada und der Sumiyoshi-kai davon erzählen? Wäre das nicht die Lösung?«

»Daran habe ich auch schon gedacht, vielleicht würde ich der Gerechtigkeit damit dienen. Aber das Problem ist, dass wir den Familien von Sekines Opfern etwas schuldig sind. Sie würden immer im Ungewissen bleiben, wenn wir Arai und Sekine der Yakuza überlassen würden. Sie müssen die Wahrheit erfahren.«

Am 2. September war ich mit Kimiko in einem hübschen Hotel in Omiya. Sie massierte mir den Rücken, und ich beklagte mich über die schleppenden Fortschritte im Hundezüchterfall.

»Warum besorgst du dir denn nicht das Band von Arai?«, fragte sie.

»Welches Band?«

Kimiko erklärte: Arai hatte vor einem Yakuza-Kumpel mit dem Band angegeben und hatte behauptet, dass er sicher sei, dass ihm niemand etwas anhaben könne, und er nicht Endos Schicksal erleiden werde. Denn Sekine habe die Morde gestanden, und dieses Geständnis sei auf dem Tonband, somit habe er ihn in der Hand. Angeblich hatte Shima, Sekines Fahrer, geholfen, Endos Leiche zu beseitigen. Ich wusste zwar nicht, welchen Wert dieses Band als Beweismittel hatte, trotzdem erschien es mir sehr wichtig. Deshalb rief ich sofort Sekiguchi an.

»Wenn das stimmt, müssen wir uns Arai schnellstens schnappen. Gute Arbeit, Jake«, lobte er mich.

Sekiguchi wusste zunächst nicht, was er am besten mit der Information über das Tonband anfangen sollte. Sollte er Takada einweihen? Der würde sicher Arai aufspüren, das Band aus ihm herausprügeln und dann sowohl Arai als auch Sekine umlegen. Bisher hatte er ja nur den Verdacht, dass Sekine der Mörder Endos war, das Tonband würde die Sachlage jedoch ändern.

Sekiguchi beschloss, Takadas Stellvertreter einzuweihen, den ich hier nur den Consigliere nennen möchte. Dieser versprach, sich der Sache unauffällig anzunehmen.

Und dann ging alles schnell.

Innerhalb kürzester Zeit fand der Consigliere Arai, der dann auch aus unerfindlichen Gründen gesprächig war. Seinem Chef Takada hatte der Consigliere noch nichts über das Tonband erzählt. Das war auch nicht notwendig.

Arais Enthüllungen änderten den Schwerpunkt der gesamten Ermittlungen. Er war am Verschwinden der letzten vier Opfer nicht beteiligt gewesen, wohl aber Shima, sein Fahrer. Von Shima hatte Arai erfahren, dass Sekine Endo und dessen Fahrer Wakui mit Gift ermordet hatte und dass Shima geholfen hatte, die Leichen zu vergraben. Shima wusste also genug, um Sekine zu überführen.

Die Polizei hatte nun keine Lust mehr zu warten und nahm Arai wegen einer Betrugsgeschichte fest. Sie glaubte zwar nicht, dass er von großem Nutzen sein würde, denn selbst wenn er gestehen sollte, seine Frau umgebracht zu haben, wäre es schwierig, ohne Leiche einen vor zehn Jahren begangenen Mord nachzuweisen. Doch die Polizei hoffte, von Arai etwas über Shima zu erfahren. Wenn aber Shima reden würde, wäre Sekine erledigt.

Niemand, vor allem nicht Sekiguchi, rechnete damit, dass der Consigliere seinem Chef Takada von der Existenz des Tonbandes erzählen würde, und zwar genau an dem Tag, an dem Arai verhaftet wurde.

Sofort rief Takada Shima an und riet ihm, das Versteck von Endos Leiche preiszugeben – andernfalls werde er selbst bald ein Begräbnis brauchen.

Shima war gebührend beeindruckt und hätte Takada gerne verraten, wo sich Endos Leiche befand. Das Problem war nur, dass es keine Leiche gab, jedenfalls nichts, was man so nennen konnte. Und konnte Shima einem Yakuza-Boss gegenüber eingestehen, dass er mitgeholfen hatte, dessen Nummer zwei zu zerstückeln und zu verbrennen?

Takada wollte die langsam mahlenden Mühlen der Justiz etwas antreiben und endlich für Gerechtigkeit sorgen, indem er Sekiguchi wasserdichte Beweise lieferte, damit dieser den Mörder festnageln und er dann den toten Endo gebührend ehren konnte.

In einem Gespräch mit Sekiguchi versprach Takada, Shima nicht zu töten. Aber wenn er ein wenig Zeit mit Shima allein verbringen könnte, würde er sicher in Erfahrung bringen, wo der Leichnam sich befand. Dummerweise bewachten Polizisten Shimas Haus – konnte Sekiguchi die nicht abziehen?

Das durfte Sekiguchi natürlich nicht tun. »Wir lassen sein Haus fast die ganze Zeit bewachen. Fast!«

Takada verstand den Hinweis, und als der Polizist seinen Posten verließ, tauchten er und ein paar Schläger vor dem Haus auf. Da Shima gerade aus dem Fenster sah, entdeckte er die ungebetenen Besucher, rannte zur Hintertür hinaus und floh ins nächste Polizeirevier. Weinend fiel er dort auf die Knie und flehte die Polizisten an: »Wenn Sie mein Haus schon bewachen, dann tun Sie es bitte 24 Stunden am Tag!«

Da die Polizei ihm das nicht versprechen konnte, machte sich Shima aus dem Staub. Weder Takada noch Sekiguchi noch die Polizei von Saitama wussten, wo er war. Nun hatte die Polizei zwar Arai in Gewahrsam, dennoch kam jetzt erneut alles zum Stillstand.

Doch wieder einmal zahlte sich Sekiguchis Yakuza-Netzwerk aus: Der Consigliere überreichte ihm mehrere Tonbänder. Die Tonqualität war schlecht, aber man konnte hören, dass Arai mit Sekine und Shima sprach. Sie redeten zwar in einer Art Code, dennoch war vieles einwandfrei zu verstehen.

Shima versicherte Arai, dass es keine Probleme gebe. Wahrscheinlich
spielte er dabei auf Endos Verschwinden an. »Die Leiche ist nicht
mehr zu sehen, sie ist in Gunma.« Dann erwähnte er noch andere
Leichen und erzählte, dass er Kawasakis Auto zum Tokioter Bahnhof
gefahren und dort auf dem Parklatz stehen gelassen habe. Außerdem
deutete er an, dass er dabei geholfen habe, Kawasakis Leiche zu trans-
portieren.

Damit konnte man ihm zwar noch nichts nachweisen, aber es war
genug Material für eine Vernehmung. Shima war der Schlüssel des
Ganzen, aber ohne Shima gab es kein Verhör und keinen Fall. Also
hieß es erneut warten. Im November verließ Sekiguchi das Team und
kehrte in die Abteilung für das organisierte Verbrechen zurück. Ich
nahm daher an, Shima sei getötet worden und der Fall werde nie
aufgeklärt.

Doch ich sollte mich irren.

Takada, der Yakuza-Chef, ließ nicht locker. Ende November gelang
es ihm, Shima zu finden, der inzwischen seinen Namen geändert
und geheiratet hatte. Er informierte Sekiguchi, der seinerseits die
Polizei von Saitama unterrichtete. Im Dezember wurde Shima dann
festgenommen, und als er mit den Tonbändern konfrontiert wurde,
packte er aus.

Infolge seiner Aussage durchsuchte die Polizei schließlich ein Grundstück und fand Kawasakis Zähne. Das war Beweis genug. Nur wenige
Beamte waren vor Ort, und niemand sonst war informiert, auch nicht
die *Yomiuri*.

Am 5. Januar, gleich nach dem Neujahrsfest, ließ die Polizei von
Saitama Shima gegen Kaution frei und gab die Verhaftung von Gen
Sekine und seiner Frau Hiroko wegen Mordes an Akio Kawasaki bekannt. Wenige Stunden später gestand Sekine alles. Nach qualvoll
langen Ermittlungen war der Fall der verschwundenen Hundefreunde von Saitama endlich abgeschlossen.

Aber hatte ich einen Knüller? Oder die *Yomiuri*?

Nein.

Ich fühlte mich verraten und besuchte wütend Sekiguchi.

»Jake, warum haben Sie nicht zurückgerufen?«

»Warum ich nicht zurückgerufen habe?«

»Sie haben mir ja nie Ihre Telefonnummer gegeben, deshalb habe ich seit Neujahr dreimal im Büro in Urawa angerufen, ohne Sie zu erreichen. Ich dachte schon, Sie seien in den USA.«

»Haben Sie denn keine Nachricht hinterlassen?«

»Doch, natürlich.«

Ich war schockiert.

Später fragte ich im Büro herum, ob jemand für mich angerufen habe.

»Ach ja, da waren ein paar Anrufe«, räumte einer der Neulinge ein. »Ich glaube, es war eine Versicherung oder etwas Ähnliches. Die Telefonnummer muss hier irgendwo sein.« Er wühlte in einem Berg von Babyfotos, Sportberichten und Zeitungsausschnitten, bis er das entsprechende Stück Papier fand. Darauf stand Sekiguchis private Telefonnummer.

Am liebsten hätte ich den Burschen erwürgt und ihn angeschrien, dass er mir die Arbeit eines ganzen Jahres vermasselt hatte. Aber ich blieb stumm, denn schließlich hatte ich versagt. Hätte ich an Neujahr Sekiguchi besucht, wäre alles anders gekommen. Ich hatte genau den Fehler begangen, vor dem Sekiguchi mich gewarnt hatte, und hatte nicht vorbeigeschaut, als scheinbar nichts passierte. Ich hatte die laufenden Fälle nicht weiter verfolgt. Und ich hatte ihm nie meine private Telefonnummer gegeben.

Das war also das deprimierende Ende der Geschichte. Ich hatte einen soliden Vorsprung gehabt, war immer auf dem neuesten Stand der Ermittlungen gewesen und hätte erfahren können, dass man Kawasakis Überreste gefunden hatte. Das hätte für mich die Sensationsgeschichte des Jahres werden können, aber es wurde nichts daraus.

Sekine und seine Frau wurden letztlich wegen Mordes an vier Menschen verurteilt. Wie viele sie aber wirklich umgebracht haben, wurde nie geklärt.

TEIL 2

日常

DER ARBEITSTAG

WILLKOMMEN IN KABUKICHO!

Nach einem kurzen und ziemlich langweiligen Abstecher in die Lokalpolitik Saitamas sollte ich wieder als Polizeireporter arbeiten, und diesmal in Tokio. Endlich würde ich zeigen können, was in mir steckte! Als wir Neulinge unser künftiges Aufgabengebiet zugeteilt bekamen, wurde ich in die Hölle geschickt – zur Sittenpolizei.

Ich war inzwischen seit etwa drei Jahren verheiratet, und Frau Sunao Adelstein war nicht gerade erfreut darüber, dass ich mich ins Sündenbabel begeben sollte. Meine Frau hatte ich bei einer Veranstaltung getroffen, über die sie für Nikkei Publications berichtet hatte, und es war mir gelungen, sie um eine Verabredung zu bitten. Sie war 29 und wollte verheiratet sein, bevor sie 30 war. Nach mehreren Verabredungen unterbreitete sie mir ihre Bedingungen: Wir konnten drei Monate lang miteinander ausgehen, aber wenn ich sie dann nicht heiraten würde, wäre es aus. Sie war amüsant, zweisprachig und sexy (das ist sie immer noch), und ihr Angebot war verlockend. Im Gegenzug lauteten meine Bedingungen: Heirat ja, aber Kinder frühestens in drei Jahren. Nachdem sie damit einverstanden war, verlobten wir uns und wurden tatsächlich am Tag vor ihrem 30. Geburtstag getraut – im Rathaus von Urawa während meiner Mittagspause.

Meine Frau war aufgeregt, weil wir nach Tokio umziehen würden, und ich war es ebenfalls. Endlich raus aus der Provinz! Ich war wieder Polizeireporter in der Großstadt.

Eigentlich war es der vierte Distrikt der Tokioter Polizei, aber in Wirklichkeit war es wie ein Kriegsgebiet. Zum vierten Distrikt gehörten die Polizei von Shinjuku (fast der ganze Stadtbezirk) und das berüchtigte Kabukicho, einst der größte, brisanteste und einträglichste Rotlichtbezirk in Tokio. Unter Gouverneur Shintaro Ishihara bemühte sich die Tokioter Polizei, ihn zu säubern, und schließlich war er nur noch ein Schatten seiner selbst. Der Anlass dazu war vermutlich das schreckliche Feuer im Gebäude Meisei 56 im September 2001, bei dem 44 Menschen starben. Das Haus gehörte Shigeo Segawa, einem Sexindustriellen und Yakuza, der auch als Soapland-König bekannt war. Er verstieß in seinen Gebäuden immer wieder gegen Sicherheitsbestimmungen.

Das Unglück machte die Öffentlichkeit darauf aufmerksam, was für ein gesetzloses Viertel Kabukicho geworden war. Und es war sicher, dass etwas geschehen musste, vielleicht keine radikale Säuberung, aber immerhin musste durchgesetzt werden, dass die Sicherheitsbestimmungen eingehalten wurden. Immerhin!

Was die Verderbtheit anbelangte, konnte kein anderer Distrikt es mit Kabukicho aufnehmen: Drogen, Prostitution, sexuelle Sklaverei, Bars mit üblen Abzockmechanismen, Singlebörsen, Massagesalons, SM-Salons, Pornoshops und Pornoproduzenten, teure Hostessenclubs, billige Salons mit Oralsex, mehr als hundert verschiedene Yakuza-Gruppen, die chinesische Mafia, Schwulenbars, Sexclubs, Läden, die getragene Unterwäsche von Schülerinnen verkauften, und eine Einwohnerschaft, die ethnisch unterschiedlicher war als irgendwo sonst in Japan. Es war wie ein fremdes Land mitten in Tokio. Natürlich hatte ich keine Ahnung, wie zwielichtig Kabukicho damals wirklich war. Ich wusste nur, dass ich darüber berichten sollte.

Ich war seit Jahren nicht mehr dort gewesen und fragte mich, ob der mysteriöse Tarot-Automat wohl noch dort stand, der 1991 meine Zukunft so genau vorhergesagt hatte. Vielleicht war es ja Zeit für ein Update, denn Rat konnte ich wirklich gebrauchen. Denn der vierte Distrikt war eine schwere Aufgabe.

Immerhin schickte man mich nicht alleine los. Okimura erhielt von Inoue den gleichen Auftrag. Okimura war wie ich 1993 zur *Yomiuri* gestoßen und wusste über Kabukicho viel besser Bescheid als ich. Er war bereits in Yokohama gewesen, einem anderen Brennpunkt der Kriminalität, und hatte sich an der Front bewährt. Er hatte eine der schönsten Hostessen in Yokohama geheiratet und sich dadurch mindestens einen Redakteur der Zweigstelle Yokohama zum Feind gemacht, der damals auch um diese Frau geworben hatte. Okimura hatte im College Kickboxen trainiert und sah immer noch schlank und fit aus.

Die Polizeireporter standen unter dem Kommando von Kollegen, die im Hauptquartier der Tokioter Polizei stationiert waren. Sie befahlen, wir gehorchten. Außerdem waren wir von der Gnade der *yu-gun* (Reservisten) abhängig, die uns jederzeit aus dem Einsatz zurückrufen konnten, wann immer sie uns brauchten. Inoue hatte angeordnet, dass wir Jungreporter dieses Jahr praktische Erfahrungen sammeln durften und nicht nur als Laufburschen für die älteren Kollegen dienen sollten. Das war ein interessantes Experiment.

Das Polizeirevier Shinjuku war zehn Minuten zu Fuß von Kabukicho entfernt. Das Haus war ziemlich neu und überragte die benachbarten Gebäude. Es hatte mindestens sechs Stockwerke. Vor dem Haus stand immer ein Polizeibeamter, an dem man vorbeimusste, um in das Gebäude zu gelangen. Als ich ihm erzählte, dass ich Reporter bei der *Yomiuri* war, zuckte er nicht mit der Wimper, warf nur einen Blick auf meinen Ausweis und ließ mich durch. Offenbar war die Polizei in Tokio, zumindest im Revier Shinjuku, besser an Ausländer gewöhnt.

Fast jeder Tokioter Stadtbezirk hat ein Polizeirevier mit einem Presseclub. Das Revier Shinjuku beherbergte den Presseclub des vierten Bezirks. Ich fuhr mit dem Aufzug nach oben. Dort erwartete mich ein gigantischer, quadratischer Raum mit einer Reihe von Schreibtischen für jede Zeitung und jeden Fernsehsender. Neben der Tür befand sich ein abgesperrter Raum mit vielen Futons, in dem man sich zum Schlafen hinlegen konnte.

Der Mann hinter dem Schreibtisch, den ich bekommen sollte, schnarchte, als ich dorthin kam. Er hing auf seinem Sessel so weit nach hinten, dass er fast nach hinten weggekippt wäre. Seine Arme hingen schlaff am Rumpf herab, seine Nase zeigte zum Himmel, sein Haar war struppig. Er machte gurgelnde Geräusche und sein Hemd war mit Reiskräckerkrümeln bedeckt. Deshalb nannte ich ihn sofort Krümel.

Die junge Reporterin von der *Asahi*, die zwei Plätze von ihm entfernt saß – für mich Frau Bohnenstange –, schürzte entrüstet die Lippen, als ich eintrat. Sie warf mir einen komischen Blick zu, schaute mir in die Augen, sagte aber nichts. Nun ließ ich meinen Rucksack mit Büchern, meiner Kamera und meinem Computer lässig auf Krümels Schreibtisch fallen. Der laute Plumps schreckte Krümel auf, dabei rutschte er vom Stuhl und landete vor meinen Füßen.

»Tut mir leid.« Etwas Besseres fiel mir gerade nicht ein.

Krümel griff nach einer halb leeren Reiskräckerschachtel und stand auf.

»Kein Problem. Hab nur ein wenig Schlaf nachgeholt. Also ...«

»Also was?«

»Also Sie lösen mich ab, stimmt's?«

»Ja.«

»Nun, ich kann Ihnen nicht viele Informationen geben. Denn ich bin noch nicht lange im vierten Bezirk, und wir Bezirksreporter sind offen gesagt so sehr mit Kleinkram beschäftigt, dass wir kaum hier sind.«

»Das sagte Inoue-san auch. Aber dieses Jahr will er die Bezirksreporter wirklich an die Front schicken, als Vorbereitung für die Arbeit im Hauptquartier.«

Er zog ein rotes Notizbuch aus einem Notizbuchstapel auf dem Tisch und sagte: »Aha. Ich wünschte, das wäre bei mir auch so gewesen. Hier ist die Liste mit den Anschriften der Polizisten. Lang ist sie nicht.«

Nein, sie war wirklich nicht lang, und sie war seit über einem Jahr nicht mehr aktualisiert worden. Wenn das alles war, was er hatte, musste ich ganz von vorne anfangen und mir selbst eine Liste mit den Namen und Anschriften von Polizeibeamten zusammenstellen, damit ich sie abends besuchen konnte. Nun überreichte er mir Verlautbarungen der Distriktpolizei, Zeitungsausschnitte, einen Stadtführer von Kabukicho und einen Plastikbeutel voller Visitenkarten.

Dann fragte ich Krümel, wie ich es in diesem Distrikt zu einem erfolgreichen Reporter schaffen könnte.

Nachdem er einige Zeit an einem Reiskräcker herumgekaut hatte, verriet er mir, was seiner Meinung nach einen guten Polizeireporter ausmachte.

»Im Grunde genommen sind Sie Kanonenfutter, Adelstein. Die Bezirksreporter sind Laufburschen für ihre Kollegen im Tokioter Polizeiclub und im Hauptbüro. Alles, was die örtliche Polizei hier von sich aus unternimmt, ist eh unwichtig, und Sie haben schon Glück, wenn es wenigstens in die Lokalausgabe kommt. Niemand erwartet von Ihnen, dass Sie hier einen Knüller aufreißen, und niemand ist ärgerlich, wenn Sie die Arbeit gemütlich angehen. Lernen Sie ein paar Polizisten kennen, schreiben Sie ein paar Klatschgeschichten, füttern Sie die echten Polizeireporter mit ein paar Informationen – dann machen Sie alles richtig.«

»Aber ich dachte, dass Kabukicho eine Brutstätte des Verbrechens ist.«

»Das stimmt. Aber da ist nichts Berichtenswertes. Hier werden ständig Menschen ermordet oder verletzt. Aber wen kümmert es, wenn irgendein Chinese, ein Yakuza-Schläger oder sonst wer umgenietet wird? Die Polizei nicht und die Öffentlichkeit schon zweimal nicht. Auch wenn ein Fall noch so sehr nach Mord riecht, dann steht in neun von zehn Fällen im Polizeibericht Körperverletzung mit Todesfolge oder Totschlag. Und warum? Weil sie dann keine gründliche Untersuchung vornehmen müssen. Selbst wenn sie einen chinesischen Skimmer[10] mit 36 Messerstichen finden, nennen sie es Tod durch Unfall. Wahrscheinlich würden sie den Vorfall nicht einmal öffentlich machen.«

»Aber was ist denn dann berichtenswert?«

»Alles, was eine Berühmtheit, einen ganz normalen Bürger oder einen Jugendlichen betrifft. Mehr nicht. Wenn Yakuza einander verprügeln und es nach einem Bandenkrieg aussieht, dann ist es vielleicht einen Artikel wert.«

»Ich dachte, ich soll mir den Namen, die Anschrift und die Telefonnummer jedes wichtigen Kripobeamten im Polizeirevier beschaffen.«

»Ja, das heißt es, aber das ist unmöglich. Es ist nicht mehr wie früher. In der alten Zeit sind Sie zum stellvertretenden Polizeichef gegangen, und der hat Ihnen dann eine Liste mit den Namen und Adres-

---

[10] Unter Skimmer versteht man einen Betrüger, der Kreditkartendaten ausspäht und dann auf Kosten des Karteninhabers einkauft oder die Daten an Dritte verkauft.

sen jedes Dezernatsleiters gegeben. Aber das macht heute niemand mehr, schon gar nicht der Maulwurf.«

»Der Maulwurf?«

»So nennen wir den Vizepolizeichef hier, weil er andauernd die Augen zusammenkneift, als könne er kein Licht vertragen. Er hat immer nur in der Verwaltung gearbeitet und hält es für seine Pflicht, Ihnen Informationen vorzuenthalten, auch Pressemitteilungen. Er tut, was er kann, um Ihnen jede Geschichte zu vermasseln, an der Sie arbeiten. Der Mann ist völlig wertlos und hasst Journalisten. Viel Glück mit ihm.«

Frau Bohnenstange kicherte.

»Stimmt das denn?«, fragte ich sie.

»Absolut. Aber vielleicht geht er mit einem Ausländer ja anders um, wer weiß?«

Das tat er allerdings nicht. Als ich den Maulwurf fragte, wann ich den Polizeichef sprechen könne, um mich vorzustellen, lehnte er das ab. Als ich fragte, wann ich mit Kripobeamten der einzelnen Dezernate sprechen dürfe, sagte er: »Nie.« Auf jede Frage gab der Maulwurf mehr oder weniger die gleiche Antwort.

»Ich bin für die Öffentlichkeitsarbeit zuständig. Wenn Sie etwas wissen wollen, dann fragen Sie mich. Außerdem kümmern sich die Tokioter Kollegen um alle großen Fälle. Belästigen Sie also unsere Leute nicht.«

Zum Glück für mich hatte der Polizeichef von Misawa, dem erfahrensten und angesehensten Polizeireporter der *Yomiuri*, von mir gehört, und während der Maulwurf mich noch abzuwimmeln versuchte, kam der Chef aus seinem Büro und bat mich zu sich. Als ich auch ihn fragte, ob ich bei den Dezernatsleitern vorsprechen dürfe, wies er den Maulwurf an, das zu veranlassen. Ich merkte, dass der Maulwurf bei dieser Anweisung zusammenzuckte, aber er tat, was man ihm aufgetragen hatte.

Natürlich lag es nicht nur an meinem charmanten Auftreten, dass der Chef auf meiner Seite war. Ich hatte mich gründlich vorbereitet und wusste, dass der Polizeichef ein starker Raucher war und Lucky Strikes mochte. Daher hatte ich einen Freund gebeten, sich im Dutyfree-Shop damit einzudecken. Die Zigaretten waren in einer Kiste verpackt, nicht in Papier, was damals wohl ungewöhnlich war. Und eine Kiste Zigaretten konnte in Japan viel bewirken.

Nachdem ich unter den wachsamen Augen des Maulwurfs mit etwa zehn Polizeibeamten Visitenkarten ausgetauscht hatte, fuhr ich zurück in den Presseclub.

Die Bohnenstange wartete schon auf mich und stellte mich meinen Kollegen vor. Wir plauderten ein wenig und ich gab die üblichen Antworten: Ja, ich bin ein netter Kerl. So bin ich zur *Yomiuri* gekommen. Ja, ich kann Sushi essen. Ja, ich mag Polizisten. Ja, ich kann japanisch lesen und schreiben.

Als ich mich über den Maulwurf beklagte, war schnell klar, dass niemand ihn leiden konnte. Insofern trug er viel dazu bei, die Clubmitglieder enger zusammenzuschweißen. Da es an diesem Tag keine aufregenden Nachrichten gab und auch keine Mitteilungen angekündigt worden waren, belegte ich gleich nach dem Mittagessen einen Futon im Ruheraum, schaltete das Licht aus und schlief. Der vierte Bezirk sollte die Hölle sein? Pah. Er war der Himmel, das Schlaraffenland. Jedenfalls glaubte ich das, als ich einschlief.

Aber das Schlaraffenlandgefühl hielt nicht lange an. Denn um zwei Uhr nachmittags rief uns der Maulwurf zu, dass die Polizei von Shinjuku bald eine Festnahme wegen des Verstoßes gegen das Gesetz zur Prostitutionsbekämpfung bekannt geben werde. Shimozawa-san, der stellvertretende Dezernatsleiter, wollte uns im Büro des Polizeichefs das Wichtigste mitteilen. Nachdem ich den Presseclub in Tokio angerufen hatte, um die Kollegen davon zu unterrichten, eilten wir in das Büro, wo der Polizeichef hinter seinem Schreibtisch stand. Der Einsatzleiter stand davor und verteilte Handzettel. Ein anderer Beamter saß in einer Ecke und machte Notizen. Die Pressemitteilung war nicht sehr ergiebig, wie immer bei der Tokioter Polizei. In Saitama war das ganz anders gewesen.

Vor zwei Tagen hatte die Polizei von Shinjuku den Eigentümer und Manager eines Clubs namens »The Mature Hot Wives Party Palace« in Kabukicho festgenommen, weil seine Angestellten Prostituierte waren. Er betrieb das Etablissement seit über einem Jahr und hatte fast 400 000 Dollar verdient. Shimozawa zeigte uns eine Anzeige des Clubs in der *Tokyo Sports*, einer beliebten Zeitung, die in der Stadt an jedem Bahnhof verkauft wurde:

> »Heiße, reife Frauen dürsten nach Liebe und wollen ihre Be-
> dürfnisse befriedigen. Nichts ist schöner, als es mit der Frau
> eines anderen Mannes zu treiben, vor allem mit einer Frau in
> den besten Jahren.Rufen Sie an.«

Die Anzeige zeigte mehrere Frauen Ende 30, die meisten mit einem schwarzen Balken über den Augen, der ihr Gesicht teilweise verdeckte. Akimoto hatte auch im Internet und per SMS geworben, für damalige Verhältnisse eine Sensation.
Die Website bot dem Kunden noch den Vorteil, dass er die Seite ausdrucken und vor Ort vorzeigen konnte, um so einen Rabatt von mehreren tausend Yen zu bekommen. Die Website war sehr professionell gestaltet und verfügte über eine Auflistung sämtlicher Dienstleitungen, die ich aber nicht verstand. Was waren *wakamesake* oder *shakuhachi*?
Shimozawa erklärte uns alles, nur nicht die Auflistung.
»Im Gegensatz zu vielen Sexclubs in Kabukicho bietet dieser Club offen *honban* an. Sie haben mehr als 30 abrufbereite Frauen und 10 im Salon. Wir vermuten, dass das organisierte Verbrechen dahintersteckt. Haben Sie noch Fragen?«
Niemand außer mir hob die Hand.
»Was bitte ist *honban*?«, fragte ich.
Shimozawa sah mich überrascht an.
»Sie wissen nicht, was *honban* ist?«
»Nein.«
Die Bohnenstange kicherte.
»Das ist richtiger Geschlechtsverkehr mit dem Penis in der Scheide«, antwortete er ungerührt.
»Aber passiert das nicht in allen Sexclubs?«
»Eigentlich nicht.«
»Aber wenn die Kunden ihren Penis nicht einführen, was machen sie dann mit ihm?«

Shimozawa lachte. »Haben Sie jemals über die Abteilung für Verbrechensverhütung berichtet?«

»Nein.«

»Dann wissen Sie also nicht, wie sie funktioniert?«

»Wie was funktioniert?«

»Die Sexindustrie.«

»Nicht wirklich.«

»Nun, dann sollten Sie sich unbedingt darüber informieren.«
Nagoya-kun von *Kyodo* fragte, ob berühmte Leute da gewesen seien,
als die Polizei den Club durchsuchte und den Betreiber verhaftete.
Aber es waren wohl keine gesehen worden.

Nun hatte ich noch eine Frage: »Wie viele Prostituierte wurden festgenommen?«

»Keine.«

»Und wie viele Freier?«

»Keine.«

»Nur der Manager?«

»Nur der Manager.«

Die anderen schauten mich an, als wäre ich schwachsinnig. Aber
für mich ergab das Ganze keinen Sinn. Warum nahm die Polizei
nur den Chef fest, wenn es ein Gesetz gegen Prostitution gab? Ich
spürte ganz deutlich, dass ich mich hier auf unbekanntem Gelände
befand. Auch wenn ich gerne noch einiges gefragt hätte, hielt ich lieber den Mund, weil ich das Gefühl hatte, dass die Beamten langsam
ungeduldig wurden. Dann musste ich an eines meiner japanischen
Lieblingssprichwörter denken: »Etwas nicht wissen und fragen ist einen Moment lang peinlich. Etwas nicht wissen und nicht fragen ist
eine lebenslange Schande.« Also beschloss ich, lieber wie ein Idiot
zu wirken und eine Menge Fragen zu stellen, als so zu tun, als wüsste
ich Bescheid.

Daher fragte ich schließlich erneut: »Dieser Club rühmte sich damit,
dass alle Frauen verheiratet seien. Wie viele waren aber tatsächlich
verheiratet?«

Shimozawa brauchte gar nicht auf seinen Notizblock zu schauen.
»Gute Frage. Nur etwa ein Drittel von ihnen war verheiratet. Die
meisten waren geschieden oder ledig.«

Als ich nach der Pressekonferenz meinen Computer einpackte, kam der Polizist, der in der Ecke gesessen hatte, zu mir und stellte sich vor. Später erfuhr ich, dass er »Alien Cop« genannt wurde. Er war fast 1,90 Meter groß – riesig für einen Japaner –, sehr mager, mit rasiertem Schädel und pechschwarzen Augen. Er trug einen dunkelgrauen Anzug, eine marineblaue Krawatte und schwarze Slipper.

»Sie kennen sich mit dieser Materie nicht besonders aus, oder? Sind Sie neu als Polizeireporter?«

»Ich habe bisher über das organisierte Verbrechen berichtet.«

»Ach so, das ist natürlich etwas ganz anderes.«

»Ja, das habe ich gemerkt. Ich muss wohl noch einiges darüber lesen.«

»Das Rotlichtviertel von Tokio ist kompliziert. Bücher helfen ihnen da nicht weiter. Sie können natürlich die Gesetze studieren, aber was schriftlich niedergelegt ist, ist nicht das, was auch durchgesetzt wird.«

Dann gab er mir die Karte einer Bar in Kabukicho.

»Ich mache um neun Uhr Feierabend. Treffen wir uns doch in dieser Bar. Dann führe ich Sie durch Kabukicho und erkläre Ihnen, was da läuft.«

Dankbar nahm ich den Vorschlag an, denn es kommt nicht oft vor, dass ein Polizist einen Journalisten unter seine Fittiche nimmt.

Zuerst musste ich aber noch einen Artikel über einen »Heiße-Frauen«-Club fertig schreiben. Nachdem ich etwa eine Stunde daran gearbeitet hatte, schickte ich ihn an meinen Redakteur. Danach ging ich zur Buchhandlung Kinokuniya, kaufte ein Buch über das japanische Strafgesetz und blätterte es durch. Es war in der Tat nicht leicht zu verstehen, Alien Cop wusste, wovon er sprach.

Die Bar, in der ich den Beamten treffen sollte, war eine richtige Spelunke. Winzig, eher wie ein begehbarer Schrank. Die Obsidiantheke an der Bar zog sich durch den ganzen Raum. Hocker gab es nicht, auch keine Fenster und Tische. Es war so dunkel, dass ich ein wahres Feuerwerk entfachte, als ich mir eine Zigarette anzündete. Der Geschäftsführer trug einen Smoking und hatte sich eine Glatze rasiert. Ich wollte mir gerade ein Getränk bestellen, als er sagte: »Sie trinken einen Whiskey.« Dann schenkte er mir ein.

Wenn man mit einem Polizisten trinkt, lautet die erste Regel: Du darfst nur Sake, *shochu*, Bier oder Whiskey trinken. Exotische Mischungen sind verpönt. Wenn du einen Blue Hawaii bestellst, kannst du gleich deine Sachen packen und anfangen, über Familienangelegenheiten zu schreiben.

Alien Cop kam 30 Minuten zu spät. Er trug Bluejeans, rote Slipper und ein AC/DC-Hemd. War ich vielleicht zu fein angezogen? Er nickte dem Geschäftsführer zu, der nickte zurück, goss ihm einen Whiskey ein und gab dem Glas mit der Präzision eines schottischen Curlingteams bei Olympischen Spielen einen Stoß, sodass es genau zu meinem Begleiter rutschte. Sofort führte dieser das Glas an den Mund, dann knallte er es wieder auf die Theke.

»Also, wie soll ich Sie nennen? Adelstein-san? Jake-san?«

»Jake genügt.«

»Okay, Jake-san. Sie finden das ganze Thema ein wenig verwirrend?«

»Nun ja. Wenn Prostitution illegal ist, dann müssten doch alle Etablissements in dieser Gegend geschlossen werden!?«

»Hängt davon ab, wie Sie Prostitution definieren. Wollen wir spazieren gehen? Ich habe frei, und das hier ist vertraulich.«

Also gingen wir hinaus in die Nacht.

Wir begannen unseren Rundgang durch Kabukicho in der Nähe des »Tokyo Topless«, eines legendären Stripclubs. Alien deutete im Vorbeigehen auf einige Läden und berichtete aus seinem Leben bei der Sitte.

An einem Abend im Jahr 1999 sah Kabukicho wie ein hell erleuchtetes Märchenland aus, nur dass die Neonreklamen Oralsex anstatt Kinderspielzeug anpriesen. Vor den Häusern und mitten auf den Straßen gingen aufdringliche Schlepper auf potenzielle Kunden zu, packten sie am Ärmel oder drückten herumbummelnden Büroangestellten Flugblätter in die Hand. Aus einigen Häusern drangen aus Lautsprechern die rauchigen Stimmen von Frauen, die fantastische sexuelle Freuden versprachen – 200 Dollar für 40 Minuten. Einige Clubs zeigten auf beleuchteten Werbetafeln am Eingang Bilder halbnackter Frauen, die dort arbeiteten. Überall gab es Shops, Bars und jede Menge Werbung.

»Warum wurden denn bei diesem Fall keine Prostituierten festgenommen? Gab es da einen Handel oder so etwas Ähnliches?«

»Sie müssen wissen, dass das Gesetz gegen Prostitution im Grunde die Prostituierten schützt.«

»Wie das?«

Während wir am »Bareo« vorbeigingen, zeigte er auf eine thailändische Prostituierte, die in einer Gasse auf Freier wartete.

»Ich könnte sie festnehmen, wenn sie Männer offen zum Sex auffordern würde. Das ist verboten, aber wenn die Männer zu ihr hingehen, ist das in Ordnung. Also, das Ganze läuft so: Nach dem Krieg haben viele Leute ihre eigenen Kinder an die Sexhändler verkauft, als eine Art Sklaven.«

Ich nickte.

»1958 wurde dann Prostitution, so wie sie damals war, verboten. Vorher war es ein amtlich zugelassenes Gewerbe. Man wollte dadurch erreichen, dass Frauen nicht mehr zum Sex gezwungen wurden. Darum verbietet das Gesetz letztlich die Zuhälter, die Bordellbesitzer und die Männer, die Prostituierte anwerben. Die Idee dahinter ist, dass viele Frauen zu diesem Gewerbe gezwungen werden, und man nicht die eigentlichen Opfer bestrafen wollte. Außerdem würde dann auch niemand zur Polizei gehen. Freier und Nutten werden daher nicht bestraft. Wenn die Frau unter 20 ist, bringen wir sie höchstens in ein Heim.«

»Aber warum bestraft man denn die Freier nicht? Wäre das nicht eine Abschreckung?«

»Schon, aber wer hat das Gesetz Ihrer Meinung nach formuliert? Männer natürlich. In den Fünfzigern besuchte wahrscheinlich das halbe Parlament Soapland[11]. Da gab es ein echtes Problem: Mädchen wurden wie Vieh verkauft, und dagegen musste etwas unternommen werden. Aber deshalb wollten die Männer ihren Schwänzen doch keine Zügel anlegen. Und das ist der Stand der Dinge.«

---

[11] Die Soapland genannten Bordelle blieben vom japanischen Gesetz unberührt. Dort badete die Frau den Kunden und befriedigte ihn oral. Wenn die beiden sich gut verstanden, gingen sie in ein anderes Zimmer und hatten Geschlechtsverkehr. Das war aber im Preis nicht inbegriffen und keine festgelegte Leistung, daher galt es formell auch nicht als Prostitution.

»Prostituierte und ihre Freier werden also nicht bestraft. Aber was ist mit all den anderen Dingen, die sich hier abspielen? Die sind doch illegal, oder?«

»Nein. Die allgemeine Regel lautet: Solange es nicht zum Geschlechtsverkehr kommt, darf ein Club alle sexuellen Dienste anbieten, die gewünscht werden. Aber der Penis darf nicht in eine Vagina eindringen. Natürlich gibt es da manchmal Abgrenzungsprobleme.«

»Und darum dürfen sie auch Werbung machen, oder?«

»Genau. In Zeitungen, an Plakatwänden, auf Packungen mit Papiertaschentüchern. Schauen Sie sich zum Beispiel diesen Laden hier an.«

Wir standen vor einem Etablissement, das sich allen Ernstes »Pimmelschwester« nannte. Auf der Werbetafel waren Japanerinnen ohne Höschen, aber in weißer Schwesternuniform und mit weißen Häubchen zu sehen, die über einem Mann kauerten. Ihre Hände lagen auf seiner Leistengegend. Der Text war unmissverständlich:

> »6000 Yen für 30 Minuten. Unsere Schwestern pflegen Ihren Unterleib und machen ihn gesund. Ausgebildete Schwestern untersuchen jeden Winkel Ihres Körpers und messen die Temperatur oral oder anal, ganz nach Ihren Wünschen. Sonderwünsche möglich.«

»Das ist also erlaubt, oder?«

»Ja, solange es nicht zum Geschlechtsverkehr kommt, gibt es kein Problem. Hier können Sie sogar erkennen, dass dieser Laden eine behördliche Genehmigung besitzt.« Er zeigte auf ein Siegel an der Tür.

Ich studierte die besonderen Angebote, verstand aber viele Begriffe nicht. »Was bedeutet das?«

»*Anaru name?* Das heißt Anilingus. Sie leckt Ihnen den After, wenn Sie einen Aufpreis zahlen. Sie können auch eine Prostatamassage bekommen. Dabei steckt sie Ihnen einen Finger in den Hintern, während Sie Ihnen einen bläst. Gehört zum Standardprogramm.«

Wir gingen weiter, und Alien erklärte mir, welchen Service die einzelnen Etablissements anboten. Es gab Massagesalons und schicke »Gesundheitsshops«, die meist manuellen und oralen Sex sowie Analmassage und Anilingus offerierten. Einige warben sogar mit Analsex. In sogenannten Imageclubs konnte man unter mehreren Persönlichkeiten wählen: jungfräuliche Bräute, Schulmädchen, Schwestern, Nonnen und Zeichentrickfiguren. Die meisten Frauen trugen irgendein Kostüm für einfache Rollenspiele.

Alien führte mich auch zur »Shinjuku Joshi Gakuen« (Shinjuku-Mädchenschule), dem berühmtesten Etablissement in Kabukicho, dessen Hostessen wie Schulmädchen gekleidet waren. Offenbar erinnerten die Uniformen viele Kunden an ihre ersten Lustgefühle.

»Waren Sie da schon mal drin?«, fragte ich Alien.

»Nein, weder beruflich noch privat. Aber der Club ist beliebt. Es gibt eine große Auswahl an verschiedenen Uniformen, von fast allen Oberschulen in Tokio. Das macht manche Männer ganz schön heiß.«

Sobald die Leute mich sahen, wiesen sie Alien sofort darauf hin, dass der Zutritt für Ausländer verboten war. Das war sicher einer der Gründe dafür, dass ich Kabukicho nie so gut kennenlernte wie meine Kollegen. Aber das hat mir kaum geschadet.

Doch Alien gelang es, mich in einige Wäscheshops, ein Kabarett und einige andere schäbige Lokale zu lotsen, in die ich allein nicht hineingekommen wäre. Selbstverständlich bezahlte ich zum Ausgleich die Rechnung.

Einige Kneipen boten ihren Gästen Oralsex an. Der Kunde zahlte 3000 Yen (etwa 30 Dollar) und bestellte einen Kaffee. Während er den trank, öffnete eine Angestellte seine Hose, wusch seinen Penis mit einem warmen Tuch und befriedigte ihn dann mit dem Mund. So erzählte es mir zumindest Alien, denn Ausländer hatten natürlich keinen Zutritt.

Es gab auch Stripclubs, in denen das Publikum mitmachen durfte. Alien zog mich in einen der kleineren Clubs hinein, in dem sich eine Tänzerin zu japanischer Popmusik bewegte. Dann zog sie sich aus und masturbierte unter lautem Quietschen mit gespreizten Beinen auf der Bühne. Angeblich beherrschte sie auch die Kunst, einen Stift mit der Vagina festzuhalten und etwas zu schreiben oder sogar Dartpfeile abzuschießen. Wir hatten an diesem

Abend allerdings kein Glück – denn diese spektakuläre Darbietung fiel aus.

Alien ging ganz in seiner Rolle als Fremdenführer auf und erklärte mir die gesamte geheime Terminologie der Stripclubs und die verschiedenen Arten. So gab es zum Beispiel Clubs, die separate Räume hatten, die ein Gast mit einer Tänzerin aufsuchen konnte. Für einen zusätzlichen Obolus tat sie, was er brauchte, um zu ejakulieren. Stripclubs mit ausländischen Frauen boten angeblich auch Geschlechtsverkehr an.

Danach zeigte er mir das riesige Vergnügungszentrum/Bürogebäude Furinkaikan, in dem sich Tag und Nacht die örtlichen Yakuza versammelten. Im Erdgeschoss befand sich ein riesiges Café. In Kabukicho gab es mehr als 100 Yakuza-Gruppen mit Büros und Geschäften, und Furinkaikan war ihr Hauptquartier und ihre Versammlungshalle.

Wir gingen an Liebeshotels und an thailändischen Prostituierten vorbei, die in der Nähe des Bahnhofs Okubo standen. Iraner bedienten japanische Schwule in der Toilette eines Parks. In mehreren Bars arbeiteten Transsexuelle und in einigen sogar Männer in Frauenkleidern.

In einer schmalen Straße fiel mir ein schmales Gebäude auf, an dem ein Schild hing: »Klinik für sexuelle Belästigung«. Alien erklärte mir, dass es sich hierbei um eine weitere Variante der Schwesternclubs handelte. Allerdings verfügte diese »Klink« über einen echten gynäkologischen Untersuchungsstuhl mit Beinstützen, um möglichst authentisch zu wirken.

Der beeindruckendste Sexclub des Abends war »Bareo«. Innen stand ein echter U-Bahn-Waggon, und wenn der Gast eine Fahrkarte kaufte und einstieg, kletterte ein Mädchen in den Wagen, gab sich als Fahrgast aus und »belästigte« ihn. Sie flüsterte ihm etwas ins Ohr, schob die Hände in seine Hose und so weiter. Für eine Zusatzgebühr konnte man mit einem der Mädchen hinausgehen und sich von ihr verwöhnen lassen. Dies war damals der gefragteste Sexclub. Es gab zwar bereits einen oder zwei Clubs, in denen Männer dafür zahlten, eine Frau in einer U-Bahn belästigen zu dürfen, aber der Rollentausch machte diesen Club zum Schlager.

»Amaenbo« in der Nähe des Rathauses war angeblich bei Beamten der mittleren Ebene besonders beliebt. Im Club befand sich eine gläserne Toilette, in der man seine Hostess bei ihren Verrichtungen beobachten konnte. Wer wollte, konnte sich auch auf den Kopf pinkeln lassen.

Ich fand das alles gar nicht so abstoßend, wie ich eigentlich gedacht hatte. Aber ich verzichtete dennoch lieber darauf, die Toilette in Funktion zu sehen.

Wir gingen auch in einen SM-Club. Alien kannte den Besitzer, einen kleinen Burschen mit Pferdeschwanz, der einen Sarong trug, und beschwatzte ihn. Der Chef erlaubte mir schließlich, die Show hinter dem Vorhang zu beobachten. In der Mitte eines riesigen Raumes mit acht oder neun Tischen befand sich eine kleine Bühne mit einer Domina in schwarzem Leder. Ihre Brüste ragten aus ihrem ledernen Oberteil hervor, und in ihren Brustwarzen steckten Dinger, die wie Sicherheitsnadeln aussahen. Ihr Haar war zurückgekämmt und endete in einem Knoten. Nur ein gewaltiger weißer Dildo bestand nicht aus Leder. Sie benutzte das Ding, um einen Mann im mittleren Alter im marineblauen Anzug anal zu befriedigen.

Mehr brauchte ich nicht zu sehen, also gingen wir zurück auf die Straße.

Um ein Uhr morgens waren einige chinesische Prostituierte auf den Straßen unterwegs. Ihnen war anscheinend egal, ob ich Japaner war oder nicht, daher musste ich ständig eine von ihnen abwehren.

Gegen zwei Uhr führte Alien mich in ein *Shabu-shabu*-Restaurant, in dem halbnackte junge Frauen am Tisch des Gastes Rindfleischgerichte zubereiteten und dann mit ihm flirteten, während er aß. Auch darauf konnte ich gut verzichten.

»Jetzt habe ich es kapiert. Aber was ist noch verboten, außer normalem Geschlechtsverkehr?«

»Nicht viel. Harte Pornografie. Unzensiertes Zeug.«

»Es ist also illegal, Pornografie zu verkaufen, die Oralsex zeigt, sich einen blasen zu lassen, ist aber erlaubt?«

»Ja, genau, Sie kapieren schnell. Man darf es tun, aber man darf nicht zusehen.«

»Und was macht die Polizei?«

»Nun ja, ab und zu müssen wir Lokale schließen, die offen Geschlechtsverkehr anbieten. Irgendwo müssen wir eine Grenze ziehen.«

»Aber wäre es nicht einfacher, auch normalen Sex zu erlauben? Schließlich ist fast alles andere doch legal.«

»Ich glaube, dass das Verbot des normalen Geschlechtsverkehrs die anderen Angebote noch interessanter macht. Es zwingt die Leute, neue erotische Abenteuer zu erforschen. Neben der Standardmethode gibt es da noch viele andere Möglichkeiten.«

Nach dem Essen wollte ich mit einem Taxi nach Hause fahren, aber Alien hatte noch Pläne. Er führte mich in einen koreanischen Massagesalon mit Sauna und versicherte mir, dass hier alles legal war. »He, ich will weder Sie noch mich in Schwierigkeiten bringen. Ich komme gelegentlich hierher. Koh-san wird sich um Sie kümmern. Das ist mein Dessert für Sie.«

Ich wurde in einen kleinen fensterlosen Raum geführt, in dessen Mitte ein Massagetisch stand, an der Wand gab es ein Regal mit verschiedenen Ölen, einem Korb für die Kleider, einigen Vibratoren, einer Flasche Alkohol zum Einreiben, Baumwolldecken und Handtüchern.

Koh-san trug eine beige Schwesternuniform, lange weiße Latexhandschuhe und eine Metallrandbrille mit runden Gläsern. Ihr Japanisch war ziemlich gut. Auf ihr Geheiß zog ich mich aus und legte mich auf den Tisch. Sie massierte mich 20 Minuten lang mit einem sehr klebrigen, klaren Massageöl. Zunächst lag ich auf dem Bauch, dann sollte ich mich umdrehen. Das wollte ich aber nicht, doch sie lachte nur und rollte mich auf den Rücken. Kichernd kommentierte sie meine Anatomie, bat mich zu warten und rief zwei ihrer Kolleginnen, damit sie mich bestaunen konnten. Die Frauen unterhielten sich auf Koreanisch oder Chinesisch und kicherten erneut. Dann gingen sie. Ich fing das Wort *katsurei* auf, das »beschnitten« bedeutet.

Der Rest der Massage war zwar nicht entspannend, aber auch nicht unangenehm. Nach den vereinbarten 40 Minuten wollte ich aufstehen, aber sie ließ es nicht zu. »Massage nicht vorbei. Bitte warten. Entspannen.« Dann packte sie mit einer Hand meinen Penis und steckte mir einen Finger der anderen Hand in den After.

Wollte Alien Cop meinen Sinn für Humor oder meine Neugier testen? Würde ich ihn beleidigen, wenn ich diesen Service ablehnte? Lange konnte ich nicht darüber nachdenken. Nach meinem Orgasmus schob Koh mich in die Dusche, danach zog ich mich an und ging ins Foyer, wo Alien wartete.

Er strahlte und ich dankte ihm für die gute Masseuse. Was hätte ich auch sonst tun sollen?

»Schon in Ordnung. Jetzt verstehen Sie, worum es in Kabukicho geht. Um sexuelle Lust. Sie wird verkauft und befriedigt. Solange die Salons die Grenze nicht zu weit überschreiten, dürfen sie tun, was sie wollen. Unsere Aufgabe besteht nicht darin, diese Lokale zu schließen, sondern sie zu überwachen.«

Ich nickte. Dann hatte Alien noch eine Frage an mich: »Mögen Sie Japanerinnen?«

»Ja, schon, ich habe sogar eine Japanerin geheiratet.«

»Mir geht es genauso.«

»Sie mögen Japanerinnen?«

»Nein, ich mag Ausländerinnen. Blonde und rothaarige. Könnten Sie mir vielleicht eine vorstellen? Ich begegne nicht vielen Ausländerinnen – jedenfalls nicht von der Sorte, mit der man sich verabreden möchte.«

Darum ging es also. Ich versprach, mein Möglichstes zu tun, und ich tat es. Das war der Beginn einer langen Partnerschaft, wenn man es so ausdrücken will. Alien Cop war auch der Mann, dem ich den ersten und vielleicht einzigen Knüller im vierten Bezirk verdankte.

Gegen fünf Uhr morgens kam ich nach Hause, Sunao erwartete mich bereits. Sie trug einen Bademantel und tippte einen Artikel über die neuesten Trends bei japanischen Socken, hatte ein Bad für mich ein gelassen und gebratenen Reis auf den Herd gestellt.

Als sie mich fragte, wie mein Tag gewesen sei, erzählte ich ihr alles. Natürlich erwartete ich eine Szene, aber sie war weder schockiert noch wütend, sondern hörte interessiert zu, während ich ihr berichtete, was ich an diesem Abend getan und gelernt hatte. Sogar den Massagesalon erwähnte ich.

»Na ja, wenn dieser Polizist dich eingeladen hat, konntest du wohl nicht ablehnen. Aber lass es nicht zur Gewohnheit werden. Ach, hast du eigentlich noch was übrig?«

»Wovon?«

»Sperma. Es ist wieder so weit. Schau in deinen Notizblock, Jakey.«
Also öffnete ich den Notizblock, und tatsächlich – neben dem Datum stand ein großes O in Sunaos Handschrift. O bedeutete Ovulationstag. Einfach ins Bett zu kriechen war also kaum möglich. Ich verzog ein wenig das Gesicht, aber Sunao lächelte nur.

»Keine Sorge, Jake. Heute berechne ich dir nichts. Es geht aufs Haus.«

Anmerkung: Soapland-Belanglosigkeiten

Die Soapland-Clubs in Japan hießen früher *toruko*, türkische Bäder. Das missfiel einem Türken, der in Japan wohnte, so sehr, dass er eine Kampagne startete, um den Namen ändern zu lassen. Die *Yomiuri* berichtete Ende der Sechziger- oder Anfang der Siebzigerjahre darüber. Japan beugte sich schließlich dem internationalen Druck und löste das Problem, indem es den Sexshops einen unverfänglichen Spitznamen gab: Soapland.

Übrigens bedeutet das japanische Wort für Oralsex-Puppen übersetzt »Holländische Ehefrau«. Die niederländische Botschaft hat allerdings bisher noch nicht dagegen protestiert. Sollte das passieren, werde ich daraus eine Schlagzeile machen.

MEINE NACHT ALS ANIMATEUR

Man kann Kabukicho als Beispiel für die soziale Verderbtheit des japanischen Lebens betrachten, aber auch als Mikrokosmos menschlicher Beziehungen im Allgemeinen. Clubs mit weiblichen und männlichen Animateuren sind wohl der am meisten missverstandene Aspekt der japanischen Vergnügungsindustrie. Es geht dort nicht um Sex, sondern um die Illusion von Intimität und die erregende Aussicht auf Sex.

Intimität ist in Japan eine Ware, die man selten umsonst bekommt. In den USA ist es nicht anders. Nur bezahlen wir andere Leute.

In den Vereinigten Staaten bezahlen wir Psychiater, Therapeuten, Berater und Trainer dafür, dass sie sich unsere Probleme anhören, unser Selbstvertrauen stärken, so tun, als würden sie uns mögen, und uns gute Ratschläge geben. Freunde tun das zwar kostenlos, aber Freunde ziehen sich gerne zurück, wenn es wirklich Probleme gibt. Viele Japaner halten es für ein Zeichen von Schwäche, zu einem Seelenklempner zu gehen – für das Eingeständnis, ein psychisches Problem zu haben. Darum neigen sie immer noch dazu, auf bezahlte Freundschaften dieser Art zu verzichten.

Als Reporter in Kabukicho lernte ich, dass ein Japaner, der sein Ego – nicht seinen Penis – streicheln lassen, sich ausweinen oder jemandem von seinen Problemen erzählen möchte, nicht nach Hause zu seiner Frau geht, sondern in einen Hostessenclub. Das ist kein Sexclub und auch kein *fuzokuten* (Club für Singles). Es ist meist eine kleine Bar mit mehreren attraktiven Frauen, die den Gast herzlich begrüßen, sich mit ihm aufs Sofa setzen und mit ihm plaudern, mit ihm Karaoke singen und so tun, als wäre er ihr Liebster oder als wollten sie ihn verführen.

Die Mama-san, die Frau, die eine Hostessen-Bar leitet, ist meist eine ehemalige Hostess, deren Stimme rau geworden ist, da sie jahrelang passiv geraucht, verdünnten Whiskey getrunken und zu wenig geschlafen hat.

Es ist nicht unmöglich, dass eine Hostess sich wirklich mit einem Kunden anfreundet, aber eher selten. Denn damit verliert sie einerseits eine Einnahmequelle, andererseits besteht auch die Gefahr, dass sie andere Kunden abschreckt. Denn die Hostess muss immer so tun, als stünde sie jedem zur Verfügung, um Männer zu einem Liebeswerben zu ermuntern, das eines Tages in Sex gipfeln könnte. Auf dem Weg zu diesem Ziel, das nur wenige regelmäßige Kunden jemals erreichen, gibt ein Mann vielleicht 10000 Dollar im Jahr für die Hostess aus, da er ihre Getränke bezahlt, Geburtstagsgeschenke kauft und sie gelegentlich zum Essen ausführt.

An einem kühlen Tag im Oktober 1999 hing ich im Revier von Kabukicho herum und plauderte mit einem Polizisten. Er erzählte etwas von einer Razzia in einem Host-Club an diesem Abend. Zunächst verstand ich nicht.

»Sie meinen einen Hostessenclub?«

»Nein. Es ist die gleiche Art Club, aber mit Männern.«

»Also ein Schwulentreff?«

»Nein, in diese Clubs gehen Frauen, und Männer bedienen sie – so wie eine Hostess einen Mann bedienen würde. Sie wissen schon: Komplimente machen, einschenken, flirten, zum Reden und zum Geldausgeben bringen. Schauen Sie sich mal um. Was machen diese tuntigen Burschen in teuren Anzügen und mit langem rotem Haar Ihrer Meinung nach um drei Uhr morgens in Kabukicho?«

Ich hatte angenommen, dass sie auf der Jagd nach Mädchen waren, aber stattdessen brachten sie ihre Opfer in eine Bar, wo sie umsorgt wurden. Als leidenschaftlicher Beobachter gesellschaftlicher Phänomene wollte ich natürlich mehr darüber wissen.

Am Abend schnappte ich mir daher im Polizeidepartement Nojima, einen der höheren Beamten des Sittendezernats, und lud ihn zu einem Bier ein. Er war nicht schwer zu überreden. Aber als ich mitten in der ersten Runde die Razzia an diesem Abend ansprach, war er sauer, da er nicht wollte, dass die Sache vorzeitig bekannt wurde.

»Wir müssen noch zwei andere Lokale durchforsten. Wenn Sie mit dem Artikel einen Tag warten, gebe ich Ihnen einen Exklusivbericht.«

»Einverstanden«, sagte ich freundlich, »aber die Einzelheiten will ich jetzt haben.«

Er sträubte sich zwar noch ein bisschen, doch nach einer Weile rückte er mit den Informationen heraus.

Die Polizei von Shinjuku und das Jugendschutzdezernat in Tokio waren zu der Überzeugung gelangt, Host-Clubs seien ein Nährboden für Jugendkriminalität. Sie hatten schon in vier Clubs eine Razzia durchgeführt, weil sie keine Lizenz besaßen und Jugendlichen den Zutritt erlaubten.

»Früher waren Hostessen die einzigen Frauen, die solche Etablissements besuchten. Aber die Zeiten haben sich geändert. Und jetzt beobachten wir immer häufiger, dass College-Studentinnen, manchmal sogar Schulmädchen mit Geld, in diese Host-Clubs gehen. Ihnen gefällt die persönliche Zuwendung, und vielleicht sind sie in die Männer dort ein bisschen verliebt, obwohl die ihnen jeden Penny aus der Tasche ziehen. Die Mädchen machen dann sogar Schulden, und irgendwann schlägt der Inhaber der Bar ihnen vor, im Sexgewerbe zu arbeiten, um ihre Schulden abzuzahlen. Einige dieser Typen besitzen ja sowohl Host-Clubs als auch Sexclubs. Manche Mädchen begehen auch Ladendiebstähle, um die Rechnungen bezahlen zu können. Wir wissen, dass es sich dabei nicht um Einzelfälle handelt.«

Im Juli dieses Jahres hatte die Polizei von Shinjuku einen Anruf von den Eltern einer Schulabbrecherin bekommen. Ein Host-Club in Kabukicho hatte ihrer Tochter eine Rechnung über vier Millionen Yen (rund 38 000 Dollar) präsentiert. Natürlich waren die Eltern wütend.

Die Polizei überprüfte den Club und stellte fest, dass er nicht zugelassen war. Im August nahm sie daraufhin den jungen Besitzer fest, und als sie im September gründlicher nachforschte, stellte sie überrascht fest, dass es 71 solcher Host-Clubs gab. Drei Jahre zuvor waren es noch 20 gewesen. Warum diese starke Zunahme? Nojima meinte, dass die Mädchen eben immer öfter einfach Spaß haben wollten, und die Animateure in den Bars wollten Geld verdienen. Und die Frauen hätten dank der sexuellen Befreiung und ihrer finanziellen Unabhängigkeit keine Mühe, Zuneigung zu kaufen, so wie Männer es tun.

Es war seltsam, soziologische Theorien aus dem Munde eines Polizisten zu hören, andererseits war Nojima kein gewöhnlicher Polizist. Er hatte an der Sophia-Universität Psychologie studiert und war ein diplomierter Berater. Aber er legte Wert auf die finanziellen Motive: Ein guter Host-Club hatte einen Jahresumsatz von umgerechnet mehr als 300 000 Dollar. Nojima riet mir, einen Artikel über Host-Clubs zu schreiben, da die Leute wenig darüber wüssten. Er nannte drei Etablissements, und ich besuchte alle drei. Nach der anfänglichen Verwunderung, dass ein *gaijin* für die *Yomiuri* schrieb, waren die Besitzer bereit, mit mir zu reden. Einer lud mich sogar zu einer Nacht als Host ein. Natürlich nahm ich ihn gleich beim Wort.

Zuerst sprach ich mit meinem Redakteur über die Razzien. Er hatte davon noch nichts gehört. Kasama, eine der wenigen Frauen in der Redaktion für Landesnachrichten, half mir, den Artikel aufzusetzen, und überredete die Redaktion, ihn in der nationalen Ausgabe zu drucken.

Der Artikel erschien in der Morgenausgabe der *Yomiuri* am 6. Oktober, kurz vor der offiziellen Bekanntgabe an diesem Nachmittag. Es war eine nette Schlagzeile.

Einige Abende später zog ich meine besten Sachen an, machte mich mit allem Drumherum sorgfältig zurecht, sodass ich nicht wie ein Englischlehrer oder noch schlimmer ein hungriger Zeitungsjournalist aussah, sondern wie ein Host.

Das »Ai« befand sich in einer der versteckten Gassen Kabukichos nicht weit vom Furinkaikan. Die Fassade war protzig: Neonlichter, beleuchtete Fotos von begehrenswerten Männern und ein goldenes Schild in Blattform mit dem Schriftzug »Ladies' Club« über dem Eingang. Zwei muskulöse Männer, die Bronzestatuen glichen, bewachten die Eingangstür, auf der das rote Schriftzeichen für *ai* (»Lie-

be«) stand. Es war eine Kombination aus teurem Art déco und Ess-
lokalkitsch aus den Fünfzigerjahren.

Nachdem man die Treppe hinabgestiegen war, gelangte man in den
Club, der von Kristalllüstern beleuchtet wurde, aber eher dunkel
gehalten war. Überall standen runde Plüschsofas. Das Ganze wirkte
märchenhaft, weil die Lichter von Bronzestatuen, silbernen Spiegeln
und glänzendem Dekor reflektiert werden.

Als ich um sechs Uhr meinen Dienst antrat, unglaublich früh für
einen Host-Club, wartete Takeski Aida schon auf mich. Der Eigentümer und Direktor einer Kette von »Ai«-Clubs hatte kurze Locken,
einen dünnen Schurrbart und trug eine Sonnenbrille, einen teuren
Anzug, der dezent schimmerte, und eine gemusterte Seidenkrawatte, die so eng geknotet war, dass man fürchten musste, sein rundes
Babygesicht werde unzureichend mit Sauerstoff versorgt. Mit seinen
59 Jahren strahlte er unbestreitbar einen schwer zu definierenden
Charme aus. Er verstand es sehr geschickt, Menschen das Gefühl
von Wohlbehagen zu vermitteln.

Aida wurde in der Präfektur Niigata als sechster von neun Brüdern
geboren. Als er 20 war, zog er in die Großstadt und begann für eine
Bettenfirma zu arbeiten, wo er zu den besten Verkäufern gehörte.
Dann gründete er eine Firma, die pleite ging, und eröffnete anschließend ein Perückengeschäft. So lernte er es, Geschäfte mit Frauen zu
machen.

Danach fand er eine Stelle in einem Host-Club. Ein Jahr später warb
ihn ein anderer Club ab, und nach ein paar weiteren Jahren stellte
ihn der größte Host-Club der Stadt ein. Offenbar hatte Aida Talent.
Er gründete schließlich das »Ai«, das sich bald zum Vorbild aller
Host-Clubs entwickelte. In den folgenden Jahren schuf Aida ein kleines Imperium aus Host-Clubs, Kneipen und Bars. Das »Ai« gehörte
so sehr zu Kabukicho, dass es sogar in das Programm von Busrund-
fahrten für Landfrauen im mittleren Alter aufgenommen wurde. Zu
der Zeit, als Aida mich für eine Nacht anheuerte, arbeiteten etwa
300 Männer in fünf Clubs für ihn. Außerdem hatte er ein Buch über
die Leitung eines Betriebes geschrieben (und seine Frau hatte ein
Buch über die Freuden und Gefahren einer Ehe mit einem profes-
sionellen Animateur veröffentlicht).

Aida war gerne bereit, mit mir über sein Geschäft zu sprechen. »Früher waren Host-Clubs Lokale, in denen Frauen mit attraktiven jungen Männern tanzen konnten. Heute kommen viele Frauen hierher, weil sie einsam sind. Sie lernen nirgends einen netten Kerl kennen, aber sie wünschen sich jemanden, der mit ihnen redet und ihnen zuhört. Sie brauchen eine Schulter zum Ausweinen, jemanden, der mit ihnen fühlt. Die menschliche Note eben. Manche fragen sogar um Rat, wie sie mit ihren ungeschickten Freunden umgehen sollen. Andere wollen nur tanzen. Frauen mögen Animateure, die sie zum Lachen bringen, witzige Bemerkungen machen oder über die neuesten Fernsehshows reden können. Die beliebtesten Animateure sind nicht unbedingt die attraktivsten. Ein guter Animateur ist ein guter Zuhörer, Unterhalter und Berater, und er weiß, wann er einer Dame einen Drink einschenken muss.«

Ja, in diesen Clubs schenkten die Männer den Frauen ein. Und das war ungewöhnlich. In Japan wird erwartet, dass untergeordnete oder jüngere Leute ihren Vorgesetzten oder den Älteren einschenken. Eine unausgesprochene Regel lautet: Wenn Frauen anwesend sind, bedienen sie die Männer. Darum ist es für eine Japanerin natürlich ungewohnt und aufregend, von Männern bedient zu werden.

»Aber ein guter Animateur muss auch wissen, wie viel Geld eine Kundin ausgeben kann. Man darf Kundinnen nicht in den Ruin treiben oder in finanzielle Schwierigkeiten bringen. Das würde nur eine Menge Ärger verursachen – für alle. Die neuen Host-Clubs haben junge, süße Männer, die Kundinnen in die Clubs locken. Sie versprechen ihnen billige Getränke und lassen jede ins Haus – sogar Betrunkene, weil sie leichte Opfer sind. Die Frauen machen dann oft Schulden, und dann kommen die Kredithaie. Die wirklich schlimmen Clubs sind im Grunde eine Fassade für das organisierte Verbrechen.

Meinen Club gibt es schon lange, die Bücher sind in Ordnung, wir zahlen unsere Steuern, und wir sind bei der Polizei registriert, sodass die Yakuza uns nicht erpressen kann. Aber die neuen Host-Clubs sind gefährdet, weil sie keine Lizenz besitzen. Sie sind leicht zu erpressen und werden so zu Geldmaschinen für die Yakuza. Die Host-Clubs der Yakuza sind gar keine wirklichen Host-Clubs, eher Zuhälterclubs. Sie wollen aus den Kundinnen Nutten und Schuldsklavinnen machen. Warum aber sind die Host-Clubs so beliebt? Wegen der Männer – attraktive, charmante Männer, die wissen, was Frauen wollen. Das ist der Grund. Einige der Frauen stellen sich vor, reich zu sein und mit dem Animateur schlafen zu dürfen, und sie zahlen dafür, dass ihre Fantasien lebendig bleiben. Sie unterscheiden sich nicht von den Männern, die in Hostessenclubs gehen und dort eine Menge Geld ausgeben. Sie träumen vom Sex mit dem Objekt ihrer Begierde. Den meisten Frauen können wir die perfekte Gesellschaft anbieten. Sie können einen Abend damit verbringen, von einem gut aussehenden Mann verwöhnt zu werden, ohne dabei die Last einer Beziehung tragen zu müssen. Der Animateur ist immer verfügbar, er wird sie nie versetzen. Es ist eine vorgetäuschte Romanze, und manche Frauen lieben das.«

Eine sehr elegante Frau Ende 40 in einem schwarzen Kostüm setzte sich neben Aida, während wir uns unterhielten. Sie holte still eine Zigarette aus ihrer Handtasche. Kaum steckte die Zigarette zwischen ihren Lippen, zündete Aida sie mit einem Feuerzeug an. Dann stellte er mich der Dame vor, und sie reichte mir die Hand, die ich nahm und küsste, weil ich nicht wusste, was ich sonst tun sollte. Aida lächelte mir anerkennend zu.
Dann plauderten wir weiter, und Aida holte Getränke für uns von der Bar.

Ich will ehrlich sein. Natürlich hatte ich mir in meiner Fantasie vorgestellt, dass ich schon kurz nach dem Eintreffen im Club von schönen Frauen umringt sein würde, deren Zigaretten ich anzündete und denen ich das Gefühl vermittelte, begehrenswert zu sein. Selbstverständlich waren sie von meinem *Gaijin*-Charme und meinem geschickten Umgang mit den Nuancen der japanischen Sprache fasziniert. Ich konnte sie mit Geschichten über meine Karriere unterhalten, und sie würden gebannt lauschen, mich um meine Visitenkarte bitten und insgeheim meinen Körper begehren. In Wirklichkeit wurde ich mehr oder weniger ignoriert. Die Frauen, die einen Host-Club besuchen, sind wohl eher an einem attraktiven Japaner interessiert, nicht an einem trotteligen amerikanischen Juden im teuren Anzug.

Immerhin schenkte ich einer philippinischen Hostess Getränke ein und hörte einer Hausfrau zu, die sich über ihren Mann beklagte, während ich ihr immer wieder Zigaretten anzündete, die sie im Eiltempo wegrauchte. Die meiste Zeit aber unterhielt ich mich mit anderen Animateuren, die Kaffeepause machten.

Kazu, 29, hatte für einen Pharmakonzern gearbeitet. »In gewisser Weise«, erklärte er mir, »appellierst du an ihren Mutterinstinkt. Du behandelst sie wie Königinnen, und wenn sie dich mögen, dann wirst du ihr Liebling, ihre Nummer eins.

Ich liebe diesen Job. Ich verdiene 600 000 Yen (rund 6000 Dollar) im Monat, die Geschenke ausgenommen, die ich bekomme. Eine Frau kaufte mir zum Beispiel diese vergoldete Rolex. Und ich glaube, dass die Frau eines Bankiers, die scharf auf mich ist, mir zum Geburtstag ein Auto schenken wird. Am besten sagst du den Kundinnen schon bald, wann du Geburtstag hast. Eigentlich bevorzuge ich Bargeld, meist bekommt man aber teure Designerware. Einige Sachen verpfände ich, aber Kleider und Uhren – nun ja, sie erwarten, dass du sie auch trägst.

Mariko ist Direktorin einer Firma für Herrenunterwäsche – eigentlich lustig, weil die meisten ihrer Kunden schwul sind und sie mich dafür bezahlt, ihr Getränke einzuschenken. Sie hat mir zum Geburtstag eine Patek Philippe geschenkt. Sauteuer, aber ein verdammt protziges, mit Diamanten besetztes Ding. Sie versteht nichts von Uhren, sieht nur den Preis. Ich habe daher in Hongkong ein gutes Imitat gekauft und das Original versetzt. Wenn sie kommt, lege ich schnell die falsche Uhr um.

Ich finde aber nicht, dass ich sie oder eine andere dieser Frauen ausnutze. Denn ich erfülle ihre Träume. Es ist, als hätten sie eine Affäre mit mir, obwohl wir nicht miteinander schlafen. Sie sind glücklich, wenn ich es bin. Und wenn alle glücklich sind, schadet das niemandem. Niemand täuscht etwas vor. Sie wissen genau, dass ich nur so lange ihr Freund bin, wie das Geld fließt.«

Hikaru, 25, geboren in Kobe, hatte schon mit 18 Jahren angefangen. Er war knapp 1,90 Meter groß und ein Prachtstück von einem Mann.

Hiraku sah immer aus, als käme er gerade aus einem Solarium. Seine Nägel waren manikürt, seine Zähne perfekt und weiß, und sein Anzug kostete wahrscheinlich mein Monatsgehalt.

Vielleicht langweilte er sich ja in seinem Job, denn er wollte alles über mein Leben als Reporter wissen und fragte mich sogar, ob man ohne Studium Journalist werden könne. Aber darben musste er als Animateur wohl nicht. Gutes Aussehen war in seinem Beruf wichtig, und er sah gut aus.

»Manchmal«, sagte er, »suche ich mir einen Schauspieler aus, dem ich ähnlich sehe, und imitiere ihn. Dann hat die Kundin das Gefühl, mit einem Star zu flirten. Aber meist gebe ich mich als Juradoktorand an der Tokioter Universität aus, der sich hier seine Studiengebühren verdienen möchte. Dann hat die Kundin das Gefühl, auch etwas Soziales zu tun, nicht nur etwas für meine Brieftasche. Vielleicht träumt sie ja davon, eines Tages ihren Freundinnen von einem berühmten Anwalt erzählen zu können, der als Animateur gearbeitet hat und dessen Lieblingskundin sie war.

Du musst den Frauen die richtigen Komplimente machen, die üblichen Phrasen bringen nichts. Wenn sie sich alt fühlen, hast du etwas falsch gemacht. Sag einer Frau, dass ihre Haut makellos ist. Dass ihr Gesicht strahlt, wenn sie lächelt. Wenn sie Sommersprossen hat, fragst du, ob sie ein wenig europäisches Blut hat. Manche Frauen mögen es, wenn man sie nicht für reine Japanerinnen hält. Wenn du ihnen ganz besondere Komplimente machst, dann leuchten ihre Augen auf. Ich glaube, dass alle Frauen ihre Reize haben, man muss sie nur suchen und finden.

Ich ziehe Frauen in den Dreißigern vor. Mit denen kann man sich gut unterhalten. Wenn die Frau sehr lustig ist und viele Witze reißt, dann redest du am besten über etwas Ernstes. Und umgekehrt. Das zeigt, dass du auch ihre verborgene Seite erkennst.

Du musst in der Lage sein, mit Kundinnen über fast alles zu reden, sogar darüber, in welche Schule sie ihre Kinder schicken sollen. Ich habe vier Frauenzeitschriften abonniert, damit ich weiß, was sie bewegt. Sie unterhalten sich auch gerne über Fernsehprogramme, aber weil ich keine Zeit zum Fernsehen habe, halte ich mich mit Zeitschriften auf dem Laufenden.

Das Aussehen ist in diesem Geschäft natürlich am wichtigsten. Ich weiß, dass ich begehrenswert aussehen muss. Deshalb gehe ich viermal in der Woche ins Fitnessstudio, trainiere mit Gewichten, mache Aerobic und schwimme, damit ich schlank und fit bleibe. Die meisten Frauen mögen keine dicken Muskelpakete, sondern bevorzugen den Körperbau eines Tennisspielers. Ich benutze Hautpflegeprodukte und ein warmes Handtuch, bevor ich mich rasiere, damit meine Haut möglichst glatt aussieht. Manche Männer sehen mit kurzen Stoppeln ja gut aus, aber ich gehöre nicht zu ihnen. Frauen machen mir andauernd Komplimente wegen meiner Haut und meines Aussehens. Ich verdiene etwa eine Million Yen (rund 10 000 Dollar) im Monat. Das ist viel, aber ich habe auch viele Unkosten. Ich brauche eine schöne Wohnung, muss mich immer schick anziehen und den Kundinnen Geschenke machen. Das alles zahle ich aus eigener Tasche, und die Geschenke dürfen nicht billig sein. Manchmal habe ich das Gefühl, dass ich umso weniger Geld habe, je mehr Kundinnen ich habe. Trotzdem schaffe ich es, monatlich 400 000 Yen (4000 Dollar) zu sparen. Und das ist mehr, als viele Leute verdienen. Ich kann mich also wirklich nicht beklagen.

Leider gefällt meinen Eltern nicht, was ich mache, obwohl ich es nicht ewig machen will. Denn man hat kein Privatleben, jeder Tag ist wie Sommerurlaub, aber man hat keine echte Freiheit. Den größten Teil der Freizeit verbringt man damit, auf Kundinnen zu warten. Manchmal geht man dann mit einer Frau einkaufen, ein andermal zu einem Ferienort.

Es ist schwer, dabei eine Freundin zu haben. Denn Mädchen schätzen es nicht, mit einem Kerl zusammen zu sein, der als Animateur arbeitet. Das verstehe ich auch. Woher soll sie denn wissen, ob ich die Wahrheit sage oder nur schauspielere? Manchmal weiß ich es selbst nicht genau. Hin und wieder wende ich wirklich jeden Trick an, um sie rumzukriegen, auch wenn ich das Mädchen wirklich gern habe.«

Unser Gespräch wurde unterbrochen, als eine von Hikarus Kundinnen den Club betrat. Er stand auf, um sie zu begrüßen, und auf seinem Gesicht lag ein strahlendes, aufrichtiges Lächeln. Michiko, die ein grünes Kleid trug, hatte das Haar nach hinten frisiert und mit einem schwarzen Samtband zusammengebunden. Sie war elegant und ruhig.

Hikaru stellte mich ihr vor. Wir tauschten die üblichen Floskeln aus, und nachdem sie festgestellt hatte, dass ich japanisch sprach, bat sie mich um eine Zigarette. Ich bot ihr eine an und gab ihr leicht zitternd Feuer. Sie inhalierte, schloss die Augen und lehnte sich auf dem Sofa zurück. Etwa zehn Sekunden lang sagte sie nichts. Hikaru zwinkerte mir zu.

Als Michiko die Augen öffnete, rief sie: »Die schmecken so süß. Und sie riechen fast wie Weihrauch. Woher kommen die denn?«

»Aus Indonesien«, antwortete ich. »Es sind indonesische Nelkenzigaretten.«

»Die schmecken mir. Kommen Sie aus Indonesien?«

»Aus Amerika. Mein Gesicht ist schwer einzuordnen.«

»Aber es ist ein hübsches Gesicht.«

»Längst nicht so hübsch wie Ihres.«

Dieses Kompliment brachte Michiko zum Kichern. Und Hikaru hob eine Augenbraue und lächelte.

Als Michiko die Zigarette erneut an die Lippen führte, fuhr ich fort: »Sie haben schöne Hände. Ihre Finger sind so lang und geschmeidig, zart und doch stark. Spielen Sie vielleicht Klavier?«

Daraufhin brach Michiko in Gelächter aus und klopfte Hikaru auf die Knie. »Dein Freund kann gut beobachten. Oder hast du es ihm gesagt?«

Hikaru schüttelte den Kopf und äußerte lustige Dementis.

Jetzt war das Eis endgültig gebrochen. Michiko, Hikaru und ich plauderten eine Weile, dann verabschiedete sich Michiko. Es war fast vier Uhr morgens, und das Lokal füllte sich allmählich. Die neuen Gäste waren anscheinend zum größten Teil Hostessen, die jetzt Feierabend hatten. Alle waren elegant gekleidet und viele ziemlich beschwipst, einige sogar laut. Ich hatte eigentlich nicht erwartet, dass Hostessen nach ihrer Arbeit noch in einen solchen Club gehen würden. Andererseits machte es irgendwie auch Sinn.

Ich hätte die Stoßzeit nach fünf Uhr noch abwarten können, aber schließlich musste ich auch an meinen Tagesjob denken. Als ich meine Sachen packte, fragte mich Hikaru, ob ich ihm den Rest meiner

Zigaretten überlassen wolle. »Klar«, sagte ich und fügte dann hinzu: »Und, wie war ich?«

»Du bist charmant, aber du machst einen großen Fehler. Du willst lieber über dich reden, anstatt anderen zuzuhören. Andererseits sind deine Geschichten interessant, darum ist es vielleicht kein Nachteil. Außerdem bist du ein Unikum und einigermaßen amüsant, und das ist auf jeden Fall ein Vorteil. Die Nelkenzigaretten sind eine nette Zugabe. Sie riechen gut und sind etwas Besonderes, und sie machen dich unvergesslich. Vielleicht rauche ich in Zukunft auch die.«

Dann meinte er noch, dass ich ja immer noch als Animateur arbeiten könne, wenn ich den Journalismus jemals satt haben sollte. Ich lachte, dankte ihm und verabschiedete mich von allen Anwesenden. Aida überreichte mir ein paar Gutscheine und beschwor mich, doch in Begleitung von Kolleginnen wiederzukommen. Ich kam zwar nicht wieder, aber meine Kolleginnen haben sich gut amüsiert.

Fast zehn Jahre später sieht Kabukicho nicht mehr so aus wie früher, aber es ist immer noch ein ziemlich zwielichtiger Ort. Bekanntschaften, Gefahren, Abenteuer und erotische Erfüllung sind der Lohn, wenn man weiß, an welche Tür in welchem Stockwerk man klopfen muss. Aber das alles riecht nach Einsamkeit.

Tokio ist eine der am dichtesten bevölkerten Städte der Welt. Trotzdem – oder gerade deshalb – haben viele niemanden, dem sie vertrauen, niemanden, dem sie ihre Geheimnisse, Sorgen oder Enttäuschungen offenbaren können.

Natürlich lockt unterschwellig immer die Verheißung, dass Sympathie und Champagner zu Sex führen könnten. Dennoch sind die eigentlichen Motive für die Treffen in den Clubs Entfremdung, Langeweile und Einsamkeit.

WAS GESCHAH MIT LUCIE BLACKMAN?

Ich musste Tim Blackman in Großbritannien anrufen. Das hatte ich versprochen. Kaum hatte ich ihn an der Strippe, wollte er wissen, was mit seiner Tochter Lucie passiert war. Mr. Blackman hatte die Tokioter Polizei auf der Suche nach Lucie so verärgert, dass niemand mit ihm reden wollte. Die Kripobeamten wussten, dass er alle Informationen an die Presse weiterleiten würde, und das gefiel ihnen nicht. Und er wusste, dass sie ihn nicht auf dem Laufenden halten würden. Er wollte die Informationen von jemandem erfahren, den er kannte, nicht erst aus Zeitungen. Und ich hatte ihm versprochen, ihn anzurufen – jederzeit, bei Tag oder Nacht –, sobald es echte Neuigkeiten gab. Jetzt war es so weit.

Lucie Blackman, seine älteste Tochter, wurde seit dem 1. Juli 2000 vermisst. Damals konnte ich das nicht ahnen, aber der Fall sollte ein bedeutender Punkt in meiner Karriere werden. Unter dem oberflächlichen Lack der leichtlebigen, aggressiven japanischen Sexindustrie lauerte eine ganze Welt aus Verderbtheit und sexueller Ausbeutung, von der ich keine Ahnung hatte. Das Wort »Menschenhandel« gehörte bisher noch nicht zu meinem Vokabular, ja, passte nicht einmal in mein Vorstellungsvermögen. Es dauerte Jahre, bis ich wirklich verstand, was ich da erlebte, als ich nach Lucie suchte.

Lucie, eine Britin, kam am 4. Mai 2000 nach Japan. Sie arbeitete nebenberuflich als Stewardess für British Airways, doch ihre beste Freundin Louise Phillips hatte sie dazu überredet, als Hostess in Japan gutes Geld zu verdienen und sich dabei zu amüsieren. Lucie hatte in der Heimat einige Schulden angehäuft, und als Stewardess war sie ständig müde, weil sie mit dem Jetlag nicht zurechtkam. Ein »bezahlter Urlaub« oder »Arbeitsurlaub« hörte sich daher gut an.

Louises Schwester hatte ein paar Jahre in Japan als Hostess gearbeitet, kannte viele Tricks und wusste, was man dabei verdienen konnte. Lucie und Louise kamen als Touristinnen zusammen in Japan an und nahmen sich sofort eine Wohnung in einem zwielichtigen *Gaijin*-Haus, einem Apartmentgebäude, in dem die meisten Mieter Ausländer waren. Die Kaution war niedrig, von der üblichen Provision für den Vermieter war keine Rede, und Visa wurden fast nie überprüft. Gesetzlich ist es zwar verboten, in Japan mit einem Touristenvisum zu arbeiten, aber damals duldeten es die Behörden noch. Die meisten ausländischen Mädchen, die als Hostessen arbeiteten, wurden nach ein paar Wochen darauf hingewiesen, dass sie gegen das Gesetz verstießen – so konnte man sie bei Lohnverhandlungen und allen anderen Gelegenheiten gut unter Druck setzen.

Die große blonde Lucie war überaus attraktiv. Sie und Louise gingen nach Roppongi, einem bekannten Treffpunkt für Ausländer und solche Japaner, die gerne Ausländer kennenlernen wollen. In der wirtschaftlichen Blütezeit der späten Achtzigerjahre war dies eine teure Gegend mit schicken Diskotheken, die 30 Dollar Eintrittsgeld verlangten und strenge Kleidervorschriften hatten. Doch als die Wirtschaft schwächelte, öffneten sich die Türen für den Pöbel, und das Viertel wurde allmählich von billigeren Hostessenkneipen übernommen, von kleinen Nachtclubs, Massagesalons, Bars mit Prostituierten, Bars, in die Angestellte nach Feierabend gingen und in denen sie jederzeit Drogen bekamen, und riesigen Clubs, die den Abschaum der ausländischen Bevölkerung mit billigem Fusel versorgten und keinen Eintritt verlangten. Die klassischen Clubs zogen nach Nishi-Azabu um.

Roppongi ähnelt in vieler Hinsicht Kabukicho, ist aber verwahrloster und voller *gaijin*. Deshalb heißt das Viertel auch »Gaijin Kabukicho«. Die Polizei hat hier schon längst kein Interesse mehr daran, die Gegend sauber zu halten, denn wenn dort Verbrechen geschehen, sind die Opfer meist Ausländer. Als Lucie ankam, hatte der Abstieg des Viertels gerade begonnen.

Am Neunten arbeiteten Lucie und Louise im »Casablanca«, einem Hostessenclub schräg gegenüber dem »Seventh Heaven«, Roppongis erster Stripbar mit Ausländerinnen. Damals waren noch neun andere Mädchen in diesem Club, und alle außer Louise waren blond. Sie verdienten 5000 Yen (rund 50 Dollar) pro Stunde, hinzu kamen noch Provisionen für die Getränke[12] und die Sonderwünsche einzelner Gäste.

Drei Wochen später, am 1. Juli, rief Lucie ihre Freundin aus Shibuya an und sagte: »Ich treffe heute einen Kunden aus dem Club. Er kauft mir ein Handy. Ich bin so aufgeregt.« Am Abend rief sie Louise erneut an und sagte, dass sie sich auf dem Heimweg befinde. Aber sie kam nie zu Hause an.

Am 3. Juli erhielt Louise einen sehr seltsamen Anruf. Ein Japaner, der sich Akira Takagi nannte, behauptete, dass Lucie sich einer Sekte in der Präfektur Chiba angeschlossen habe. »Sie kann jetzt nicht nach Hause kommen, aber machen Sie sich keine Sorgen um sie.« Natürlich machte sich Louise große Sorgen, daher ging sie zur britischen Botschaft und bat dort um Rat. Dann erstattete sie bei der Polizei von Azabu eine Vermisstenanzeige. Zunächst wollte die Polizei den Fall zwar nicht bearbeiten, aber da die Botschaft unterrichtet war, konnte man das Verschwinden und den rätselhaften Anruf unmöglich ignorieren. Wäre dieser Anruf nicht gewesen, hätte es vielleicht nie richtige Ermittlungen gegeben. Am Neunten beschloss das Dezernat für Mord, Raub und andere Gewaltkriminalität, den Fall zu übernehmen. Von da an lag er nicht mehr in den Händen der lokalen Polizei, sondern war ein Problem des Hauptquartiers.

Etwa um diese Zeit rief mich ein älterer Polizeireporter an. Nishijima, auch Pablo genannt, bat mich um Hilfe bei dieser Story, die noch gar keine echte Story war, denn die Tokioter Polizei hatte noch keine offizielle Stellungnahme abgegeben und die *Yomiuri* begann gerade erst mit den Nachforschungen. Es war noch sehr wenig über Lucies Verschwinden bekannt. Pablo ermahnte mich, vorläufig noch Stillschweigen zu bewahren.

---

[12] Für jedes Getränk, das ein Kunde für sich und die Frau bestellt, bekommt die Hostess eine Provision. Darum sind Kunden, die teuren Brandy, Champagner und andere Spirituosen bestellen, bei den Hostessen sehr beliebt.

Ich mochte Pablo sehr. Er war ein guter Reporter und obendrein ein Gentleman. Yamamoto und Pablo waren beide der Tokioter Polizei zugeordnet und schrieben über Gewaltverbrechen und internationale Kriminalität. Pablo war Yamamotos rechte Hand. Er sah nicht aus wie ein Japaner. Denn irgendwo in seinem Stammbaum gab es einen amerikanischen Ahnen, dem er ein beinahe lateinamerikanisches Aussehen verdankte. Einer unserer Kollegen meinte oft scherzhaft, es gebe sogar drei Ausländer in der Abteilung für Inlandsnachrichten: einen Mongolen (Yamamoto), einen Juden (mich) und einen Mexikaner (Pablo).

Am Telefon war Pablo erfrischend ehrlich: »Also, Jake, es sieht so aus, als wärst du reif für einen Wechsel. Das Opfer ist Ausländerin, ebenso alle ihre Freundinnen. Wir brauchen jemanden, der zu ihnen passt und mit Leuten reden kann, die Lucie und ihre Familie kennen. Dieser Mann bist du. Hast du Interesse?«

Selbstverständlich hatte ich Interesse.

Ehrlich gesagt hielt ich den ganzen Rummel damals zunächst für übertrieben. Ich vermutete, dass Lucie eine von den vielen *Gaijin*-Hostessen war, die mit ihrem Freund oder mit einem reichen alten Knacker nach Thailand oder Bali gereist waren, und nur vergessen hatte, jemandem Bescheid zu sagen.

Trotzdem bat ich um Erlaubnis, meine normalen Pflichten etwas zu vernachlässigen und ein paar Wochen lang der Tokioter Polizei zu helfen. Am 9. Juli, als die Ermittlungen offiziell aufgenommen wurden, ging ich in die Polizeizentrale, wurde hereingewinkt und stieg hinauf in den achten Stock. Pablo und Yamamoto warteten schon auf mich. Misawa, der Vorsitzende des Presseclubs, schlief auf dem Sofa.

Yamamoto war guter Laune und begrüßte mich herzlich. »Jake, lange nicht mehr gesehen. Na, nimmst du noch Heroin?«

»Nein, Yamamoto. Ich verkaufe es nur noch an Schulkinder.«

»Wirklich? Kein Wunder, dass du so dick geworden bist.«

Das stimmte. Nein, natürlich hatte ich weder aufgehört, Heroin zu konsumieren, noch hatte ich es je konsumiert. Aber ich hatte ziemlich zugenommen.

Yamamoto hingegen hatte eine Menge Gewicht verloren. Reporter, die über Mord und Gewaltverbrechen berichten, haben einen sehr anstrengenden Job, und das war wohl die Folge des Stresses. Die Sitte ist auch nicht einfach, aber man wird nur selten mitten in der Nacht wegen einer Festnahme aus dem Bett geklingelt. Sittlichkeitsverbrechen ereignen sich nicht spontan. Das lernte ich im vierten Distrikt. Eine Polizeirazzia in einem Sexclub oder die Beschlagnahme pornografischer DVDs hatten bestenfalls symbolische Folgen für die Gesellschaft, und es handelte sich dabei nicht um Nachrichten, über die man sofort und eingehend berichten musste. Die meisten Aktionen des Sittendezernats schafften es nicht in die Zeitungen, wenn sie überhaupt öffentlich bekannt gegeben wurden. Artikel musste ich zwar trotzdem schreiben, aber mir war bewusst, dass die Arbeit wahrscheinlich umsonst war. Bei Mord und Gewalt ist das anders. In einem Land, in dem es wenig Morde gibt, sind sie fast immer wichtige Nachrichten. Und sie geschehen zu ungewöhnlichen, oft unangenehmen Tageszeiten, man muss sich auch sofort damit befassen. Man sucht unverzüglich den Tatort auf und lässt sich auf einen knallharten Wettbewerb ein, da jeder aus der sensationellen Geschichte einen Knüller machen will. Ich beneidete Yamamoto nicht um seinen Job.

Pablo schien dagegen ganz in seinem Element zu sein. Er informierte mich mithilfe seiner Notizen rasch über den Sachverhalt. Die Polizei hatte zu diesem Zeitpunkt folgenden Kenntnisstand:

An dem Tag, als Lucie verschwand, hatte man sie zuletzt in einem schwarzen Kostüm mit schwarzen Sandalen und schwarzer Handtasche gesehen. Ihre Brieftasche bestand aus braunem Alligatorleder und war in der Mitte gefaltet. Sie enthielt ein wenig Wechselgeld. Lucie trug ein Halsband mit einem herzförmigen Diamanten und eine quadratische Armani-Armbanduhr. Sie hatte fast anderthalb Jahre lang als Flugbegleiterin für British Airways gearbeitet. Ihr Vater hatte ihr nicht verboten, nach Japan zu gehen. Lucie hatte Geld, und er hatte ihr zusätzliches Geld geschickt. Sie hatte ihren Eltern gesagt, sie werde möglicherweise nach Japan gehen und sich mit Gelegenheitsjobs ein wenig Geld dazuverdienen. Lange wollte sie nicht bleiben.

Die Tokioter Polizei glaubte nicht an die Geschichte mit der Sekte, sondern ging davon aus, dass ein Kunde aus dem Club Lucie entführt und umgebracht hatte. Die Beamten bezweifelten sehr, dass Akira Takagi existierte. Höchstwahrscheinlich hatte der Mörder diese Figur nur erfunden.

Es wurden einige Polizisten des Morddezernats auf den Fall angesetzt, darunter Kripobeamte, die englisch sprachen – oder vorgaben, es sprechen zu können, obwohl sie es nicht konnten – und Erfahrung mit Sexualdelikten hatten. Pablo nannte mir die Namen der zuständigen Beamten. Einen von ihnen kannte ich bereits.

»Also, was soll ich tun?«, fragte ich.

Yamamoto antwortete zuerst. »Wir möchten, dass du mit Leuten im *Gaijin*-Haus sprichst, in dem sie wohnte, und dich in Roppongi nach Leuten umschaust, die sie gekannt haben, nach allen, die Kunden gewesen sein könnten. Du hast doch sicher einige Freunde dort, oder?«

Eigentlich mied ich Roppongi wie die Pest, und die meisten meiner Freunde waren Japaner. Ich hing lieber in Kabukicho, Shibuya, Ebisu oder sogar Korea-Town herum. Da ich außerdem Sunao hatte, hatte ich kein Interesse daran, ein Roppongi-Mädchen aufzugabeln, um ein bisschen Sex ohne Verpflichtungen zu bekommen. Ich nahm auch keine Drogen und hatte kein Faible für großbrüstige ausländische Stripperinnen, Diskos oder teure Restaurants. Und ich hatte keine Lust, mich mit anderen *gaijin* zu verbrüdern. Roppongi war also nicht nur Pablo und Yamamoto fremd, sondern auch mir.

Und das sagte ich Yamamoto auch.

Der schüttelte nur den Kopf. »Du bist Amerikaner, aber du gehst nicht nach Roppongi und kennst die Baseballregeln nicht? Dann bist du kein richtiger Amerikaner. In Wirklichkeit bist du ein nordkoreanischer Spion, gib's zu.«

Pablo warf ein: »Sogar ich gehe ab und zu nach Roppongi, und ich bin Japaner.«

»Pablo-san, du siehst ausländischer aus als ich. Darum nennen wir dich ja auch Pablo. Du gehörst nach Roppongi. Ich bin sicher, dass die philippinischen Mädchen dich lieben.«

»Wirklich, Adelstein? Nun, wenigstens sehe ich nicht wie ein Iraner aus.«

Während Pablo und ich uns noch weiter scherzhaft stritten, zog Yamamoto ein Bündel Geldscheine aus der Tasche und reichte es mir.

»Wofür ist das denn?«

»Ich gehe nicht oft nach Roppongi«, erklärte er. »Aber ich weiß, dass es ein teures Pflaster ist. Lass dir aber Quittungen geben, wenn möglich.«

Ich hatte keine Ahnung, wo ich anfangen sollte, aber vermutlich war Lucies früherer Club der beste Startpunkt. Als ich dort ankam, hing an der Tür ein Schild »Wegen Renovierung geschlossen«. Kein besonders vielversprechender Start.

Am 12. Juli gab die Tokioter Polizei bekannt, dass sie das Verschwinden von Lucie Blackman untersuche. Die japanischen Zeitungen reagierten zurückhaltend, aber in England erregte der Fall großes Aufsehen.

Ich verbrachte jeden Abend in Roppongi und durchsuchte die Straße nach Leuten, die Lucie kannten. Dabei stellte ich mich so ungeschickt an, dass niemand mit mir reden wollte. Ich war schon so tief in die japanische Kultur eingetaucht, dass es mir schwerfiel, englisch zu sprechen. Wahrscheinlich klang ich wie ein Japaner, der versucht, englisch zu sprechen – oder wie ein Polizist.

So um den 20. Juli 2000 erhielt die Polizei von Azabu einen sonderbaren Brief von Lucie Blackman, der in der Präfektur Chiba abgeschickt worden war, wo Lucie angeblich eine spirituelle Ausbildung machte. Lucie bat darin darum, dass die Polizei und ihre Familie nicht mehr nach ihr suchten. Die Polizei hielt den Brief allerdings für einen dummen Scherz oder für den Versuch des Entführers, die Ermittler auf eine falsche Spur zu lenken. Einer der Beamten, sein Spitzname war Googly (Froschauge), den ich aus dem vierten Distrikt kannte, zeigte mir den Brief und fragte nach meiner Meinung.

Ich sah sofort, dass der Brief von einem Japaner geschrieben worden sein musste und nicht von einem Muttersprachler. Der falsche Gebrauch von *a* und *the* sowie der eher steife Stil und die Neigung zu doppelten Verneinungen bewiesen eindeutig, dass der Verfasser Japaner war. Da ich Japaner im Englischen unterrichtet hatte, kannte ich die Eigenarten des japanischen Englischs genau. Das alles erklärte ich Googly, und er schien mir zu glauben.

Am nächsten Tag richtete Tim Blackman eine Hotline ein, um Informationen über Lucie zu sammeln.

Die erste Augustwoche kam und ging. Lucie war mit einem 90-Tage-Visum nach Japan gekommen. Wenn sie noch in Japan war, galt sie jetzt als illegale Ausländerin.

Nun reiste Tim Blackman nach Japan, was einen riesigen Medienrummel zur Folge hatte. Auf einer Pressekonferenz in der britischen Botschaft setzte er eine Belohnung von 1,5 Millionen Yen (etwa 15 000 Dollar) für Hinweise aus, die zur Rettung oder Entdeckung von Lucie führten. In der Zwischenzeit deckte die Polizei die wahre Identität des mysteriösen Akira Takagi auf. Aber wo Lucie sich aufhielt, wusste sie immer noch nicht.

Am 1. September war Lucies Geburtstag, es war ihr 22.

Auch ich hatte noch nicht viel Konkretes über Lucie erfahren. Das Einzige, was vielversprechend klang, waren Informationen über einen Mann namens Yuji. Er hatte langes, grau gesprenkeltes Haar und war ein häufiger Gast in den Clubs von Roppongi, Akasaka und Ginza, die ausländische Hostessen anboten. Er war immer gut gekleidet, gab in jedem Club, den er besuchte, eine Menge Geld aus und bevorzugte Blondinen. Aber niemand hatte Yuji seit Ende Juni gesehen, niemand hatte seine Visitenkarte und niemand hatte ein Foto von ihm.

Um Informationen über Lucie zu sammeln, musste ich mich ins Nachtleben von Roppongi stürzen und durfte mich nicht als Reporter zu erkennen geben. Da viele Ausländer dort illegal arbeiteten, trauten sie weder Polizisten noch Journalisten. Also musste ich mir eine falsche Identität überlegen.

Ich konnte schwerlich so tun, als sei ich ein superlässiger, cooler *Gaijin*-Bursche/DJ/Englischlehrer, der in Roppongi nach Beute suchte. Denn dafür war ich nicht der Typ. Bestenfalls konnte ich hoffen, als gut bezahlter, etwas schmieriger ausländischer Geschäftsmann durchzugehen. Da es von dieser Sorte viele gab, war es nicht besonders schwierig, sie zu imitieren. Ich besorgte mir also einen besseren Anzug, nahm meine Krawatte ab und plauderte mit den Mädchen in den Bars, ohne zu viele Fragen zu stellen.

Ich legte mir einen falschen Namen zu und wählte als Beruf Versicherungssachverständiger. Zudem ließ ich mir falsche Visitenkarten drucken, kaufte ein zweites Handy und verbrachte jedes Wochenende mit dem Abschaum von Roppongi, um jemanden zu finden, der Lucie oder den Kunden kannte, der mit ihr ans Meer gefahren sein könnte.

Die Informationen über Yuji gab ich weiter an meinen Chef und Googly. Dann überlegte ich, ob ich Pablo meinen Informanten nennen sollte, entschied mich aber dagegen. Denn die Namen von Informanten muss man einfach für sich behalten.

Ich besaß noch eine andere nützliche Information: Yuji besuchte regelmäßig ein Lokal namens »Club Codex«. Also beschloss ich, diesen unter die Lupe zu nehmen. Der Geschäftsführer war ein Japaner namens Slick.

Kaum hatte ich den »Club Codex« betreten, da spürte ich schon, dass dort irgendetwas anders war. Auf den ersten Blick schien es ein typischer Hostessenclub zu sein mit gedämpftem Licht, künstlichen Topfpflanzen, Samtsofas und Tischen sowie Kristallkaraffen mit Whiskey und Wasser. Aber die Gäste kamen mir etwas schmuddeliger vor als die meisten anderen, und die osteuropäischen Frauen schienen sich dort nicht wohlzufühlen. Ihr Lächeln wirkte gezwungen, und sie schienen ängstlich. Zu dem Zeitpunkt hatte ich noch keine Ahnung, was sich im Club abspielte. Erst später sollte ich es erfahren. Als ich beiläufig den Namen »Yuji« erwähnte, wurde ich sofort aufgefordert, das Haus zu verlassen. Das war für mich eine Bestätigung dafür, dass Yuji dort gewesen war und dass die Leute im Club wussten, dass man ihn suchte. Und noch etwas erfuhr ich während meines Besuchs: Das estnische Mädchen, das mit mir geplaudert hatte, sagte: »Yuji? Meinst du Georgie?« Georgie? Yujie? Hatte der Kerl verschiedene Decknamen? Ich wusste es nicht.

Ich kann nicht sagen, ob die Polizei mit Slick in Verbindung trat, nachdem ich meine Informationen an die Beamten weitergegeben hatte, oder ob Slick zur Polizei gegangen war. Auf jeden Fall erzählte Slick der Polizei einige interessante Dinge.

Vor einigen Jahren hatte Yuji, der die Bar häufig besuchte, eines von Slicks Mädchen vergewaltigt. Er hatte sie zu einer Fahrt an die Küste eingeladen und dann nach Izu Marina in Yokohama gebracht.

Schließlich hatte er sie in sein Apartment in Zushi gelockt, ihr Wein mit einer Droge eingeflößt und sie missbraucht. Natürlich war sie wütend und wollte zur Polizei gehen. Doch das hatte ihr Slick offenbar ausgeredet. Er hatte Yuji nach diesem Vorfall zwar nicht verboten, den Club zu betreten, hatte aber die Mädchen vor ihm gewarnt. Die Informationen von Slick halfen der Polizei ein gutes Stück weiter.

Ein weiterer Name, der in Gesprächen immer wieder genannt wurde, war Joji Obara. Das war ein reicher, 48-jähriger Immobilieneigentümer und Bauträger, ein häufiger Gast in Roppongis Clubs mit ausländischen Hostessen. Er ähnelte Yuji wohl sehr. Auch davon erzählte ich der Polizei, und dort war Joji bereits bekannt.

Am 1. Oktober stand Obara eindeutig unter Verdacht und am 12. Oktober nahm die Polizei ihn wegen sexueller Nötigung in einem anderen Fall fest.

Die Pressemitteilung war kurz und prägnant:

»*Im Laufe der Ermittlungen kamen mehrere Tätlichkeiten gegen Ausländerinnen ans Licht. In diesen Fällen lud der Täter die Frauen zu einer Fahrt ans Meer ein, verabreichte ihnen später Alkohol mit Drogen und vergewaltigte sie dann. Wir konnten den Täter am Zwölften dieses Monats identifizieren und verhaften.*

Die Anwendung von Drogen, um meist ausländische Frauen zu betäuben und dann zu missbrauchen, ist ein sehr schweres Verbrechen. Die Vorgehensweise ähnelt sehr den Umständen, unter denen Lucie Blackman verschwand.

Dieser Fall ist im In- und Ausland von großer Bedeutung, daher wurde die ursprüngliche Ermittlungskommission erweitert. Ihr gehören nunmehr über 100 Beamte an.

Der Verhaftete ist der leitende Angestellte Joji Obara, 48 Jahre alt. Er wurde wegen sexueller Nötigung einer wehrlosen Person festgenommen und wird beschuldigt, im März 1996 eine damals 23-jährige Ausländerin sexuell missbraucht zu haben. Er traf diese Frau in einem Hostessenclub im fünften Bezirk von Roppongi, überredete sie zu einer Fahrt ans Meer und brachte sie in seine Wohnung in der Präfektur Kanagawa. Dort gab er ihr Alkohol, sodass sie für mehrere Stunden das Bewusstsein verlor, und vergewaltigte sie.«

Nach dieser Pressemitteilung gab es eine sehr kurze Pressekonferenz mit diesem Verlauf:

Konferenzleiter: »Wir wissen noch nicht, ob Obara etwas mit Lucie zu tun hat. Aber die Vorgehensweise – Frauen ans Meer mitzunehmen – ist ähnlich. Wir müssen unsere Ermittlungskommission auf etwa 100 Beamte aufstocken, da es aufgrund der großen Anzahl von möglichen Zeugen umfangreiche Ermittlungen geben wird.«

F: »Wie viele weitere solche Fälle gibt es?«
A: »Mehrere. Einige Frauen haben sich gemeldet. Wenn wir die Ermittlungen ausdehnen, wird es möglicherweise zu Anzeigen kommen.«

F: »Waren alle Opfer Ausländerinnen?«
A: »Einige waren Japanerinnen. Sie überlegen noch, ob sie Anzeige erstatten sollen.«

F: »Sind alle von ihnen Hostessen?«
A: »Zum damaligen Zeitpunkt waren sie es.«

F: »Wie viele Gegenstände wurden beschlagnahmt?«
A: »Einige tausend. Etwa ein LKW voll. Die genaue Zahl kenne ich nicht.«

F: »Worum handelt es sich dabei hauptsächlich?«
A: »Um Bücher, die ihn möglicherweise angeregt haben. Einige Dokumente und Videos. Hier geht es nicht nur um ein Sexualdelikt, wir haben es mit einer Serie von Straftaten zu tun. Vergessen Sie das nicht.«

F: »Um welche Drogen handelt es sich?«
A: »Schlafmittel wurden gefunden.«

F: »Halcion?«
A: »Das und andere.«

F: »Wo hat man sie gefunden?«
A: »In einigen seiner Wohnungen.«
F: »Wie groß ist die Ermittlungskommission?«
A: »Etwa 100 Beamte.«

F: »Wer sind die leitenden Beamten?«
A: (Er nennt vier Beamte.)

F: »Wer sind die Abteilungsleiter?«
A: (Er nennt vier Beamte.)»Sie sehen also, dass wir uns wirklich sehr bemühen.«

F: »Befindet sich der Hauptsitz der Kommission im Polizeirevier von Azabu?«
A: »Ja. Die beschlagnahmten Gegenstände sind bei dem Tokioter Polizeidepartment. Azabu ist für die Ermittlungen zuständig.«

Googly charakterisierte Obara wohl am besten: »Er ist ein kranker Dreckskerl.«

Später erklärten die Ermittler: »Schon 1973 hat Obara wiederholt Frauen in seine Wohnung in Zushi gelockt und ihnen Getränke gegeben, in die er Drogen gemischt hatte, die zu Schläfrigkeit oder Bewusstseinsstörungen führten. Dann hat er sie vor einer Videokamera missbraucht. Er bezeichnet das als Unterwerfungsspiele.«

Der Fall eines der ersten bekannten Opfer ist ein typisches Beispiel für Obaras Verbrechen. Der Staatsanwalt beschrieb ihn in einem Prozess folgendermaßen:

Beziehung zwischen dem Angeklagten und dem Opfer:
Das Opfer in diesem Fall kam am 20. Februar 1998 nach Japan und wohnte im Bezirk Shibuya in Tokio. Die Frau arbeitete nebenberuflich als Hostess in Roppongi im Bezirk Minato.
Der Angeklagte traf das Opfer Anfang März desselben Jahres, als er den Club besuchte, in dem sie arbeitete, und wurde von ihr bedient.

Tathergang:
Der Angeklagte sagte zum Opfer: »Ich habe eine Wohnung am Strand gleich außerhalb von Tokio, dort können wir hinfahren. Dann koche ich etwas für dich. Lass uns doch das Wochenende dort verbringen.« *Am 31. März gegen Mittag traf er das Opfer vor dem Hotel* »Aksasaka Tokyu« *und fuhr mit ihm zu seiner Wohnung in Zushi, wo er es mit dem Meer als Hintergrund filmte.*
Danach gingen die beiden in sein Apartment im Gebäude Nr. 3 in Izu Marina. Die Zimmernummer war 4314. Nachdem die beiden im Wohnzimmer Meeresfrüchte gegessen hatten, sagte der Angeklagte zum Opfer: »Ich habe hier Wein aus philippinischen Kräutern«, *und goss ihr ein Glas ein. Das Getränk enthielt ein Schlafmittel. Das Opfer nahm einen Schluck und verlor langsam das Bewusstsein.*
Der Angeklagte trug das bewusstlose Opfer ins Schlafzimmer und legte es rücklings auf das Bett. Nachdem er der Frau die Hose und die Unterwäsche ausgezogen hatte, legte er ihr ein feuchtes Tuch auf den Mund, das er vorher mit einer Droge getränkt hatte, und verlängerte dadurch die Bewusstlosigkeit. Danach vergewaltigte er sie und nahm die gesamte Tat auf Videoband auf.

Situation nach der Tat:
Am nächsten Abend, dem 1. April, kam das Opfer auf dem Bett langsam wieder zu Bewusstsein. Die Frau war nur mit einem Bademantel bekleidet, litt an starken Kopfschmerzen und Übelkeit und fühlte sich benommen. Da sie zu schwach zum Gehen war, kroch sie ins Badezimmer und erbrach sich in die Toilettenschüssel.
Um das Verbrechen zu verschleiern, sagte der Angeklagte zum Opfer: »Du bist schon seltsam. Du hast eine ganze Flasche Wodka ausgetrunken und dann alles auf deine Kleider gekotzt. Darum musste ich dich ausziehen und waschen.« *Dann spielte er ihr ein Band vor, auf dem zu hören war, dass jemand sich wusch und sie stöhnte.*
Danach fuhr der Angeklagte die Frau nach Hause. Während der Fahrt musste sie sich zweimal übergeben. Der Angeklagte sagte zu ihr: »Du kannst sicher zwei oder drei Tage lang nicht im Club arbeiten. Lass mich für diese Fehlzeiten bezahlen.« *Dann gab er ihr 60000 Yen für drei Arbeitstage.*

Da dem Opfer noch lange schlecht war, erschien es vom 1. bis zum 4. April, also vier Tage lang, nicht zur Arbeit.

Verlauf der Ermittlungen:
Die Frau kannte weder den Namen noch die Anschrift des Angeklagten und wusste nicht einmal, dass sie vergewaltigt worden war, weil sie das Bewusstsein verloren hatte. Anfang Juli 2000 traf sie eine Bekannte, die in Tokio ein Restaurant führt. Diese erzählte ihr von einer vermissten Britin, die vor ihrem Verschwinden erklärt hatte, sie wolle einen ihrer Kunden treffen, der ihr eine Fahrt ans Meer angeboten habe. Damals erzählte das Opfer ihrer Bekannten: »Vor einiger Zeit hat mich ein Mann namens Kazu ans Meer eingeladen, und ich ging mit ihm. Er gab mir irgendeine Droge, und ich habe das Bewusstsein verloren.« Nachdem sie alles genau berichtet hatte, riet ihre Bekannte ihr, zur Polizei zu gehen.
Am 9. August 2000 suchte das Opfer das Polizeirevier Azabu auf und schilderte den Tathergang. Am 13. August identifizierte das Opfer ein Foto des Angeklagten, und am 29. wurde dieser wegen sexueller Nötigung einer wehrlosen Person angeklagt, obwohl die genauen Umstände der Tat noch ungewiss waren.
Am 12. Oktober 2000 wurden Hausdurchsuchungen und Beschlagnahmen angeordnet. Unter den vielen Videobändern des Angeklagten befand sich auch eine Aufzeichnung, die den Tathergang verdeutlichte. Am 23. unterrichtete ein Vertreter der Tokioter Staatsanwaltschaft das Opfer über die Einzelheiten des Verbrechens. Damals bestätigte sich zum ersten Mal, dass es sich bei der Tat um die sexuelle Nötigung einer wehrlosen Person gehandelt hatte. Am selben Tag klagte die Staatsanwaltschaft von Tokio den Täter wegen sexueller Nötigung einer wehrlosen Person an.

Dieses Verbrechen hat er angeblich mehr als 100 Mal begangen.[13]

---

[13] Im Dezember 2008 wurde Obara wegen Vergewaltigung in acht Fällen, in einem Fall mit Todesfolge, angeklagt.

Nach dem 16. Oktober gab es jeden Tag mehr Beweise dafür, dass Obara ein Serienvergewaltiger war und auch etwas mit Lucies Verschwinden zu tun hatte. Nachdem Lucie verschwunden war, tauchte Obara in einer Wohnung in Miura auf, die er seit Jahren nicht benutzt hatte. Seine Hände waren mit Zement bedeckt. Er weigerte sich, den Hausmeister in sein Zimmer zu lassen. Dann wurde er dabei erwischt, wie er versuchte, das Schloss am Apartment des Hausmeisters auszutauschen – er hatte es mit seinem eigenen Apartment verwechselt. Außerdem wurde er an einem nahegelegenen Strand mit einer Schaufel gesehen.

Da das Ganze dem Hausmeister äußerst seltsam vorkam, ging er zur Polizei. Als die zur Wohnung kam, wollte Obara sie nicht hereinlassen. Wahrscheinlich hätten Beweise gefunden werden können.

Natürlich fragten sich viele Leute, warum die Polizei Obaras Wohnung damals nicht durchsucht hatte. Dafür gab es keine vernünftige Erklärung.

Im Oktober, vor seiner Verhaftung, kaufte Obara ein teures Motorboot, ohne es vorher besichtigt zu haben. Die Tokioter Polizei ging davon aus, dass er mithilfe des Bootes Beweise beseitigen wollte, die ihn mit dem Verbrechen in Verbindung brachten.

Die Polizei untersuchte die Drogen, die sie schließlich in Obaras Wohnung gefunden hatte. Es waren verschiedene Schlafmittel, die er wahrscheinlich dazu verwendet hatte, nicht nur Ausländerinnen, sondern auch Japanerinnen sexuell zu missbrauchen. Sobald sich herausstellte, dass sich unter den Opfern auch Japanerinnen befanden, nahm der Medienrummel zu.

Der erdrückendste Beweis waren die Videobänder. Die Polizei fand mehr als 100 VHS-Videobänder und 8-mm-Schmalfilme, auf denen Obara Frauen, meist aus dem Westen, missbrauchte. Sie waren in seinem Haus im Distrikt Setagaya und in seiner Eigentumswohnung in Zushi in der Präfektur Kanagawa gefunden worden. Alle Frauen waren offenbar bewusstlos und konnten sich nicht gegen Obara wehren.

Lucie war allerdings auf keinem Band zu sehen. Die Bänder waren chronologisch geordnet, doch aus der Zeit, als Lucie verschwunden war, gab es keine Bänder. Ende Oktober klagte der Tokioter Staatsanwalt Obara wegen des ersten von vielen Verbrechen an.

Doch Obara schwieg, was keine große Überraschung war. Denn der Mann hatte an der Universität Keio Jura studiert, kannte das Gesetz und wusste, wie die Polizei arbeitete.

Obara bestritt, Lucie gekannt zu haben, und behauptete, alle Opfer seien bezahlte Prostituierte gewesen, die mit dem Geschlechtsverkehr einverstanden gewesen seien.

Wichtig war nun vor allem, herauszufinden, ob jemand vielleicht Obara und Lucie zusammen gesehen hatte.

Und das sollte meine Aufgabe sein. Wenn wir einen Zeugen auftreiben konnten, dann hatten wir nicht nur eine gute Schlagzeile, sondern wir konnten auch der Polizei einen Handel anbieten.

Yamamoto glaubte fest daran, dass ich auf eine Spur stoßen würde.

»Adelstein«, sagte er und klopfte mir dabei auf die Schulter, während wir an der Theke einer Bar in Roppongi saßen, »kennst du das Sprichwort ›ja no michi wa hebi‹?«

»Ja, ich glaube, das bedeutet: ›Die Schnecke kennt die Schlange.‹«

»Genau. Du bist ein *gaijin*, das Opfer ist eine *gaijin*, die Familie des Opfers ist *gaijin*, und die Zeugen sind es vermutlich auch. Obara ist wahrscheinlich Halbkoreaner, also ebenfalls ein *gaijin*. Darum bist du genau der richtige Reporter für diesen Fall. Bring mir etwas Brauchbares.«

»Ich werde mein Bestes tun.«

»Tu nicht dein Bestes, benutze lieber dein Hirn. Die Ergebnisse sind entscheidend, nicht die Anstrengung. Ich schätze es natürlich, wenn du dich bemühst, aber was zählt, sind die Resultate.«

»In Ordnung, dann werde ich mich eben nur halbherzig mit der Sache befassen, aber etwas Interessantes rausfinden.«

»Gut so.«

Er bestellte mir noch einen Drink und brach dann auf, um einen Kripobeamten zu Hause zu erwischen.

Ich hatte inzwischen mehrere Wochen damit verbracht, Hostessen- und Stripclubs in Roppongi zu besuchen. Anfangs war es irgendwie aufregend und amüsant. Genügend Alkohol und Pheromone ließen mich oft fast vergessen, dass der Grund meiner Recherchen tragisch und düster war. Nacktheit, sexy Tänzerinnen, Flirts, Alkohol, der Geruch nach Schweiß und Parfüm, der Kontakt mit Frauen, die ich mir normalerweise nie hätte leisten können – und die *Yomiuri* zahlte dafür. Das war nicht schleckt.

Aber nach einer Woche ließ der Reiz nach. Ich bemerkte die Falten unter den Augen der Frauen, erfuhr ihre Lebensgeschichten, sah die Blutergüsse an ihren Armen. Und ich hörte, wie die japanischen Geschäftsführer über diese Frauen wie über Vieh redeten. Da ich gut zuhören konnte, erzählten die Mädchen mir nach und nach, wie das System wirklich funktionierte. Sie hatten keinerlei Freude an ihrem Beruf, und viele betrachteten ihre Kunden nur als Feinde, als Gauner, die sie melken mussten. Da war keine Rede mehr von Spaß.

Meine Tochter Beni wurde im September dieses Jahres geboren, und ich wäre viel lieber zu Hause gewesen und hätte mich mit Sunao um die Kleine gekümmert. Stattdessen verbrachte ich jede Nacht in schmierigen, schummrigen Bars. Sunao wusste, wohin ich ging, und sie kannte meinen Job. Darum machte sie sich keine großen Sorgen. Sie war ja selbst Journalistin gewesen und wusste, dass sie als Frau eines *Shakaibu*-Reporters im Großen und Ganzen eine alleinerziehende Mutter sein würde.

Ich fuhr mehrere Male ins »Outline«.[14] Obara war dort ein häufiger Gast gewesen, und der Eigentümer besaß ein Foto von ihm, das fast 20 Jahre alt war. Ich verschwieg nicht, dass ich Reporter war, denn mir war klar, dass er es merken würde. Aber er ließ mich dennoch mit den Frauen reden, solange ich dafür bezahlte. Einige Frauen kannten Obara, und einige kannten auch Lucie. Da Lucie groß und freundlich war, war sie in dem kleinen Gebiet von Roppongi bekannt. Man mochte sie. Ich fand sogar ein Mädchen, das sowohl Obara als auch Lucie kannte, aber niemand hatte beide je zusammen gesehen. Dennoch ließ mein

---

[14] Die Polizei von Azabu durchsuchte den Club im Herbst 2006. Eines der Mädchen, die dort arbeiteten, kannte Lucie. Sie wurde festgenommen, nach Australien abgeschoben und mit einem fünfjährigen Einreiseverbot belegt.

Chef nicht locker, ich musste jemanden finden, der eine Verbindung zwischen ihnen herstellen konnte, dann hatten wir einen Knüller.

Der Geschäftsführer des »Outline« berichtete, dass Obara immer einen Leibwächter dabei gehabt habe, wenn er den Club besucht habe, einen kleinen, stämmigen Schlägertypen, der zugleich auch sein Fahrer gewesen sei. Die Mama-san sagte, dass Obara und sein Bodyguard sich sehr ähnlich gesehen hätten, Obara aber längeres, grau meliertes Haar gehabt habe. Sie fügte noch hinzu, dass Obara ein koreanisches Gesicht gehabt habe.

»Wie sieht ein koreanisches Gesicht aus?«, fragte ich.

Obaras Gesicht sei eher rechteckig als rund gewesen, meinte sie. Er habe nicht viel geredet und irgendwie melancholisch ausgesehen. Das war nicht gerade sehr hilfreich.

Als Nächstes ging ich in den Club »Seventh Heaven«, denn ich hielt es für möglich, dass Lucie sich dort mit einigen Mädchen angefreundet hatte, da es damals noch nicht so viele Ausländerinnen gab, die in Roppongi arbeiteten.

Der Club sah im Wesentlichen wie die meisten Stripclubs in Roppongi aus. Es gab eine kleine, runde, leicht erhöhte Holzbühne mit einer Stange und einem Vorhang dahinter. Der Raum war sehr dunkel. In die Decke hatte man Lautsprecher eingebaut. Sitzgruppen mit Sofas waren um die Bühne herum angeordnet. Ganz links befand sich der Bereich für private Tänzer, verhüllt von einem dicken Vorhang. Dort gab es auch drei Nischen mit Sesseln ohne Armlehnen.

Während eines Privattanzes sitzt der Kunde, und das Mädchen lässt auf seinem Schoß die Hüften kreisen, solange ein Lied läuft – für 7000 Yen. Vielleicht kitzelt sie dem Kunden das Ohr mit der Zunge oder betastet seine Genitalien. Mehr aber nicht. Er darf ihre Brüste anfassen und, wenn er ein regelmäßiger Kunde ist oder für mindestens drei private Tänze bezahlt hat, auch an ihren Brustwarzen saugen.

Ein Mädchen namens Mindy unterhielt sich gerne mit mir. Sie war die einzige Rothaarige im Club. Ich bezahlte ein paar Getränke für sie, und während sie auf meinem Schoß saß, flüsterte sie mir Neuigkeiten ins Ohr. An diesem Abend waren kurz vor Öffnung des Clubs zwei Kripobeamte da gewesen und hätten dem Geschäftsführer ein

Schwarzweißfoto gezeigt. Auf dem Bild seien zwei Männer gewesen, und der eine habe dem anderen den Arm um die Schulter gelegt. Den Mann in der Mitte habe man gut sehen können, aber das Gesicht des anderen sei nicht auf dem Foto gewesen.

Die Polizei hatte den Geschäftsführer gefragt, ob er den Mann kenne, und er habe das bejaht. Den Rest des Gesprächs hatte Mindy nicht gehört. Aber der Mann war Obara.

Die *Yomiuri* wollte natürlich mehr Informationen haben.

Aber die waren nicht leicht zu bekommen. Die meisten Frauen mochten Reporter nicht. Eine sehr attraktive potenzielle Informantin nannte mich sogar »Arschloch«.

Am Abend des 14. Oktobers probierte ich eine neue Taktik aus. Da ich als Kunde kaum weiterkam, brauchte ich jemanden, vor dem die Mädchen weniger Angst hatten. Darum rief ich Kristin an, ein großes, vollbusiges, blondes Mädchen aus Montana, und bat sie, mir zu helfen. Sie war mit meinem besten Freund aus College-Zeiten verheiratet und freute sich darauf, Detektivin spielen zu dürfen. Wir trafen uns noch am selben Abend in Roppongi nach dem Englischunterricht, den sie gab.

Und so sah unser Plan aus: Kristin sollte sich als Hostess oder Stripperin bewerben, und ich würde ihren Freund spielen. Meinem Ressort bei der Zeitung ging langsam das Geld aus, aber wenn wir die Clubs besuchten, um »Vorstellungsgespräche« zu führen, dann brauchten wir nichts zu bezahlen und bekamen vielleicht trotzdem nützliche Informationen.

Mindy saß allein an einem Tisch, als wir den »Seventh Heaven« betraten. Der Geschäftsführer ließ uns im Club warten, während er seinen Chef anrief. Sie suchten ständig neue großbusige, blonde Frauen, und Kristin entsprach genau den Anforderungen.

Kaum hatten wir uns gesetzt, da kam Mindy zu uns und fragte mich: »Na, wer ist denn deine hübsche Freundin? Ich bin Mindy.«

»Ich bin Kristin«, antwortete meine Begleiterin. »Ich möchte vielleicht hier arbeiten. Wie ist es denn so?«

»Na ja«, meinte Mindy, »wenn du Männer magst, ist es ein guter Job. Gut bezahlt. Aber die ganze Zeit nur Männer, Männer, Männer. Mit der Zeit wird es etwas langweilig. Männer sind so hart, so kalt.«

Während Mindy über die Kälte der Männer klagte, strichen ihre Hände über Kristins Knie und dann hinauf zu ihren Brüsten, die sie behutsam knetete. Dann beugte sie sich vor, und ihre Lippen näherten sich Kristins Hals. In diesem Moment zog ich hinten kräftig an Mindys BH und ließ ihn zurückschnappen. Sofort ließ sie von Kristin ab, die sich offenbar sehr unwohl fühlte.

»Warum tust du das?« Mindy starrte mich an und schob schmollend die Unterlippe vor. »Ach so, du bist eifersüchtig. Du willst mich nicht mit deiner Freundin teilen. Na gut, dann mache ich für dich einen ganz besonders langen Privattanz, damit du weißt, dass du immer noch einen Platz in meinem Herzen hast.«

»Heute Abend bin ich nicht wegen eines privaten Tanzes hier.«

Mindy legte einen Arm um Kristins Schulter, spielte mit ihrem Haar und sagte: »Ich hätte auch nichts gegen einen Privattanz für eine Frau.« Kristin sah Mindy eine Sekunde lang an, dann musste sie lachen. Ich bot Mindy an, dass ich vier private Tänze bezahlen würde und sie einfach dasitzen und sich die Nägel anmalen dürfe, wenn sie mir Obaras Foto beschaffen könne. Ihre Augen leuchteten auf.

Kirstin bemerkte, dass Mindy eine mit Diamanten besetzte Rolex am Handgelenk trug. Die habe ihr ein Kunde geschenkt, erklärte Mindy.

»Ihr glaubt gar nicht, was für ein Arschloch dieser Kerl ist. Nur weil er mir eine schicke kleine Armbanduhr geschenkt hat, glaubt er, dass dieser süße kleine Po ihm gehört. Da täuscht er sich aber gewaltig.«

Mindy hatte schon einiges getrunken, bevor wir gekommen waren, und ich glaube, der Teil ihres Gehirns, der als Türsteher für ihren Mund diente, war längst eingeschlafen. Vielleicht lag es aber auch daran, dass Kristin da war, auf jeden Fall hielt sie uns einen Monolog über Hostessen und Stripperinnen und was die von ihren Kunden hielten. Das klang alles nicht sehr gut.

Anschließend gingen Kristin und ich ins »Sports Café«. Black Jack, der nigerianische Türsteher, war mit Lucie befreundet gewesen und fragte mich jedes Mal, wenn ich an ihm vorbeiging, ob es etwas Neues gab. Er wusste, dass ich Reporter war, behielt es aber für sich. Black

Jack gab mir ein paar Rabattkarten für den Club »Private Eyes«. Kristins Freundin Dorcy schloss sich uns an, und wir gingen alle hinein und bestellten Getränke.

Dorcy ging zur Damentoilette ab, die sozusagen der Treff im Club war – denn alle gingen dorthin. Einige Mädchen schnüffelten in den Kabinen Kokain. Dorcy plauderte dort mit Jesse, einer Australierin, die mit Tätowierungen bedeckt war. Sie hatte zwei Fotos von Obara gesehen, beide in den Händen von Polizisten. Sie kannte Lucies Exfreund Nick und gab Dorcy seine Anschrift.

Er wohnte an der Ecke neben einer Buchhandlung, die seit Langem geschlossen war, und verteilte Prospekte für einen Nachtclub, in dem hinter der Theke Ecstasy verkauft wurde. Ich fragte ihn, wann er Lucie zum letzten Mal gesehen habe.

Mit starkem australischen Akzent antwortete er: »Sie müssen Reporter sein. Wenn Sie etwas über Lucie erfahren wollen, dann lassen Sie Bares rüberwandern.«

Ich gab ihm also 5000 Yen und zeigte ihm die Phantomzeichnung von Obara. Aber er erkannte ihn nicht. Ich erzählte ihm, dass ich Geld für ein Foto von Obara zahlen würde, und ging zurück in den »Seventh Heaven«.

Layla, eine schwedische Studentin, die an der Sophia University Japanisch studierte, verteilte Handzettel für den Club. Ich hatte sie bei einem Treffen ehemaliger Studenten kennengelernt, daher wusste sie, dass ich Reporter war. Mit ihrer Größe von 1,80 Meter und dem langen, platinblonden Haar war sie nicht zu übersehen. Sie arbeitete nicht als Stripperin, sondern als Kellnerin, und manchmal lockte sie auch Kunden in den Club. Sie gab mir eine Liste der Clubs, die die Polizei an diesem Tag aufgesucht hatte. Da Layla japanisch sprach und genau darauf achtete, was die anderen Mädchen sagten, war sie eine sehr ergiebige Quelle.

Ich dankte ihr für die Liste, und sie winkte mich in ein kleines Café in der Nähe.

»Jake«, sagte sie, »eine Menge Leute wissen schon, dass du Reporter bist. Sei vorsichtig. Die Leute kennen dein Gesicht. Warst du übrigens schon im ›Club Codex‹? Ich habe gehört, dass eines der Opfer dort gearbeitet hat.«

Dann nannte sie mir noch einen Namen: Melissa. Melissa hatte mit Lucie im Club gearbeitet. Layla hatte sich lange mit ihr unterhalten und erzählte mir nun, was sie dabei erfahren hatte.

Melissa hatte gesehen, wie Lucie eine Woche vor ihrem Verschwinden im »Club Casablanca« mit einem langhaarigen Mann gesprochen hatte. Der Mann hatte sehr reich ausgesehen, hatte teuren Brandy und Champagner bestellt und sich fast drei Stunden lang überaus freundlich mit Lucie unterhalten. Er hatte bar bezahlt.

Offenbar hasste er es, wenn man japanisch mit ihm sprach, denn dann zog er eine schreckliche Grimasse. Er zog es wohl vor, englisch zu sprechen.

Die Polizei hatte Melissa mehrere Male nach diesem Kunden und seiner Beziehung zu Lucie gefragt. Melissa arbeitete jetzt nicht mehr in Roppongi. Da sie nicht das richtige Visum hatte, fürchtete sie, nachdem die Polizei sie vernommen hatte, abgeschoben zu werden, wenn sie nicht vorsichtig war.

Ich dankte Layla überschwänglich, denn jetzt wusste ich, was auch die Polizei wusste: Lucie und Obara hatten einander getroffen, und es gab Zeugen dafür. Er würde es also nicht bestreiten können. Ich rief sofort Yamamoto an und berichtete ihm davon. Meine Informationen reichten immerhin für eine große Schlagzeile, was genügte, um meine enormen Ausgaben in Roppongi zu rechtfertigen. Der Artikel verärgerte natürlich die Polizei, die Obara hatte überraschen wollen. Die anderen Zeitungen berichteten etwa eine Woche später darüber.

Als ich um drei Uhr morgens nach Hause kam, schrie sich Beni die Seele aus dem Leib. Sunao sah völlig erschöpft aus. Sie hielt Beni im Arm und ging hin und her, um sie zu beruhigen. Also nahm ich ihr Beni ab und hielt sie in den Armen, während ich mir vorsichtig auf dem Stepper die Beine vertrat und der Ghettoblaster leise die größten Hits von U2 spielte. Bald begann Beni zu gähnen und schloss die Augen. Sie hatte immer noch kein einziges Haar, und ihre Augen waren derart geschwollen, dass man nur ihre schwarzen Pupillen sah, aber das war mir egal. Sie war mein eigenes Fleisch und Blut.

Während ich sie so im Arm hielt, musste ich an Tim und Jane Blackman denken. Auch sie hatten bestimmt ähnliche Erinnerungen an Lucie.

Dann wanderten meine Gedanken zu Obara und ich bekam Magenschmerzen. Jetzt, da ich selbst ein Kind hatte, nahm mich diese Geschichte noch mehr mit, was für einen Reporter nicht gerade gut ist. Denn wenn einem solche Fälle zu nahe gehen, werden sie zu einer Belastung.

Nachdem ich Beni neben Sunao auf den Futon gelegt hatte, rief ich noch Dai Davies an, einen Privatdetektiv, den die Blackmans damit beauftragt hatten, nach Lucie zu suchen. Er erzählte mir, dass die Polizei Mr. Blackman um eine Handschriftprobe seiner Tochter gebeten habe. Offenbar war die Polizei immer noch dabei herausfinden, wer ihr den gefälschten Brief geschickt hatte, um von der richtigen Spur abzulenken, und wollte sichergehen, dass die Unterschrift nicht von Lucie stammte, obwohl Tim es ihnen bereits bestätigt hatte.

Die Ermittlungen schienen gut voranzukommen. Obara wurde wegen mehrerer Straftaten festgenommen, einschließlich des Totschlags an einer Australierin namens Carita Ridgway im Jahr 1992 und mehrerer Vergewaltigungen. Carita hatte er mit Chloroform betäubt und dann vor laufender Kamera vergewaltigt. Sie war schließlich an Leberversagen gestorben. Ihren Eltern hatte man gesagt, es sei eine Lebensmittelvergiftung gewesen. Wahrscheinlich hatte es keine Autopsie gegeben – sie wird selten angeordnet, selbst wenn Japaner unter mysteriösen Umständen sterben.

Die Polizei durchsuchte das Mietshaus in Miura, in das Obara Frauen gebracht hatte, und die nähere Umgebung, fand aber keine Leiche. Zumindest nicht beim ersten Mal.

Da Obara nicht gestehen wollte, Lucie getötet zu haben, konfrontierte ihn die Polizei mit den Vorwürfen weiterer sexueller Übergriffe und hoffte, dass er irgendwann zusammenbrechen werde. Das tat er allerdings nicht.

Am 10. November gegen 18 Uhr schickte Obaras Verteidiger eine Erklärung an die Medien. In diesem Schriftstück nannte Obara die Namen der Opfer und verleumdete sie erneut als Prostituierte. Er wiederholte die Aussage, die er bei der Polizei gemacht hatte. Allerdings gab er zu, Lucie getroffen zu haben – offensichtlich wollte er dafür sorgen, dass die Medien über seinen Brief berichteten. Dieser

Brief sei das Werk eines Psychopathen ohne Gewissensbisse meinte ein Profiler, mit dem ich darüber sprach. Hier der Anfang:

»Ich werde eines Verbrechens beschuldigt, weil ich in der Vergangenheit für Sex mit Ausländerinnen aus Hostessenclubs bezahlt und mich gegen Bezahlung mit japanischen Prostituierten getroffen habe. Ich habe für diese sexuellen Spiele – ich nenne sie Unterwerfungsspiele – einen fairen Preis bezahlt.
Da ich einen angemessenen Preis für die geleisteten Dienste bezahlt habe und diese Frauen mit den sexuellen Spielen einverstanden waren, denke ich nicht, dass ich mich einer Vergewaltigung oder sexuellen Nötigung schuldig gemacht habe.«

Dann gab er die Initialen aller Klägerinnen an und beschuldigte sie, Prostituierte, Heroinsüchtige und Lügnerinnen zu sein. Die einzige ungewöhnliche Bemerkung betraf die Initialen TM. Obara behauptete, er habe sie vor den Nachstellungen von Issei Sagawa beschützt und niemals bezahlten Sex mit ihr gehabt.
Issei Sagawa hatte 1981 während eines Auslandsstudiums ein niederländisches Mädchen erschossen und dann Teile ihrer Leiche gegessen. Französische Gerichte hatten ihn für geisteskrank erklärt und an Japan ausgeliefert. Doch er musste keinen einzigen Tag im Gefängnis verbringen. Es war nicht überraschend, dass Obara ihn kannte.
Außerdem versuchte Obara noch, einige Fragen zu beantworten, die sich viele stellten. Eine von ihnen betraf den gefrorenen Kadaver seines Hundes, den man in einer seiner Kühltruhen gefunden hatte.

»Ich glaube, dass mein Hund, den ich sehr liebe, wiederbelebt werden kann, sobald die Medizin weit genug fortgeschritten ist. Darum habe ich ihn zusammen mit Rosen und dem Futter, das er so gerne mochte, in die Gefriertruhe gelegt. Die Polizei hat Fotos davon. Die Behauptung des Fernsehens, ich hätte den Hund zerstückelt, ist eine glatte Lüge.«

Dann erklärte er, warum er menschliche Wachstumshormone in großen Menge besaß.

Außerdem gab er an, dass er Schlafmittel einnehme, um sein Unterbewusstsein zu beeinflussen und optimale Leistungen zu erbringen. Zudem leide er an Schlaflosigkeit. Bei Sexspielen habe er nie Schlafmittel benutzt.

Mit dem Zement habe er die Fliesen in der Wohnung befestigt. Punkt für Punkt bestritt er alle gegen ihn erhobenen Vorwürfe. Er bestritt, Akira Takagi zu kennen. Er bestritt, Frauenkleider getragen zu haben und als Voyeur verhaftet worden zu sein.

Außerdem drohte er, die Medien wegen Verleumdung zu verklagen und anzuzeigen. Zum Schluss erwähnte er noch, dass die Polizei plane, in den nächsten sieben Tagen alle seine Wohnungen und das umliegende Gelände mit mobilen Einsatzkräften und Hubschraubern zu durchsuchen.

Der Leiter der Sonderkommission ärgerte sich sehr über diese Pressemitteilung und hätte Obaras Anwalt am liebsten erwürgt.

»Ich habe diesen Anwalt 1000 Mal davor gewarnt, über die Opfer zu schreiben. Ich habe ihm gesagt, dass das Verleumdung ist. Aber er hat es trotzdem getan. Was zum Teufel bildet sich dieser Kerl ein? Wir werden nicht mitten in einer heiklen Befragung aufhören, damit er Zeit hat, seinen Mandanten wegen dieses Blödsinns zu treffen. Wenn das veröffentlicht wird und die Opfer Strafanzeige erstatten, dann freue ich mich schon darauf, diesen Anwalt als Mittäter einer Verleumdung festzunehmen. Und das werde ich tun. Mit diesem Brief und all dem Quatsch, der in den Zeitungen gestanden hat, ist es verdammt einfach, die Opfer aufzuspüren. Das ist etwas ganz anderes als das fehlerhafte, abwegige Zeug, das die Presse sonst schreibt. Es ist klare Verleumdung.

Und was die riesige Durchsuchungsaktion betrifft, von der er schreibt – dummes Zeug.

Hat er im Verhör den Begriff ›Unterwerfungsspiele‹ benutzt? Keine Ahnung.

Es stimmt, dass einige Opfer Geld bekommen haben, aber das hat nichts mit dem Verbrechen zu tun. Sie haben ja nicht im Voraus zugestimmt. Als die Opfer aufgewacht sind, nachdem er mit ihnen fertig war, hat er ihnen Geld gegeben, damit sie den Mund halten. Die Opfer waren bewusstlos, also konnten sie sich an nichts erinnern.

Sie sind aufgewacht und haben gespürt, dass etwas nicht stimmt, aber Obara hat seine übliche Leier heruntergespult: ›Dir ist schlecht geworden.‹ Dann hat er ihnen Geld fürs Taxi gegeben, damit sie nach Hause fahren konnten.

Aber selbst wenn er ihnen Geld gegeben hat, ändert das nichts an den Fakten. Er hat diese Frauen arglistig getäuscht und ihnen Alkohol mit Drogen verabreicht. Das ist versuchter Mord. Ich will diesen Bastard wegen Mordversuchs vor Gericht sehen.

Wenn Sie diesen Brief genau lesen, merken Sie, dass er nur das enthält, was Obara ins Konzept passt. Die Videos werden mit keinem Wort erwähnt.

Und die Sache mit den Fliesen? Quatsch. Jeder weiß, dass man Fliesen nicht mit Zement befestigt. Jeder starke Leim reicht dafür.«

Wenn Obara die Polizei ärgern wollte, dann war ihm das mit diesem Brief gründlicher gelungen, als er es sich vielleicht hatte vorstellen können. Er reizte die Kripobeamten und machte sich auch noch über die Opfer lustig – dieser Mann kannte wirklich keine Schuldgefühle.

Am 9. Februar schickte die Tokioter Polizei nach einem neuen Hinweis fast 100 Beamte an den Strand von Miura, an dem sie vor fast vier Monaten schon einmal nach Lucies Leiche gesucht hatte. Angeblich hatten die Ermittler ein Auto untersucht, das Obara kurz nach Lucies Verschwinden gemietet hatte, die damit zurückgelegte Entfernung abgelesen und dann überlegt, wo er die Leiche hätte vergraben können. Ein erfahrener Polizeireporter der *Mainichi* vermutete, dass die Polizei Lucies Leiche schon beim ersten Mal gefunden, aber darauf gewartet hatte, dass Obara den Fund bestätigte, bevor sie ihn offiziell bekannt gab, um ganz sicherzugehen. Das konnte natürlich stimmen.

An diesem Tag wurde ich um fünf Uhr morgens geweckt und in die Lokalredaktion bestellt. Dort sollte ich mich bereithalten, um mit betroffenen Ausländerinnen zu reden, sobald man die Leiche gefunden hatte.

Ich hoffte, dass die Tokioter Polizei Tim bereits benachrichtigt hatte, ging aber davon aus, dass sie es nicht getan hatte. Denn die Beamten mochten ihn nicht, weil er ihre Methoden kritisiert hatte.

Jeder Beamte im Dezernat war angespannt und müde, und der Vorwurf der Unfähigkeit – ob berechtigt oder nicht – verbesserte die Laune nicht gerade. Die beiden Seiten standen sich eher feindlich gegenüber, daher erhielt Tim auch kaum Informationen.

Stattdessen hatte die Polizei eine Woche vor der Suchaktion Jane Blackman nach Japan geholt. Man hatte sie in einem Hotelzimmer vor der Presse versteckt und ihr sogar Besuche anderer Familienmitglieder verwehrt. Nur speziell geschulte Betreuerinnen von Scotland Yard waren bei ihr. Die japanische Polizei hatte sie ausführlich über Lucie befragt: Gab es auffällige körperliche Merkmale? Welche Krankheiten hatte sie gehabt? Was aß sie normalerweise, und welche Gewohnheiten hatte sie? Mrs. Blackman ahnte, dass dahinter etwas steckte, aber die Polizei verriet nichts. Tim tappte absolut im Dunkeln.

Diesmal brauchte die Polizei nicht lange, um die Leiche zu finden. Sie war in einer behelfsmäßigen Mauer in einer Höhle an der Küste versteckt. Der Leichengeruch war so stark, dass einigen der jüngeren Polizisten schlecht wurde. Lucies Kopf war einbetoniert worden, daher war eine Identifizierung am selben Tag nicht möglich, doch alle wussten, um wen es sich handelte. Googly rief mich vom Fundort aus an und schilderte mir, was dort vor sich ging. Er wusste, dass ich mit Tim reden würde, vermutlich wollte er es sogar.

Letztlich war es nicht besonders schwer, ihm die Nachricht zu überbringen, zumindest nicht so schwer, wie ich befürchtet hatte. Als Tim Blackman den Hörer abnahm, wusste er gleich, warum ich anrief.

»Tim, hier ist Jake von der Yomiuri.«

»Ja, Jake.«

»Ich weiß nicht, wie ich es Ihnen behutsam beibringen soll, daher versuche ich es gar nicht erst. Es ist so, wie Sie befürchtet haben. Die Polizei hat die Leiche heute Morgen gefunden.«

Es folgte eine lange Stille.

»Vergraben?«

»Die Leiche war zerstückelt. Offenbar ist sie seit mehreren Monaten tot, dem Grad der Verwesung nach zu urteilen. Die Leiche ist noch nicht offiziell identifiziert, aber alles deutet darauf hin, dass es Lucie ist. Es tut mir sehr leid. Möchten Sie sonst noch etwas wissen?«

»Nein, Jake. Vielen Dank für Ihren Anruf. Es ist gut, endlich zu wissen, was passiert ist.« Seine Stimme schwankte kaum, und er sprach sehr ruhig. Als ich schon auflegen wollte, begann er noch einmal zu sprechen.

»Eine Frage habe ich doch noch. Wo hat man die Leiche gefunden?«

»In der Nähe seiner Wohnung. In einer Höhle am Strand.«

Wieder folgte eine lange Stille.

»Ist alles in Ordnung, Tim?«

»Ja, ja, das alles ist, nun ja, kein Schock, aber ... es ist nicht das, was ich erhofft hatte. Haben die den Strand nicht schon einmal abgesucht?«

»Doch, ich weiß auch nicht, warum sie damals nichts gefunden haben. Wollen Sie der Presse oder der Polizei etwas sagen?«

»Ich bin sehr froh, dass die Polizei Lucie gefunden hat. Wir müssen jetzt nach Japan reisen und die sterblichen Überreste abholen, damit sie eine anständige Beerdigung bekommt, sobald alles bestätigt ist.«

»Natürlich, Tim. Ich wollte, ich könnte etwas sagen, was es Ihnen leichter macht. Aber leider kann ich Sie nur auf dem Laufenden halten, was die nächsten Schritte der Ermittler anbelangt.«

»Ja, bitte tun Sie das«, sagte Tim, »es war sehr freundlich von Ihnen, uns bis heute über alle Ereignisse zu informieren, besser übrigens als die japanische Polizei. Danke.«

»Also, ich rufe Sie später wieder an.«

»Ja, ja. Vielen Dank noch mal.«

»Wahrscheinlich werden Sie bald eine Menge Anrufe von anderen Journalisten bekommen.«

»Danke für die Warnung. Vielleicht schalte ich das Telefon besser eine Weile ab. Gute Nacht.«

»Gute Nacht, Tim.«

Mehrere Stunden später musste ich Tim noch einmal anrufen. Denn die *Yomiuri* wollte eine Stellungnahme von ihm haben. So ist das Leben eines Reporters eben. Eigentlich hatte ich überhaupt keine Lust, ihn in seinem Schmerz noch einmal zu belästigen, aber es war nun einmal mein Job.

Tim hatte inzwischen eine Erklärung vorbereitet.

»Im tiefsten Herzen würde ich gerne glauben, dass Lucie noch lebt. Aber ich muss mich wohl damit abfinden, dass dies nicht der Fall ist. Wenn ich alle Indizien berücksichtige, kann ich nicht bestreiten, dass es sich höchstwahrscheinlich um die Leiche meiner Tochter handelt. Es mag schrecklich klingen, aber irgendwie bin ich auch erleichtert. Das Schlimmste war die Ungewissheit. Ich hoffe, dass es keine weiteren Leichen gibt.«

Lucie wurde schließlich anhand der Zähne eindeutig identifiziert. Anfang April wurde Obara wegen Vergewaltigung mit Todesfolge angeklagt. Aber in der ersten Verhandlung wurde er von der Anklage, die Lucie betraf, freigesprochen. Manchmal verblüfften mich die japanischen Gerichte wirklich. Andererseits wurde er zu einer lebenslangen Freiheitsstrafe wegen achtfacher Vergewaltigung und anderer Delikte verurteilt. Der Fall liegt jetzt bei der Berufungsinstanz, wo er wahrscheinlich noch jahrelang ruhen wird.[15]

Viele Leute in Japan würden den Fall Lucie Blackman gerne als Verbrechen eines Verrückten in einem der sichersten Länder der Welt abtun. Obwohl es sicher ein ungewöhnliches Verbrechen war, bleiben Fragen offen, und die wichtigste lautet meiner Meinung nach: Wie konnte dieser Mann mehr als zehn Jahre lang eine Frau nach der anderen vergewaltigen, und warum schnappte die Polizei ihn nicht früher?

Ich will nicht behaupten, dass die Polizei mit Verbrechen an Ausländerinnen nachlässig umgeht – sie geht mit Verbrechen an Frauen allgemein nachlässig um.

Ich glaube und da ich hier nicht für eine Zeitung schreibe, darf ich meine Meinung offen sagen –, dass sexuelle Übergriffe auf Frauen für die Polizei immer eine Nebensache waren. Die Strafe für Vergewaltigung ist so gering – meist nicht mehr als zwei Jahre – und die

---

[15] Nach dem letzten Stand wurde Obara im Dezember 2008 für schuldig befunden, Lucies Leiche zerstückelt und versteckt zu haben, nicht aber des Totschlags oder der Vergewaltigung.

Chance auf Bewährung bei der ersten Verurteilung so groß, dass das Delikt wohl kaum als Schwerverbrechen angesehen wird.

Viele Polizisten halten Hostessen nicht für Opfer, sondern für gierige, manipulative Prostituierte, die Männer zu Opfern machen. Vor allem die ausländischen Hostessen. Ich weiß nicht, wie man diese Einstellung ändern kann. Denn selbst wenn das Opfer eine Prostituierte ist, ist sie ein Opfer. Auch Prostituierte haben das Recht, Nein zu sagen. Und Frauen, die gegen ihren Willen unter Drogen gesetzt werden, können überhaupt nichts sagen.

In den letzten fünf Jahren hat die Tokioter Polizei begonnen, verstärkt Polizistinnen einzusetzen, wenn es um Sexualdelikte geht. Das ist ein guter Anfang. Denn die männlichen Beamten neigten bisher dazu, die Opfer wie Kriminelle zu behandeln. Sie stellten Fragen wie: »Womit haben Sie ihn denn angemacht?« oder: »Warum haben Sie nicht Nein gesagt?« Ich habe mit drei Frauen gesprochen, die nach einer Vergewaltigung sehr unerfreuliche Erfahrungen mit der Polizei gemacht haben. Jede von ihnen musste drei bis acht Stunden warten, bevor sie ins Krankenhaus zur Untersuchung gebracht wurde. In der Zwischenzeit wurde ihnen erlaubt oder sie wurden sogar dazu ermuntert, zur Toilette zu gehen, was natürlich manche körperlichen Beweise zerstörte.

Nicht jedes Revier besitzt eine Notfallausrüstung für Vergewaltigungsopfer, aber ich weiß, dass solche Ausrüstungen existieren. Es ist nicht überraschend, dass Typen wie Obara in einem Land, in dem Vergewaltigung nicht als Schwerverbrechen gilt, leichtes Spiel haben.

Ein Informant in der britischen Botschaft erzählte mir, dass bei der Polizei schon viele Jahre vor Lucies Verschwinden Anzeigen erstattet worden seien. Ich weiß nicht, ob das stimmt. Bisher hat niemand bei der Tokioter Polizei das offiziell bestätigt. Aber eines weiß ich: Wenn jemand diese Anzeigen ernst genommen hätte, wäre Obara nicht nur längst im Gefängnis, sondern Lucie Blackman noch am Leben.

GELDAUTOMATEN UND PRESSLUFTHÄMMER: EIN TAG IM LEBEN EINES SHAKAIBU-REPORTERS

Ich erwachte müde und verschwitzt im Ruheraum im zweiten Stock des *Yomiuri*-Gebäudes. Da ich vergangene Nacht so lange im Büro bleiben musste, hatte ich den letzten Zug nach Hause verpasst.

Es gab zwei Ruheräume im zweiten Stock, einen für die Politik und die Wirtschaft und einen für die überregionalen Nachrichten und die Auslieferung. In unserem Raum gab es ausgebeulte Matratzen, Kissen, die mit Bohnen gefüllt waren, und eine Heizung, die einem ein Sauna-Gefühl bescherte. Außerdem ein Ausgang-Schild, das sein flackerndes Licht auf alles warf, und ein Telefon, dessen Hörer man jederzeit abnehmen musste, wenn es klingelte. Die Kollegen von der Politik hatten natürlich einen dunklen, temperierten Raum mit neuen Betten und ohne Telefon.

Ich rasierte mich, sprang in ein Firmenauto und fuhr nach Saitama, in mein altes Revier. Dort arbeitete ich an einem Artikel über eine Serie von spektakulären Diebstählen aus Bankautomaten. Im vergangenen Jahr waren es etwa 57 gewesen. Die Räuber brachen in eine Baufirma in der Nähe eines einsamen Automaten am Stadtrand ein und stahlen einen Bagger oder Gabelstapler, damit fuhren sie dann zum Automaten, rissen ihn von der Wand und nahmen ihn mit. An einem sicheren Ort brachen sie ihn auf, entnahmen den Safe mit dem Geld, luden ihn in ein anderes Auto und trennten sich. Das alles dauerte meist etwa vier Minuten. Da die Polizei im Durchschnitt nach sechs Minuten am Tatort war, mussten die Räuber ziemlich flink sein. Etwa jedes zweite Mal konnten sie den Bankautomaten nicht schnell genug von der Wand reißen und mussten die Beute zurücklassen.

Ich sprach mit Beamten von Scotland Yard, die beauftragt gewesen waren, Ende der Neunzigerjahre eine Serie von ähnlichen Vorfällen zu untersuchen – die Täter wurden damals Rammbockräuber genannt. Die britische Polizei hatte die Banken dazu gedrängt, die Geldautomaten im Boden zu verankern, seitdem gab es kaum noch Diebstähle. Die Automaten können so zwar immer noch keinem Bagger widerstehen, aber die Räuber brauchen mehr Zeit, sodass die Polizei sie leichter schnappen kann. Eine andere Möglichkeit ist es, Tintenkapseln in den Geräten unterzubringen. Wenn ein Automat geschüttelt oder umgekippt wird, spritzt Tinte auf die Banknoten und markiert sie. In Japan sind die Geldautomaten der Banken jedoch versichert, sodass sie keinen einzigen Yen verlieren, wenn sie beraubt werden. Sie bezahlen daher lieber die Versicherungsprämie, als ihre Geräte für teures Geld sicherer zu machen. Gegen die Tinte hat außerdem die Bank von Japan ihr Veto eingelegt, da sie keine verschmierten Banknoten gegen saubere eintauschen möchte. Der Schwarze Peter bleibt also bei der Polizei.

Zuerst suchte ich das Polizeirevier von Saitama auf und erkundigte mich nach den sieben Diebstählen in der Gegend. Die Leute, die ich schon vor zehn Jahren kontaktiert hatte, darunter einige meiner guten Informanten, waren auf der Karriereleiter nach oben gestiegen, sodass es nun oft leichter war, Antworten zu bekommen. Sie erinnerten sich noch an mich, weil ich ihnen nach meinem Abschied immer Neujahrskarten geschickt hatte. In Japan versendet man jedes Jahr Neujahrsgrüße. Wer das nicht tut, gilt als Außenseiter. Ich fand diesen Brauch zwar furchtbar, aber trotzdem brachte ich die Karten jeden Dezember wieder pflichtbewusst zur Post, damit die Leute sich an mich erinnerten.

Kaum hatte ich den zweiten Stock betreten, da begegnete ich dem ehemaligen Chef der Eisenbahnpolizei: »Jake, danke für die Neujahrskarte. Ihr Sohn ist wirklich hübsch.« Ich verzichtete auf den Hinweis, dass das süße Baby eine Tochter war. Auch andere Leute blieben stehen und begrüßten mich. Danach klopfte ich bei Chiba an, der früher eine Einsatzgruppe für das organisierte Verbrechen geleitet hatte und jetzt Chef der Sitte war. Er hatte ein eigenes Büro mit großem Schreibtisch, zwei Sofas und einem Marmortisch mit einem kristallenen Aschenbecher und einem kristallenen Feuerzeug. Und er durfte sogar im Gebäude rauchen. Besser konnte es einem bei der Polizei von Saitama nicht gehen.

Chiba begrüßte mich herzlich. Die Automatendiebstähle, erklärte er mir, würden dadurch erleichtert, dass die meisten japanischen Baumaschinen mit einem Generalschlüssel betrieben würden, sodass jeder Arbeiter jede Maschine bedienen könne, ohne lange nach einem Schlüssel suchen zu müssen. Sogar Maschinen von verschiedenen Herstellern ließen sich mit einem einzigen Schlüssel einschalten. Wer einen Schlüssel besaß, konnte also in jede beliebige Firma gehen und eine Maschine stehlen. Niemand war bereit, Geld für einen Austausch der Schlösser zu investieren. Zumal die Verbrecher sich die Maschinen meist nur ausliehen und sie dann irgendwo stehen ließen.

Nun gingen Chiba und ich zu Yoshimura, der jetzt die Abteilung Diebstahl leitete. Sein Stellvertreter Kohata war früher Vizepolizeichef von Omiya gewesen. Ich kannte alle drei. Wir gingen in ein Restaurant, aßen Aal mit Reis und plauderten. Sie erkundigten sich nach meiner Familie, und als ich ihnen Bilder meiner Tochter und meiner Frau zeigte, waren sie überrascht. Denn Sunao ist nach japanischen Maßstäben ziemlich attraktiv, und sie konnten wohl kaum glauben, dass sie sich ausgerechnet mit mir eingelassen hatte. Dann gab es den üblichen Streit wegen der Rechnung. Ich hoffte, dass ich zahlen durfte, weil die anderen dann in meiner Schuld stünden. Das ist nicht unwichtig, wenn man es mit älteren Japanern zu tun hat, die noch am Ehrenkodex festhalten. Leider hatte ich keine Chance, weil Chiba schon im Voraus für das Essen bezahlt hatte.

Kohata informierte mich über die neuesten Trends bei Automatendiebstählen und Hauseinbrüchen. Seit Kurzem hatte wohl die Zahl der Einbrüche, die von Chinesen begangen wurden, enorm zugenommen. Offenbar sind Chinesen besonders geschickt darin, Schlösser zu knacken. Nach der ersten Einbruchswelle hatten die Leute sich allerdings stärkere Schlösser angeschafft, und darum benutzten die Ganoven jetzt Bohrmaschinen, Korkenzieher und – niedliche kleine Aufkleber. Warum Aufkleber? Weil sie damit das Bohrloch im Schloss zukleben konnten, sodass Passanten nichts Auffälliges bemerkten, während der Dieb im Haus nach Beute suchte.

Ich fuhr auch nach Yoshikawa im Osten von Saitama, um den letzten Tatort eines Automatendiebstahls zu besichtigen. Als ich versuchte, einen Zeugen zu finden, schlugen mir alle die Tür vor der Nase zu und riefen, sie bräuchten keine Zeitung. Es war ein Déjà-vu-Erlebnis. Manche Dinge ändern sich eben nie.

Es war ziemlich eindeutig, warum dieser Geldautomat ausgeraubt worden war. Er stand in einem kleinen Verschlag in einer Ecke eines Parkplatzes, gleich neben eine Bushaltestelle. Von der Straße aus war er sehr gut zu sehen, und es gab nichts, was einen Bagger hätte behindern können. Ein kurzer Blick auf die Überreste zeigte mir, dass der Automat an drei Stellen mit dünnen Metallplatten befestigt gewesen war. Die Gauner waren mit sechs Millionen Yen (etwa 60 000 Dollar) entkommen.

Schließlich fand ich auf der anderen Straßenseite eine Augenzeugin, die kleine Frau Ishikawa, die ihre Tür allerdings erst öffnete, nachdem ich ihr meine Visitenkarte, meinen Ausweis mit Foto und einen Artikel über mich in einer *Yomiuri*-Broschüre gezeigt hatte. Dann erzählte sie:

»Ich hörte ein lautes Geräusch und dachte, dass es ein Erdbeben sei, weil der Boden bebte. Aber dann fiel mir ein, dass in unserer Straße gebaut wird, und ich dachte, dass sie an diesem Tag sehr, sehr früh angefangen hatten. Dann hörte ich wieder Lärm, und auch mein Mann stand auf, um aus dem Fenster zu schauen. Da sah er, wie zwei Männer mit einem großen Bagger den Geldautomaten aus dem Boden rissen und in Stücke schlugen. Natürlich rief mein Mann sofort die Polizei, aber bis die kam, war nur noch ein Haufen Schrott übrig. Die Männer hatten den Safe in einen weißen Kombi geladen und waren weggefahren.

Ich war überrascht, aber mein Mann, der jeden Tag Zeitung liest, hatte von diesen Diebstählen gelesen. Ich denke, die Verbrecher waren sehr schlau oder hatten viel Glück, weil alle Leute in der Gegend glaubten, der Lärm komme von der Baustelle, und weil niemand daher schneller die Polizei rief.«

Lokalkolorit, zitierfähig, gut.

Den Polizeichef von Yoshikawa kannte ich gut. Er war früher stellvertretender Leiter des Morddezernats von Saitama gewesen. Nachdem wir uns begrüßt hatten, gab er zu, dass die Diebstähle in seinem Bezirk ihm äußerst peinlich waren. Die Polizei hatte 15 Geldautomaten als potenzielle Ziele der Diebe ausgemacht, aber derjenige, den sie geplündert hatten, stand nicht auf dieser Liste. Einige Beamte hatten sogar einen anderen Geldautomaten beobachtet, während dieser hier geknackt wurde. Da die Polizei von Yoshikawa an Personalmangel litt und für ein 78 Quadratkilometer großes Gebiet zuständig war, zu dem zwei Großstädte und eine Kleinstadt gehörten, fand ich es nicht überraschend, dass die Gangster fliehen konnten. Trotzdem hatte er ein schlechtes Gewissen.

Nach getaner Arbeit hielt ich es für eine gute Idee, Sekiguchi-san und seine Familie zu besuchen, wenn ich schon in Saitama war. Daher meldete ich mich telefonisch an, informierte meinen Fahrer, und schon waren wir unterwegs in den Norden von Saitama. Es war jetzt zehn Jahre her, dass ich Jungreporter in Saitama gewesen war, aber Sekiguchi war immer noch mein Mentor, und seine Familie behandelte mich wie ein Mitglied. Es war schön, sie endlich wiederzusehen.

Gegen sieben Uhr abends kamen wir am Haus an, und ich fühlte mich sofort in die gute alte Zeit zurückversetzt. Alle begrüßten mich herzlich. Sekiguchi und seine Frau sahen großartig aus, die zwei Töchter hatten sich allerdings sehr verändert, denn sie waren keine kleinen Grundschülerinnen mehr.

Obwohl man bei Sekiguchi vor Kurzem Krebs diagnostiziert hatte, war er guter Dinge und schwärmte davon, wie sehr er sich freue, wieder richtige Ermittlungsarbeit leisten zu können. Wir lachten, knabberten etwas und plauderten. Sekiguchi sprach über seinen letzten Fall, den die Staatsanwaltschaft ihm entzogen hatte. Die Ermittlungen waren aus politischen Gründen eingestellt worden. Es hatte etwas mit dem Gouverneur zu tun. Einige Dinge ändern sich eben nie.

Sekiguchi und ich rauchten an diesem Abend nicht, denn er versuchte, es sich abzugewöhnen.

Um 22.30 Uhr war ich wieder in Tokio und fuhr sofort nach Edogawa, wo ich einen nordkoreanischen Japaner treffen sollte, den Präsidenten einer Firma, die Industriemüll beseitigte.

Die Japaner haben Korea während des Krieges besetzt, und nach dem Krieg blieben viele Koreaner, die als Zwangsarbeiter ins Land gekommen waren, in Japan. Später teilten sie sich in zwei Gruppen: Die eine sympathisierte mit Südkorea, die andere mit Nordkorea. Die nordkoreanischen Japaner haben ihr eigenes Schulsystem und eine Art Lokalverwaltung. Und dieser Mann saß im Verwaltungsrat.

Nordkoreaner sind in Japan nicht sehr beliebt. Schließlich hat die nordkoreanische Regierung zugegeben, vor 20 Jahren japanische Bürger entführt und nach Nordkorea verschleppt zu haben, wo sie dann Spionen Japanisch beibringen mussten. Diese Leute durften nie nach Japan zurückkehren. Nun hatte dieser Mann sich einverstanden erklärt, mit mir über die Lage der Nordkoreaner in Japan und ihre Unterstützung für Nordkorea zu sprechen.

In einer Zeit, als viele Koreaner nach Nordkorea zurückgekehrt waren, um beim Wiederaufbau des Landes zu helfen, war auch seine ältere Schwester ausgewandert. Als sie und alle anderen merkten, dass das »Arbeiterparadies« in Wahrheit die Hölle auf Erden war, gab es keine Möglichkeit mehr, nach Japan zurückzukehren. Daher musste er Nordkorea eine Art Lösegeld bezahlen.

Als er über die Aktivitäten Nordkoreas in Japan sprach, wurde unsere Unterhaltung von einem hart aussehenden jungen Mann unterbrochen, der den Firmenchef in eine laute und hitzige Diskussion auf Koreanisch verwickelte. Ich wusste, dass er ein junger Yakuza-Manager der Yamaguchi-gumi-Gruppe Yamaken war. Sein Gesicht kannte ich aus einer Fanzeitschrift der Yakuza. Davon gab es damals mehrere, und jeder gute Polizeireporter, der über das organisierte Verbrechen berichtete, las sie regelmäßig. Natürlich verstand ich kein Wort von dem Gespräch, aber später wurde mir erklärt, dass es um einen missglückten Mordversuch vor einer Woche gegangen sei.

Zwei Punks mit Motorradhelmen waren in eine Bar gerast und hatten auf den früheren Chef des Sumiyoshi-kai-Syndikats geschossen. Die beiden waren allerdings lausige Schützen. Fünf Menschen wurden getötet, darunter drei unbeteiligte Gäste, der ehemalige Gangsterboss blieb jedoch unverletzt. Diese Tat veranlasste die Polizei, hart gegen die Sumiyoshi-kai vorzugehen, und der Yakuza war es nicht gelungen, der Polizei ein interessantes Angebot zu machen, um sie zu beruhigen. Sie lieferten ihnen zwar einen Sündenbock, aber der schien nicht wirklich der Mörder zu sein.

Der junge Mann nannte mir den Namen des Mannes, der für die Morde verantwortlich war. Ich war zwar nicht gekommen, um Informationen über diese Sache zu beschaffen, aber ich informierte unsere Lokalredaktion und einen Polizisten, den ich gut kannte.

Gegen 23 Uhr traf ich noch ein Mitglied der Kokusui-kai-Gruppe in einer Bar und entlockte ihm Informationen über die Geldautomatendiebstähle. Ich bezahlte die Getränke und schenkte ihm zwei Eintrittskarten für einen Boxkampf.

Als ich gegen Mitternacht nach Hause kann, schliefen Sunao und Beni. Ich wusch das Geschirr im Spültisch, duschte und legte mich auf meinen Futon, um endlich zu schlafen.

ABENDBLUMEN

Die Japaner haben Worte für Traurigkeit, die so subtil und kompliziert sind, dass eine Übersetzung ihnen nicht gerecht wird.

Setsunai wird meist mit »traurig« wiedergegeben, doch in Wahrheit handelt es sich um ein so starkes Gefühl der Trauer und Einsamkeit, dass man glaubt, nicht mehr atmen zu können. Es ist eine körperliche und greifbare Traurigkeit. Das Wort *yarusenai* bedeutet Kummer oder Einsamkeit, so stark, dass man sie nicht überwinden kann.

Ja, so etwas gibt es. Wir werden älter und vergessen manche Dinge; doch jedes Mal, wenn wir daran denken, spüren wir diese *yarusenai*. Sie verschwindet nie; wir können sie allenfalls eine Weile verdrängen.

Es gibt ein schönes Kinderlied von dem Künstler Takehisa Yumeji, das »Die Nachtkerze« heißt. Die Nachtkerze ist eine gelbe, manchmal weiße Blume, die nur nachts blüht, sich morgens rot färbt und dann verwelkt. Das Lied ist fast unübersetzbar, weil das, was es nicht sagt, mehr ausdrückt als das, was es sagt. Jede Übersetzung ist eine Interpretation. Hier ist meine:

Du lebst und wartest und wartest und wartest.
Aber der andere kommt vielleicht nie.
Es ist wie das Warten auf die Nachtkerze.
Ach, dieses Gefühl der endlosen Traurigkeit.
An diesem Abend sieht es nicht danach aus,
Als käme auch nur der Mond.

Es gibt immer wieder Momente im Leben, da trifft man Menschen, die einen als Person, oder in meinem Fall als Reporter, fördern. So ein Mensch war Mami Hamaya. Sie nahm mich unter ihre Fittiche, als ich bei den Landesnachrichten anfing. Auch sie war einmal Polizeireporterin gewesen. Als ich im vierten Bezirk zu arbeiten begann, war sie die Einzige, die mir einige nützliche Kontakte vermittelte. Ich weiß nicht, warum wir uns so gut verstanden, vielleicht weil wir beide einer Minderheit in der Redaktion angehörten. Seit Anfang 2000 arbeiteten wir oft zusammen. Für mich war sie fast eine Art ältere Schwester.

Hamaya hatte eine Frisur wie die Beatles und eine Stupsnase. Meist trug sie Hosen und ein Hemd wie ein Mann. Sie war zäh und arbeitete hart, so wie jede Frau in der Redaktion für Landesnachrichten. In der ganzen Redaktion war ein gewisses Machogehabe verbreitet, und es gab nur wenige Frauen. 2003 waren nur 6 oder 7 von 100 Reportern Frauen. Um in der Redaktion zu überleben, mussten diese Frauen sich mit den gleichen unzumutbaren Arbeitszeiten abfinden wie die Männer. Aber man erwartete auch von ihnen, dass sie ihren Kollegen bei geselligen Veranstaltungen Getränke einschenkten, und sie durften sich nie beklagen. In vielerlei Hinsicht mussten sie sogar härter arbeiten als Männer.

Ein ganz bestimmter Telefonanruf besiegelte dann unsere Freundschaft endgültig.

Ich war für die Tagesschicht eingeteilt, was im Wesentlichen bedeutete, dass ich im Büro saß, das Telefon bediente und darauf wartete, Panik zu verbreiten, wenn doch einmal etwas passierte. Damals gehörte ich zur *yu-gun* (Reserve), einer Eliteeinheit der Redaktion, die für Schlagzeilen zuständig war und die Freiheit besaß, über fast alles zu schreiben, was in einer Sauregurkenphase nur interessant sein konnte. Außerdem oblag es mir, für die Artikelserie »Sicherheitskrise« zu schreiben, in der es darum ging, wie und warum die Zahl der Straftaten in Japan zunahm und was dies für das Land bedeutete. Obwohl diese Zahl immer noch lächerlich gering war, war die Aufklärungsquote der Polizei bei manchen Delikten jämmerlich. Und das war ein heißes Thema.

Der Tag war ruhig und langweilig, und nichts Wichtiges zeichnete sich am Horizont ab. Dann klingelte das Telefon. Am anderen Ende war ein wütender Fan der Yomiuri Giants, der mir mitteilte, dass er den damaligen Trainer nicht gut fand. Ich erklärte ihm, dass wir für die Nachrichten zuständig seien, nicht für den Sport, und auch nicht die Manager der Yomiuri Giants seien. Dann bat ich ihn, doch woanders anzurufen.

Nachdem er mir seinen Namen genannt hatte, wollte er auch meinen wissen. Ich tat ihm den Gefallen, sprach meinen Namen aber japanisch aus: »Jei-ku A-de-ru-su-te-in.«

Der Anrufer war nicht zufrieden. »Soll das ein Witz sein? Wer zum Teufel sind Sie?«

»Ich bin Reporter bei der *Yomiuri*. Und Ausländer.«

»Sie sind kein Ausländer. Sie sind eine Maschine, die Anrufer täuschen soll, damit sie auflegen.«

»Ich versichere Ihnen, dass ich keine Maschine bin. Ich bin ein Mensch, ein nichtjapanisches menschliches Wesen.«

»Ein Ausländer, was? Kein Wunder, dass Sie nicht verstehen, was ich sage. Holen Sie jemand anderen.«

Die einzige Person in der Nähe war Hamaya. Sie nickte und bat mich, ihr den Hörer zu geben.

»Hallo, hier ist Hamaya. Ich glaube, Jake hat Ihnen schon alles Nötige gesagt.«

Jetzt schäumte der Anrufer vor Wut. »Zuerst ein *gaijin* und jetzt noch eine Frau! Holen Sie mir einen Mann ans Telefon!«

»Tut mir leid«, säuselte Hamaya mit zuckersüßer Stimme. »Die Einzigen, die heute arbeiten, sind Ausländer oder Frauen. Oder ausländische Frauen. Ich fürchte, wir können Ihnen wirklich nicht helfen.«

Hamaya gefiel mir.

Immer wenn ich einen Artikel einreiche, den ich selbst geschrieben hatte, schaute Hamaya ihn sich vorher an und machte Vorschläge. Die Regeln für Standardartikel und gründliche Analysen waren ganz unterschiedlich, und ich musste mich sehr anstrengen, alles zu beachten.

Sie hatte Sinn für schwarzen Humor und eine nette, sanfte Art, mich zu kritisieren, vor allem wegen meiner unmöglichen Tischmanieren. Sie war nicht besonders hübsch, aber eine jener Frauen, die auf mysteriöse Weise umso attraktiver werden, je länger man sie kennt.

Hamaya und ich wurden dem Team zugewiesen, das über Informationstechnik schrieb. Japan befand sich mitten in einer IT-Phase, und Wörter wie »Internet«, »Hacker« und »Computervirus« waren in aller Munde. Die IT-Mannschaft war aus allen anderen Ressorts zusammengewürfelt, also Wissenschaft, Wirtschaft, Unternehmensberichte und Kultur. Ich hatte den Auftrag, über die Schattenseite der Branche zu schreiben: Viren, Hacker, Internetbetrug, illegaler Internethandel, Kinderpornografie, die Ausbreitung der Yakuza in diesem Bereich, Missbrauch von Prepaid-Handys und alle anderen Themen, die einigermaßen unerfreulich waren und etwas mit den neuesten technischen Fortschritten in Japan und der Welt zu tun hatten.

Was mein Computerwissen betraf, war ich absoluter Autodidakt, aber ich wusste doch einiges.

Hamaya wurde nach mir ins Team aufgenommen. Sie konnte kaum mit E-Mails umgehen, daher wurde ich plötzlich zum Lehrer meiner Lehrerin. Sie war eine gute Schülerin, und auch ich fand den Rollentausch nicht unangenehm. Ich lieh ihr Bücher, erklärte Fachausdrücke, zeigte ihr, wie man mit den verschiedenen Browsern umging und Lesezeichen setzte. Sie las ihrerseits meine Artikel, machte Verbesserungsvorschläge und wies auf Grammatikfehler hin. Und ich konnte immer auf sie zählen, wenn ich in der Tinte saß.

Ein großes Problem bei japanischen Zeitungen und vielleicht auch in japanischen Unternehmen und der Regierung ist, dass man ein und dieselbe Tätigkeit nie sehr lange verrichten darf. Es gibt ständig Personalwechsel nur um der Veränderung willen. So gibt es keine Kontinuität und es ist schwer für einen Journalisten, sich in ein Spezialgebiet richtig einzuarbeiten.

Hamayas Fachgebiet waren geistig Behinderte, vor allem die Maßnahmen, die ergriffen werden mussten, wenn sie Gesetze brachen. Sie war eine begeisterte Fürsprecherin der Behinderten. Was deren gesellschaftliche Integration anbelangt, liegt Japan noch heute Jahrzehnte hinter den USA zurück.

Die Bestrafung geistig Behinderter wurde Ende der Neunzigerjahre heiß diskutiert. Manche Leute forderten, dass die Gesetzeshüter das Recht erhalten sollten, geistig Behinderte ganz normal ins Gefängnis zu stecken.

Ausgelöst wurde diese Debatte von einem Vorfall am 23. Juli 1999. Ein Flugzeug der Japan Airlines war nach dem Start in Haneda – dem internationalen Flughafen in Tokio – von einem geistig Behinderten entführt worden, der zudem noch den Piloten erstach. Nach seiner Verhaftung entbrannte eine heftige Debatte darüber, ob man seinen Namen veröffentlichen durfte. Wegen seiner Behinderung und weil er Patient in einer psychiatrischen Klinik gewesen war, erwähnten die meisten Zeitungen seinen Namen zunächst nicht, was sonst schon üblich gewesen wäre. Am 27. veröffentlichte die *Sankei Shimbun*, eine sehr konservative Tageszeitung, allerdings dann doch seinen Namen.

Die Staatsanwaltschaft ließ den Mann nicht von einem Experten untersuchen, bevor sie ihn anklagte. Ihrer Meinung nach war er also zurechnungsfähig. Am 10. August erwähnte sogar *Nihon Television*, der Nachrichtensender der *Yomiuri*, den richtigen Namen.

Als der Mann dann formell angeklagt wurde, nannte ihn fast jede Nachrichtenagentur bei seinem richtigen Namen. Mehrere Presseorgane berichteten sogar in allen Einzelheiten über seine psychischen Probleme und seine Krankengeschichte.

Hamaya wehrte sich entschieden dagegen, den Namen des Mannes zu erwähnen, und war sehr unzufrieden mit der Berichterstattung über den Fall.

»Weißt du, wir entwickeln allmählich wirklich diskriminierende Ansichten. Alle Berichte gehen doch davon aus, dass jeder, der an einer Geisteskrankheit leidet, grundsätzlich nur einen Schritt von einem schrecklichen Verbrechen entfernt ist.«

Zunächst konnte ich ihr da nicht zustimmen, denn ich dachte noch zu sehr wie ein Polizeireporter, wie ein Polizist. Bestraft alle Kriminellen! Denn schlaue Ganoven täuschen Geisteskrankheiten vor, um nicht im Knast zu landen.

Als sie mir aber dann von seinem Leben erzählte und von all den Krankheiten, die in psychiatrischen Kliniken behandelt wurden, begann ich langsam, ihren Standpunkt zu verstehen.

Wenn wir Journalisten in Japan damals über ein schreckliches Verbrechen berichteten, das ein psychisch Kranker begangen hatte, dann taten wir so, als wären alle geistig kranken Menschen fähig, ähnliche Taten zu begehen, oder als sei das zumindest wahrscheinlich. So bestärkten unsere Artikel viele alte Vorurteile und förderten die Diskriminierung von psychisch Kranken.

Diese Ansichten entsprachen auch der Stimmung in der Bevölkerung und in der *Yomiuri*, aber Hamaya war viel zu integer, um ihre Artikel so zu verändern, dass sie mit einer unausgesprochenen Unternehmenspolitik übereinstimmten.

Dadurch erwarb sie sich den Ruf, eine Unruhestifterin zu sein, eine Radikale. »Sie ist genauso verrückt wie die Irren, die sie verteidigt.« Damit begann eine harte Zeit für sie.

Am 8. Juni 2001 drang der 37-jährige Mamoru Takuma in die Ikeda-Grundschule der pädagogischen Universität von Osaka ein, stach 23 Kinder nieder und tötete dabei 8. Man hielt ihn als Erstes für geistesgestört, aber im Laufe der Ermittlungen stellte sich heraus, dass er die Tat im Voraus geplant und eine psychische Erkrankung nur vorgetäuscht hatte, um nicht angeklagt zu werden.

Erneut brachten die Leute Geisteskrankheiten mit Gewaltverbrechen in Verbindung, und Hamaya kämpfte weiter für ihre Überzeugung, dass unsere Berichterstattung dieses Vorurteil nicht fördern und nicht pauschal behaupten dürfe, alle psychischen Krankheiten seien vorgetäuscht, um einer Strafe zu entgehen. Das war sicher eine vernünftige Einstellung, aber sie löste in der Redaktion unvernünftige Reaktionen aus.

Hamayas Artikel zu diesem Thema kamen bei einigen Chefredakteuren nicht gut an. Sie hielten die Leidenschaft, mit der sie für dieses Thema eintrat, für Aufsässigkeit.

Am 12. September wurde daher in einer Besprechung bekannt gegeben, dass sie aus dem Ressort für Landesnachrichten mehr oder weniger hinausgeworfen und in die Personalabteilung versetzt worden war. Kikuchi, der Ressortleiter, hatte ihre Versetzung am 29. August verlangt. Als Hamaya sich von uns verabschiedete, war ihre Stimme so leise, dass man sie kaum hören konnte. Sie war den Tränen nahe, riss sich aber zusammen.

An diesem Abend aßen Hamaya und ich in einem italienischen Restaurant in Aoyama und sie erzählte mir, dass der Ressortleiter sie vor einem Monat angerufen und ihr mitgeteilt hatte, dass er sie zur

Yomiuri Weekly versetzen werde. Als Hamaya gemeint hatte, dass sie bei den Landesnachrichten bleiben wolle, da sonst niemand mehr da sei, der über körperlich und geistig Behinderte angemessen berichten könne, habe der Chef sich über ihre Antwort wohl geärgert und sie als Aufsässigkeit betrachtet.

Ein paar Tage vor der Redaktionskonferenz habe er sie zu sich gerufen und erklärt: »Sie verlassen das Ressort und gehen in die Personalabteilung. Entweder akzeptieren Sie das, oder Sie kündigen oder werden entlassen. Sie werden nie wieder als Journalistin arbeiten, solange Sie in dieser Firma sind. Das ist alles.«

Dann schickte er sie ohne ein weiteres Wort weg.

Es gab keine Begründung, keine Erklärung. Nachdem sie die Worte »Sie werden nie wieder als Journalistin arbeiten« wiederholt hatte, brach sie völlig zusammen und weinte heftig.

»Hör mal«, versuchte ich sie aufzumuntern, »der Ressortleiter ist ein Idiot. Und er wird nicht ewig da sein. Warte einfach, bis er weg ist. Du bist eine gute Reporterin. Du wirst wieder schreiben. Es ist nur eine Frage der Zeit.«

Sie fragte, ob ich das wirklich glaube. Eigentlich glaubte ich es nicht, aber ich log, weil ich ihr nicht jede Hoffnung rauben wollte. Vielleicht hätte ich ihr die Wahrheit sagen und ihr raten sollen, die *Yomiuri* zu verlassen und für eine andere Zeitung zu arbeiten. Ich weiß es nicht.

Es ist schwer, als Polizeireporter mit anderen Kollegen bei der *Yomiuri* in Kontakt zu bleiben, da man die meiste Zeit in der Zentrale der Tokioter Polizei verbringt. Hamaya zu treffen war noch schwieriger, da sie jetzt nicht mehr in meinem Ressort arbeitete. Dennoch blieben wir in Verbindung.

Auf einer Party des Chefredakteurs der IT-Abteilung plauderten wir einige Stunden. Wir hatten verabredet, im Laufe der Woche zum Essen auszugehen, doch ich musste absagen, weil ich einen Artikel zu schreiben hatte. Sie schien enttäuscht zu sein. Als ich sie einige Tage später anrief, um einen neuen Termin zu vereinbaren, ging niemand ans Telefon.

Das genaue Datum weiß ich nicht mehr, aber ich weiß noch, dass ich in der Firmenbibliothek einige Unterlagen kopieren musste und kurz ins Hauptbüro ging. Kikuchi, der Ressortleiter, saß mit einigen leitenden Angestellten an seinem Schreibtisch, und alle unterhielten sich in gedämpftem Ton. Auf dem Flur klopfte mir eine Kollegin auf die Schulter, lächelte und sah mich aufgeregt an, so als hätte sie etwas ganz Besonderes zu erzählen.

»He, was ist los?«, fragte ich.

Sie beugte sich vor und flüsterte: »Hast du schon das Neueste von Hamaya gehört?«

»Nein. Ich hoffe, es sind gute Nachrichten. Kommt sie wieder zurück?«

»Du hast also echt keine Ahnung?«

»Ich habe seit voriger Woche nicht mehr mit ihr gesprochen. Nein, ich weiß wirklich nichts. Heiratet sie? Hat sie einen Freund? Klär mich auf.«

»Sie hat sich umgebracht.«

»Was?«

»Es heißt, sie habe sich in ihrem Apartment erhängt. Ihre Eltern haben heute die Leiche gefunden. Die Wochenzeitschriften schnüffeln schon herum und stellen Fragen. Sei vorsichtig.«

Ich war sprachlos. Mir war, als habe mir jemand unerwartet in die Magengrube geschlagen.

»Bist du in Ordnung?«

Sie musste mich vermutlich mehrmals fragen, bis ich antworten konnte.

»Ja, es geht schon. Danke, dass du es mir gesagt hast.«

»Tut mir leid. Ich dachte, du wüsstest es.«

»Nein. Trotzdem danke.«

Ich verabschiedete mich höflich, ging ins Badezimmer und übergab mich.

Ich wünschte mir fast, dass ein Wochenmagazin mich anrief, dann hätte ich den Kollegen erklären können, dass Hamaya sich nicht selbst umgebracht hatte, sondern dass ein einziger Satz sie in den Selbstmord getrieben hatte: »Sie werden nie wieder als Journalistin arbeiten.« Für eine ernsthafte, engagierte Reporterin waren diese Worte ein Todesurteil.

Ich ging zur Beerdigung. Es war ein schrecklich heißer Tag. Kikuchi war ebenfalls da, und obwohl ich wusste, dass es nicht seine Schuld war, hätte ich ihm am liebsten ins Gesicht geschlagen. Ich konnte ihn nicht ansehen. Ich wollte auch nicht darüber nachzudenken, ob ich als Hamayas Freund versagt hatte. Ich war wohl so versessen auf einen Knüller gewesen, dass ich ihr vor ein paar Tagen vielleicht nur mit halbem Ohr zugehört hatte. Vielleicht wäre alles anders gekommen, wenn ich aufmerksamer gewesen wäre oder sie früher angerufen hätte.

Am nächsten Tag aß ich mit einer Kollegin in der Cafeteria der Polizeizentrale zu Mittag und berichtete ihr vom Begräbnis. Sie und Hamaya waren gut miteinander ausgekommen.

»Weißt du«, sagte sie, »Hamaya war richtig gut zu mir, als ich in der Lokalredaktion anfing. Sie zeigte mir alles und brachte mir die ungeschriebenen Gesetze bei. Sie war die einsatzfreudigste, hingebungsvollste Reporterin, die ich kenne.«

Ich bestätigte, dass ich die gleiche Erfahrung gemacht hatte.

»Ja, und sie verstand ihr Handwerk. Umweltprobleme, psychische Krankheiten und die Probleme der Behinderten. Die Umweltschutzbehörde hat sogar ein Beileidstelegramm geschickt, das bei der Beerdigung verlesen wurde.«

»Beim Begräbnis waren so viele Leute, die diese Frau beeinflusst oder beeindruckt hat. Sie war eine gute Reporterin.«

»Tja, und zum Lohn für ihre harte Arbeit«, schimpfte sie, »hat man sie in die Personalabteilung abgeschoben, wo sie den vielen Neuen erzählen musste, was für eine großartige Zeitung die *Yomiuri* doch ist. Ich war bei einer dieser Aufmunterungsreden dabei, die unsere Neuen zu hören bekommen, bevor sie anfangen zu arbeiten. Einige wussten nicht einmal, dass Hamaya einmal Journalistin war. In ihren Augen war sie nur eine Frau mittleren Alters aus der Personalabteilung.«

Am Tag nach dem Begräbnis überprüfte ich mein geschäftliches E-Mail-Konto, was ich eher selten tat. Hamaya hatte mir etwa zwei Tage vor ihrem Tod eine Nachricht geschickt. Ich habe sie nie gelesen. Ich hatte nicht den Mut dazu. Ich habe wohl immer noch eine Kopie davon auf irgendeiner Festplatte, aber ich werde sie nicht suchen.

Manche Dinge bereut man ewig: die eine E-Mail, die man nie gelesen hat, den schlechten Rat, den man erteilt hat, oder den Telefonanruf, den man hätte machen sollen ... Und es bleibt die traurige Erinnerung an Freunde, die man möglicherweise hätte retten können.

DER KAISER DER KREDITHAIE

Nachdem ich über IT-Kriminalität geschrieben hatte, wollte ich unbedingt wieder über das »richtige« Leben berichten. Darum tauchte ich am 1. August 2003 fünf Minuten vor zehn vor dem Tor der Tokioter Polizei auf. Die Wache beäugte meinen Ausweis zwar misstrauisch, winkte mich dann aber durch. Der Presseclub hatte sich kaum verändert: überall Müll, ernste, hart arbeitende Leute – nur die Besetzung war ein wenig anders.

Okubo-san – wegen seines Babygesichts und den runden Brillengläsern auch Harry Potter genannt – lag auf dem Sofa. Er winkte mir zur Begrüßung zu, setzte sich auf und beauftragte einen Jungreporter, uns Kaffee aus dem Automaten zu holen.

»Willkommen zurück, Jake. Schön, dass du heil hereingekommen bist. Hat die Wache keinen *Gaijin*-Alarm geschlagen?«

Ich lachte. »Nein, aber sie stand kurz davor.«

»Wir haben uns schon Sorgen gemacht«, meinte er ebenfalls lachend, »aber wir wussten ja, dass dich nichts aufhalten kann. Also, du arbeitest mit Chuckles zusammen. Sie ist für die Abteilung öffentliche Sicherheit zuständig. Du wirst sie unterstützen und teilweise auch über das organisierte Verbrechen berichten. Sobald sie zurückkommt, bringt sie dich auf den neusten Stand.«

»Okay, alles klar. Wo ist mein Schreibtisch?«

Harry Potter grinste. »Tut mir leid, Jake, aber es gibt keinen Schreibtisch für dich. Aber du kriegst die untere Koje.« Damit deutete er auf das Bett an der Wand.

»Die Tokioter Polizei wurde umstrukturiert und hat ein Dezernat für das organisierte Verbrechen geschaffen. Darum brauchen wir unbedingt einen zusätzlichen Reporter. Aber einen zusätzlichen Arbeitsplatz haben wir leider nicht. Ich hoffe, das passt für dich.« Als pflichtbewusster japanischer Angestellter hatte ich natürlich keine andere Wahl.

Ich war froh, dass ich mit Chuckles Masami – mit richtigem Namen Murai – zusammenarbeiten konnte.

Sie war eine resolute Reporterin und hatte viel Sinn für Humor, beides gute Eigenschaften. Ihre Stimme klang rau, und sie lispelte ein wenig. Wenn sie lachte, hörte man es bis auf die andere Seite eines Sportplatzes. Diese Frau hatte nichts Kleinlautes an sich.

Wir waren schon vor zwei Jahren zusammengetroffen, als ich in der Präfektur Ishikawa einen Artikel über die Reisernte auf den winzigen Feldern am Fuße eines Berges schreiben sollte. Chuckles war in der Lokalredaktion, und als ich sie aufforderte, mich zu begleiten und mit mir Reis zu schneiden, kam sie tatsächlich mit. Sie war viel geschickter als ich und übertraf mich auch als Reporter.

Sie begrüßte mich freundlich, aber auch etwas zurückhaltend. Wie jeder Japanologe weiß, ist Japan eine vertikal strukturierte Gesellschaft. Und in der Firmenhierarchie war ich formell ihr Vorgesetzter, weil ich länger dabei war als sie. Aber in der kleinen Welt des Presseclubs war sie der Platzhirsch. Diese Unterschiede waren zwar fein, aber wichtig, und bekamen noch mehr Gewicht durch die Tatsache, dass sie die einzige Polizeireporterin war.

In unserem Gespräch nannte sie mich zunächst »Jake-san«, ein Zeichen für Respekt, bald wechselte sie aber zu »Jake-kun«, was ein Indiz für Gleichheit, Vertrautheit oder auch Geringschätzung ist. Sie schien sich nicht entscheiden zu können, welchen Status ich im Vergleich zu ihr hatte. Ich nannte sie nur »Chuckles-chan«. Das war eine Höflichkeitsform, die Zuneigung ausdrückte und die andere vielleicht etwas dreist gefunden hätten. Schließlich sagte ich: »Sag einfach Jake zu mir. Das tun alle.«

»Aber das wäre respektlos.«

»Nicht für mich.«

»Okay, Jake-san.«

»Gut. Zeigst du mir jetzt alles?«

Zwei Tage später hielt die Tokioter Polizei eine Pressekonferenz ab, in der die Ausstellung eines Haftbefehls gegen den Anführer einer

Bande von Kreditwucherern bekannt gegeben wurde. Die Organisation hatte sich über das ganze Land ausgebreitet.

Nun, das war die Art von Verbrechen, die ich kannte und die mir Spaß machte. Es war Chuckles' Geschichte, sie beschäftigte sich seit Monaten damit. Als sie das Büro verlassen hatte, versuchte ich, an ihrer Stelle so viele Informationen wie möglich zu beschaffen. Zwei Dinge fielen mir zuerst auf: erstens, dass dieser Kredithai, ein großes Tier in der Yamaguchi-gumi, auf der Fahndungsliste stand, weil man ihn verdächtigte, gegen das Gesetz über Geldanlagen, Anzahlungen und Zinssätze verstoßen zu haben, und zweitens, dass das Dezernat für Wirtschaftskriminalität den Fall bearbeitete, nicht das Dezernat für das organisierte Verbrechen.

Wie ich bereits erwähnt habe, ist die Yamaguchi-gumi die größte der drei wichtigsten Yakuza-Gruppen in Japan und zugleich die gewalttätigste und die aktivste im Bereich der Börse und der Hochfinanz. Sie forderte unbedingte Loyalität, und jeder, der seinen Chef verriet, ging zumindest eines Körperteils verlustig oder wurde ermordet. Die Gruppe hat ihre eigene Finanzabteilung und unterhält enge Beziehungen zu Politikern, darunter auch ehemalige Premierminister.

Susumu Kajiyama war der Kaiser der Kredithaie, ein raffinierter Verbrecher. Als Blutsbruder der Goryo-kai, einer Unterabteilung der Yamaguchi-gumi, hatte Kajiyama seit 2000 ein ganzes Netz aufgebaut, das aus fast 1000 Kreditwucherbüros im ganzen Land bestand. Er hatte Datenbanken mit stark verschuldeten Leuten gekauft, deren Kreditwürdigkeit so miserabel war, dass sie keine normalen Konsumentenkredite mehr bekamen. Und er hatte eine mittlerweile sehr beliebte Strategie entwickelt, nämlich Kunden durch Telefonanrufe und E-Mails anzuwerben. Außerdem hatte er Tarnfirmen gegründet, um persönlichen Kundenverkehr zu ermöglichen und das eingenommene Geld zu »waschen«. Wenn man eines dieser Büros betrat, bemerkte man keinen Unterschied zu irgendeinem anderen Laden, der Konsumentenkredite anbot. Die Kunden wurden von attraktiven Frauen empfangen und erhielten Kredite, die sie nirgendwo sonst bekommen hätten, oft allerdings zu einem sehr hohen Zinssatz, genauer gesagt zu einem Zinssatz, der 10- bis 1250-mal höher war, als das Gesetz es erlaubte.

Wenn ein Kunde dann seine Raten nicht pünktlich zahlen konnte, klopften Kajiyamas Geldeintreiber an die Tür mit den üblichen Drohungen: »Du willst wohl sterben?«, »Soll deine Familie für dich blechen?«, »Soll ich dich mal besuchen und das Geld aus dir herausprügeln?«.

Meist mussten die Geldeintreiber nicht wirklich Gewalt anwenden, aber sie waren so hartnäckig – sie schüchterten den Schuldner ein, tyrannisierten seine Frau, riefen seinen Arbeitgeber an –, dass sie manche Menschen in den Selbstmord trieben.

Ich war überzeugt davon, dass Kajiyama ein Yakuza war, aber als ich den Dezernatsleiter danach fragte, druckste er nur herum und wollte mir keine klare Antwort geben. Er meinte nur, dass seit dem Erlass der Gesetze gegen das organisierte Verbrechen die meisten Yakuza nicht mehr ihre Zugehörigkeit zu einer bestimmten Gruppe auf ihren Visitenkarten angaben, was es erschwerte, jemanden als Yakuza zu identifizieren.

Was immer auch Kajiyama war, er hatte auf jeden Fall großen Erfolg. Er lebte in einer Wohnung, die er für 900 000 Yen (etwa 9000 Dollar) im Monat gemietet hatte. Und obwohl er die Stadt verlassen hatte, als die Polizei ihm auf den Fersen war, wurde die Miete für das Apartment weiter bezahlt.

Auch während die Pressekonferenz im Gange war, sammelte die Polizei Beweise in mehreren Büros, die Kajiyama gehörten. Die Ermittler brachte dies einen großen Schritt nach vorne.

Als Chuckles in den Presseclub zurückkehrte, schickte sie mich in ein Büro in Shinjuku, wo gerade eine Polizeirazzia stattfand. Sie wollte Fotos davon, also machte ich mich auf den Weg.

Am Schauplatz der Razzia schoss ich einige verschwommene Fotos von grimmig blickenden Polizisten in Zivil – insgesamt elf –, die mit Kisten voller Unterlagen aus dem Haus kamen.

Eigentlich hatte ich so ein gutes Leben: Ich unterstützte Chuckles und wurde gelobt, wenn ich etwas Brauchbares ablieferte, aber ich wurde nicht zur Verantwortung gezogen, wenn ich nichts brachte. Doch irgendwie juckte es mich in den Fingern, denn Kajiyama interessierte mich. Ich wollte mehr über ihn wissen. Er war ein schlauer Krimineller, der ein Imperium aufgebaut hatte – das war genug Stoff für eine ganze Fernsehserie.

Also rief ich Noya an, einen pensionieren Kripobeamten, dem ich einmal einen großen Gefallen getan hatte, und lud ihn zum Abendessen ein. Noya war ein Veteran im Bereich organisiertes Verbrechen, und ich ging davon aus, dass ich mit Unterstützung einer schönen Europäerin etwas erfahren würde, selbst wenn ich selbst derzeit keine Informationen über Kajiyama zu bieten hatte.

Und ich irrte mich nicht.

Sobald Lily, die Estländerin, die auf seinem Schoß Champagner genippt hatte, ihren Platz verlassen hatte, berichtete Noya: »Susumu Kajiyama. Erfolgreicher Yakuza. Mitglied seit den Siebzigerjahren. Zwölf Festnahmen. Zum ersten Mal verhaftet im März 1974 in der Präfektur Shizuoka wegen Körperverletzung. Hat nicht gesessen, sondern kam mit einer Strafe von 50 000 Yen (nur 500 Dollar) davon. Nächste Verhaftung zwei Jahre später wegen Erpressung. War ein Jahr im Knast. Von 1979 bis 1983 saß er wegen Konsum oder Verkauf von Methamphetamin – genau erinnere ich mich nicht. Nach seiner Entlassung zog er nach Tokio. Ich vermute, dass er für die Goto-gumi gearbeitet hat.«

Die Goto-gumi. Das war das erste Mal, dass mir der Name wirklich bewusst unterkam. Natürlich wusste ich ungefähr, worum es sich handelte, aber ich ahnte noch nicht, wie wichtig dieses Thema für mich werden sollte.

»Gibt es denn eine Verbindung zwischen Kajiyama und Goto?«, fragte ich.

Noya war sich nicht sicher, aber er mutmaßte es. »Goto-gumi war an vorderster Front beteiligt, als die Yamaguchi-gumi nach Tokio vordrang. Diese Gruppe hat das Fundament errichtet, die Infrastruktur. Wenn Kajiyama 1983 in Tokio gearbeitet hat, dann war er wahrscheinlich ein Lakai der Goto. Wie dem auch sei, er wurde 1984 wegen versuchter Erpressung, 1985 wegen des Besitzes oder der Verteilung von Marihuana und 1989 wegen Körperverletzung verhaftet. 1990 wurde er wegen Verstoßes gegen das Geldanlagegesetz zu einer Geldstrafe von etwa vier Millionen Yen (40 000 Dollar) verurteilt. 1992 bekam er eine Geldstrafe wegen Körperverletzung aufgebrummt. 1994 wurde er erneut wegen Verstoßes gegen das Geldanlagegesetz festgenommen, und wieder kam er mit einer Geldstrafe von fünf Millionen Yen (50 000 Dollar) davon. Mit der Zeit ist der Kerl offenbar schlauer geworden: kein Drogenhandel, keine Erpressungen mehr – das lohnt sich wohl nicht. Kapitalanlagen und Finanzgeschäfte bringen das große Geld.«

»Gegenüber der Polizei hat er behauptet, dass er kein Yakuza mehr sei. Das heißt, wenn wir über ihn schreiben, müssen wir ihn als ehemaligen Yakuza bezeichnen.«

»Lächerlich! Er ist die Nummer zwei der Goryo-kai in der Yamaguchi-gumi. Seit 1984 mischt er dort mit. Es gibt sogar ein Video, auf dem er bei einer Blutsbruder-Zeremonie im Jahr 1985 zu sehen ist. Er wurde zwölfmal verhaftet und zwölfmal verurteilt. Und er spielt in vielen anderen Ermittlungen eine Rolle. Ehemaliger Yakuza? Blödsinn.«

»Tja, genau das wollte ich wissen.«

»So machen es diese Typen. Sobald einer ihrer Brüder geschnappt wird, schmeißen sie ihn raus und schicken sogar einen Brief, in dem das steht. Damit wollen sie sich die Polizei vom Hals schaffen. Sie behaupten dann, dass der Mann auf eigene Faust gehandelt hat und sie daher nicht dafür verantwortlich sind. ›Er hat etwas Unrechtes angestellt, deshalb haben wir ihn rausgeworfen.‹ Das ist natürlich schlau, weil die Gerichte fordern, dass die Yakuza-Bosse für die Schäden haften, die ihre Soldaten anrichten. Und das will selbstverständlich kein Boss.«

»Aber Kajiyama gehört der Goryo-kai an, oder?«

»Nun ja, genau genommen nicht. Voriges Jahr ging er bei der Onaigumi ein und aus. Das ist die Vorläuferin der Goryo-kai. Er ist das Vorzeigegesicht des Chefs, der Mann an der Front. Er ist charmant und sieht Robert Mitchum ein wenig ähnlich.«

»Sonst noch etwas?«

»Hmm … er reist gerne. War ein paar Mal in den USA. Spielt in den Kasinos, in denen Goto ein Konto hat. Auch deshalb glaube ich, dass er für Goto gearbeitet hat.«

»Wo ist das?«

»›Caesars Palace‹ und ›Mirage‹. Vielleicht beide.«

»Und dort spielt er?«

»Nein, dort spielt Goto. Kajiyama spielt im ›Mirage‹. Er ist dort ein großes Tier. Vermutlich hat ihn Goto hingeschickt.«

»Wie schafft er es denn, in die USA zu kommen?«

»Na, er ist Japaner. Die Nationale Polizeibehörde hier gibt ihre Liste mit den Namen der bekannten Yakuza nicht an die Amerikaner weiter. Darum wissen Ihre Landsleute nicht Bescheid.«

»Warum gibt es denn da keinen Datenaustausch?«

»Keine Ahnung, fragen Sie irgendeinen Trottel von der Polizeibehörde. Ich weiß es nicht.«

Es gab noch jemanden, der mir etwas über Kajiyama erzählen konnte, aber ich kam einige Monate nicht dazu, ihn zu fragen. Heute wünschte ich, dass ich es nie getan hätte.

Als ich Chuckles alles berichtete, was ich von Noya erfahren hatte, ließ ich den Teil über Kajiyamas Abstecher nach Vegas aus, da mir das zwar nicht uninteressant, aber doch ohne Bedeutung erschien. Dann schickte ich einen Brief und einige Artikel über Kajiyama an Special Agent Jerry Kawai, den Attaché des Einwanderungs- und Zollamtes (ICE) in der amerikanischen Botschaft.

(Anmerkung: Kawai und Mike Cox, zwei Special Agents des ICE, leiteten eine Ermittlung gegen Kajiyama ein, deren Folge war, dass mehr als eine halbe Million Dollar, die er in den USA deponiert hatte, beschlagnahmt wurden. Sie sorgten dafür, dass der größte Teil dieses Geldes seinen Opfern in Japan zugutekam.)

Am 11. August durchsuchte die Polizei die Zentrale der Goryo-kai in der Präfektur Shizuoka.

Die *Yomiuri* hatte im Voraus davon erfahren, und als ich an diesem Morgen im Büro eintraf, machte Chuckles den Artikel gerade fertig. Das Problem dabei war, dass die Polizei nicht mit einem Verkehrsstau gerechnet hatte. Die Razzia konnte daher nur mit erheblicher Verspätung beginnen, was dazu führte, dass ständig Redakteure anriefen und den Artikel forderten, der noch nicht fertig war. Manchmal lässt sich eben alles nicht so genau planen.

Die Razzia begann gegen Mittag. *Yomiuri*-Reporter aus dem Büro in Shizuoka waren am Schauplatz, machten Fotos und schickten Berichte an ihre Redakteure. Alle Informationen und Unterlagen wurden im Tokioter Büro gesammelt. Es waren die üblichen Fotos von grimmigen Yakuza in dunklen Anzügen, die an der Seite standen, während Polizisten in Kampfausrüstung herumliefen und Zivilbeamte mit ausdruckslosen Gesichtern Kartons hinaustrugen, die vermutlich Unterlagen enthielten.

Das Amüsante an solchen Polizeirazzien war, dass alle vorher Bescheid wussten – die Presse und auch die Yakuza. Und wenn dem einmal nicht so war, dann informierte die Polizei die Yakuza rechtzeitig darüber, dass eine Durchsuchung bevorstand. Deshalb verlief auch immer alles glatt, und niemand wurde verletzt. Natürlich ist fraglich, wie viel nützliches Material diese Razzien dann noch lieferten.

Am Abend nach der Razzia tauchte Kajiyama mit seinem Anwalt bei der Polizei auf und stellte sich. Angeblich sagte er, er wolle »keinen weiteren Ärger mehr machen«. Schön und gut, damit war wieder einmal ein Yakuza hinter Gittern, aber die Presse durfte ihn immer noch nicht als Yakuza bezeichnen, weil die Polizei ihn noch nicht offiziell als solchen überführt hatte.

Das lag an den Anwälten – die Yamaguchi-gumi hatte eine Menge davon –, die immer schnell dabei waren, jemanden im Auftrag ihrer einflussreichen Mandanten zu verklagen. Eines der großen Probleme mit dem organisierten Verbrechen in Japan ist, dass das Ganze extrem gut organisiert ist. Angeblich wurden beispielsweise ohne viel Aufsehen zu erregen einige Vergleiche geschlossen, nachdem die Yakuza private Bonitätsprüfer verklagt hatte, die so mutig gewesen waren, ein Yakuza-Unternehmen als Tarnfirma zu bezeichnen.

Und der Kajiyama-Tanz ging weiter. Der Kaiser wurde auf freien Fuß gesetzt, die Polizei nahm ihn wieder fest, er wurde erneut entlassen, die Polizei verhaftete ihn wegen anderer Delikte. Er gestand nie etwas.

Das große Rätsel war: Wo war das viele Geld geblieben? Einen enormen Teil seiner Profite musste die Yamaguchi-gumi geschluckt haben – aber wo versteckte sie das Geld? Es tauchte bei keiner japanischen Bank auf. Wie wurde es gewaschen? Wenn man davon ausging, dass mehr als 60 000 Opfer illegale und extrem hohe Zinsen bezahlt hatten, dann ging es dabei um astronomische Beträge. Die Polizei schätzte den Umsatz der Gruppe auf mehrere Milliarden

Dollar. Sobald sie herausfinden würde, welche Wege das Geld nahm, wäre der Fall gelöst.

Chuckles bat mich, die Tarnfirmen des Imperiums zu überprüfen.

Am 20. wurde ich um drei Uhr morgens von der Nummer drei des Ressorts für Mord geweckt. Die *Asahi* hatte einen Artikel über Kajiyamas Firma gebracht und behauptet, dass zwei Mitarbeiter dort Yakuza seien und dies ein Indiz dafür sei, dass der Mann Kontakte zur Yakuza habe. Ich sagte ihm, dass das meiner Meinung nach nichts Neues war. Andere hatten dies schon früher geschrieben, und wir hatten uns damit nicht abgegeben. Ich riet ihm außerdem, Chuckles zu informieren. Aber er erwiderte, dass sie nicht erreichbar sei.

Also fragte ich bei einigen Polizisten nach, bevor ich ins Büro ging, um eine Bestätigung für diesen Artikel zu erhalten. Doch ich erfuhr nichts.

Als ich im Büro eintraf, erzählte Harry Potter, dass die *Mainichi* am Sonntag einen Artikel über die Leiterin einer buddhistischen Gruppe abgedruckt habe, die ohne ihr Wissen als Bürge für eine Grundschuld für eine Immobile von Kajiyama eingetragen worden sei und nun vielleicht zur Polizei gehen wolle.

Als ich daraufhin die Grundbuchauszüge, die Kajiyamas Immobilien betrafen und uns in Kopie vorlagen, durchblätterte, fand ich nichts, was der Immobilie ähnelte, um die es in dem Artikel ging. Ich versuchte, irgendwelche Unterlagen zu seinem 900 000-Yen-Apartment in Minato-ku zu bekommen, fand aber nichts, weil es sich um eine Mietwohnung handelte.

Ich schrieb dann einen Artikel, der besagte, dass Kajiyamas Name auf der Mitarbeiterliste der Jinnai-gumi gestanden habe, bevor sein Chef die Karriereleiter emporgestiegen und Vorstandsvorsitzenden der Go-ryo-kai geworden war, einer Untergruppe der Yamaguchi-gumi. Das hieß also, dass Kajiyama bis vor einem Jahr ein registriertes Mitglied der kriminellen Yamaguchi-gumi gewesen war.

Was war der Sinn des Ganzen? Ich wollte auf meine Weise nachweisen, dass der Kaiser ein Yakuza war und dass sein ganzes Imperium der Yakuza gehörte. Wenn es nach mir ging, konnten die Ermittlungen weitergehen, dann hätte ich irgendwann bestimmt meinen Knüller. Harry würdigte meine Anstrengungen, meinte aber: »Es ist eine Story, aber keine wirklich großartige. Das Besondere ist meiner Meinung nach, dass mehrere Hundert Nicht-Yakuza keine Hemmungen haben, für Kredithaie zu arbeiten. Das ist ein Aspekt, den noch niemand erwähnt hat. Wir wissen, dass die Yakuza Böses tut und Menschen ausbeutet. Aber es ist doch eher ungewöhnlich, dass normale Menschen sie dabei bereitwillig unterstützen.«

Er hatte recht. Kajiyama war eindeutig ein Yakuza, aber die »Zivilisten« erledigten einen Großteil seiner Arbeit für ihn.

Kajiyamas Imperium bestand aus einer Menge Tarnfirmen, darunter ein Maklerbüro, ein Bauunternehmen, er besaß Anteile an einem Segelhafen ... Er war also nicht nur ein Kredithai, sondern ein Franchiseunternehmer. Er besaß einen Sexclub und wusch Geld, indem er seine Angestellten zwang, den Club regelmäßig zu besuchen. Aber die Mädchen waren so unattraktiv, dass die Leute oft nur Geld auf den Tisch legten und gleich wieder gingen. Er gründete in Hokkaido eine Religionsgemeinschaft und zwang seine Mitarbeiter zu Spenden, die wahrscheinlich aus den Profiten der Kreditbüros stammten.

Die meisten seiner Tarnfirmen führten die Initialen SK (für Susumu Kajiyama) in ihrem Namen: SK Housing, SK Finance und so weiter. Die Angestellten der Kreditbüros waren verpflichtet, ihr Mittagessen bei SK Shokuhin zu kaufen. Und die Manager mussten in einem koreanischen Grillrestaurant essen, das zufällig einem Vasall Kajiyamas gehörte, und dort mit den Gewinnen der Büros bezahlen. So wurde das Geld gewaschen. Manager und Angestellte waren verpflichtet, ihre Freizeit in bestimmten Thermalquellen und Seebädern zu verbringen. Auch für Transport und Unterbringung wurde gesorgt, um noch mehr Geld zu waschen. Kajiyama war eine ganz neue Art von Yakuza. Er war die Zukunft. Man nannte ihn nicht ohne Grund den Kaiser.

Die Firma SK Finance war von der Regierung als Konsumentenkreditvermittler zugelassen worden. Die Lizenz hing in den Büros aus, um deren Legalität zu demonstrieren. SK Finance war als *tō-ichi* eingestuft worden (*tō* stand für Tokio, *ichi* für Nummer eins). Das war bei Firmen dieser Art üblich. Mit anderen Worten: Die meisten Firmen hatten ohne echte Überprüfung die Genehmigung erhalten, ihrer Arbeit nachzugehen.

SK Finance war zugleich eine Maklerfirma. Für Kajiyamas Bande war das ein gutes Geschäft. Immobilien dienten als Sicherheit für die Kredite, und wenn der Schuldner säumig wurde, konnte man sein Eigentum zwangsversteigern, und zwar ohne lästige Vermittler, die ihren Anteil gefordert hätten. Natürlich wurden auch Immobilien vermietet.

Da ich ein Foto von Kajiyama haben wollte, ging ich in ein Zweigbüro der SK Housing. Zu meiner Überraschung waren die Mitarbeiter ziemlich hilfsbereit, es störte sie überhaupt nicht, dass ich Ausländer war. Innerhalb von Minuten hatten sie eine sehr geräumige Wohnung für mich gefunden. Mein wirkliches Ziel war aber eine Firmenbroschüre mit Kajiyamas Foto, und die gab es wohl nicht.

Ein Angestellter – Anfang 30, neonblond gefärbter Kurzhaarschnitt, billiger grauer Anzug und Tennisschuhe – war gerade dabei, zu putzen und Kisten zu füllen. Als ich mich als Reporter der *Yomiuri Shimbun* vorstellte und ihn bat, ein paar Fragen zu beantworten, sah er mich genervt an, hob dann einen Karton mit Büromaterial auf und reichte ihn mir. »Wenn Sie reden wollen, dann helfen Sie mir, dieses Zeug nach unten zu bringen.« Wie hätte ich mich da weigern können?

Während wir die Kisten herumtrugen (die Polizei hatte offenbar alles mitgenommen, was irgendwie von Belang schien), fragte ich: »Haben Sie nicht gemerkt, dass Sie für die Yakuza gearbeitet haben?«

Er zuckte mit den Schultern. »Für mich war es immer nur ein Maklerbüro. Ich habe mich auf eine ganz normale Anzeige hin beworben. Wie zum Teufel hätte ich das wissen sollen? Ich habe nie jemanden mit fehlenden Fingern oder Tätowierungen am ganzen Körper gesehen.«

»Haben Sie immer in diesem Büro gearbeitet?«

»Nein, ich war in einem SK-Kreditbüro. Da schien alles in Ordnung zu sein.«

»Fanden Sie die Zinsen nicht extrem hoch?«

»Ich habe nur die Kunden betreut, mit den Verträgen hatte ich nichts zu tun. Vielleicht waren die Zinsen ja hoch, aber ich habe mich eigentlich nicht darüber gewundert. Ich habe auch mal bei Aiful gearbeitet, und das ist ja eine ganz legale Firma. Glauben Sie, dass die andere Zinsen berechnet haben? Die haben verlangt, was sie kriegen

konnten. Für den Kreditnehmer ist es immer ein schlechtes Geschäft. Für mich war es die gleiche Branche, nur eben eine andere Firma.« »Sie hatten also keine Ahnung davon, dass jede SK-Firma eine Tarnfirma der Yakuza ist? Und Sie wussten auch nicht, dass Ihre Konsumentenkreditfirma in Wirklichkeit von Kreditwucher lebte?« »Sie sagen das so, als wären das zwei verschiedene Dinge.« »Stimmt das denn nicht?« »Es ist doch immer das Gleiche: Jemand kommt zu uns und beantragt einen Kredit. Wir berechnen ihm einen unglaublichen Zinssatz, und in den nächsten Monaten oder Jahren zahlt er den Kredit ab. Wenn er damit fertig ist, hat er vielleicht fünf- oder zehnmal so viel bezahlt, wie er bekommen hat. Das ist kein schöner Job, aber es ist ein Job. Übrigens, schauen Sie mal in die *Yomiuri*. Die ist voll mit Anzeigen von Aiful, Promise, Takefuji und all den anderen Konsumentenkreditfirmen. Ihr Jungs unterstützt doch die Kredithaie.«
»Aber Sie haben es nicht wirklich gewusst?«
»Nach einer Weile schon. Alle wussten es. Aber da war es zu spät. Dann ist man drin, und sie zahlen gut. Und man macht sich auch Sorgen, was wohl passieren würde, wenn man kündigt. Ob sie einen überhaupt gehen lassen.«
»Was ist denn mit den illegalen Geschäften? Hatten Sie keine Angst, verhaftet zu werden?«
»Doch, aber sie haben gesagt, dass uns nur eine Geldstrafe drohen würde und dass sie die übernehmen würden. Sie würden auch den Anwalt bezahlen und sich um uns kümmern. Ich habe ihnen das geglaubt. Und ja, die Bezahlung war gut. Die Chefs hatten auch verrückte Ideen, um uns bei Laune zu halten. Letzten April zum Beispiel haben sie den Tokyo Dome gemietet und ein privates Baseballspiel veranstaltet. Wir hatten den Tokyo Dome ganz für uns allein. Das war toll.«
Das war genau das, was auch die *Yomiuri* in meinem ersten Jahr als Reporter gemacht hatte, damit die Reporter im ganzen Land sich als Team fühlten, und sicher auch, um die Loyalität gegenüber der Firma zu fördern. Kajiyama sah das ebenso, er war bestimmt kein Dummkopf.
Der Angestellte hatte auch recht: Die *Yomiuri* und alle anderen Zeitungen in Japan verdienten gut mit den Anzeigen der Kreditbüros.

Mizoguchi, unser für Finanzgeschäfte zuständige Reporter, musste monatelang betteln, bis er die Erlaubnis für eine Artikelserie erhielt, in der er aufzeigen wollte, welchen Schaden die Kredithaie der japanischen Gesellschaft zufügten. Dieses Thema war ziemlich heikel. Und als sich herausstellte, dass viele Kreditbüros gesetzeswidrig hohe Zinsen verlangten, bedurfte es großer Überredungskunst, um dies zu veröffentlichen. Doch letztlich siegte der Nachrichtenwert über die Firmeninteressen, wie immer bei der *Yomiuri*. Das ausschlaggebende Ereignis war der Selbstmord eines Mannes, seiner Frau und eines Angehörigen im Juni 2003 in Osaka. Die drei warfen sich vor einen Zug. Die Frau hatte einen Brief hinterlassen, in dem sie erklärte, dass sie einen Kredit aufgenommen habe, der lawinenartig zu einem Schuldenberg herangewachsen sei, den sie niemals würde abtragen können. Die Geldeintreiber hätten sie und ihre Nachbarn bedroht und ihr Leben zerstört, und die Polizei sei machtlos gewesen.

Wenn Kredithaie drei Menschen in den Selbstmord treiben, horchen die Leute doch auf. Und es waren Verbrecher wie Kajiyama, die hinter diesen Todesfällen steckten. Als Reporter vergisst man manchmal beinahe die Opfer. Irgendwie bewundert man das kriminelle Genie und die rücksichtslose Effizienz der Täter und vergisst dabei ganz, dass das verbrecherische Imperium auf menschlichem Leid errichtet wurde.

Kajiyama war ein Franchise-Genie, und das illegale Kreditgeschäft, das er aufgebaut hatte, war ausgeklügelt und flächendeckend. Er war hinter schlechten Schuldnern her, und das zahlte sich aus. »Die besten Kreditkunden«, erklärte er einmal selbst, »sind die, die bereits Schulden haben. Sie sind so verzweifelt, dass sie jeden Zins bezahlen, den man von ihnen verlangt, wenn sie nur schnell Geld bekommen. Das, was sie von uns kriegen, können sie aber niemals zurückzahlen. Dann gehören sie uns.« Er hatte einen Computerfreak namens Akiba-kun damit beauftragt, eine Datenbank zu erstellen, in der festgehalten war, wie viel jeder Kunde der Firma schuldete, was er schon bezahlt hatte und ob er mit der Polizei oder mit einem Anwalt in Kontakt getreten war. Hinzu kamen detaillierte persönliche Daten, zum Beispiel über Vorgesetzte, Familienmitglieder und sogar außereheliche Verhältnisse.

Wenn ein Kunde immer verzweifelter wurde, bot ihm ein anderes Kreditbüro, das ebenfalls Kajiyama gehörte, einen neuen Kredit an, meist zu noch höheren Zinsen. Mit anderen Worten: Kajiyama beutete ein und denselben Kunden mehrmals aus. Dabei achtete er stets darauf, dass die Behörden nicht hellhörig wurden. Sein Unternehmen wurde aber bald so groß, dass es doch Aufsehen erregte.

Als die Polizei im Jahr 2003 begann, Kajiyamas Firmenzentralen zu durchsuchen, fanden sie zahlreiche Computerterminals in den Büros. Insofern war Kajiyama der Polizei um Jahre voraus.

Von dem Geld, das die Goryo-kai in Shizuoka von Kajiyama bekam, baute sie eine zweistöckige Zentrale. Sein Name wurde in Stein gemeißelt und dann mit Gold gefüllt. Japanische Politiker erhielten Schmiergelder. Im Laufe mehrerer Jahre zahlte Kajiyama mehr als vier Millionen Yen (rund 40 000 Dollar) an den einflussreichen früheren LDP-Politiker Kamei Shizuka. Und das waren nur die Beträge, die in den Büchern auftauchten.

Am 23. Oktober 2004 hatte die Tokioter Polizei schließlich Beweise dafür, dass Kajiyama mit der Yamaguchi-gumi zusammenarbeitete. Deshalb sollte es eine Razzia in der Zentrale dieser Gruppe in Kobe geben, und wieder wussten alle – Polizei, Verbrecher und Journalisten – schon einen Tag zuvor davon. Die Yamaguchi-gumi hatte sogar eine förmliche Anfrage an die Polizei gestellt, um Datum und Uhrzeit zu erfahren und entsprechend vorbereitet zu sein. Ich sprach vor der Razzia mit mehreren Yakuza und ehemaligen Yakuza. Bei einer Abendveranstaltung ließ der Chefreporter des *Kyodo News Service* Chuckles gegenüber durchblicken, dass sie das Risiko eingehen wollten, über die Razzia zu berichten, noch bevor sie stattgefunden habe.

Plötzlich gerieten alle Journalisten in Panik. Chuckles rief alle rivalisierenden Reporter zusammen, und sie beschlossen, über die Razzia zu schreiben. Niemand sollte das Nachsehen haben. Darum erschien am Tag der Durchsuchung auch in der Morgenausgabe der *Yomiuri* ein langer Artikel, der die Aktion ankündigte.

Die Razzia selbst war nach 25 Minuten vorbei. Als die Polizisten hineinstürmten, hörte man die typischen Sticheleien und Schreie der Yakuza noch in weiter Entfernung des Hauptquartiers der Yama-guchi-gumi.

»25 Minuten? Das ist doch keine Razzia – das ist ein Nachmittags-tee«, meinte Harry Potter höhnisch. »Wahrscheinlich haben sie die ersten zehn Minuten allein damit verbracht, Visitenkarten auszutau-schen. Ich wette, dass die ›Beweismittel‹ schon fein säuberlich für die Mitnahme verpackt waren.«

»Vermutlich haben sie noch eine Waffe als Souvenir dazugepackt«, fügte ich zynisch hinzu.

»Wahrscheinlich bringt der Boss in diesem Augenblick einem seiner Yakuza-Schläger bei, dass der für ein paar Jahre in den Knast gehen muss, damit die Polizei nicht ihr Gesicht verliert.«

Am Abend vollendete ich mein Meisterwerk über ein anderes Kre-ditwucherunternehmen der Yamaguchi-gumi. Diesmal waren Video-theken die Tarnfirmen. Der Polizist, mit dem ich darüber geredet hat-te, meinte: »Bis jetzt war der Kreditwucher der Yakuza eine schwer zu verfolgende Nebensache, und die Täter bekamen lediglich einen Klaps auf die Hand. Schändlicherweise haben wir uns nie wirklich darum gekümmert.« Das war vermutlich auch der Grund dafür, dass das Amt für öffentliche Sicherheit die Anklage vertrat.

Als ich den Artikel abgeliefert hatte, verließ ich schnell das Büro und fuhr nach Hause, doch schon anderthalb Stunden später rief mich der Büroleiter an und teilte mir mit, dass jemand vor dem Mitaka-Bahnhof erstochen worden sei.

Hektik brach aus: Telefonanrufe bei der Polizei, im Krankenhaus, bei einigen Geschäften und ein paar Fotografen. Sie waren alle nicht sehr hilfsbereit, aber es gelang uns doch, einen Artikel zusammenzustellen.

Um zwei Uhr morgens fuhr ich dann nach Roppongi.

Ich hatte mir ein kleines Informationsnetz aus Stripperinnen, Pro-stituierten, Hostessen, Schleppern und Straßenhändlern aufgebaut. Deshalb wusste ich immer, wer mit Drogen handelte und wer sie lieferte. Außerdem verfügte ich über ein Frühwarnsystem, das mich informierte, wenn eine Großrazzia in einem Club bevorstand. Dro-genrazzien waren nur dann als Nachricht von Interesse, wenn be-rühmte Leute erwischt wurden, und da war es immer gut, wenn man schon vorher darüber Bescheid wusste.

Ich traf meinen chilenischen Lieblingsschlepper an der »Propagan-da-Bar«. Er sagte, er habe etwas für mich. Nami, eine thailändische Stripperin, die mit einem japanischen Taxifahrer verheiratet war, brachte uns Drinks. Die beiden wussten nicht, dass ich Reporter war. Niemand wusste es. Sie glaubten, ich sei Ermittler bei einer Versiche-rung und stelle deshalb so viele Fragen.

Nachdem ich etwas zu viel getrunken, aber leider wenig erfahren hatte, ging ich in den Tanzclub »Quest«, wo der Bursche, der das Roulette-Rad drehte, unter dem Tisch Drogen verkaufte.

Um vier Uhr morgens fuhr ich dann nach Kabukicho, um einen In-formanten in einer kleinen Hostessenbar zu treffen. Ich wollte immer noch mehr über Kajiyama wissen, und dieser Mann konnte mir helfen. Ich gab ihm den Spitznamen Zyklop. Er hatte ein rundes, flaches Ge-sicht mit buschigen Augenbrauen, die über seiner falkenartigen Nase zusammengewachsen waren, und sah ziemlich einschüchternd aus.

Ich kannte Zyklop aus Saitama. Er war Japaner koreanischer Her-kunft, Mitglied der Yamaguchi-gumi und besaß ein umfassendes Wissen über die Unterwelt. Er war also eine hervorragende Quelle, hatte aber auch etwas Hinterhältiges an sich. Daher vertraute ich zwar seinen Informationen, aber nie seinen Motiven. Außerdem nahm er gerne Speed und neigte dann zu dem unberechenbaren Verhalten – den extremen Emotionen und dem Verfolgungswahn –, das typisch für Konsumenten von Methamphetamin ist. Wenn man ihn reizte, konnte er äußerst gewalttätig werden.

Kennengelernt hatte ich Zyklop durch seinen Vater, der eine Menge Geld bei einer koreanischen Genossenschaftsbank angelegt hatte, die von der japanischen Regierung gestützt werden musste. Einem anderen Yakuza-Informanten zufolge war die Bank pleitegegangen, weil sie illegale Geschäfte betrieben und der Inagawa-kai ungesi-cherte Darlehen gegeben hatte. Zwei Kollegen und ich recherchier-ten fast zwei Jahre lang, bis wir endlich Material für einen Artikel hatten. Die erfreuliche Folge war, dass die Polizei von Saitama die Leute festnahm, die für die Bankpleite verantwortlich waren.

Kein Kunde erhielt sein Geld zurück, aber die koreanische Gemein-de war froh darüber, dass die Schuldigen bestraft wurden. Während ich an dem Artikel arbeitete, freundete ich mich mit vielen Koreanern an. Damals stellte mich Zyklops Vater seinem Sohn vor. Zyklop war hartnäckig. Er fragte mich immer wieder, wann der Artikel erscheinen werde. Aber es war nicht einfach, etwas über die Bankpleite in der Zeitung zu veröffentlichen – zum Teil deshalb, weil ein Bericht über den Zusammenbruch eines Finanzinstituts schwerwiegende Folgen haben konnte, zum Teil auch, weil sich niemand für ein Ereignis interessierte, das fälschlicherweise als rein koreanische Angelegenheit galt, und zum Teil deshalb, weil eine religiöse Gruppe, die etwas mit den Problemkrediten zu tun hatte, Druck ausübte, um die Sache zu vertuschen. Ach ja – teilweise auch deshalb, weil ein prominenter Politiker seine Finger im Spiel hatte. Letztlich gelang es mir, den Artikel unterzubringen, weil ich eine Kopie des vernichtenden Untersuchungsberichts der Präfektur Saitama vorlegen konnte.

Ich hatte Zyklop und seinem Vater versprochen, keine Ruhe zu geben, bis die Story veröffentlicht wurde, und hatte mein Versprechen gehalten. Damals wusste ich noch nicht viel über die Yamaguchi-gumi, und da sie im Osten Japans kaum vertreten war, verspürte ich auch nicht das Bedürfnis, mehr zu erfahren. Da Koreaner aber gerne miteinander reden, unabhängig davon, welcher Gruppe des organisierten Verbrechens sie angehören, war Zyklop immer gut über die Welt der Gokudo unterrichtet. Er kommentierte ohne Hemmungen die Gerüchte über die Sumiyoshi-kai und die Inagawa-kai. Fragen über seine eigene Organisation hatte ich ihm bisher nie gestellt. Aber jetzt schien es Zeit dafür zu sein.

Es war nicht einfach, Zyklop nach Tokio zu locken, denn sein Revier war Saitama, und dort fühlte er sich sicher. Dennoch wartete er wie vereinbart in dem Hostessenclub auf mich.

Als er mich zu sich winkte, setzte ich mich ihm gegenüber. Er bestellte einen Drink für mich, den ich höflich annahm, dann prosteten wir uns zu. »Prost« war das einzige koreanische Wort, das ich kannte, abgesehen von »Toilette«.

»Jake-san, was gibt's?«

»Wie Sie wahrscheinlich wissen, hat die Polizei heute die Zentrale der Yamaguchi-gumi durchsucht.«

»Das wussten alle schon seit etwa zwei Wochen.«

»Ich habe es erst vor einer Woche erfahren. Aber eine Sache wüsste ich zu gerne: Wo zum Teufel ist das viele Geld geblieben, dass Kajiyama verdient hat?«

»Hmmm ... Warum interessiert Sie das?«

»Weil das eine gute Story wäre.«

»Und was ändert sich, wenn Sie darüber schreiben?«

»Nichts.«

»Warum dann?«

»Es ist mein Job. Ich beschaffe Informationen, die niemand sonst hat, und ich finde, dass die Öffentlichkeit ein Recht darauf hat.«

»Das Recht zu wissen, wo Kajiyama sein Geld versteckt hat?«

»Ja, die Opfer haben ein Recht darauf.«

»Opfer. Interessante Wortwahl. Hat denen etwa jemand eine Pistole an den Kopf gehalten und sie gezwungen, Kredite aufzunehmen, die sie nicht zurückzahlen können? Oder sich Geld für Dinge zu leihen, die sie sich nicht leisten können?«

»Nein, aber diese Leute wussten nicht, worauf sie sich einließen, und sie wurden belogen, als sie ihre Verträge unterschrieben. Macht sie das nicht zu Opfern?«

»Für mich sind das Idioten.«

»Waren dann die Leute, die ihr Geld bei der Saitama Shogin angelegt haben, ebenfalls Idioten? Oder waren sie gierig? Wollten sie eine zu hohe Rendite haben? Hätten sie einfach bessere Aktien kaufen sollen?«

Zyklop schwieg eine Weile und dachte nach. Er runzelte die Stirn und biss sich auf die Lippen, dann entspannte er sich wieder.

»Sie wollen also die Story. Gut, ich gebe sie Ihnen. Es war in Las Vegas.«

»Las Vegas?«

»Kajiyama hat im ›MGM Grand‹ in Las Vegas ein paar Millionen Dollar verspielt. Vielleicht ist das ja Geldwäsche. Er ist oft in Amerika. Das Geld legt er hier in ein Bankschließfach, und wenn er rüberfliegt, nimmt er es mit. Er hat drüben auch einige Bankkonten.«

»Weiß die Polizei davon?«, fragte ich.

»Ich denke schon. Wahrscheinlich ist das Geld inzwischen beschlagnahmt, oder sie wird es ziemlich bald tun. Kajiyama ist im ›Grand‹

ein Promi. Und im ›Caesars Palace‹ gibt er das Geld mit vollen Händen aus.«

»Wie kann so ein Kerl dort zu einer Art VIP werden?«

»Durch Goto. Goto hat ihn eingeführt, er liebt diese Orte. Und er war oft dort.«

»Er war?«

»Ja, denn seit seiner Lebertransplantation kann er nicht mehr in die USA reisen. Er soll ein Kasinokonto geplündert haben, um seine Krankenhausrechnung bezahlen zu können.«

»Goto hat sich in den USA eine neue Leber implantieren lassen? Wie in aller Welt ist es denn dazu gekommen?«

»Ich dachte, Sie interessieren sich für Kajiyama?«

»Ja, aber wenn Goto, der Pate des japanischen Verbrechens, sich in Amerika einer Lebertransplantation unterzogen hat ... Wahnsinn. Wo denn?«

»In Los Angeles. Universitätsklinik. UCLA. Dumont.«

»Dumont. UCLA – alles klar.«

»Wie dem auch sei, folgen Sie dieser Vegas-Spur. Die ist bestimmt gut. Vielleicht können Sie dabei ja eine Reise nach Vegas auf Firmenkosten herausschlagen.«

»Kajiyama ist also ganz sicher in der Organisation, oder?«

»Haben Sie vielleicht einen Exkommunikationsbrief herumschwirren sehen? Wenn Sie nicht rausgeworfen werden, dann sind Sie noch Mitglied. So läuft das. Er ist jetzt ein Albatros. Brockt der Organisation eine Menge Ärger ein. Alle wussten, dass es so kommen würde. Darum haben sie ihn vor zwei Jahren schon von ihrer Liste gestrichen. Niemand will schriftliche Spuren hinterlassen.«

»Wie viel Geld hatte Kajiyama im Kasino?«

»Etwa vier Millionen Dollar in zwei Kasinos. Vielleicht noch eine Million auf amerikanischen Bankkonten. Er hatte zwei Millionen Dollar in bar hier im Büro des ›MGM Grand‹ deponiert. Nicht schlecht, oder?«

»Wie zum Teufel kommt man in Japan an zwei Millionen amerikanische Dollar?«

»Man braucht nur viele Lakaien mit viel Zeit. Wenn Sie die Spur des Geldes finden wollen, dann suchen Sie in Ihrer Heimat, Jake-san.« Mir lief es kalt den Rücken hinunter. Das hörte sich nach einem echten Knüller an. Und es war einer, der mein Leben verändern sollte. Wir plauderten noch eine Stunde. Ich erkundigte mich nach seinen Eltern, er fragte nach meiner Familie, und ich zeigte ihm ein paar Bilder. Doch als ich ihn fragte, welche Rolle die Yamaguchi-gumi bei Kajiyamas Aktivitäten gespielt habe, schwieg er.

Um fünf Uhr morgens kam ich schließlich nach Hause. Es gelang mir, etwa eine Stunde zu schlafen, bevor Beni mich weckte, auf mir herumkrabbelte und die Finger in meine Nase steckte. Ich konnte heute den ganzen Tag mit meiner Familie verbringen, es war wie ein Feiertag.

Am Dienstag – ich hatte noch niemandem von meinen Informationen erzählt – rief ich einen Freund, dem ich vertrauen konnte, beim FBI in Washington an. Er bestätigte, was Zyklop gesagt hatte. Die Tokioter Polizei sei bereits in Las Vegas gewesen und habe dort zwei Millionen Dollar beschlagnahmt, die aus dem Büro des »MGM Grand« in Tokio stammten. Der Betrag stimmte mit Zyklops Angaben überein. Mehr wollte er mir zwar nicht verraten, aber das reichte aus, um guten Gewissens Chuckles und Harry zu informieren.

Chuckles war überrascht. »Stimmt das? Woher hast du das alles?«

Da ich es besser fand, meinen Informanten bei der Yamaguchi-gumi nicht zu nennen, gab ich als Quelle das FBI an, was zumindest teilweise ja stimmte. Chuckles wollte sofort einen Artikel schreiben, aber ich schlug vor, zuerst mit Harry Potter zu sprechen.

Harry lag auf dem Sofa und versuchte, die Beilage in der Mitte der *Weekly Gendai* zu öffnen, als Chuckles und ich zu ihm kamen. Während er zuhörte, wurde er immer aufmerksamer, denn ihm war klar, dass es sich hier um einen netten kleinen Knüller handelte – vor allem deshalb, weil das Bargeld schon beschlagnahmt worden war. Dann tat er etwas, was er selten tat: Er nahm seine Brille ab, polierte sie und lächelte. Er lächelte so breit, dass man seine Zähne sah.

»Jake, vielleicht bist du doch nicht so nutzlos, wie ich dachte«, meinte er dann. Das war ein richtig großes Kompliment, und ich bin sicher, dass ich strahlte oder rot wurde. Dann holte er seinen Stellvertreter, und wir gingen zu viert in ein chinesisches Restaurant mit einem privaten Speisesaal, in dem wir das weitere Vorgehen besprachen. Harry bat mich, dem FBI so viele Informationen zu entlocken wie möglich. Er und sein Vertreter würden dann versuchen, sie von der Polizei bestätigen zu lassen. Chuckles musste sich vorläufig zurückhalten. Sie war unser Ass und sollte mit dem Polizeichef über unseren Knüller verhandeln. Damit er ihr gewogen blieb, würde sie jedes ungebührliche Herumschnüffeln und Auf-den-Schlips-Treten mir in die Schuhe schieben.

»Sag ihm, Jake habe es von der CIA gehört«, schlug Harry vor. »Es halten ihn ohnehin alle für einen Agenten. Sag ihm, dass Jake ausgerastet sei und dass er die diffizile Beziehung zwischen der Polizei und den Polizeireportern nicht versteht. Überzeug ihn davon, dass wir den Knüller brauchen, weil Jake sonst ohne uns über den Fall schreiben wird – und wer weiß, was er dann alles enthüllen würde und wie sehr er den Ermittlungen schaden könnte. Das sollte ihn doch zugänglich machen.«

Dann wandte Harry sich an mich: »Tut mir leid, Jake. Der Polizeichef wird sauer sein, aber du musst ja nicht mit ihm arbeiten. Vielleicht werden einige hohe Tiere behaupten, dass sie wegen dir überstürzt handeln mussten – was der Polizei wahrscheinlich eine Menge Publicity verschaffen würde –, aber darüber darfst du dich nicht aufregen.«

»Werde ich nicht.«

»Außerdem bist du Jude. Da musst du doch daran gewöhnt sein, für alles verantwortlich gemacht zu werden.«

Innerhalb weniger Tage hatten wir alles, was wir brauchten. Ich schloss einen Handel mit einem Lokalreporter in Las Vegas ab, der für mich recherchierte und im Gegenzug dafür Informationen von mir erhielt. Ich bestand darauf, zuerst einen Artikel in Japan zu schreiben, danach sollte er in Vegas seine Schlagzeile bekommen. Der Zeitunterschied und die Tatsache, dass nur einer von zehn Millionen Amerikanern japanische Zeitungen liest, machten diese Vereinbarung möglich.

Kajiyama war ein »Wal«. So nennt man in Vegas Prominente, die viel Geld ausgeben. Er frequentierte Vegas seit über zehn Jahren, besaß sowohl im Kasino als auch bei einer kalifornischen Bank Konten und hatte Geld in den USA abgehoben. Infolge eines Hinweises der amerikanischen Behörden hatte die Tokioter Polizei seit dem Sommer Beamte in die USA geschickt, um Kajiyamas Transaktionen zu untersuchen. Das Heimatschutzministerium, die Aufsichtsbehörde für Spielbanken und das FBI ermittelten gegen ihn wegen des Verdachts, in den USA Geld gewaschen zu haben. Das ›MGM Grand‹ erklärte sich scheinbar zu einer Unterstützung der Polizei bereit.

Chuckles traf eine Vereinbarung mit dem Polizeichef: Unser Knüller über Kajiyama und Vegas sollte zuerst veröffentlicht werden, dann konnte die Polizei publik machen, dass sie auf Kajiyamas Konten in Tokio mehr als zwei Millionen Dollar beschlagnahmt hatte, wahrscheinlich die illegalen Profite seiner Wuchergeschäfte. Dann durften wir darüber berichten. Danach würde die Polizei Kajiyama erneut festnehmen, diesmal wegen des Verstoßes gegen das japanische Gesetz gegen Geldwäsche, während wir über die Ermittlungen des FBI wegen der Geldwäsche in den USA schreiben konnten.

Harry amüsierte sich sehr über die Idee, einen Artikel mit der Überschrift »Ein Wal namens Kajiyama« zu schreiben.

Mitte November erschien dann die Schlagzeile: »Zwei Millionen Dollar aus dem Bankschließfach des Kaisers der Kreditwucherer beschlagnahmt.« Danach folgten Artikel über die Ermittlungen des FBI und über Kajiyamas Glücksspiel in Vegas. Wir hatten damit drei Knüller hintereinander, und die Konkurrenz rotierte.

Als ich mit einem Reporter aus Las Vegas sprach, erfuhr ich, dass die Aufsichtsbehörde für Spielbanken in Nevada sich öffentlich zu dem Fall geäußert hatte. Das war eine große Erleichterung für mich, denn egal wie viele Fakten ein Reporter auch sammelt, es ist immer ein großes Risiko, einen Artikel zu veröffentlichen, ohne eine amtliche Verlautbarung in der Hand zu haben. Und der Erfolg eines Knüllers wog bei Weitem nicht die Strafe auf, die eine eventuelle Falschmeldung nach sich zog. Als die Polizei dann einen von Kajiyamas Handlangern verhaftete, der mehr als eine Million Dollar von Kajiyamas Konto abgehoben hatte und viele Male mit Diplomatenkoffern voller Bargeld in die USA gereist war, verspürte ich eine gewisse Zufriedenheit.

Zur Feier des Tages lief ich anderthalb Meilen in weniger als zwölf Minuten. Das war ein Anfang. Außerdem ging ich früh nach Hause, was ungewöhnlich war. Ich holte meine Tochter von der Vorschule ab, und Beni, Frau Adelstein und ich aßen zusammen – ein seltenes Ereignis.

Einige Wochen später wurde unsere Begeisterung etwas gedämpft, als sich herausstellte, dass Kajiyama mehr als 50 Millionen Dollar bei einer schweizerischen Bank deponiert hatte. Ein japanischer Angestellter der Credit Suisse hatte ihm dabei geholfen. 50 Millionen Dollar waren doch eine Menge mehr als einige Millionen. Die Schweizer froren sein Konto ein.

Yakuza lieben ausländische Banken. Und die Credit Suisse war nicht die erste ausländische Bank, bei der sie Geld gewaschen hatten. Die Citibank verlor im September 2004 ihre Lizenz als Privatbank in Japan unter anderem deshalb, weil die Yakuza sie angeblich benutzt hatten, um Geld zu waschen. Ein Polizeibeamter, der mit dem Fall vertraut war, erklärte, einer der größten Kunden dieser Bank sei Saburo Takeshita, geschäftlich ein Blutsbruder von Tadamasa Goto persönlich. Ein weiterer Informant behauptete, ein anderes großes Tier in der Yamaguchi-gumi habe ein Konto bei der Citibank – auf seinen eigenen Namen. Ich kenne mehrere ausländische Investmentgesellschaften, die heute noch mit Yakuza zusammenarbeiten, aber da ich nicht genug Geld habe, kann ich es mir nicht leisten, Namen zu nennen. (Übrigens hat die Citibank aus der Sache nichts gelernt. Die japanische Regierung bestrafte sie auch im Jahr 2009 wegen ähnlicher Vorkommnisse.)

Als die Spur in die Schweiz führte, übernahmen Chuckles und Harrys Stellvertreter den Fall. Geldwäsche war zu viel für mein kleines Gehirn, und mich interessierten vor allem Goto Tadamasa und seine mysteriöse Lebertransplantation.

Nicht alles Geld, das Kajiyama bei amerikanischen Spielbanken in Tokio deponiert hatte, wurde beschlagnahmt. Etwa zum Zeitpunkt seiner Festnahme rief einer seiner Handlanger einen Verantwortlichen des Caesars Palace in Tokio an und ließ sich eine Million Dollar in bar bringen. Das Geld wurde an einem Parkplatz mitten in Tokio übergeben – was für ein Service.

Kajiyama legte nie ein Geständnis ab. Am 9. Februar 2005 wurde er zu sieben Jahren Schwerstarbeit verurteilt, doch die Gerichte wollten ihn nicht mit einer Geldstrafe in Höhe von fünf Milliarden Yen (50 Millionen Dollar) belegen – der Betrag, den er seinen Kunden gestohlen hatte. Wir waren enttäuscht. Wer konnte da noch behaupten, dass sich Verbrechen nicht lohnen würde? Wahrscheinlich hat Kajiyama noch mehr Geld versteckt, von dem niemand weiß. Er wird seine Strafe absitzen und das Gefängnis als reicher Mann verlassen. Vor Gericht trat er nicht gerade eindrucksvoll auf, doch er strahlte ein gewisses Charisma aus. Er sieht gut aus und kann sicher sehr charmant sein. Seine diversen Geliebten würden das sicherlich bezeugen. Wahrscheinlich werden sie auf ihn warten – und auf sein Geld.

Kajiyamas Handlanger zerstreuten sich nach seiner Verurteilung, und die Goryo-kai existiert seitdem nicht mehr unter diesem Namen. Einige seiner Jünger betätigten sich in der Folge als Betrüger und hatten damit mehr schlecht als recht ihr Auskommen.
Nach Kajiyamas Prozess wurde das japanische Strafgesetzbuch geändert, die Strafen für Kreditwucher sind viel härter geworden, und es gibt eine eindeutig festgelegte Grenze für die Höhe der Zinsen, die verlangt werden können.

TEIL 3

夕暮れ

ABENDDÄMMERUNG

DAS KÖNIGREICH DES MENSCHENHANDELS

Die Menschen zollen den Toten auf unterschiedliche Weise Respekt. Ich hätte normalerweise Blumen auf ihr Grab gelegt, doch der Leichnam war noch nicht gefunden worden. Darum zog ich stattdessen einen 10 000-Yen-Schein aus der Brieftasche und gab ihn Fujiwara-san vom Polaris Project Japan. Polaris betreibt in Tokio eine Hotline für die Opfer von Menschenhändlern, und die Leute dort tun ihr Bestes, um die Öffentlichkeit auf das Problem aufmerksam zu machen.
Fujiwara-san sagte, dass die Zahl der Telefonanrufe bei Polaris im letzten Jahr ein wenig zugenommen hätte. Die meisten Anruferinnen waren koreanische und osteuropäische Frauen. Sie dankte mir für die Spende und fragte, ob einer meiner Bekannten russisch spreche. Ich versprach, ihr jemanden zu vermitteln.

Ich glaube, dass ich an meinem Beruf zu zweifeln begann, als ich anfing, mich mit dieser widerwärtigen Seite der japanischen Sexindustrie zu befassen. Erst als es zu spät war, merkte ich, dass mich das Ganze langsam ausbrannte.
Natürlich stumpft man mit den Jahren als Polizeireporter ab, denn würde man um jedes Opfer trauern oder das Leid der Familie mitempfinden, wäre man bald reif für die Klapsmühle. Mord, Brandstiftung, bewaffneter Raub, Familiensuizid – das alles wird zur Routine. Man neigt dazu, die Opfer zu entmenschlichen, und manchmal ärgert man sich sogar darüber, dass sie einem den freien Tag oder einen geplanten Urlaub verderben. Das hört sich schrecklich an, und das ist es auch. Aber so läuft es eben.
Eigentlich hatte ich angenommen, dass ich schon eine Menge über die dunkle Seite Japans wusste. Ich hatte über Lucie Blackman berichtet, einem Serienmörder nachgespürt, fast eine Leiche berührt,

die unter Strom stand, einem Mann zugeschaut, der sich selbst angezündet hatte, und vieles mehr. Ich dachte, dass ich ziemlich abgehärtet sei.

Irgendwie war ich zynisch geworden – und auch kalt. Und wenn ein Reporter anfängt zu erkalten, ist es sehr schwer für ihn, dies wieder zu ändern. Wir alle bauen uns einen Panzer um die Seele, um die Gefühle bewältigen zu können, die Selbstbeherrschung zu bewahren und unsere vielen Termine einhalten zu können. Das müssen wir auch.

Ich hatte über Kabukicho berichtet und war in Roppongi Hinweisen hinterhergejagt. Die Mädchen in der »Maid Station« hatten ganz offen über ihre Situation gesprochen. Ich war mittlerweile auch ziemlich vertraut mit den rechtlichen Aspekten der japanischen Sexindustrie, hielt aber sexuelle Ausbeutung nur für ein Gerücht, das puritanische Bürokraten im Westen verbreiteten – Leute, die Japans Sexkultur eben nicht kannten. Aber ich sollte bald eines Besseren belehrt werden.

Im November 2003 klingelte mein Telefon.

Eine Ausländerin, die ich nicht kannte und die leidlich gut japanisch sprach, war dran. Da ich nicht wirklich verstand, was sie von mir wollte, schlug ich ihr vor, lieber englisch zu sprechen.

»Eine Freundin hat mir Ihre Nummer gegeben. Sie ist Stripperin im ›Kama Sutra‹ und meinte, Sie könnten mir vielleicht helfen.«

»Worum geht es?«

»In dem Club, in dem ich arbeite, gibt es ein paar neue Mädchen aus Polen, Russland und Estland, und ich glaube, dass sie ... gezwungen werden.«

»Was meinen Sie damit genau?«

»Sie werden zu ihrer Arbeit gezwungen und nicht dafür bezahlt. Sie sind eine Art Sklavinnen.«

»Wie bitte?«

»Ja, Sklavinnen. So würde ich es bezeichnen.«

»Und was machen Sie dort?«

»Sie können mich ruhig als Prostituierte bezeichnen«, erwiderte sie ohne jegliche Spur von Verlegenheit. »Offiziell bin ich Englischleh-

rerin, aber ich gehe mit Männern ins Bett, um meinen Lebensunterhalt zu verdienen.«

»Und Sie tun das freiwillig?«

»Natürlich. Aber diese neuen Mädchen, die sie in den Club gebracht
haben ... bei denen ist das anders. Sie wollen das nicht machen. Man
hat sie irgendwie dazu gezwungen, es zu tun. Sie weinen ständig und
dürfen das Haus tagsüber nicht verlassen.«

»Aha«, sagte ich nur, eine eher armselige Reaktion, aber ich war für
den Moment sprachlos und musste diese Informationen erst einmal
verarbeiten. Dann fragte ich die Anruferin, was ich ihrer Meinung
nach tun solle.

»Sie sind doch Zeitungsreporter. Schreiben Sie einen Artikel und
finden Sie heraus, was da vor sich geht. Entlarven Sie diese Bastarde
und helfen Sie den Frauen, da rauszukommen.«

Das war ziemlich viel verlangt. Schließlich hatte ich bisher noch gar
nichts von einer solchen Praxis gewusst. Ich wollte schon sagen, dass
ich mich um die Sachen kümmern würde, als mir plötzlich auffiel,
dass ich ihre Stimme kannte. »Sagen Sie, kennen wir uns eigentlich?«

»Ja, als Sie an dem Artikel über Lucie Blackman gearbeitet und mit
den Mädchen in der Bar gesprochen haben, haben wir miteinander
geredet.«

Sie hieß Helena. Das war natürlich nicht ihr richtiger Name, aber er
passte zu ihr. Wir trafen uns im ersten Stock eines Starbucks-Cafés
in Roppongi. Sie trug einen schwarzen Rock, eine eng anliegende
schwarze Lederjacke über einer lindgrünen Bluse und kniehohe
schwarze Lederstiefel. Sie sah wirklich gut aus. Ihr Haar hatte sie zu
einem Pferdeschwanz zusammengebunden, und als Make-up trug
sie lediglich etwas granatapfelfarbenen Lippenstift. Oberhalb der
Oberlippe hatte sie einen Leberfleck.

Ich stellte mich vor, so als würden wir uns zum ersten Mal treffen,
und gab ihr meine Karte. Sie gab mir ihre erst später. Dann unterhielten wir uns über das Wetter und nippten an unserem Kaffee. Schließlich erzählte sie mir ihre Geschichte.

Helena war 2001 von Australien nach Japan gekommen. Zunächst
hatte sie an einer Sprachenschule englisch unterrichtet und neben-

bei ein wenig als Hostess gearbeitet. Eines Abends war sie nach dem Unterricht mit einem ihrer Schüler, einem Geschäftsmann in den Fünfzigern, etwas trinken gegangen und hatte ihn schließlich in ein Liebeshotel begleitet. Als er sich verabschiedete, gab er ihr 10 000 Yen (etwa 500 Dollar) und meinte, das sei die Erstattung ihrer »Reisekosten«. Nach und nach gabelte Helena immer mehr Freier auf und nahm dann eines Tages einen Job in einem exklusiven Club namens »Den of Delicious« an, um sich ein regelmäßiges Einkommen zu sichern. Sie behielt ihre privaten Kunden, kümmerte sich aber tagsüber um Laufkundschaft.

»Ich bin freiwillig Prostituierte. Ich mag Sex, und ich verdiene damit viel mehr Geld als als Englischlehrerin. Für mich ist das in Ordnung. Aber ich habe ein Problem damit, wenn Frauen zur Prostitution gezwungen werden. Und ich habe ein großes Problem mit den Dreckskerlen, die sie dazu zwingen.

In Roppongi sind zwei Männer für das Ganze zuständig, sie beliefern auch den Club in Shibuya, in dem ich arbeite, mit Mädchen. Der eine ist Japaner – alle nennen ihn Slick[16] –, der andere ist ein niederländischer Jude namens Viktor. Ihnen gehören fünf oder sechs Clubs. Sie werben Ausländerinnen meist aus ärmeren Ländern durch Anzeigen oder Agenten an, bringen sie nach Japan, stecken sie in Sexclubs und beuten sie aus. Die Frauen sind total abhängig von diesen Bastarden und enden als Sexsklavinnen.

Angeblich wird ihnen zunächst mehr Geld versprochen, als sie sich vorstellen können. Aber sobald sie hier sind, sieht alles ganz anders aus. Wenn sie etwas zu essen haben wollen, müssen sie ihren Körper verkaufen, eine andere Wahl haben sie meist nicht. Und von ihrem Lohn werden jede Menge Abzüge gemacht. Slick erzählt ihnen, sie müssten für ihn arbeiten, weil sie keine Arbeitserlaubnis hätten. Er aber habe eine Erlaubnis dafür. Wenn sie nicht für ihn arbeiten woll-

---

[16] Das war derselbe Slick, den ich schon von meinen Recherchen über den Mord an Lucie Blackman her kannte.

ten, müsse ihnen klar sein, dass sie in Roppongi keine andere Arbeit fänden. Ich kenne eine Frau, die zur Polizei gegangen ist, aber die Beamten dort haben ihr gedroht, sie zu verhaften, und dann musste sie ihnen auch noch zu Diensten sein.

Viktor erzählt herum, dass er seit sechs Jahren hier ist. Er hat mit Tänzerinnen angefangen und sich zum Zuhälter hochgearbeitet. Er ist sehr stolz auf sich. Er sagt, dass er genau weiß, welche Mädchen japanische Männer haben wollen: blonde und blauäugige. Er profitiert davon, dass die Frauen total hilflos sind, weil sie dann tun müssen, was er ihnen sagt.

Viktor spielt gerne den netten Burschen – außer wenn es um Geld geht. Dann wird er zum Teufel. Slick ist verheiratet und hat eine Tochter.«

Helenas Geschichte klang echt. Warum hätte sie auch lügen sollen? Dennoch war ich noch nicht gänzlich überzeugt. Schließlich hatte sie das alles nur beobachtet und war selbst kein Opfer. Für mich war das eine Geschichte aus zweiter Hand, und vielleicht wollte sie sich ja auch nur an jemandem rächen. Daher sagte ich ihr, dass ich zuallererst mit einem dieser Mädchen persönlich sprechen müsse.

Das verunsicherte sie etwas. »Wenn man das Mädchen dabei erwischt, bekommt es wirklich richtigen Ärger, das ist Ihnen doch klar, oder?«

Nachdem ich ihr versprochen hatte, äußerst vorsichtig zu sein, war Helena bereit, mich einem der Mädchen vorzustellen. Dann trennten wir uns.

Zunächst wollte ich mich nun selbst etwas umhören.

Zuerst fiel mir Sekiguchi ein, aber das war nicht sein Revier. Dann dachte ich an Alien Cop, der mich so fachkundig durch Kabukicho geführt hatte. Er war vom Revier in Shinjuku zur Tokioter Polizei versetzt worden und konnte sich eventuell einige brauchbare Informationen beschaffen. Er wäre sicher eine gute Quelle, doch seine Hilfe würde mich etwas kosten. Zumindest einen abendlichen Streifzug durch die Stadt, wahrscheinlich einige Zeit in einer Bar oder einem Stripclub mit Ausländerinnen. Auf jeden Fall würde es nicht billig werden. Zum Glück hatte ich inzwischen bereits einige Beziehungen.

Daher rief ich einen mir bekannten Rechtsanwalt an, der für eine Firma arbeitete, die beliebte Kampfsportturniere veranstaltete. Ich konnte ihn dazu überreden, mir zwei Karten für Plätze in der zweiten Reihe zu besorgen. Die Karten gab ich dem Geschäftsführer des Stripclubs »Eighth Circle of Hell« als Bezahlung für einen Abend dort.

Dann schrieb ich Alien eine SMS und wir verabredeten uns.

Zunächst erzählten wir einander, was wir in letzter Zeit alles getan hatten, dann berichtete ich ihm, während eine vollbusige Rothaarige namens Jasmine auf seinem Schoß saß, von Helenas Geschichte. Als ich fertig war, runzelte Alien die Stirn, schob Jasmine von seinem Schoß und sagte zu ihr: »Hol bitte Zigaretten, Engelchen. Ich muss etwas mit meinem Freund besprechen. Komm in fünf Minuten zurück.« Jasmine gehorchte.

»Wissen Sie was«, wandte sich Alien dann an mich und saugte an seiner Zigarette, »ich werde mich mal umhören. Was Ihre Freundin erzählt hat, stimmt wahrscheinlich. Mir sind schon einige solche Frauen aufgefallen, aber ich kann nicht viel für sie tun. Das ärgert mich.«

»Es ärgert Sie?«

»Ich mag die Frauen dieser Branche. Ich weiß, dass ich für ihre Zuwendung bezahle, aber trotzdem mag ich sie. Es ist wie ein Spiel. Aber wenn eine Frau nicht in dieser Branche arbeiten will, wenn sie dazu gezwungen wird, dann hört der Spaß auf. Dann ist es kein Spiel mehr. Ihre Freundin hat vollkommen recht: Wenn sie nicht dafür bezahlt werden, ist das nicht in Ordnung.«

Er zog einen Notizblock aus der Tasche, und ich gab ihm die Informationen, die ich hatte, so zum Beispiel die Anschrift von Slicks Büro und den Grundbuchauszug, auf dem »J Enterprise« als Eigentümer angegeben war.

Jasmine brauchte länger als fünf Minuten. Während wir warteten, wurde unser Gespräch wieder persönlicher.

»Jake, gehen Sie mit einer dieser Frauen in den Clubs ins Bett? Sie scheinen Sie zu mögen. Das merkt man.«

»Sie mögen mich ja gerade, weil ich nicht mit ihnen ins Bett gehe. Das unterscheidet mich von ihren anderen Kunden.«

»Weil Sie weiße Frauen nicht mögen?«

»Nein, weil es keine gute Idee wäre.«

»Wieso?«

»Weil sie mir manchmal Informationen liefern und wir keinen Sex mit unseren Informantinnen haben sollen. Außerdem bin ich kein Junggeselle mehr, und meine Frau fände es auch nicht lustig, wenn ich womöglich irgendeine Krankheit mit nach Hause brächte.«

»Gut, aber was tun Sie, wenn ein heißes Mädchen mit einer Information, die Sie dringend brauchen, nur rausrücken will, wenn Sie mir ihr schlafen?«

»Klar, für eine wichtige Information würde ich mit einer Frau schlafen. Ich bin eine echte Informationshure. Und was ist mit Ihnen, Alien? Schlafen Sie jemals mit einer Informantin?«

»Natürlich. Das ist eine Art Lohnzulage. Außerdem bin ich nicht verheiratet und habe keine Kinder.«

»Dann wäre ich also ein Schwein, wenn ich das tun würde, was Sie tun?«

»Nein, ich finde Sie nur seltsam. Kein seltsamer *gaijin*, sondern ein seltsamer Mensch. Sie haben Grundsätze und halten sich daran, auch wenn es eigenartige Grundsätze sind. Das bewundere ich. Und Sie sind ein guter Kerl. Also verstehen Sie mich bitte nicht falsch, wenn ich Ihnen jetzt etwas sage ... Früher oder später werden Sie gegen Ihre Grundsätze verstoßen. Denn das Laster ist stärker. Wie heißt es doch so schön: Wer sich zu den Hunden legt, bekommt Flöhe. Auch Sie werden Flöhe bekommen.«

»Ich besorge mir ein Flohhalsband.«

»Ha! Das klappt nicht. Sie werden dann nicht für Geld oder für Informationen mit einer Frau schlafen, sondern weil es Ihnen richtig erscheint. Wie ein Händedruck. Sie bewegen sie auf glattem Eis. Und Sie werden nicht einmal ein schlechtes Gewissen haben, Sie werden gar nicht auf den Gedanken kommen, dass es falsch sein könnte. Der Job verdirbt Ihren Charakter. Sie sollten sich besser versetzen lassen. Sie haben wirklich Glück, dass Sie schon verheiratet sind. Ich könnte nie heiraten.«

»Warum nicht?«, fragte ich überrascht.

»Weil ich zu viel Zeit mit Leuten verbringe, für die Sex keinerlei Bedeutung hat. Mir bedeutet er auch schon nichts mehr. Ich könnte daher einer Frau auch nicht treu sein, und ich würde nicht glauben, dass sie mir treu sein könnte. Monogamie ist Quatsch. Sex ist das Gleiche wie der Austausch von Neujahrskarten, ein Ritual. Natürlich weiß ich, dass der Rest der Welt anders denkt, für andere ist Sex eine große Sache. Aber ich bin nicht mehr in Einklang mit der realen Welt, und ich werde es nie wieder sein. Ich könnte nie ein normales Mädchen heiraten, weil die Kluft zwischen uns zu groß wäre. Ich könnte vielleicht eine Prostituierte heiraten, aber die müsste mir versprechen, hauptsächlich mit mir Sex zu haben, da ich sonst vielleicht eifersüchtig werden würde. Oder ich könnte eine Polizistin heiraten, die bei der Sitte gearbeitet hat. Aber sicher keine Hostess, das sind Blutsauger.«

»Das klingt alles ziemlich trostlos.«

»Warten Sie's nur ab. Sie werden es schon noch verstehen. Aber was dieses Geschwätz über Monogamie und Betrug anbelangt – eines habe ich gelernt: Geben Sie nie etwas zu. Wenn Sie die Frau lieben, mit der Sie zusammen sind, dann lügen Sie. Nach einem Geständnis haben Sie vielleicht ein gutes Gefühl, aber Sie zerstören damit das Leben eines anderen Menschen. Das ist egoistisch. Geben Sie also nie etwas zu.«

»Gerade von einem Polizisten hätte ich diesen Rat nicht erwartet.«

»Ich sage Ihnen das nur, weil ich glaube, dass Sie ein gutes Herz haben. Wenn Sie mit mir über diese Mädchen reden, merke ich, dass es Ihnen zu schaffen macht. Sie sind wie ich. Sie mögen diese Frauen und darum kann ich Ihnen nur raten: Geben Sie nie etwas zu.«

Alien Cop lieferte mir ein paar interessante Informationen. Und drei Tage später, nachdem ich auf eigene Faust an Türen geklopft und Gefälligkeiten gegen Informationen getauscht hatte, wusste ich über Slick und Viktor Bescheid. Vieles bestätigte Helenas Bericht, und manches füllte bestehende Lücken.

Die Firma, die hinter den Geschäften stand, war J Enterprise, eine GmbH in Roppongi, die bei den japanischen Behörden nicht angemeldet war. Die Firma gehörte Slick Imai, der sie auch leitete. Viktor war sein Partner. Die beiden brachten Ausländerinnen nach Tokio und dann in Sexclubs und Massagesalons. Slick führte vier Clubs in Roppongi – »Club Angel«, »Den of Delights«, »Club Divine« und »Club Codex« –, belieferte den »Den of Delicious« in Shibuya und betrieb nebenbei einen Begleitservice. Er war der »König des ausländischen Fleisches« im Bezirk und kassierte so monatlich umgerechnet 20 000 Dollar.

Die meisten Mädchen holte sich Slick aus Israel sowie aus Ungarn, Polen und anderen osteuropäischen Ländern. Er suchte über die Seite www.jobsinjapan.com Hostessen. Ein 22-jähriges kanadisches Mädchen, das auf die Anzeige geantwortet hatte, war zuerst von einem Anwerbebüro in Deutschland betreut worden, ehe es dann nach Japan kam. Im Jahr 2003 hieß die Firma Entertainment Valentina, aber dieser Name kann sich geändert haben. Meist wurden den Mädchen astronomische vier Millionen Yen (40 000 Dollar) im Monat versprochen, wenn sie als Hostessen arbeiteten und reiche Geschäftsleute zum Essen begleiteten. Die Firma zahlte einem Agenten in ihrer Heimat eine Gebühr von 3000 Euro für das Flugticket der Frau und eine Unterkunft in Tokio.

Wenn die Mädchen in Tokio eintrafen, wurden sie abgeholt und in ein Apartment der Firma gebracht, das sie sich mit anderen Mädchen teilen mussten. Spätestens jetzt erfuhren sie, was genau von ihnen erwartet wurde. Finanzieller Druck, Lügen, subtile (und weniger subtile) Drohungen gegen ihre Familie und schlichte Indoktrinierung besorgten den Rest.

Die Mädchen arbeiteten täglich neun Stunden in einem Sexclub und verdienten etwa 100 Dollar am Tag. Davon wurden ihnen 75 Dollar als Gebühren abgezogen. Übrig blieben also 25 Dollar täglich, weitaus weniger als die versprochenen 40 000 Dollar im Monat. Alle hatten Touristenvisa, die einen dreimonatigen Aufenthalt, aber keine Berufstätigkeit erlaubten. Das hatte für Slick und Viktor den Vorteil, dass sie ständig frische Mädchen bekamen und von den überhöhten Flugkosten profitierten. Viele Mädchen schuldeten Slick sogar Geld, wenn sie das Land wieder verließen.

Viktor, der groß war und gut aussah, war angeblich mit einer Japanerin verheiratet, was zur Folge hatte, dass er in Japan Geschäfte machen durfte.

Ein Informant im Justizministerium entdeckte eine Gesellschaft, die unter Slicks Namen registriert gewesen war: R & D. Diese 1993 gegründete Firma hatte Autos importiert, Kleidung verkauft und Beratungen und Versicherungen angeboten. Anscheinend hatte sie ihre Tätigkeit inzwischen eingestellt. Der Direktor der Firma, Ko Kobayashi, war bereits mit dem Gesetz zur Verhütung der Prostitution in Konflikt geraten und 1989 in Shizuoka (einem Revier der Goto-gumi) verhaftet worden, weil er taiwanesische Frauen ins Land gebracht hatte, um sie als Prostituierte arbeiten zu lassen. Slick war angeblich Vorstandsmitglied der Firma gewesen. Es war also klar, dass er schon seit Langem mit Frauen handelte.

Alien Cop hatte jedoch auch eine ziemlich unangenehme Neuigkeit für mich: Er konnte Slick nichts anhaben. Das hatte ich bereits erwartet, denn Slick hatte ja einen wichtigen Hinweis im Fall Lucie Blackman gegeben. Solange also die Tokioter Polizei keinen neuen Chef für den Bezirk Roppongi bekam, durfte Slick tun, was er wollte. Ein einziges Mal in seinem Leben hatte Slick etwas Gutes getan, und deshalb mussten so viele weiter leiden.

Viktor warb die meisten Frauen direkt in Europa an. Er war für die Logistik zuständig und arrangierte auch Sexreisen in die Malediven, womit er noch mehr Geld verdiente.

Anfang Dezember hatte ich schließlich genug Material zusammen, um einen Artikel zu schreiben. Den Entwurf zeigte ich meinem damaligen Vorgesetzten Yamakoshi. Da es sich um eine sensationelle Story handelte, wollte er jedoch zuerst noch etliche Dinge geklärt haben. Er schickte den Artikel und mich zu Mr. Bowtie, dem furchterregendsten und anspruchsvollsten Redakteur und Reporterveteran im Ressort Landesnachrichten.

Bei einem Kaffee erklärte mir Bowtie unmissverständlich, was er brauchte. Zuerst sollte ich mit den Mädchenhändlern sprechen und ihren Standpunkt anhören. Dann sollte ich ein »unschuldiges Opfer« finden.

»Was meinen Sie denn damit?«

»Was glauben Sie denn, was ich meine, Sie Blödmann? Es ist wohl kaum ein Verbrechen, ein paar Nutten nach Japan zu bringen, die pro Nacht einige tausend Dollar auf dem Rücken verdienen wollen und dann erfahren müssen, dass sie weniger kriegen. Ich will ein Mädchen haben, das hereingelegt wurde, eine wirklich Unschuldige. Ich will eine traurige Story. Wenn sie nur eine unterbezahlte, mit ihrem Job unzufriedene Hure ist, dann ist das keine Story.«

»Sie verstehen wohl nicht, was da los ist.«

»Oh doch. Ich weiß, was da läuft, und ich sage Ihnen nur, was wir brauchen. Sie wollen einen Artikel schreiben, und Sie wollen, dass die Leute Mitleid mit diesen unschuldigen Frauen haben und die Frauenhändler hassen. Wenn Sie das aber nicht schaffen, dann haben Sie keine Story und dann vergeuden Sie meine und Ihre Zeit.«

Seine Art gefiel mir zwar nicht, aber ich wollte diesen Artikel unbedingt schreiben, denn der Fall lag mir sehr am Herzen. Also bat ich Helena um Hilfe. Sie verriet mir, wo ich Veronika finden konnte, eine jener Frauen, denen die Flucht gelungen war. Zum Glück hatte Veronika vor ihrer Flucht ihren Pass heimlich an sich nehmen können.

Veronika war klein und mager. Ihr blondes Haar hatte sie zu einem nachlässigen Pferdeschwanz frisiert. Sie sah nicht gut aus. Selbst dick aufgetragenes Make-up konnte die dunklen Ringe unter ihren Augen nicht verbergen. Sie trug einen weißen Ledermantel mit Pelzkragen und ihr linkes Ohr sah zerquetscht aus.

Sie war 26 Jahre alt und stammte aus einem kleinen Dorf 80 Kilometer von Warschau entfernt. »Ich habe eine Anzeige im Internet gesehen: ›Arbeiten Sie in Japan als Hostess! Jede Frau kann in kurzer Zeit sehr viel Geld verdienen. Wir suchen blonde Frauen.‹ Auf diese Anzeige habe ich mich gemeldet.

Ich fuhr dann nach Warschau und traf Mikel, den Vertreter einer Talentagentur. Er zeigte mir Bilder eines richtig luxuriösen Clubs und meinte, dass ich dort mit japanischen Männern tanzen und auf Englisch plaudern müsse. Für eine Stunde bekäme ich 100 Dollar. Da meine Tochter sechs war, bat ich meine Mutter, sich um sie zu kümmern, und flog nach Tokio. Man hatte mich angewiesen, ins ›Hotel Ana‹ zu gehen. Dort traf ich Viktor zum ersten Mal. Er kam aus den Niederlanden, war sehr attraktiv und spielte den perfekten Gentleman. Ich war richtig erleichtert.

Viktor fuhr mit mir zu meiner künftigen Wohnung. Er sagte, dass ich mich ruhig etwas entspannen solle, da ich bestimmt müde sei vom langen Flug. Ich könne auch erst am nächsten Tag anfangen zu arbeiten. Er brachte mich in ein Apartment im dritten Stock eines Hauses in Nishi-Azabu. Ich erinnere mich noch genau an die Adresse. Ein kolumbianisches und ein kanadisches Mädchen wohnten bereits dort. Drei Frauen in einem winzigen Raum, das fand ich schon etwas irritierend. Dann öffnete Viktor eine Schublade und wies mich an, alle meine Wertsachen hineinzulegen, auch meinen Pass, damit nichts gestohlen würde. Ich tat, was er sagte.

Am nächsten Tag gegen fünf Uhr nachmittags kamen Viktor und Slick, ein Japaner, in das Apartment. Sie brachten uns in den Club, der ganz anders aussah als auf den Fotos, die man mir in Polen gezeigt hatte. Viktor teilte uns ziemlich unfreundlich mit, dass wir hier arbeiten würden. Ich war richtig wütend. Dann erklärten uns die beiden Männer, was wir tun sollten. Wir sollten Männer massieren und mit der Hand befriedigen. Für Oralsex sollten wir 4000 Yen (40 Dollar) bekommen. Allerdings mussten wir auch jeden Tag 7500 Yen (75 Dollar) bezahlen, einerlei, ob wir Kunden hatten oder nicht. Wenn wir nicht zahlten, galt der Betrag als Kredit, den wir abbezahlen mussten. Als Erstes stellten sie uns die Flugkosten in Rechnung und behaupteten, wir seien ihnen bereits 300 000 Yen (3000 Dollar) schuldig. Die Wohnung kostete 10 000 Yen (100 Dollar) am Tag. ›Also, haltet euch ran‹, sagten sie. ›Wenn ihr mehr Geld verdienen wollt, könnt ihr mit einem Kunden auch ins Bett gehen. Dafür kriegt ihr 20 000 Yen (200 Dollar). Da ihr drei Monate im Land bleiben dürft, könnt ihr alle Schulden zurückzahlen, wenn ihr fleißig seid.‹

Ich war entsetzt, aber ich konnte nichts tun. Nachdem ich die Bar verlassen hatte, irrte ich in Tokio herum, denn ich kannte den Weg zum Apartment nicht und fand erst nach zwei oder drei Stunden wieder zurück. Ich wollte meinen Pass und mein Flugticket holen und nach Hause zurückkehren, aber die Schublade war leer. Also konnte ich nur warten.

Als ich wieder auf Viktor traf, wirkte sein Gesicht so überheblich und triumphierend, dass ich wütend wurde und ihn anfuhr: ›Was zum Teufel machen Sie mit mir? Geben Sie mir sofort meinen Pass zurück und mein Flugticket. Sie sind ein Dieb, und wenn Sie mir die Sachen nicht zurückgeben, werde ich zur Polizei gehen.‹ Er antwortete vollkommen ruhig: ›Wir haben das Ticket gekauft, also gehört es uns und nicht dir. Ich stehle nichts, du undankbare Nutte. Geh doch zur Polizei. Du hast keinen Pass, oder? Sie werden dich als illegale Ausländerin festnehmen und ausweisen, aber du schuldest uns dann trotzdem noch Geld. Und wir werden es uns zurückholen. Ich weiß, wo deine Familie lebt, und meine Freunde wissen es auch.‹

Ich hatte ja meine Tochter bei meiner Mutter zurückgelassen und der Mann, der mich angeworben hatte, wusste, wo wir wohnten. Nach Viktors Drohung bekam ich daher große Angst um meine Familie. Ich fürchtete, dass sie meine Tochter und meine Mutter umbringen würden, wenn ich wegliefe. Wenn ich hätte fliehen können, dann hätte ich meine Botschaft aufsuchen müssen. Aber auch da fürchtete ich, dass Viktor dazwischenfunken könnte, vielleicht hatte er sogar Freunde in der Botschaft. Mein Gott, ich war so dumm.

Ich hatte keinen Platz zum Schlafen, kein Geld und konnte nirgendwo hingehen. Also blieb mir nur diese Arbeit. So etwas hatte ich noch nie getan. Sie hatten gesagt, dass wir für eine einfache Massage 1000 Yen (10 Dollar) bekämen. Ich hasste es, aber ich tat es. Die Männer anzufassen war schlimm genug, aber sie wollten immer Oralsex. Dafür bekam ich mehr Geld. In der ersten Woche massierte ich nur, aber Viktor und Slick verlangten 10 000 Yen (100 Dollar) am Tag für die Wohnung. Also versuchte ich es mit Oralsex, aber das ging mit den fremden Männern einfach nicht. Ich musste immer würgen. Allmählich begann ich auch, mich selbst zu hassen. Eines Tages ging ich dann weinend zum Geschäftsführer des Clubs. Er sagte, dass er nicht wisse, wo mein Pass sei. Ich weiß nicht, was er dann mit Viktor besprochen hat, aber er brachte mir meinen Pass zurück und riet mir, woanders Arbeit zu suchen. Dann erlaubte er mir, von seinem Telefon aus meine Mutter und meine Tochter anzurufen. Ich beschwor sie, einen sicheren Ort aufzusuchen. Sie sagten, dass Viktor schon einmal angerufen habe. Am liebsten wäre ich sofort nach Hause gefahren, aber ich konnte nicht, weil ich kein Geld hatte.

Also fragte ich in einem anderen Hostessenclub nach Arbeit, aber Viktor erfuhr sofort davon. Er kam in den Club und sagte: ›Du kannst nicht in Roppongi arbeiten. Ich habe dich in der Hand, und niemand wird einer undankbaren Hure wie dir einen Job geben.‹ Slick war auch dabei.

Ich bin wirklich nicht nach Japan gekommen, um Prostituierte zu werden. Man hat mir Arbeit als Hostess versprochen. Da mir der Geschäftsführer mein Ticket und meinen Pass gegeben hatte, beschloss ich, am nächsten Tag wegzulaufen. Ich unterhielt mich mit ein paar Frauen, die in der gleichen Situation waren, und wir beschlossen, zur Polizei zu gehen. Aber letztlich hatten alle derart Angst, dass nichts daraus wurde. Sie fürchteten, verhaftet zu werden und dann die Schulden nicht mehr zurückzahlen zu können. Außerdem wäre dann ein Anwalt nötig gewesen und alle wussten, wie furchtbar japanische Gefängnisse sind.

Viktor ist unnachgiebig und Slick auch. Die Hölle wäre noch zu gut für sie. Sie veranstalten auch Sexreisen für Geschäftsleute. Bei den Malediven haben sie ein großes Schiff, und die Mädchen fahren als Begleiterinnen mit. Die Männer können jeden Abend mit einem anderen Mädchen ins Bett gehen, wenn sie wollen. Ein polnisches Mädchen hat mir von einer dieser Reisen erzählt. Man hatte ihr 200 000 Yen (2000 Dollar) für fünf Tage versprochen, aber auch ihr zog Viktor einen gewissen Betrag als Miete ab und zahlte ihr schließlich nur die Hälfte aus. ›Das war doch wie Urlaub für dich‹, meinte er. ›Und 100 000 Yen sind gut genug für eine Urlaubsreise.‹

Ich verstehe nicht, dass die japanische Polizei das zulässt. Sie weiß doch, was da vor sich geht. Wahrscheinlich denken sie, dass alle Frauen, die nach Japan kommen, Prostituierte sind. Ich habe auch schon überlegt, in Polen zur Polizei zu gehen, wenn ich wieder zu Hause bin, aber ich habe solche Angst um meine Familie.

Im November ist eine Russin namens Karina auf eine solche Reise mitgefahren, ich war auch dabei. Karina hat sich ständig mit den Kunden gestritten, aber eines Abends war sie einfach weg. Viktor sagte, dass sie Magenschmerzen vorgetäuscht habe und dann, nachdem sie sie auf der Insel ins Krankenhaus gebracht hätten, weggelaufen sei. Aber niemand glaubte ihm. Ich habe gesehen, wie sie auf Zehenspitzen aus dem Zimmer geschlichen ist, in dem sie die Nacht verbracht hatte, und es sah ganz bestimmt nicht so aus, als wolle sie weglaufen. Als sie dann nicht mehr kam, ging ich in ihr Zimmer. Sie war nicht da, aber neben dem Bett entdeckte ich Blut, und es sah aus, als habe jemand versucht, es zu entfernen. Es roch stark nach Putzmitteln. Natürlich bekam ich Angst, aber ich konnte niemanden fragen, das wäre zu gefährlich gewesen. Ich konnte nicht einmal mit den anderen Frauen darüber reden. Ein Mann an Bord gehörte zur japanischen Mafia. Am Tag nach Karinas Verschwinden hatte er eine tiefe Schnittwunde im Gesicht. Vielleicht hat sie sich ja gewehrt, und er hat sie dann getötet. Das glaube ich jedenfalls. Möglicherweise war es auch nur ein Zufall. Das würde ich gerne glauben.

Nach der Reise haben sie mir ein bisschen zusätzliches Geld gegeben, wahrscheinlich eine Art Schweigegeld. Aber als alle wieder zu Hause waren, wollte sich sowieso niemand an diese schrecklichen Erlebnisse erinnern.

Es hat auch keinen Sinn, zur Polizei zu gehen, denn die würden einen als Hure nicht ernst nehmen.

Ich will mit keinem Mann mehr zusammen sein. Ich fühle mich nur noch schmutzig, nicht einmal mehr wie eine Frau, wie ein Nichts.«

Veronika redete lange und ich machte mir Notizen. Ihr Bericht unterschied sich kaum von dem, was ich sonst so gehört hatte. Die Motive für die Reise nach Japan und einige Details waren unterschiedlich, aber die Geschichte war im Wesentlichen immer die gleiche.

Am liebsten hätte ich mir sofort Viktor vorgenommen, aber dafür brauchte ich erst einmal seine Telefonnummer.

Also verbrachte ich einen Abend im »Dispario« und bestellte Drinks für Kiki, das verrückteste israelische Mädchen, das ich je getroffen habe. Sie war Viktors ehemalige Freundin.

Ich versuchte, ihr Viktors Nummer zu entlocken, aber sie war entweder gewarnt worden oder hatte Angst – vielleicht auch beides. Auf jeden Fall kam ich nicht wirklich weiter, und langsam ging mir das Geld aus. Zwei Stunden und 20 000 Yen (200 Dollar) später war Kiki zwar stark betrunken, schwieg aber immer noch, zumindest bezüglich der Sache, die ich von ihr wissen wollte. Sie konnte kaum noch aufrecht sitzen. Also stützte ich sie und begann ihre Schultern zu massieren.

»Du massierst großartig. Wo hast du das gelernt?«

»An einer schwedischen Massageschule.«

Sie lachte. »Du Lügner, aber mach weiter.«

Also massierte ich ihr den Nacken und fünf Minuten lang die Hände. Dann hörte ich auf und sagte: »Kiki, ich muss jetzt nach Hause.«

Sie legte den Kopf auf meinen Schoß und schaute zu mir hoch. »Geh bitte nicht.«

»Ich muss noch Berichte schreiben. Wenn du mich nach der Arbeit anrufst, dann komme ich zu dir und verpasse dir eine Ganzkörpermassage.«

Sie hob die Augenbrauen. »Eine Ganzkörpermassage? Okay, du bist gebucht.«

Und tatsächlich rief sie mich um drei Uhr morgens total betrunken an und wollte massiert werden. Also fuhr ich wieder in den »Dispario-Club«, dann gingen wir in ein Liebeshotel. Kaum waren wir im Zimmer, da streifte sie die Kleider ab, sprang aufs Bett, atmete aus und seufzte: »Ich bin so müde. Massier mich!«

Das tat ich etwa 20 Minuten lang, für sie gerade lange genug, um sich zu entspannen, aber nicht, um einzuschlafen. Eine gute Massage soll eigentlich nicht sexuell erregen, aber ich verabreichte ihr keine gute Massage, denn ich wollte sie erregen, und es klappte.

Plötzlich drehte sie sich um und meinte: »Das tut so gut, du darfst mich jetzt ficken.«

»Ich will dich nicht ficken. Ich habe wirklich andere Dinge im Kopf.«

»Was denn?«

»Ich brauche zum Beispiel Viktors Telefonnummer.«

»Warum willst du die verdammte Nummer?«

»Weil er mir Geld schuldet.«

Das schien ihr einzuleuchten. Sie zog eine Grimasse, gab mir aber dann die Nummer, die ich schnell notierte.

»Jetzt darfst du mich ficken«, sagte sie.

»Ich verlange nichts für die Massage, aber ich müsste etwas für ein gutes Ende verlangen.«

Sie setzte sich auf und starrte mich an. »Was?«

»Ich habe gesagt, dass ich dich nicht ficken werde, aber ich kann es dir trotzdem besorgen. Allerdings gehört das nicht zu einer normalen Massage, deshalb musst du dafür zahlen.«

Sie lachte, griff nach ihrem Kleid auf dem Stuhl, zog ein Bündel 10 000-Yen-Scheine heraus und warf es mir zu. »Hier ist dein Geld, du gieriger Junge. Und jetzt besorg's mir.«

Also brachte ich sie mit meinen Fingern zum Orgasmus.

Danach erlosch sie wie ein Licht. Ich deckte sie zu, legte ihre Kleider zusammen und sammelte die Geldscheine auf. Vielleicht hätte ich unter anderen Umständen an Sex mit ihr gedacht. Hätte ich die Nummer nicht bekommen und davon ausgehen können, dass Sex sie gesprächig machen würde, dann hätte ich es getan. Eine Sekunde lang war ich über mich selbst überrascht. Wahrscheinlich hätte ich danach ein schlechtes Gewissen gehabt, aber ich hätte es wohl getan.

Wie dem auch sei, jetzt hatte ich, was ich wollte, und war zufrieden. Ich beschloss, nach Hause zu fahren und nach Beni und Sunao zu schauen, ehe ich zur Arbeit fuhr. Vielleicht konnten wir noch zusammen frühstücken. Als ich dem Taxifahrer allerdings das Ziel nannte, gab ich die Zentrale der Tokioter Polizei an. Das merkte ich jedoch erst, als wir schon dort waren, und dann hatte ich keine Lust mehr, noch einmal wegzufahren.

Damals fühlte ich mich im Presseclub fast mehr zu Hause als zu Hause. Und wenigstens würde ich hier niemanden aufwecken. Also fuhr ich mit dem Aufzug in den Presseclub, holte Kleider aus meinem Spind, duschte und legte mich zufrieden in den Ruheraum.

Slicks Nummer kannte ich bereits vom Fall Lucie Blackman her. Doch bevor ich ihn interviewte, wollte ich erreichen, dass er sich irgendwie selbst belastete. Daher ließ ich eines der Barmädchen aus dem »Dispario« bei ihm anrufen. Dies ist ein Protokoll der Tonbandaufnahme:

> »Hallo. Spreche ich mit Slick?«
> »Ja, hier ist Slick.«
> »Mein Name ist Cindy Semenara. Ich suche einen Job als Hostess oder Begleitdame. Eine Freundin hat mir geraten, Sie anzurufen.«

»Wenn Sie mit mir reden wollen, dann kommen Sie her. Woher sind Sie?«

»Ich bin aus Kanada.«

»Okay.«

»Wohin soll ich denn kommen?«

»Wo sind Sie jetzt?«

»Ich bin in Roppongi. Was für Jobs haben Sie denn anzubieten?«

»Ich bin auch in Roppongi. Wie wär es mit sieben oder acht Uhr?«

»Aber ich weiß ja noch gar nicht, um welche Jobs es geht.«

»Nun, wie wäre es mit einem Club oder so? Einem Nachtclub.«

»Na ja, eigentlich hatte ich an einen Job als Hostess gedacht.«

»Ja, klar. Ein Job als Hostess, kein Problem. Vielleicht können Sie in einer Bar arbeiten. Aber wenn Sie darüber reden wollen, dann kommen Sie her.«

»Ich wüsste erst noch gerne, um was für eine Art Club es sich handelt.«

»Ein Club nur für Gentlemen. Mein Club, ganz in der Nähe, ein echt guter Club. Woher haben Sie eigentlich meine Telefonnummer?«

»Meine Freundin Anna hat mal in einem Ihrer Clubs gearbeitet. Sie hat gesagt, dass ich auch Viktor anrufen soll. Allerdings habe ich kein richtiges Visum, nur ein Touristenvisum. Ist das okay?«

»Kein Problem. Ich kümmere mich um alles. Kein Problem.«

»Ich habe Erfahrung als Begleithostess in Kanada.«

»Auch das können Sie machen.«

»Eigentlich suche ich so einen Job.«

»Wo sind Sie jetzt?«

»In der Nähe vom ›Hotel Ana‹.«

»Kennen Sie das ›Almond Café‹? Können Sie dort hinkommen?«

»Ich habe auch gehört, dass Sie Kreuzfahrten zu den Malediven organisieren. Das käme für mich auch in Frage.«

»Darüber reden wir, wenn wir uns treffen. Ginge es in einer Stunde?«

»Wie schaut es denn mit der Bezahlung aus? Wie viel würde ich bekommen?«

»Für welchen Job?«

»Für den Begleitservice.«

»Wenn Sie gut sind, vielleicht 1,5 Millionen Yen (15 000 Dollar) im Monat.«

»Und was muss ich dafür tun? Nur einen runterholen oder auch Oralsex oder ...?«

»Alles, alles.«

»Bekomme ich das ganze Geld oder geht da für Sie eine Provision ab?«

»Darüber reden wir später.«

»Ich möchte nur wissen, worauf ich mich einlasse.«

»Wenn Sie sehr gut sind, können Sie zwei bis drei Millionen Yen (20 000 bis 30 000 Dollar) im Monat verdienen. Das ist durchaus möglich.«

»Kümmern Sie sich auch um eine Unterkunft?«

»Ich habe da etwas Neues am Laufen. Eine neue Bar.«

»Können Sie mir eine Wohnung besorgen? Ich habe zurzeit nämlich nur eine ganz kleine Bude.«

»Wir können Ihnen eine Wohnung geben.«

»Kann ich ein Visum für Künstler bekommen oder eine Arbeitserlaubnis?«

»Das glaube ich nicht.«

»Das klingt ja alles ganz gut, aber gibt es da wirklich kein Problem, wenn ich mit einem Touristenvisum arbeite?«

»Nein, gar kein Problem.«

»Ist eigentlich Prostitution hier erlaubt?«

(Slick lacht.) »Darüber möchte ich am Telefon nicht reden. Wenn wir uns treffen, können wir alles besprechen. Rufen Sie mich einfach an, wenn Sie im ›Almond Café‹ sind, dann komme ich. Irgendwann in der nächsten Stunde.«

Mein Gesicht war in Roppongi schon ziemlich bekannt, daher gab ich, auch wenn sich Slick wahrscheinlich nicht an mich erinnern würde, vorsichtshalber Matchie, einem Jungreporter, das Band und bat ihn, Slick für den Artikel zu interviewen. Ich war mir sicher, dass das nicht gefährlich für ihn war, doch leider brachte er mir wenig Brauchbares. Deshalb beschloss ich, ihn beim zweiten Interview zu begleiten.

Wir trafen uns im »Club Katy«. Seit seinem Gespräch mit Matchie hatte Slick an seiner Geschichte noch etwas gefeilt. Er wirkte auf seine lockere Art richtig charmant. Ich hatte eine Verkörperung des Bösen erwartet und bekam stattdessen Goebbels.

»Viktor nimmt ihnen nur deshalb die Pässe ab, damit sie ihre Versprechen halten«, begann er.

Sein Englisch war nicht sonderlich gut, aber ich verstand ihn. Als er ins Japanische wechselte, gab er zu, dass er ein- oder zweimal einen Pass von Viktor bekommen und ein paar Tage behalten hatte. Viktor kenne er seit acht Jahren. »Wir sagen den Mädchen immer von Anfang an, dass es um Arbeit in einem Sexclub geht, wenn sie nach Japan kommen. Was Veronika[17] betrifft, wir haben auch ihr die Konditionen klar und deutlich genannt, aber sie wollte nicht tun, was sie versprochen hatte. Wir haben sie nie betrogen.«

Er gab zu, dass er und seine Helfershelfer Mädchen über das Internet anwarben – etwa über die Seite www.jobsinjapan.com – oder sie von einem Untergrundnetzwerk nach Japan geliefert bekamen. »Ein Agent in Deutschland bat mich darum, Jobs für Frauen zu suchen, die bereit waren, als Prostituierte zu arbeiten«, sagte er beiläufig.

Anscheinend wollte er gar nicht erst leugnen. Er redete zwar mit mir, sprach mich aber nicht direkt an. Offenbar wollte er Matchie, seinen Landsmann, davon überzeugen, dass er nur ein missverstandener Geschäftsmann war, dass die ganze Sache also lediglich falsch dargestellt worden war.

»Viktors Version klingt da aber ganz anders«, warf ich ein, obwohl das nicht ganz stimmte. »Er sagt, dass Sie der Mann fürs Grobe seien, die Mädchen belügen und ihnen das Geld wegnehmen. Rufen Sie ihn doch an, wenn Sie mir nicht glauben – hier ist seine Nummer.« Dabei reichte ich ihm mein Handy mit Viktors Nummer auf dem Display.

---

[17] Ich hatte dafür gesorgt, dass Veronika außer Landes und in Sicherheit war, bevor ich Slick interviewte.

Das brachte ihn doch etwas aus dem Gleichgewicht, er fluchte unterdrückt, spielte mit seinem Pferdeschwanz und blähte die Backen auf. »Viktor ist ein verdammter Lügner«, knurrte er nach einer Weile und mahlte dabei mit den Zähnen.

Dann entschloss er sich dazu, auszupacken. Als er fertig war, hatten wir genug Stoff für den Artikel. Er hatte zugegeben, Pässe wegzunehmen, gelegentlich Zwang auszuüben, ein Zuhälter für Ausländerinnen zu sein und japanische Gesetze zu brechen.

Der Artikel erschien am 8. Februar 2004 in der Morgenausgabe. Die Reaktion innerhalb der *Yomiuri* war gut, und ich war begeistert. In meiner Naivität erwartete ich, dass jetzt etwas geschehen werde – dass vielleicht sogar die Gerechtigkeit siegen würde.

Wie konnte ich nur so dumm sein! Glaubte ich wirklich, dass die Tokioter Polizei Slick und Viktor verhaften, ihre Clubs schließen und die Frauen befreien würde?

Slim, der Leiter der neu geschaffenen Abteilung eins des Dezernats für das organisierte Verbrechen – er war dem Pensionsalter nahe –, hatte meist mit illegalen Ehen und illegaler Einwanderung zu tun. Nachdem er den Artikel gelesen hatte, rief er mich an, weil er mit mir darüber reden wollte.

Aufgeregt packte ich meine Akten, meine Notizen und meine Telefonnummern zusammen und ging um zehn Uhr morgens in Slims Büro.

Er war sehr freundlich. »Gute Arbeit, Jake. Ein sehr interessanter Artikel.«

»Danke«, gab ich selbstzufrieden zurück. »Werden Sie gegen diese Ganoven vorgehen?«

»Das würde ich wirklich gerne tun. Glauben Sie denn, dass eine dieser Frauen mit mir reden würde?«

»Das lässt sich sicher arrangieren. Aber Sie müssen sie dann natürlich schützen.«

»Ich fürchte, wir müssen sie eher festnehmen und ausweisen, weil sie keine Arbeitserlaubnis hat, sondern nur ein Touristenvisum. Aber aufgrund ihrer Zeugenaussage könnten wir die zwei Kerle immerhin wegen des Verstoßes gegen die Einreisebestimmungen und vielleicht wegen einiger anderer Delikte verhaften. Dann könnten wir ihren Laden dichtmachen.«

Das gefiel mir gar nicht. »Aber warum müssen Sie die Frau denn festnehmen? Glauben Sie ernsthaft, dass jemand mit Ihnen redet, wenn ihm dafür Gefängnis blüht?«

»Tja, so ist nun mal das Gesetz. Und wir müssen die Gesetze befolgen.« Ich blätterte durch meine Akten und zog eine Anweisung der Landespolizeibehörde heraus. »Hier steht doch, dass alle Polizisten in Japan sich ernsthaft bemühen müssen, Menschenhandel zu unterbinden, und dass sie sich um die Opfer dieser Verbrecher kümmern sollen.«

Slim schnaubte. »Jake, das ist doch purer Behördenquatsch. Das hat mit der Realität nichts zu tun. Wir dürfen es einfach nicht ignorieren, wenn jemand hier illegal arbeitet, und wir dürfen niemanden schützen, nicht einmal die Opfer. Es gibt keine Kriterien, die jemanden als Opfer von Menschenhändlern erkennbar machen. Und darum ist es unmöglich, diese Leute anzuklagen. Die Opfer gelten als illegale Arbeiterinnen und werden zwangsweise abgeschoben. Da es dann keine Zeuginnen gibt, ist auch keine Anklage möglich. Wenn wir aber eine der Frauen, die von diesen Kerlen betrogen wurden, nicht festnehmen würden, dann wäre das eine grobe Pflichtverletzung.«

Theoretisch konnte ich also eine Menge Frauen vor der Ausbeutung retten, aber dafür hätte ich meine Informantinnen, einschließlich Helena, verpfeifen müssen. Ich hätte sie opfern müssen, und das konnte ich nicht. Wütend und niedergeschlagen gab ich ihm Viktors und Slicks Telefonnummern, packte meine Sachen zusammen und wollte mich verabschieden.

Da beugte sich Slim vor und flüsterte mir zu: »Wie ich sehe, gefällt Ihnen diese Situation nicht. Mir auch nicht. Es ist eine Art Sklaverei. Aber weil es Prostitution ist, sind wir nicht dafür zuständig. Ich kann nur gegen illegale Einwanderung oder Arbeit ohne Erlaubnis vorgehen, je nachdem, welches Visum diese Frauen haben. Menschenhandel fällt in eine Grauzone. Am besten reden Sie mit dem Leiter des Sittendezernats.«

Der Chef des Sittendezernats hatte eine Kopie meines Artikels auf dem Schreibtisch liegen. Er war ein kleiner Mann mit Kraushaar, einer quadratischen, randlosen Brille und einer dröhnenden Stimme. Ich gab ihm den Spitznamen Curly.

»Gute Arbeit, Adelstein. Sie sollten Polizist werden.«

»Danke. Was halten Sie von dem Ganzen? Werden Sie die Kerle verhaften?«

Er sog Luft durch die Zähne ein und erzeugte so ein Geräusch, das man bei älteren Japanern oft hört, wenn man ihnen eine Frage stellt, die sie nicht beantworten wollen. »Es geht da wohl eher um illegale Einwanderung. Haben Sie denn schon mit der zuständigen Abteilung eins gesprochen.«

»Die haben mir gesagt, dass Sie zuständig sind, wenn es um Prostitution geht.«

»Ach, wirklich?«

»Ja.«

Curly nahm meinen Artikel in die Hand und überflog ihn.

»Jake, das Sittendezernat hat eine Menge zu tun. Drogen, Waffen, Lizenzen für legale Sexshops, Schließung illegaler Sexshops und vieles mehr. Selbstverständlich haben wir es hier mit Prostitution zu tun, mit oder ohne Zwang. Sind Teenager unter den Mädchen?«

»Nicht, dass ich wüsste.«

»Okay, dann fällt der Aspekt Kinderschutz weg. Ich wollte nur sicher sein.«

»Und wie geht es nun weiter?«

»Sie sagen mir, was Sie wissen, vielleicht können wir dann irgendwelche Verstöße gegen das Prostitutionsgesetz nachweisen. Das kostet natürlich Zeit, und für die Beschuldigten ist die Strafe ein Klacks, selbst wenn wir eine Verurteilung erreichen.«

»Okay.«

»Noch etwas: Sind alle Prostituierten Ausländerinnen?«

»Ja.«

»Tja, in unserer Abteilung gibt es nicht viele Beamte, die Fremdsprachen beherrschen. Das heißt, wir müssen das Dezernat für internationale Kriminalität um Hilfe bitten. Ehrlich gesagt sind diese Kollegen aber nicht besonders scharf darauf, uns zu unterstützen, wenn es um ganz banale Prostitution geht.«

»Sie können also nichts tun?«

»Doch, aber es kostet viel Zeit, viel Organisation. Budgetprobleme. Personalprobleme. Sprachprobleme.«

»Gut, aber ich gebe Ihnen trotzdem, was ich habe.«

»Ich nehme es, aber vielleicht kann ich nichts damit anfangen.«

»Aber es sind eindeutig kriminelle Aktivitäten.«

»Es gibt überall kriminelle Aktivitäten. Und unser Personal reicht gerade dafür aus, ein paar symbolische Verhaftungen vorzunehmen, damit die Leute beruhigt sind. Das werden wir auch tun. Aber für uns ist das kein einfacher Fall.«

Das war's.

Zum ersten Mal war ich von der Polizei restlos enttäuscht. Natürlich mussten sie sich an die bestehenden Gesetze halten, aber ich wollte unbedingt, dass sie etwas unternahmen.

Aber Viktor schaffte immer noch weiter Frauen ins Land und Slick verdiente weiter Geld. Ein paar Clubs änderten nach Erscheinen des Artikels zwar ihren Service. Und manche Leute mieden die Reisen zu den Malediven. Aber so richtig änderte sich nichts. Helena war nicht zufrieden mit mir. Und ich war auch nicht zufrieden mit mir. Ich war so wütend und frustriert, dass ich mein gesamtes Material einem Bekannten in der amerikanischen Botschaft übergab. Zumindest war es gutes Futter für das jährliche Weißbuch über Menschenhandel.

Ich achtete darauf, dass der Artikel korrekt ins Englische übersetzt wurde, und bemerkte erfreut, dass er sich über das Internet rasch verbreitete. Angeblich hatte Viktor auch immer mehr Mühe, neue Frauen anzuwerben.

Ich war richtig begeistert, als das amerikanische Außenministerium Japan im Juni auf die Liste der Länder setzte, die Menschenhandel nicht ernsthaft bekämpften. Japan rangierte nur knapp vor Nordkorea. Das hatte für die Japaner eine Signalwirkung. Nationale Demütigung ist ein Faktor, den man nicht unterschätzen darf, wenn es gilt, die japanische Regierung wachzurütteln.

Ende des gleichen Monats wurde mir noch eine weitere Genugtuung zuteil: Die amerikanische Botschaft veranstaltete an der Universität der Vereinten Nationen ein Symposium über Menschenhandel und lud mich als Diskussionsteilnehmer dazu ein – nicht als Journalist, sondern als Teilnehmer. Ich fühlte mich sehr geehrt.

Auf der Konferenz hielt der Vertreter der Nationalen Polizeibehörde eine Rede, in der er die erstaunlichen Fortschritte seines Landes bei der Bekämpfung des Menschenhandels pries. Ich konnte es mir natürlich nicht verkneifen, danach die Hand zu heben und eine Brandrede zu halten, in der ich von meinen Erfahrungen mit der Tokioter Polizei berichtete und dann anhand der Ausflüchte, die ich selbst zu hören bekommen hatte, erklärte, warum die Anweisungen der Nationalen Polizeibehörde nur wertloses Papier waren. Die Fragen, die nach mir gestellt wurden, waren kaum weniger schonungslos.

Am nächsten Morgen erschien mein Artikel über die Konferenz unter der Überschrift »Japan – Königreich des Menschenhandels? Die USA fordern, dass Japan Menschenhandel als Verbrechen behandelt«. Normalerweise schreiben Journalisten ihre Schlagzeilen nicht selbst, aber in diesem Fall hatte ich dafür gesorgt, dass ich die Überschrift bekam, die ich wollte. Dazu musste ich einem der Jungs im Layout nur eine Flasche Sake im Wert von 8000 Yen kaufen.

Als ich am selben Tag wieder zur Konferenz ging, wartete ein Trio erzürnter japanischer Bürokraten auf mich. Einer war von der Nationalen Polizeibehörde, einer vom Justizministerium und eine vom Außenministerium. Die Dame war offensichtlich mitgeschickt worden, weil sie englisch sprach. Während die anderen hinter ihr standen, wedelte sie mit der Zeitung vor meinem Gesicht herum und schnaubte: »Diese Schlagzeile ist unentschuldbar.« Dabei vergaß sie ganz ihren Auftrag und sprach japanisch.

Ich nahm ihr die Zeitung ab, las die Überschrift und meinte: »Sie haben vollkommen recht, man hätte die Schlagzeile anders formulieren müssen. Das Fragezeichen hinter ›Japan – Königreich des Menschenhandels‹ müsste eigentlich ein Ausrufezeichen sein. Und der Teil über die Amerikaner ist unwichtig. Die Überschrift sollte eher lauten: ›Japan – Königreich des Menschenhandels! So schlimm wie Nordkorea?‹«

Ich war so richtig in Fahrt, denn ich hatte etwas aufgedeckt, für das ich wirklich kämpfen wollte. Man gewinnt wohl an Ausstrahlung und Macht, wenn man sich auf einem Kreuzzug befindet. Rechtschaffene Wut kann einen Menschen enorm motivieren. Ich hatte bisher sicher einiges getan, worauf ich nicht besonders stolz war, doch im

Vergleich zu den »Fleischhändlern«, über die ich schrieb, kam ich mir wie der Dalai-Lama vor.

Ja, ich war wütend. Und es machte mich rasend, dass die japanische Polizei und die japanische Regierung sich nicht um den damals immer weiter ausufernden Menschenhandel kümmern und nichts damit zu tun haben wollten. Der Polizei konnte ich keine großen Vorwürfe machen, denn Gesetz ist Gesetz, und was hätte sie ohne entsprechende Gesetze gegen den Menschenhandel tun können? Das Problem begann nicht bei der Polizei, sondern auf einer viel höheren Ebene.

Ich dachte wie ein Polizist, der eine Schießerei in der Unterwelt untersucht. Wen interessiert schon der Schütze? Er befolgt ja nur seine Befehle. Wenn man etwas bewirken will, dann muss man die Person schnappen, die den Schießbefehl gegeben hat.

Also beschloss ich, die japanische Regierung so gut ich konnte in Bedrängnis zu bringen.

Das eigentliche Verbrechen bestand in diesem Fall darin, dass der Missbrauch von Ausländerinnen stillschweigend geduldet wurde. Dafür brauchte ich Beweise, und ich hatte auch schon eine Idee. Die von der UNO unterstützte Internationale Arbeitsorganisation (IAO) hatte eine Studie über Menschenhandel in Japan durchgeführt, die von der japanischen Regierung bezahlt worden war. Der Bericht war entlarvend: Japan bestrafte Menschenhändler nicht und kümmerte sich nicht um deren Opfer. Daraufhin befahl die japanische Regierung der IAO, den Bericht unter Verschluss zu halten. Er sollte nie veröffentlicht werden.

Aber ich wusste, dass er existierte, und bekam über gewisse Kanäle eine Kopie. Am 19. November 2004 wurde er zum Aufmacher der *Yomiuri*. Ich musste für einen anständigen Artikel kämpfen, aber es lohnte sich. Am nächsten Tag schrieb ich noch einen Artikel darüber. Mein Informant verriet mir, dass die Regierung einen Aktionsplan gegen Menschenhandel veröffentlichen wollte und dass mein Artikel sie zu drastischen Änderungen veranlasst hatte, um die Opfer besser zu schützen. Endlich hatte ich als Reporter einmal etwas bewirkt, so gering mein Beitrag auch gewesen sein mochte.

Was Viktor und Slick betraf, gab ich ebenfalls nicht auf. Schließlich wanderten beide in den Knast. Das Drogendezernat war auf Slick aufmerksam geworden und hatte seine Clubs durchsucht – damit war er raus aus dem Geschäft. Und irgendjemand lieferte dem japanischen Zoll und der niederländischen Polizei so viele Informationen über Viktors Geschäfte, dass er bald hinter Gittern saß. Anscheinend verriet jemand seinen Namen auch an die örtlichen Yakuza, die ihn windelweich prügelten, weil er in ihr Revier eingedrungen war.

Ich hatte also doch etwas erreicht. Nein, besser gesagt hatten Helena und ich etwas erreicht. Denn sie war so mutig gewesen, den Kontakt zu mir zu suchen, und hatte härter als ich für die Geschichte gearbeitet. Es wäre nur gerecht gewesen, auch sie als Autorin zu nennen. Letztendlich hörten die Sexreisen zu den Malediven auf und Slicks Clubs wurden durchsucht und geschlossen. Der Gerechtigkeit war also doch zumindest ein wenig Genüge getan worden.

Während ich an den Artikeln über Menschenhändler arbeitete, passierte etwas mit mir. Ich weiß nicht, wann und warum es passierte. Es fiel mir zunehmend schwer, mit den Opfern zu reden und dabei Distanz zu wahren. Ihre Geschichten gingen mir einfach nicht aus dem Kopf, und manche Bilder verfolgten mich ständig. Da war der magere, zahnlose, sechsjährige Sohn einer thailändischen Prostituierten, den sie nicht zum Zahnarzt bringen konnte, weil die Behörden dann hätten erfahren können, dass sie sich beide illegal in Japan aufhielten, und das wollten die Menschenhändler verhindern.

Oder die Koreanerin, die ein Freier brutal zusammengeschlagen hatte. Dann hatte er noch Zigaretten auf ihren Brüsten ausgedrückt. Dieser Kerl, wahrscheinlich ein rangniedriger Yakuza, hatte sie zudem geschwängert und mit Aids angesteckt. Sie glaubte, dass sie von Gott verflucht sei, und es fiel mir schwer, ihr zu widersprechen.

Oder die estnische Frau, die mit einer Sakeflasche geschändet worden war – und zwar so heftig, dass sie operiert werden musste. Der Grund: Sie hatte einen Kunden bespuckt.

Und es gab noch viele andere.

In fast allen Fällen wussten die Frauen nicht, wer sie missbraucht hatte, wo man sie festgehalten hatte und welche Japaner die Hände im Spiel hatten. Sie erinnerten sich zwar an ihr Leiden, konnten aber selten brauchbare Hinweise liefern, die zur Entlarvung der Verantwortlichen hätten führen können. Es war wie ein Kampf gegen Geister. Sobald ein Sexclubbesitzer verhaftet wurde, wurden die meisten Frauen wegen des Verstoßes gegen die Aufenthaltsbestimmungen abgeschoben, sodass für weitere Anklagen die Beweise fehlten. Als ich die Polizisten davon zu überzeugen versuchte, dass sie die Menschenhändler wegen Vergewaltigung, Körperverletzung und anderen Delikten verhaften müssten, erwiderten sie bloß: »Dafür brauchen wir Beweise, und diese Frauen sind schlechte Zeuginnen, weil sie nicht japanisch sprechen. Außerdem haben sie illegal in Japan gearbeitet, was eine Straftat ist, und müssen daher abgeschoben werden. Aber sobald sie einmal abgeschoben sind, ist es schwer, noch Material für eine Anklage zu bekommen.«

Es war ein Teufelskreis. Ich wusste, dass sich nur dann etwas ändern würde, wenn die Gesetze geändert würden, aber das war leider nicht zu erwarten.

Ich versuchte alle nur möglichen Kontakte zu pflegen, um mit den Opfern sprechen zu können. Doch einerlei, wie sehr ich mich auch bemühte, ich fand nie viel über die Täter heraus. Dafür fehlten mir die Möglichkeiten und das Geld. Ich begann, enorme Beträge aus eigener Tasche auszugeben, um den Frauen zu helfen, die ich traf. Manchen verhalf ich zu einer Abtreibung, die in den Akten der Klinik nicht auftauchte.

Bezüglich Abtreibung war ich geteilter Meinung, aber ich fand, dass keine Frau gezwungen sein sollte, das Kind eines Mannes auszutragen, der sie vergewaltigt oder ihre widerwilligen Dienste gekauft hatte. Einige Male bezahlte ich auch Flugtickets. Ich tat, was ich konnte, und das widersprach natürlich jeglichen Regeln der Objektivität. Nimm dir die Dinge nicht zu sehr zu Herzen! Ich nahm sie mir sehr zu Herzen.

Mit der Zeit verlor ich auch das Interesse an Sex. Er kam mir vulgär, abstoßend und brutal vor. Alles am Sex schien irgendwie unangenehm zu sein. Ich war nicht impotent, nur uninteressiert. Chronische Müdigkeit spielte dabei selbstverständlich auch eine Rolle.

Natürlich hätte ich über all das mit meiner Frau reden sollen, aber ich tat es nicht. Wann auch, ich war ja kaum zu Hause. Ich rief abends an und sagte den Kindern gute Nacht. Manchmal schrieb ich meiner Frau während des Tages E-Mails, aber oft vergaß ich es. Allmählich baute ich eine Distanz auf und ich beobachtete diesen Prozess, als würde ich einen anderen Menschen beobachten. Vielleicht hätte ich es ihr erklären können, aber ich wollte nicht. Da sie sich nicht für meine Arbeit zu interessieren schien, hörte ich auf, darüber zu sprechen. Wir stritten uns. Sie warf mir vor, zu viel Geld für Alkohol auszugeben, und ich wollte nicht zugeben, dass ich es für Frauen ausgab, die sie nicht kannte. Warum? Weil ich fürchtete, dass sie es mir verbieten würde. Wahrscheinlich hätte sie das gar nicht getan, sondern mich unterstützt, aber ich habe ihr keine Chance dazu gegeben.

Wenn Lügen zum Beruf gehört, dann vergessen Sie, wie wichtig Ehrlichkeit für die Liebe ist.

Irgendwann fing ich an im Hinterzimmer des Hauses zu schlafen, wenn ich spät nach Hause kam. Da wir das Schlafzimmer mit den Kindern teilten, war Intimität natürlich sowieso erschwert. Eigentlich hatten wir gar kein Schlafzimmer, nur ein Wohnzimmer, in dem wir unsere Futons ausbreiteten.

Selbst wenn ich früh nach Hause kam, was selten geschah, suchte ich immer öfter nach Gründen, im Hinterzimmer zu schlafen. Dort fühlte ich mich wohler. Denn ich wollte nicht mehr berührt werden, wenn ich schlief.

Ich merkte, dass ich langsam ausbrannte. Wenn meine Eltern mit mir sprachen, fiel ihnen auf, dass ich zerstreut war. Ich begann darüber nachzudenken zu kündigen und nach Hause zu fahren. Ich hielt dies für eine gute, eine schlaue Entscheidung. Die beste Entscheidung für mich, unsere Ehe und die Kinder.

ZEHNTAUSENDUNDEINE ZIGARETTE

Manchmal überrascht es mich, wie oft ich wieder dort lande, wo ich begonnen habe.

»Hier ist eine Schachtel mit dem edelsten Tabak, den man für Geld kaufen kann«, sagte ich, als Sekiguchi die Tür öffnete, und hob den Beutel mit der Aufschrift »zollfrei« hoch. Er war erstaunt, mich zu sehen – eigentlich sollte ich gar nicht in Japan sein. Aber das kümmerte ihn nicht. Ich war im Januar 2006 gegen fünf Uhr nachmittags unangekündigt bei ihm erschienen. Er war allein zu Hause – zu einer vernünftigen Zeit, was selten vorkam.

Er musste zweimal hingucken, dann rief er aus: »Jake! Ein gutes neues Jahr!«

»Ihnen auch. Ich dachte, ich bringe Ihnen die Neujahrskarte diesmal persönlich vorbei.« Ich überreichte sie ihm. Meine ganze Familie war darauf abgebildet. Es waren nette Fotos von Beni und Ray, meinem Sohn. Sunao und ich sahen zufrieden aus. Wir hatten Grüße auf Japanisch und Englisch auf die Karte geschrieben. Es war wahrscheinlich das erste Mal seit Jahren, dass ich Zeit gehabt hatte, mich hinzusetzen und eine anständige Karte zusammenzustellen.

Sekiguchi amüsierte sich über unser sechseckiges pseudojapanisches Haus auf den Fotos.

»Danke für die Karte. Aber haben Sie noch nie etwas von Briefmarken gehört? Oder kennt ihr Barbaren im Mittleren Westen so etwas nicht? Kommen Sie rein. Meine Frau und die Kinder sind beim Einkaufen, sie kommen so in einer Stunde zurück.«

Ich zog an der Haustür die Schuhe aus, stellte sie so hin, dass die Spitzen zur Tür zeigten, und ging hinein. Dabei sprach ich die obligatorischen Worte »*Ojama shimasu*« (Entschuldigen Sie bitte die Störung).

Als ich meinen Schirm an den Kleiderständer hängte, betrachtete er meine Füße. »Heute passen Ihre Socken nicht zueinander. Sunao und die Kinder sind also in Amerika geblieben, oder?«
Ich lachte. Seine Augen waren scharf wie immer.
Er dankte mir für die Kiste mit Zigaretten, dann holte er einen Aschenbecher, der erstaunlich sauber war.
Er zog eine Packung heraus, betrachtete sie sehnsüchtig, zuckte mit den Schultern und öffnete sie. Ich blieb bei meinen Nelkenzigaretten. Er zündete meine Zigarette an, ich seine.
Sekiguchi legte das Gesicht ein wenig in Falten, als er den Nelkentabak roch. »Diese Dinger riechen jedes Mal wie Weihrauch. Wissen Sie ... noch bin ich nicht tot.« Er inhalierte tief.
»Was meinen Sie damit?«
»Waren Sie früher nicht ein kleiner Mönch? Weihrauch wird bei Beerdigungen verwendet. Sie brauchen ihn nicht jetzt zu rauchen, tun Sie es dann für mich, wenn die Zeit gekommen ist. Kein Grund zur Eile. Aber es wird bald so weit sein.«
»Ist es wirklich so schlimm?«
»Ja, ich bin so früh zu Hause, weil ich gestern eine Chemotherapie hatte. Ich konnte danach nicht arbeiten. Normalerweise gehe ich jeden Tag hin. Was soll ich auch sonst tun? Golf spielen? Die Ärzte sagen, dass mir noch ungefähr ein Jahr bleibt, vielleicht zwei.«
Sekiguchis Krebs hatte sich ausgebreitet. Er hatte ausgerechnet im Appendix begonnen und rasch Metastasen gebildet. Eine Zeitlang hatte es so ausgesehen, als wäre er geheilt, aber der Krebs war immer noch da und fraß sich unaufhörlich weiter. Als man ihn zum zweiten Mal diagnostizierte, war es viel zu spät.
Wäre Sekiguchi ein mächtiger Gangster wie Tadamasa Goto gewesen, hätte er die beste Behandlung der Welt bekommen. Mehrere Ärzte hätten seine Werte analysiert, ihn untersucht und seine Fortschritte Tag und Nacht überwacht. Er hätte in der Klinik der Tokioter Universität eine ganze Suite für sich allein gehabt. Aber er war nicht Tadamasa Goto, sondern nur ein einfacher Polizist, der nie über den Rang eines Polizeimeisters hinausgekommen war, und er hatte nicht viel Geld.

Er konnte es sich nicht einmal leisten, zu Hause zu bleiben und sich zu erholen. Er musste immer noch jeden Tag zur Arbeit gehen. Selbst in Japan war es teuer, nicht zu sterben.

»Wissen Sie, ich habe endlich aufgehört zu rauchen. Ein wenig spät, aber immerhin hab ich's getan.«

»Tut mir leid. Ich hätte die Dinger nicht mitbringen sollen.«

»Nein, nein. Eine letzte Zigarette mit Ihnen, das gefällt mir irgendwie. Sogar mit diesen beschissenen Premiumzigaretten. Vielleicht rauche ich eine von Ihren.«

»Bedienen Sie sich.« Ich bot ihm eine an.

Er nahm sie, klopfte damit sanft auf den Tisch, betrachtete sie von oben bis unten, zündete sie an und inhalierte.

»Süß. Nicht schlecht, gar nicht schlecht. Also, erzählen Sie mir, was es Neues gibt, während ich dieses Ding rauche. Ich hoffe, Sie hatten einen guten Grund, wieder nach Japan zu reisen, andernfalls trete ich Ihnen nämlich in den Arsch. Denn ich halte es für keine gute Idee, so früh zurückzukommen.«

Er hatte recht. Er hatte fast immer recht. Er hatte auch recht gehabt, als wir vor ein paar Monaten im Hotel in Shinjuku das nette Gespräch mit den Abgesandten von Goto geführt hatten. Seither hatte sich viel verändert. Ich hatte im November 2005 bei der *Yomiuri* gekündigt, etwa einen Monat, nachdem Gotos Leute mich bedroht hatten. Eigentlich sollte der Goto-Artikel mein letzter Knüller sein, eine Art krönender Abschluss. Aber das hatte nicht geklappt, und ich hatte keine Lust, an einem weiteren Artikel zu arbeiten, der sowieso nicht an prominenter Stelle gedruckt werden würde. Die *Yomiuri* erlaubte mir, den größten Teil meines ausstehenden Urlaubs zu nehmen, und ließ mich ziehen. Ich hatte gerne für die *Yomiuri* gearbeitet, aber seit Anfang 2005 forderten die Artikel über den Menschenhandel ihren Tribut, und meine unangenehme Begegnung mit Gotos Leuten genügte, um mich zum Packen zu veranlassen. Die Leute von der *Yomiuri* waren sehr verständnisvoll, und ich durfte nach meinem Ausscheiden sogar meine Betriebsversicherung behalten.

Also kehrte ich nach Hause in den Mittleren Westen zurück. Dort meldete ich mich für einen juristischen Eignungstest an, denn ich wollte Jura studieren. Ich bemühte mich aufrichtig, ein neues Leben zu führen. Keine Zigaretten. Keine Trinkgelage bis drei Uhr morgens. Keine Freunde, die mich nach Mitternacht anriefen. Kein Herumhängen mit Polizisten, Stripperinnen oder Prostituierten. Nichts, was gefährlicher war als ein Rasenmäher.

Dann schickte mir mein Kumpel Ken, der für die CIA arbeitete, eine E-Mail. Das amerikanische Außenministerium finanzierte eine umfangreiche Studie über den Menschenhandel in Japan. Er sagte, dass er mich für den Job empfohlen habe, und wollte wissen, ob ich interessiert sei. Ich las die Mail mehrere Male.

Und ich dachte lange darüber nach. Mit Goto hatte ich anscheinend alles geklärt. Wir hatten eine Art Friedensvertrag geschlossen. Trotzdem wollte ich meine Familie nicht mit nach Japan nehmen, denn ich traute diesen Ganoven nicht. Das Angebot hörte sich gut an, und das Gehalt war nicht schlecht. Außerdem konnte ich etwas Gutes tun, vielleicht konnte ich mit ausreichender finanzieller Unterstützung viel mehr tun als bisher. Aber wollte ich wirklich in die Welt des Lasters zurückkehren, die ich hinter mir gelassen hatte?

Ich dachte an meine Zukunftspläne, daran, was ich Sunao versprochen hatte. Dann, ohne vorher mit jemandem darüber zu reden, sagte ich zu.

Ich wusste, dass es falsch gewesen wäre, nein zu sagen. Es war eine Art Pflicht. Vielleicht hätte ich es aber lieber als eine Art Versuchung ansehen sollen.

Also war ich wieder in Japan, bevor das Jahr zu Ende ging, und besuchte erneut die Orte, an denen ich bereits so viel Zeit verbracht hatte. Ich wollte unbedingt Sekiguchi sehen, wahrscheinlich lag mir mehr an seiner Zustimmung als an seinem Rat.

Das alles erzählte ich ihm und er war mit meiner Erklärung zufrieden.

»Sie haben einen Freund bei der CIA? Ich habe schon immer geahnt, dass hinter Ihrem vertrottelten Erscheinungsbild mehr steckt. Aber jedes Mal, wenn ich mit Ihnen rede, verwerfe ich den Gedanken wieder. Nun ja, es ist sicher eine gute Sache, eine wichtige Sache. Und die Bezahlung hört sich gut an. Aber Ihre Familie bleibt in Amerika, oder?«

»Selbstverständlich.«

»Gut. Denn was Sie vorhaben, ist gefährlich. Erlauben Sie mir ein paar Worte zu den Yakuza. Sie dürfen schreiben, was Sie wollen, solange es um Bandenkriege, Tätowierungen oder sexuelle Ausbeutung geht. Aber wenn Sie herausfinden wollen, womit die wirklich ihr Geld verdienen, welche Firmen ihnen gehören, dann begeben Sie sich auf ein gefährliches Pflaster. Machen Sie sich nichts vor – der Menschenhandel ist eine Einkommensquelle für diese Leute. Kinderpornografie. Prostitution. Das alles bringt ihnen große Profite ein. Diesen Leuten geht es nur um Geld, und Ihre Artikel könnten ihnen das Geschäft verderben.«

Ich wollte wissen, ob er glaubte, dass mein »Waffenstillstand« mit Goto halten würde.

»Ich bin ziemlich sicher, dass er von Ihrer Kündigung bei der *Yomiuri* weiß. Nein, ich bin ganz sicher. Für ihn sind Sie ein ehemaliger Reporter. Sie können jetzt tun, was Sie wollen, solange er nichts davon erfährt. Aber Sie müssen äußerst vorsichtig sein. Tokio ist sein Revier, und Sie laufen ohne Erlaubnis darin herum. Seien Sie sehr, sehr vorsichtig, wenn Sie für Ihren Bericht recherchieren. Achten Sie genau darauf, wen Sie anrufen, wen Sie treffen, was Sie sagen. Kapiert?«

Ich nickte. Während wir weiterplauderten, kam seine Frau mit ihren Töchtern nach Hause.

Wir umarmten uns und unterhielten uns eine Weile. Frau Sekiguchi machte Yakisoba für uns, dann massierte sie ihrem Mann die Beine, die steif wie Bretter waren, wohl eine Nebenwirkung der Chemotherapie.

Nach etwa einer Stunde rief ich ein Taxi. Sekiguchi brachte mich noch zur Tür und bedeutete seiner Frau und seinen Kindern, im Zimmer zu bleiben.

Dann gab er mir die Kiste mit den Zigaretten und die geöffnete Packung zurück und sagte: »Danke, aber genug damit. Doch ich weiß die gute Absicht zu schätzen.«

»Kann ich verstehen. Ich wollte, ich könnte mehr für Sie tun.«

Er schüttelte nur den Kopf und wedelte abwehrend mit den Händen.

»Jake, ich kenne Sie jetzt seit einem Jahrzehnt. Kaum zu glauben, nicht? Sie haben viel erreicht, seit Sie ein naiver kleiner Jungreporter waren. Ich bin stolz darauf, Sie zu kennen. Ich glaube, Sie tun das Richtige, aber Sie müssen vorsichtig sein. Denken Sie auch an die Menschen, die Sie lieben. Wenn Sie sich mit sexueller Sklaverei befassen, treten Sie vielen Leuten auf die Zehen. Manche ziehen sich dann vielleicht zurück ... Melden Sie sich.«

Dann klopfte er mir fest auf die Schulter, wartete, bis ich ins Taxi eingestiegen war, und winkte mir zum Abschied. Seine Frau und die Kinder kamen ebenfalls heraus und winkten mir zu.

Seine Warnung zeigte mir, dass er mich mochte, was mich freute, aber ich war kein unerfahrener Reporter mehr, der den Unterschied zwischen Taschendiebstahl und bewaffnetem Raub nicht kennt. Ich wusste, was ich tat. Das glaubte ich zumindest.

ZURÜCK IM REVIER

Es ist schwer, sich vorzustellen, wie es ist, wenn man keine Luft mehr bekommt. Und es ist noch schwerer, sich vorzustellen, wie es sich anfühlt, wenn man keine Luft mehr bekommt, weil ein Yakuza-Schläger einen gegen die Wand drückt und dabei die eine Hand den Hals zudrückt, die andere Hand einem in die Rippen boxt und die Füße in der Luft baumeln.

Aber Sie wären überrascht, welche Gedanken einem dabei durch den Kopf gehen.

Ich stand am Eingang einer sogenannten »russischen Kneipe«, einem Zentrum des Menschenhandels in Tokio. Die Frauen wurden aus Russland, der Ukraine und anderen Ländern herbeigeschafft, angeblich um als Hostessen zu arbeiten. Aber sie wurden schnell der Yakuza übergeben, die sie dann als Prostituierte arbeiten ließ.

Dieser Club befand sich im zweiten Stock eines dreistöckigen Gebäudes in Ikebukuro, was wörtlich »Tümpelsack« bedeutet. Die Gegend wurde ihrem Namen wirklich gerecht. Der Club hieß »Moscow Mule«.

Er war einer der neueren Clubs. Helena hatte mir von ihm erzählt, und ich wollte ihn mir ansehen. Wie bei den meisten Clubs dieser Sorte war Ausländern der Eintritt verboten. Das Problem mit Ausländern besteht darin, dass ihnen die anderen Ausländer leid tun, die in den Clubs arbeiten – und dass sie die Polizei oder eine Nichtregierungsorganisation verständigen.

Wenn ich leise und völlig emotionslos sprach und einen Anzug und eine dicke Brille mit schwarzem Rand trug, konnte ich bei wenig Licht manchmal als Japaner durchgehen. So hatte ich mich in den Club hineingeschmuggelt, aber die Frau, die ich interviewte, brach zusammen und weinte so, dass meine Deckung rasch aufflog.

Der achtfingrige, schlecht tätowierte, pockennarbige, riesige Türsteher hatte wohl Verdacht geschöpft, denn er packte mich, zerrte mich
nach draußen und schlug auf mich ein. Ich hatte nicht viel entgegen-
zusetzen und dachte, dass ich wohl bald tot sein würde. Aber so wollte
ich die Welt dann doch nicht verlassen. Leider war ich immer noch
ein lausiger Kampfsportler. Obwohl ich Karate und Aikido gemacht
hatte, fehlte mir das nötige Talent, um richtig gut zu werden. Das
größte Kompliment, das ich jemals von meinem Karatelehrer gehört
hatte, lautete: »Du machst eigentlich alles falsch. Deine Haltung ist
furchtbar, deine Art ist furchtbar, und deine Bewegungen sind lahm –
aber trotzdem funktioniert es manchmal, weil du die Prinzipien dahinter kapiert hast. Das ist verblüffend.«
In dieser Situation hatte ich allerdings nicht viel Zeit, um darüber
nachzudenken, mit welchem raffinierten Griff ich meinen Hals von
der Hand meines Gegners befreien könnte, um wieder atmen zu können. Aber während ich ans Atmen dachte, fiel mir ein, was mein alter Aikidolehrer – ein Polizist – mir einmal über die wirksamste aller
Aikidobewegungen gesagt hatte. Sie ist effektiv, weil selbst der größte
Mann der Welt ohne Sauerstoff nicht überleben kann.
Also versteifte ich meine Finger und stieß sie mehrere Male in die kleine Mulde unter dem Kehlkopf, so fest und schnell ich konnte. Das
war ein fundamentaler *atemi*. Die Hiebe ins fleischige Gewebe fühlten
sich gut an. Der Typ kippte um, und ich konnte wieder atmen.
Er rang nach Atem und fiel keuchend auf die Knie. Während er dort
unten kauerte, wölbte ich meine Handflächen und schlug damit so
fest wie möglich auf seine Ohren. Diese Bewegung heißt *happa-ken*,
»reißende Faust«. Angeblich kann dabei das Trommelfell des Gegners platzen, was ihn aus dem Gleichgewicht bringt, Übelkeit erzeugt
und starke Schmerzen hervorruft. Es schien zu funktionieren.
Er stöhnte und fiel nach hinten. Ich trat ihm ins Gesicht, dann rannte ich so schnell ich konnte davon. Ich lief bis zum Bahnhof Ikebukuro, wo ich in ein Taxi sprang und den Fahrer anwies, mich nach
Roppongi zu bringen. Erst als ich im Taxi saß und tief Luft holte,
spürte ich, wie sehr meine Rippen schmerzten.
Ich dachte keine Sekunde daran, die Polizei zu verständigen. Natürlich hätte ich angeben können, in Notwehr gehandelt zu haben, aber

ich war mir nicht sicher, ob ich nicht zu weit gegangen war. Außerdem war ich Ausländer, was meistens bedeutete, dass ich als schuldig galt, solange ich nicht meine Unschuld nachweisen konnte. Es war also sehr wahrscheinlich, dass ich in den Knast wandern würde, und darauf war ich nicht besonders scharf. Früher hatte ich unter dem Schutz der mächtigen *Yomiuri* gestanden, aber jetzt war ich ein Niemand, ein Mann ohne Visitenkarte und ohne normalen Beruf. Ich war nur ein ehemaliger Journalist, der in Japan für eine ausländische Regierung ermittelte, ohne echte Rückendeckung. Das war sicherlich gefährlich, aber meiner Meinung nach lohnte sich mein Einsatz. Gut gegen Böse. Und ich war der Gute. Ich musste einfach vorsichtiger sein.

Am nächsten Tag rief ich einen Freund aus dem Drogendezernat an. Ich hatte beobachtet, dass einige Mädchen auf Drängen des Geschäftsleiters hinten im Lokal Kokain oder Meth geschnüffelt hatten. Ich wusste also, dass dort Drogen zu finden waren. Die Frau, mit der ich mich unterhalten hatte, hatte gesagt, dass sie am liebsten sofort nach Hause fahren wollte. Ich vermutete, dass ihr Wunsch auf diese Weise am schnellsten in Erfüllung gehen würde. Was hätte ich auch sonst tun sollen?

Eine *Boha*-Weste, die vor Stichverletzungen schützt, hatte meine Rippen gerettet. Wenn jemand Sie in Japan umbringen will, wird er Sie wahrscheinlich nicht erschießen, sondern erstechen. Denn bei Verwendung einer Schusswaffe fallen die Strafen für ein Verbrechen viel strenger aus. Das ermutigt die Täter natürlich dazu, ein Messer zu benutzen. In den letzten Jahren wurde die Strafe für Schusswaffengebrauch erheblich verschärft. Es ist eine Straftat, eine Schusswaffe zu besitzen oder abzufeuern, und wenn jemand mit einer Schusswaffe verletzt oder getötet wird, gilt das als strafverschärfender Umstand. Das hat zu einer Renaissance des japanischen Schwertes als bevorzugte Waffe der Yakuza geführt, und darum trug ich eine *Boha*-Weste.

Mit meinen Nachforschungen kam ich gut voran. Meine Aufgabe war nicht, die Opfer aufzuspüren, sondern die Täter zu entlarven – die Ausmaße der Sexsklaverei zu ermitteln und diesen ganzen Bereich detailliert zu beschreiben. Ich sollte herausfinden, wie die Frauen ins Land gebracht wurden, wer sie ins Land brachte, wer davon profitierte und welche Politiker und Bürokraten den Menschenhändlern halfen. Ein ehemaliger Beamter der Einwanderungsbehörde verriet mir den Namen eines japanischen Senators – Koki Kobayashi –, der ihn persönlich dazu gedrängt hatte, nicht mehr gegen die illegalen Sexclubs vorzugehen. Und ich kannte den Namen einer Organisation, die als Art Lobby für Menschenhandel fungierte – Zengeiren. Ihre Jahrestreffen fanden in der Zentrale der Liberaldemokratischen Partei (LDP) statt. Unglaublich!

Da noch nicht viel Zeit vergangen war, seitdem ich Polizeireporter gewesen war, war mein Informationsnetz noch intakt. Natürlich brauchte ich Hilfe, daher rief ich Helena an und lud sie zum Essen ein, zumal ich gehört hatte, dass sie sich von ihrem Verlobten getrennt hatte und daher etwas niedergeschlagen war. Ich konnte nicht nur ein wenig Hilfe gebrauchen, sondern wollte sie auch aufheitern. In Nishi-Azabu gab es ein großartiges japanisches Restaurant mit halbprivaten Räumen, gut beleuchtet und ruhig. Wir hatten ausgemacht, uns vor dem Haus zu treffen.

Ich wartete draußen an der Treppe, und sie fuhr mich mit ihrem Motorrad fast über den Haufen. Ich musste zurückspringen. Dann parkte sie, nahm den Helm ab, schüttelte ihr langes Haar und lachte. Sie trug ihre übliche Lederjacke, eng anliegende Bluejeans und ein kariertes Hemd, das aussah, als habe sie es einem mageren Holzfäller gestohlen. Ihr Lippenstift war rabenschwarz. Sie sah großartig aus – etwas müde, aber großartig.

»Hallo, du Arsch, lange nicht gesehen.«

»Arsch? Damit kannst du ja unmöglich mich meinen.«

»Du weißt doch, dass ich das nett meine.«

»Ja, klar.«

Irgendwie überredete sie mich zu einer Fahrt auf ihrem Motorrad. Als ich noch Reporter gewesen war, hatte sie mich ein paar Mal nach Hause gefahren, und ich hatte nach der Fahrt kaum noch stehen können, weil ich die Maschine so fest mit den Beinen umklammert hatte. Ich stieg auf, legte die Arme um ihre Taille, und sie warf ihren Helm ins Gebüsch neben dem Restaurant. Als ich protestierte, rief sie nur: »Genieß das Leben, Jake. Das wird dir gut tun. Vertrau mir!«

Sie ließ den Motor aufheulen, und bevor sie die Bremse löste, blickte sie über die Schulter und sagte: »Schön, dich wiederzusehen. Ich wusste, dass du nicht lange fortbleiben kannst.«

Dann fuhren wir los. Wahrscheinlich genoss sie es, dass ich mich schrecklich fühlte. Sie raste durch Gassen, jagte bei Rot über Kreuzungen und kurvte wild herum. Ich hatte keine Ahnung, wohin sie fuhr. 20 Minuten lang rasten wir ziellos umher, vorbei an den Ruinen des Verteidigungsministeriums, dann die Roppongi-dori entlang und zum Schluss zurück zum Restaurant.

Dort sprang sie leichtfüßig vom Motorrad ab, während ich mich mühsam herunterschälte.

Dann lächelte sie mir zu, holte ihren Helm, und wir gingen wortlos die Treppe hinauf, um zu essen. Dort weihte ich sie in meine neue Tätigkeit ein und erklärte ihr, warum meine Rückkehr in die Heimat nicht ganz geklappt hatte. Dann unterhielten wir uns über gemeinsame Freunde, ich berichtete von meinen Nachforschungen und sie von ihrer Arbeit.

Sie schämte sich immer noch nicht wegen ihres Jobs. Sie sprach so darüber, wie ich mit befreundeten japanischen Reportern über unser Handwerk sprechen würde. Wie sich herausstellte, war einer ihrer treuen Kunden ein Kollege, den ich flüchtig kannte.

»Hast du deinen Job eigentlich immer noch nicht satt?« Das hatte ich sie immer schon fragen wollen. Und ich fand auch, dass sie viel mehr aus sich hätte machen können.

»Weißt du, irgendwie mag ich meine Arbeit. Ich habe ja versucht, Englisch zu unterrichten, und dabei ganz gut verdient, aber ich hasse diesen Job. Vor allem wenn ich mich mit Grammatikfreaks herumärgern muss. Wie lautet der Imperativ des Plusquamperfekts? Wen interessiert denn so was? Als ich mich zum ersten Mal für Sex bezahlen ließ, habe ich begriffen, dass ich meinen Lebensunterhalt viel lieber liegend als im Stehen verdienen will. 50 000 Yen – selbst wenn ich jeden Tag 48 Stunden lang Englisch unterrichten würde, könnte ich nicht so viel verdienen.«

Damit hatte sie natürlich recht.

»Adelstein«, fuhr sie fort und tippte mir mit ihren Essstäbchen auf den Kopf, damit ich aufpasste, »du reißt dir den Arsch für Kleingeld

auf. Und ich verdiene 100 Dollar pro Minute. Weißt du, warum?«
»Keine Ahnung.«
»Weil die meisten Japaner nur zwei Minuten durchhalten. Vielleicht jagt ihnen die große *Gaijin*-Frau ja Angst ein. Ich weiß nicht. Sie sind drin und fertig, bevor man es richtig merkt. Was mich verrückt macht, sind die Kerle, die nur reden wollen. Wie dieser Typ vom Rundfunk. Er ist nie mit Sex zufrieden. Ich wollte, er wäre es, weil ich dann nicht das Kindermädchen und die Psychiaterin und die Englischlehrerin spielen müsste. Wenn ich ihn so labern höre, denke ich nur: ›Verdammt, lass uns ficken, damit ich es hinter mir habe und dich loswerde.‹ Manchmal halte ich es einfach nicht mehr aus, dann öffne ich seinen Reißverschluss, hole seinen Schwanz heraus und blase ihm einen. Die meisten Männer halten dabei den Mund. Du wahrscheinlich auch, obwohl du sonst fast nie den Mund hältst.«
Ich lachte. »Du hast natürlich recht. Was das Einkommen pro Minute anbelangt, kann ich mit dir nicht mithalten. Aber deprimiert dich das Ganze nicht ein bisschen?«
»Doch, aber dafür habe ich ja das Kokain. Ein bisschen davon, und schon bin ich bereit zum Blasen.«
Darüber konnte ich nicht lachen. »Um Himmels willen, Helena«, rief ich, »du bist doch zu klug, um diesen Dreck zu nehmen. Was ist nur los mit dir?«
Sie zuckte mit den Schultern, legte den Kopf schräg und zwinkerte mir zu. »Na ja, es macht den Sex soooo viel besser. Und die Arbeit ist so langweilig. Ich brauche etwas, um den Tag durchzustehen. Manchmal auch die Nacht.«
»Willst du so enden wie diese armen Bastarde voriges Jahr? Erinnerst du dich an die Typen, die dachten, dass sie Koks nehmen und stattdessen eine Überdosis reines Heroin konsumierten? Du kannst dich mit diesem Zeug umbringen. Das weißt du doch, oder?«
»Ja, ich weiß. Ich habe die Übersetzung deines Artikels gelesen. Du hast ihn mir geschickt.«
Ich hielt ihr noch eine Weile eine Standpauke, denn ich war wirklich wütend. Sie schmollte ein bisschen und senkte den Blick.
»Ich wusste, dass du sauer auf mich sein würdest. Tut mir leid.«

»Du brauchst dich nicht zu entschuldigen. Hör einfach auf, diesen Dreck zu nehmen.«

»Ich weiß. Ich höre ja auf, ehrlich.«

Ich wechselte das Thema. Wir unterhielten uns über *The Gate*, die Übersetzung eines Romans von Natsume Soseki, den ich ihr zum Lesen gegeben hatte. Dann lud sie mich zu einem Schlummertrunk in ihre Wohnung ein.

Sie wohnte in der Nähe von Shibuya. Zuerst nahm ich ihr allerdings das Versprechen ab, vorsichtig zu fahren. Sie versprach es, aber vermutlich hätte ich sie fragen sollen, was genau sie darunter verstand, bevor ich die Maschine wieder bestieg.

Als wir bei ihr waren, steckte sie ein Album von *Death Cab for Cutie* in ihre Stereoanlage, und wir setzten uns auf das Sofa, um zu reden. Sie zündete ein paar Kerzen an, goss australischen Rotwein in Kaffeetassen und reichte mir eine Tasse. Dann legte sie ihre Beine auf meine und schmiegte sich an mich. Ich hatte nichts dagegen, legte einen Arm um ihre Schulter und war sehr zufrieden. Einen ganzen Song lang blieben wir so sitzen. Und es war einer der wenigen Momente in den letzten paar Jahren, in denen ich das Gefühl hatte, im Frieden mit der Welt zu leben.

»Wie geht es dir eigentlich wirklich, Helena? Ich habe gehört, dass du dich von deinem Verlobten getrennt hast? Was ist denn passiert? Willst du darüber reden?«

»Verdammt, nein. Zur Hölle mit diesem elenden Dreckskerl.«

»Ich dachte nur, dass du vielleicht darüber reden willst. Ich hör dir gerne zu.«

»Ehrlich?«

»Klar.«

Dann erzählte sie mir, was passiert war. Sie war mit Carl zusammen gewesen, der für eine der ausländischen Firmen arbeitete, die Büros in Japan eröffnet hatten. Er sah gut aus, liebte Windsurfen und schien Helena wirklich gern zu haben. Sie waren eine ganze Weile verlobt gewesen.

Carl war misstrauisch geworden, nachdem er in ihrer Brieftasche die Karte des Sexclubs gefunden hatte, in dem sie arbeitete. Daraufhin hatte er einen seiner japanischen Kollegen gebeten, sich diesen Club anzusehen, da er als Ausländer keinen Zutritt hatte.

»Na ja« – Helena fiel es schwer, weiterzusprechen –, »sein japanischer Kumpel ist in den Club gekommen und hat mich gefickt. Und er hat das Ganze mit der Videokamera aufgenommen. Ist das nicht krank? Ich meine, das ist doch pervers. Es war so verdammt demütigend. Carl hätte es auch herausfinden können, ohne mir so nachzuspionieren. Was hat er denn geglaubt, woher das Geld für unsere Reisen nach Bali stammt? Ich habe doch alles bezahlt, und das geht wohl kaum mit dem Gehalt einer Englischlehrerin.«

»Und wie ging es weiter?«

»Eines Nachts kam ich von der Arbeit nach Hause, da wartete er auf mich vor der Wohnung. Zuerst lächelte er und benahm sich normal. Ich hatte keine Ahnung. Dann meinte er, dass er da etwas habe, was ich mir anschauen solle, und steckte das Video in den Player. Mein Gott, es war furchtbar. Ich versuchte, es ihm zu erklären.«

Sie machte eine Pause und trank eine Tasse Wein in einem Zug leer. Ich goss nach. Sie wandte sich von mir ab und starrte die Wand an.

»Er war echt wütend, überschüttete mich mit Beleidigungen und schlug mich. Mehrere Male. Zum Schluss stieß er mich aufs Bett, zog meinen Rock hoch, streifte meinen Slip herunter und fickte mich. Dabei nannte er mich immer wieder eine Hure. Als er fertig war, ging er. Und das war's.«

Eigentlich kannte ich die Antwort auf die Frage schon, die ich stellen wollte, aber ich stotterte ein wenig herum. Da unterbrach sie mich und meinte: »Na ja, ich kam nicht gerade dazu, eine Einwilligungserklärung zu unterschreiben. Angenehm war das nicht.«

Sie begann ein wenig zu weinen, lachte aber auch gleichzeitig. »Weißt du, er hat zwischendurch geschluchzt. Was für ein Weichei! Ich glaube, er hat mich wirklich geliebt. Ich habe auch geweint, denn es hat wehgetan, sehr wehgetan.«

Manchmal ist es am besten, einfach den Mund zu halten. Meist rede ich auch in solchen Momenten, aber diesmal nicht. Ich umarmte sie nur etwas fester, strich ihr übers Haar und hielt ihre Hand. Als die CD zu Ende war, hörte ich nur noch den Straßenverkehr und Helenas leises Weinen. Ich hielt sie lange fest.

Am nächsten Tag trafen wir uns in einem »Starbucks« zum Kaffee. Ich hatte einige gute Spuren aufgetan und wollte nun weiterkommen. In einem eleganten und extrem teuren Wohnblock in den Roppongi Hills Residences hatte eine angeblich gemeinnützige Gruppe namens International Entertainment Association (IEA) ihre Büros. Eigentlich bestand ihre Aufgabe darin, zwischenstaatliche Freundschaften zu fördern, aber in Wahrheit besorgte sie Ausländerinnen für den Sexhandel. Einer der Angestellten war vorbestraft, weil er illegale Arbeitskräfte beschäftigt hatte – ausländische Prostituierte. Das war wohl kaum gemeinnützig zu nennen.

Ich bat Helena, sich dort umzusehen. Sie hatte gute Kontakte und kannte jeden in Roppongi. Ich riet ihr auch, vorsichtig zu sein, doch sie schien mir gar nicht zuzuhören, war richtig aufgeregt und wollte mir unbedingt helfen.

»Hör zu«, sagte ich und hob einen Finger. »Wenn du etwas erfährst, ist das großartig. Aber schnüffle nicht zu viel herum. Denn ich weiß nicht viel über die Leute in dieser Gruppe, nur dass sie nicht besonders nett sind.«

»Verstanden, ich werde vorsichtig sein.«

»Frag einfach ein bisschen herum. Wenn du aber den Eindruck hast, dass du in Gefahr bist, dann hör auf damit. Meine Nummer hast du. Ruf mich jederzeit an – in den Staaten oder hier.«

»Ich verspreche dir, dass ich aufpasse.«

»Okay. Gut.«

Dann fragte ich sie, wie lange sie noch in Japan bleiben wolle. Sie sagte, dass sie im Frühjahr nach Australien gehen wolle, dort habe sie ein Haus gekauft. Vielleicht würde sie wieder aufs College gehen und »Literatur oder etwas ähnlich Nutzloses« studieren.

Ich stand auf, überließ ihr einiges Material und wollte gehen. Da tippte sie mich auf die Schulter, streckte die Arme aus und schüttelte den Po ein wenig.

»Bekomme ich denn keine Umarmung mit auf den Weg?«

»Klar doch.«

Im März rief sie mich dann in den Staaten an. Sie hatte sich umgehört und ging davon aus, dass die International Entertainment Association eine Tarnorganisation der Goto-gumi war.

Ich ließ vor Schreck fast den Hörer fallen.

»Dann hör sofort auf mit den Nachforschungen!«, rief ich. Aber sie war eingeschnappt, weil sie wohl dachte, dass ich überreagierte oder sie für zu schwach hielt. Vielleicht war sie auch high, jedenfalls warf ich ihr das vor. Daraufhin entwickelte sich unser Gespräch zu einem Streit, und sie hängte plötzlich auf.

Ich versuchte, sie zu erreichen, aber sie ging nicht mehr ans Telefon. Am nächsten Tag probierte ich es wieder einige Male. Dann rief ich einen Freund an und bat ihn, nach ihr zu sehen. Er tat es – aber niemand war in ihrer Wohnung. Ich traute mich nicht, die Polizei zu verständigen, weil Helena sonst als Prostituierte verhaftet worden wäre. Also musste ich sie selbst suchen und durfte keinen einzigen Tag verlieren. Daher buchte ich sofort einen Flug nach Japan. Sunao tobte vor Wut.

Auf der langen Reise schickte ich ihr immer wieder E-Mails. Nach meiner Ankunft ging ich sofort zu dem Club, in dem sie gearbeitet hatte, doch sie war nicht da. Im Club arbeiteten überhaupt keine Ausländerinnen mehr. Meine E-Mails blieben unbeantwortet, und der Hauswirt sagte, dass sie seit zwei oder drei Tagen nicht nach Hause gekommen sei.

Nach einer Woche gab es schließlich keinen Zweifel mehr daran, dass sie aus ihrem Apartment verschwunden war und tagsüber nicht mehr als Englischlehrerin arbeitete – ich hatte auch das überprüft. Sie hatte keine Nachsendeanschrift hinterlassen und nichts aus ihrer Wohnung mitgenommen.

Ich war ratlos.

Schließlich tat ich das Einzige, was mir einfiel: Ich machte mich an die Arbeit. Die IEA hing irgendwie mit der Goto-gumi zusammen, dieser Spur musste ich also folgen.

Wenn Goto etwas mit Helenas Verschwinden zu tun hatte – was nicht auszuschließen war –, dann wollte ich das herausfinden. Und selbst wenn er nichts damit zu tun hatte, hätte ich schon längst mit dem Artikel über seine Lebertransplantation weitermachen sollen. Das lenkte mich zwar von meinen Recherchen über den Menschenhandel ab, aber es war kein völlig anderes Thema. Natürlich ging ich damit ein Risiko ein und trat Goto wahrscheinlich erneut auf den Schlips, aber das kümmerte mich wenig. Vermutlich hatte ich es ohnehin schon getan. Da ich das Gift bereits gegessen hatte, konnte ich auch noch den Teller ablecken, wie die Japaner zu sagen pflegen.

YAKUZA-GESTÄNDNISSE

Wie war Goto in die USA gelangt? Allmählich kam ich der Lösung dieses Rätsels näher, denn ich hatte eine Spur und einen guten Informanten, der viel wusste und reden wollte.

Es war ein klarer, kalter Tag im Dezember 2006, als ich in einem sehr hübschen Krankenhaus mitten in Tokio Masaki Shibata besuchte, einen ehemaligen Yakuza. Er war ein sehr intelligenter Mann und er war mit dem Kaiser der Kredithaie befreundet gewesen. Wie klein die Welt doch ist.

Ich war gerade dabei, das Projekt »Menschenhandel« abzuschließen, und stellte gleichzeitig weitere Nachforschungen an, um Geld zu verdienen. Helena blieb verschwunden, und ich machte mir große Sorgen um sie.

Ich hielt mich mal in den USA, mal in Japan auf. Den Kindern schien ihr neues Heim zu gefallen, und sie lernten schnell Englisch.[18] Natürlich gab es auch Anpassungsprobleme. Besonders schwierig fand ich, dass die USA anders als Japan keine Krankenversicherung für jedermann hatten. Das war schlimm, als Beni an hohem Fieber litt und wir es uns eigentlich nicht leisten konnten, sie in die Notaufnahme zu bringen – außer wenn es wirklich nicht mehr anders gegangen wäre. In Japan wären wir einfach mitten in der Nacht hingefahren, ohne lange darüber nachzudenken. Nie zuvor in meinem Leben hat-

---

[18] Mein Sohn Ray wurde im Mai 2004 geboren, als ich noch Polizeireporter war. Sein Name ist vom japanischen Schriftzeichen für »Höflichkeit«, »Belohnung« und »Dank« abgeleitet.

te ich mir über die Kosten einer ärztlichen Behandlung Gedanken machen müssen.

Die öffentliche Gesundheitsfürsorge in Japan kann schlecht sein, aber in den meisten Fällen ist sie gut, zumindest besser als nichts.

Doch eines ist seltsam in Japan: Fast jedes Restaurant ist makellos, die Fußböden glänzen, die Theken sind sauber, die Tischdecken sind strahlend weiß. Aber für Krankenhäuser gilt das nicht. Dort sind die Böden meist mit einer dünnen Staubschicht überzogen, und die Bettwäsche hat nach dem Waschen noch Flecken. Die Fenster sehen aus, als wären sie seit Jahrzehnten nicht mehr geputzt worden. Man muss die Schuhe ausziehen und in schimmelige Pantoffeln schlüpfen, um durch schwach beleuchtete Korridore zu gehen, die mit medizinischen Geräten und Versorgungsmaterial vollgestopft sind.

Shibatas Krankenhaus jedoch war anders. Man durfte Schuhe tragen und die Räume waren sauber und hell.

Ich meldete mich nicht an, um keinen Hinweis darauf zu hinterlassen, dass ich Shibata besucht hatte oder kannte.

Shibata war ein wichtiger Mann in seiner Yakuza-Gruppe gewesen, doch jetzt war er kein Mitglied mehr. Als man bei ihm Leberkrebs festgestellt hatte, war ihm plötzlich bewusst geworden, was für ein böses Leben er geführt hatte. Dass so viele Yakuza an Leberkrebs erkranken, hat mit ihren Tätowierungen zu tun. Denn die meisten lassen sich als Jugendliche tätowieren, und die Nadeln sind oft nicht sauber. Viele leiden an Hepatitis C, außerdem trinken sie eine Menge. Und diese Kombination ist wohl ziemlich schädlich. Zudem legen die Tattoos die Schweißdrüsen fast lahm, sodass der Körper Gifte nicht mehr so leicht loswerden kann, was die Organe belastet.

Shibata wusste, dass er keine neue Leber bekommen würde, und beschloss, mit der Welt Frieden zu schließen und tätige Reue zu üben, wo es möglich war. Er heiratete eine Malaysierin, die in einem seiner Clubs arbeitete, und hatte ein Kind mit ihr.

Zum Glück wollte Shibata mit jemandem reden, um für seine Sünden Buße zu tun. Ein buddhistischer Priester brachte uns zusammen – das nennt man *tsumihoroboshi*. Natürlich wurde vorher festgelegt, was er mir erzählen würde und was ich damit anfangen sollte. Er wusste, dass die Zeitungen nach seinem Tod schlimme Nachrufe schreiben würden. Und ich musste ihm versprechen, seinem Sohn zu erklären, dass sein Vater auch eine andere Seite gehabt hatte, dass er versucht hatte, ein besserer Mensch zu werden. Und ich sollte dem Jungen einen verschlossenen Brief übergeben.

Shibata sah ziemlich schlecht aus. Patienten mit fortgeschrittenem Leberkrebs sind leichenblass, gelblich. Ganz so weit war er noch nicht.
Wenn die Leberfunktion immer weiter nachlässt, bleiben immer mehr Gifte im Körper, die eigentlich herausgefiltert werden sollten. Der Kranke vergiftet sich so selbst. Manche Menschen werden dabei gewalttätig oder fallen ins Delirium.
Bevor ein Reporter mit einer Befragung beginnt, sollte er höflicherweise ein wenig Konversation machen. Daher erwähnte ich, dass ich auf dem Weg in die Klinik am »Hotel Yaesu Fujiya« vorbeigekommen sei und an die Ermordung von Eiju Kim im Jahr 2002 gedacht hatte.
Ich konnte mich noch lebhaft an die Szene vor dem Hotel erinnern. Irgendwie war es mir gelungen, hinter das gelbe Absperrband der Polizei bis zu der Leiche zu gelangen. Das Blut war so reichlich geflossen, dass es auf der Straße einen Teppich bildete.
Trotz des vielen Blutes auf den Kleidern sah ich sofort, dass das Opfer gut angezogen war. Ich bin zwar nicht modebewusst, aber ich erkenne einen guten Anzug, wenn ich einen sehe. Das hübsche Hemd mit Fischgratmuster war dunkelgrau und eindeutig maßgeschneidert.
Ich knipste ein paar Bilder, bevor ein aufgeregter Polizist mich am Arm packte und hinter das gelbe Band zog. Dabei bemerkte ich, dass meine Schuhe eine Blutspur hinterließen. Vermutlich hätte man mir vorwerfen können, einen Tatort verändert zu haben, aber der Täter war bereits festgenommen worden, daher hatte ich kein sonderlich schlechtes Gewissen.
Shibata fragte: »Waren Sie dort?«
»Ja, ich habe die Leiche gesehen.«
Eiju Kim, genaues Alter unbekannt, wahrscheinlich Ende 40, Japaner koreanischer Herkunft und Chef der Yakuza-Gruppe Kyoyou-kai in Osaka, die Teil der Yamaguchi-gumi war, hatte vor dem »Hotel

Fujiya« ein hitziges Gespräch mit Naoto Kametani geführt, dem
Chef der Rokkorengo-Bande, die ebenfalls zur Yamaguchi-gumi gehörte. Beide waren eng befreundet.

Kim, der von Kenichi Takanuki, 30, begleitet wurde, seinem Unter-
gebenen und Fahrer, brach dann das Gespräch ab und stieg in ein
großes schwarzes Autos ein, das neben ihnen parkte. Takanuki setzte
sich ans Lenkrad. Kametani blieb neben dem Wagen zurück.

Als das Auto auf die Straße einbog, zog Kametani eine Pistole und
durchlöcherte den Wagen. Kim war sofort tot. Der Fahrer konnte aus
dem Wagen springen, wurde dann aber ebenfalls erschossen. Kametani floh zu Fuß, kam aber nicht weit, dann ergriffen ihn die Polizisten, die zufällig anwesend waren, und nahmen ihn fest. Auf den ersten Blick handelte es sich eindeutig um Mord. Aber Gewalt zwischen
Yakuza-Gruppen war äußerst ungewöhnlich und selten.

»Wollen Sie die wahre Geschichte dahinter hören?«

»Ja, sehr gerne.«

»Okay.« Doch statt zu reden, schien Shibata in Gedanken zu ver-
sinken. Ich musste ihn daran erinnern, dass ich gerne die wahre
Geschichte hören wollte. Er nickte. Dann begann er zu sprechen.

Es war eine unglaubliche Geschichte. Sie handelte von Schmier-
geldern, die man im Büro des Staatsanwaltes in Osaka gefunden
hatte, von Drohungen gegen die Presse und einem gewaltigen Ver-
tuschungsmanöver. Trotzdem blieb einiges unklar, es wirkte ein bisschen wie eine dieser Verschwörungstheorien, von denen es in Japan
viele gibt. Ich könnte Einzelheiten nennen, aber ich möchte meine natürliche Lebensspanne möglichst ausschöpfen. Aber natürlich
wollte ich mehr wissen.

»Wo ist der Beweis dafür?«, fragte ich.

»Ich bin der verdammte Beweis. Es ist wahr, weil ich sage, dass es
wahr ist«, erwiderte Shibata nachdrücklich. Trotz seines bleichen,
eingesunkenen Gesichts spürte ich eine Sekunde lang die enorme
Kraft, die ihn früher zu einem Vollstrecker gemacht hatte, der Menschen nur mit seinem Blick einschüchtern konnte.

»Aber das Ganze leuchtet mir immer noch nicht ganz ein.«

»Sie sind der Reporter. Finden Sie's heraus.«

»Exreporter.«

»Ja klar. Egal. Das ist alles Vergangenheit, das kümmert niemanden mehr. Aber ist es Ihnen nie komisch vorgekommen? Haben Sie sich nie gefragt, warum Kametani kein Wort über sein Motiv verloren hat? Warum er 20 Jahre bekommen hat und nicht lebenslänglich?«

»Na ja, ich nehme an, dass er für einen Mord an einem normalen Bürger lebenslänglich bekommen hätte.«

»Sie Hundesohn. Wenn ein Yakuza einen Yakuza umlegt, dann kräht wohl kein Hahn danach.«

Darüber musste ich kurz nachdenken. »Wissen Sie, das Gleiche habe ich einmal zu einem Polizisten in Saitama gesagt, und wir schlossen eine Wette ab. Die Folge war, dass ich seine ganze Familie zu einem koreanischen Grillabend einladen musste. Sie bestellten *wagyu*![19] Wollen Sie die Geschichte hören?«

Er nickte.

Sie ereignete sich vor einigen Jahren, als Sekiguchi noch gesund war. Am 16. November 1994 war die Feindseligkeit zwischen der Kokusui-kai und der Yamaguchi-gumi übergekocht. Die Kokusui-kai schlug zuerst zu. Zwei Mitglieder der Yamaguchi-gumi, die ihr Büro in Tokio besucht hatten, wurden niedergeschossen und schwer verwundet. Am nächsten Tag rächte sich die Yamaguchi-gumi dafür. Der Bandenkrieg weitete sich über zwei Präfekturen aus – Saga und Yamanashi –, dann erreichte er Shinjuku in Tokio und schließlich Saitama.

Ich hatte erwartet, dass an diesem Tag etwas geschehen würde, und wurde nicht enttäuscht. Ich hing gerade im Presseclub der Polizei herum, wo ein älterer Kollege mich in die Feinheiten des *mahjong* einweihte, als plötzlich ein Pressesprecher angerannt kam und etwas über eine Schießerei zwischen zwei Personen erzählte. Ich fuhr per Anhalter zum Tatort.

---

[19] Fleisch vom Kobe-Rind.

Er befand sich in einem sechsstöckigen Gebäude im Herzen von Konosu. An der Bürotür der Kokusui-kai hing ein Schild mit der Aufschrift »Private Ermittlungen im Osten und im Europa«. Es war eines der drei Privatdetektivbüros in der Gegend, die der Kokusui-kai als Tarnfirmen dienten. Sie annoncierten sogar in den Gelben Seiten.

Schläger, die nach Yakuza aussahen, gingen aus und ein, schrien in ihre Handys und ignorierten die Polizisten, die überall herumschwärmten und den ganzen ersten Stock mit gelbem Band absperrten. Auf dem Gehweg war Blut zu sehen, aber keine Leiche.

Ich knipste so viele Fotos, wie ich nur konnte. Ein Yakuza, der eine übergroße Sonnenbrille und einen weißen Velourstrainingsanzug trug, starrte mich an, während er telefonierte, dann wedelte er heftig mit der Hand, als wolle er sagen: »Wage es ja nicht, mich zu fotografieren!« Ich tat es trotzdem.

Das gefiel ihm nicht. Er stampfte auf mich zu und schrie dabei Obszönitäten, die ich nicht verstand, weil er das *r* rollte und nach Art der Yakuza knurrte. Wahrscheinlich hatte er das aus schlechten Yakuza-Filmen abgeschaut. Die italienischen Mafiosi orientieren sich an Hollywoodfilmen, und die japanischen Yakuza machen es ähnlich. Der Yakuza gehören sogar die meisten Studios, in denen diese Filme entstehen. Oft sind sogar die Statisten in den Yakuza-Streifen tatsächlich Yakuza. Die furchterregenden Typen, die gerade vor mir standen, waren jedoch mit Sicherheit keine Schauspieler.

Ich zeigte auf mein *Yomiuri*-Armband. »Ich bin Reporter. Ich darf fotografieren.«

Der Kerl ließ sich von meinem schlagenden Argument leider nicht beirren und griff nach meiner Kamera.

Ich zog sie zurück, drohte ihm mit dem Finger und machte »ts-ts«. So dreist war ich allerdings nur, weil Sekiguchi gerade auf dem Schauplatz erschienen war. Er trug schwarze Jeans, einen marineblauen Pullover, eine lange Lederjacke und Lederhandschuhe. Die Haare hatte er nach hinten frisiert. Er sah viel mehr nach Yakuza aus als jeder echte Yakuza.

Als der Typ im weißen Trainingsanzug sich näherte, um mir an den Kragen zu gehen, schrie Sekiguchi seinen Namen und fügte hinzu: »Beweg deinen fetten Arsch weg von hier und hör auf, das gottverdammte Telefon zu benutzen!« Der Mann wich zurück, starrte mich aber weiter an.

Sekiguchi kam näher, um Patronenhülsen zu suchen, und flüsterte: »Jake, übertreiben Sie es nicht. Machen Sie sich diese Typen nicht zum Feind. Die haben wenig Sinn für Humor.« Dann meinte er noch: »Kommen Sie heute Abend vorbei.«

Ich nickte. Wir hielten uns eisern an die Regel, niemals länger am Tatort miteinander zu sprechen. Ich blieb noch eine Weile dort und versuchte, ein paar Augenzeugenkommentare zu erhalten. Im ersten Stock versicherte mir eine Bar-Hostess: »Ich wusste, dass die Leute da unten keine richtigen Detektive waren. Aber ich wusste nicht, dass sie Yakuza waren. Sie waren bis heute sehr ruhig.«

»Nun wissen Sie es aber. Haben Sie jetzt Angst?«, fragte ich und versuchte, sie behutsam in die gewünschte Richtung zu lenken.

»Na ja«, sagte sie, während sie an einer Zigarette zog, »eigentlich nicht. Es ist wie mit dem Blitz. Er schlägt nie zweimal ein, oder?«

Eine völlig unbrauchbare Bemerkung.

Aber ich brachte einen pensionierten Lehrer im zweiten Stock dazu, etwas Passenderes zu sagen: »Ich habe immer befürchtet, dass das passieren würde. Und jetzt ist es passiert. Ich habe solche Angst, dass ich am liebsten ausziehen möchte. Warum kann die Polizei nichts gegen so gefährliche Leute unternehmen?«

Das wäre brauchbar gewesen, aber den problematischen Inhalt musste ich leider streichen. Denn wenn die Polizei weiß, wo sich die Yakuza-Büros befinden, und die Bürger es ebenfalls wissen, warum schließt die Regierung sie dann nicht? Das war eine heiße Sache. Ich glaube, die gedruckte Version der Aussage lautete dann: »Ich hoffe, die Polizei schnappt diese Leute.«

Eine Hausfrau, die nebenan wohnte, sagte: »Wenn eine dieser Kugeln ihr Ziel verfehlt hätte ... Ich möchte gar nicht daran denken. Zum Glück wurde niemand verletzt.« Nun, das war zwar wahr, aber es entsprach auch nicht ganz den Tatsachen, weil zwei Yakuza sich in einem kritischen Zustand befanden. Doch wenn nur zwei Yakuza niedergeschossen wurden, dann bedeutete dies für die meisten Leute, dass niemand verletzt worden war.

Ich reichte meinen Artikel ein, machte ein Nickerchen und fuhr dann zu Sekiguchi.

Er kam gegen zehn Uhr. Ich war schon in seinem Haus und saß mit den Füßen unter dem *kotatsu* neben Yuki-chan, seiner älteren Tochter, die mich charmant dazu verdonnert hatte, ihr bei ihren Englisch-Hausaufgaben zu helfen. Chi-chan, die Jüngere, schaute sich im Fernsehen ein schreckliches Musical an und knabberte kandierten Tintenfisch. Frau Sekiguchi las die Zeitung. Das Haus war so klein, dass ich fast die Wände berühren konnte, wenn ich die Arme ausstreckte, aber es war gemütlich.

Sekiguchi kam herein, warf seine Jacke auf den Tatami, setzte sich sofort zu uns auf den Boden und steckte die Füße unter den *kotatsu*.

»*Otsukare-sama*«, sagte ich. Diese Standardbemerkung bedeutet in etwa: »Harter Job, Sie sind bestimmt müde.« »Wie kommen die Ermittlungen voran?«

»Tja, die Kokusui-Kerle kooperieren nicht. Sie reden nicht. Aber der Täter hatte eine Menge Mumm.«

»Wie meinen Sie das?«

»Na, denken Sie an ähnliche Überfälle – ein paar Schüsse in die Tür. Was bringt das schon? Aber dieser Typ ist ein verdammter Kamikaze. Er klingelt an der Tür, geht ins Büro und fragt: ›Wer ist hier der Chef?‹ Noch bevor er eine Antwort bekommt, geht er zu einem der Kokusui-kai-Schläger, die dort herumsitzen, und schießt ihm in die Brust und in den Bauch. Dann dreht er sich um und knallt einen anderen Ganoven ab. Danach geht er hinaus, er rennt nicht etwa, er geht. Da ist dann dieser 18-jährige Yakuza-Möchtegern auf der Straße, der ihn packen will und ihm die Kanone entreißen will, die er in der rechten Hand hält. Kein ebenbürtiger Kampf, der Täter sticht dem Jungen mit der anderen Hand in den Bauch. Und schon ist er weg. Der Hausmeister hört den Krach, rennt die Treppe herunter, befördert die drei Verwundeten in sein Auto und bringt sie ins Krankenhaus. Dann wird die Polizei gerufen. Die Spurensicherung ist noch dort.«

»Wissen Sie, welche Waffe er benutzt hat?«

»Wahrscheinlich eine Tokarew, eine russische Pistole. Heutzutage muss jeder Yakuza so eine haben.«

»Worum ging es bei dem Streit?«

Sekiguchi zündete sich eine Zigarette an. »Das werden Sie kaum glauben. Ich habe gehört, dass zwei Kerle von der Yamaguchi-gumi das Büro der Kokusui-kai im Tokioter Bezirk Taito besucht haben. Einer von ihnen hieß Nakai. Sein Freund hat einen Verkehrsunfall verursacht, an dem ein Typ von der Kokusui-kai beteiligt war. Darum gingen Nakai und sein Kumpel hin, um die Wogen zu glätten oder die Rechnung zu begleichen, was auch immer. Nakai ist anscheinend ein Großmaul und er hat wohl etwas gesagt, was die Kokusai-kai-Ganoven verärgert hat. Daraufhin hat einer von ihnen, ein heißblütiger Koreaner, seine Waffe gezogen, und schon liegen die Typen von der Yamaguchi-gumi auf dem Boden.«

»Also ein Bandenkrieg wegen eines Verkehrsunfalls?«

»Ja und nein. Da steckt natürlich mehr dahinter. Die Yamaguchi-gumi kontrolliert Kansai (Westjapan) und beherrscht etwa 40 Prozent des Marktes. Sie versuchen seit Jahren, sich nach Tokio auszubreiten. Die Kokusui-kai fühlt sich aber schon bedroht, wenn die Ganoven von der Yamaguchi-gumi ihr Revier auch nur betreten. Niemand will sie hier haben. In Saitama haben sie kein Büro, noch nicht. Darum glaube ich, dass die Sache nur Teil eines größeren Streits war, nach dem Motto ›Kommt uns bloß nicht in die Quere‹ oder so. Aber das spielt jetzt keine große Rolle mehr. Denn wenn die Kugeln fliegen, gibt es kein Zurück.«

Zur Zeit dieses Bandenkrieges war die Kokusui-kai die drittgrößte kriminelle Gruppe in Saitama, nach der Sumiyoshi-kai und der Inagawa-kai. Sie hatte 18 Büros und ungefähr 230 bekannte Mitglieder. Jetzt bewachten Polizisten jedes einzelne Büro.

Sekiguchi meinte, dass es nicht ungewöhnlich sei für Yakuza, ein Detektivbüro als Tarnung zu benutzen. Beliebter seien aber Immobilien- und Baufirmen. Die Leute von der Kokusui-kai hatten mit ihrem Detektivbüro gut verdient. Wenn sie einen Fall von Untreue übernahmen, zogen sie ihrem Klienten erst so viel Geld wie möglich aus der Tasche; wenn sie dann herausfanden, dass der Partner ihn hintergangen hatte – was meist der Fall war –, erpressten sie diesen mit der Drohung, ihrem Klienten die Wahrheit zu sagen. Es war ein einträgliches kleines Geschäft.

Am Morgen des 18. erhielt die Tokioter Polizei einen Anruf von einem Mann, der behauptete, der Schütze gewesen zu sein. »Die Schießerei in Konosu? Ich war der Kerl.« Er wollte sich am Nachmittag mit seiner Waffe stellen, was er auch tat. Er hieß Takehiko Sugaya, damals 27 und Mitglied der Yamaguchi-gumi.

In Saitama wurde Sekiguchi damit betraut, Sugaya zu vernehmen. Sekiguchis Fähigkeiten als Vernehmungsbeamter waren sprichwörtlich. Yakuza waren dafür bekannt, sofort Geständnisse abzulegen, weil sie fürchteten, während des Verhörs belastende Aussagen zu anderen Straftaten zu machen. Sekiguchi war aber auch bei Wirtschaftskriminellen erfolgreich, obwohl er im Gegensatz zu den anderen Kripobeamten nicht an einer Eliteuniversität studiert hatte und keine noble Herkunft vorweisen konnte. Angeblich behandelte er Yakuza respektvoll wie wichtige Leute, während er Bürokraten und Wirtschaftskriminelle behandelte, als seien sie der Abschaum der Erde.

Ich wartete einen Tag, bevor ich ihn besuchte. Inzwischen war ein Fall, in dem es darum ging, dass Yakuza Belege gefälscht und Spielhallen-Besitzer um Millionen Dollar betrogen hatten, fast gelöst. Der Bandenkrieg war zu Ende, und da sich der Täter gestellt hatte, war das Ganze Schnee von gestern. Aber Sekiguchis Arbeit war noch nicht beendet.

Während Frau Sekiguchi noch spät am Abend Reis für uns briet, tauschten wir Neuigkeiten aus. Sugaya sei ein harter Brocken, meinte Sekiguchi. Er behauptete standhaft, dass er den Job allein geplant und niemand ihn dazu beauftragt habe. Doch Sekiguchi hatte gute Gründe, ihm das nicht zu glauben. Denn wer Rivalen aus dem Verkehr zog und sich dann stellte, wurde bei der Yamaguchi-gumi meist befördert, sobald er seine Strafe abgesessen hatte. Das war so eine Art Übergangsritus. Oft ging sogar der wahre Täter straffrei aus, und die Organisation opferte für ihn ein anderes Mitglied. Sekiguchi wollte daher herausfinden, ob Sugaya wirklich der Schütze gewesen war. Zum Glück verfügte er über Augenzeugen, da die Opfer noch am Leben waren.

Ich nahm einen langen Zug von meiner Zigarette und versuchte, Rauchringe zu blasen. Dann machte ich die dumme Bemerkung des

Tages: »Gut, aber welche Rolle spielt das schon? Sugaya wird verurteilt und nach drei oder vier Jahren freigelassen. Es kümmert doch niemanden, wenn ein Yakuza einen anderen umlegt, erst recht nicht, wenn er den anderen nur verwundet.«

»Ja, das ist ein echtes Problem.«

»Ein Problem?«

»Warum sollen diese Ganoven glimpflicher davonkommen als alle anderen Leute? Das Verbrechen ist das Gleiche. Sie wissen natürlich, dass die Gerichte sie anders behandeln, und das ermutigt sie zu Bandenkriegen. Sie schießen schneller aufeinander, weil sie wissen, dass sie dafür nicht lange sitzen müssen.«

»Ja, das mag sein, aber Sugaya wird trotzdem nur vier Jahre bekommen – höchstens. Schauen Sie sich doch die Statistik an.«

»Ich werde ihn vernehmen und ich könnte erreichen, dass er zehn Jahre kriegt.«

»Zehn Jahre? Sie träumen, Sekiguchi-san.«

»Mindestens zehn Jahre.«

»Da wette ich mit Ihnen. Wenn Sie es schaffen, dass dieser Bursche zehn Jahre eingesperrt wird, lade ich Sie und Ihre Familie zu einem *yakiniku*[20] ein. Sie können jedes beliebige Rindfleisch bestellen. Wenn er aber weniger als zehn Jahre bekommt, müssen Sie mir eine Liste aller Yakuza-Büros und ihrer Chefs in Saitama geben.«

Sekiguchi drückte seine Zigarette aus. »Diese Wette werden Sie noch bereuen, ich habe zwar zwei kleine Töchter, aber die essen wie fünf kleine Jungs. Stellen Sie sich auf eine saftige Rechnung ein!«

Frau Sekiguchi kicherte über uns Streithähne. »Ich fürchte, Jake-san, Sie werden die Wette verlieren.«

Ich versicherte ihr, dass ich noch nie in meinem Leben eine Wette verloren hatte. Dann gab ich zu bedenken: »Für Körperverletzung

---

[20] Bei einem *yakiniku* können Gäste im Restaurant am Tisch diverse vorbereitete Zutaten selbst grillen.

gibt es niemals zehn Jahre, nicht einmal, wenn der Täter eine Schusswaffe benutzt hat.«

»Wer spricht denn von Körperverletzung? Das ist versuchter Mord.«

Daran hatte ich nicht gedacht, aber dafür musste man erst den Vorsatz nachweisen.

»Hat Sugaya vielleicht ›Stirb, du Bastard!‹ oder ›Ich bring dich um!‹ gerufen?«

Sekiguchi zuckte zusammen. »Nein, das hat er nicht.«

»Wie wollen Sie ihm dann den Vorsatz nachweisen?«

»Hier gilt der Rechtsgrundsatz ›*mihitsu no koi*‹. Wenn man einer Person aus nächster Nähe in die Brust und in den Bauch schießt, ist die Wahrscheinlichkeit groß, dass sie stirbt. Das weiß jeder Mensch.«

»Aber Sugaya ist nicht dumm, er wird einfach behaupten, dass er seinen Opfern nur Angst einjagen wollte. Immerhin hat er ihnen die Pistole ja nicht an den Kopf gehalten. Nur ein paar Schüsse, dann ist er weggelaufen. In Panik. Kein Tötungsvorsatz.«

»Sie sind auf dem Holzweg, Jake-kun. Der Kerl ist ein brutaler Kämpfer, dem war es egal, ob die beiden starben oder überlebten. Es hat ihm Freude gemacht, zu schießen.«

»Mag sein, aber wer ist schon so dumm, das zuzugeben?«

»Ach, mir wird er es sagen.«

»Na dann viel Glück. Sagen Sie mir Bescheid, wenn ich die Liste abholen kann.«

Wir setzten unser Geplänkel auch nach der Wette fort. Sekiguchi ließ keinen Zweifel daran, dass er die Yamaguchi-gumi verabscheute und froh war, dass Saitama nicht ihr Revier war. »Sobald sie in einer Präfektur Fuß gefasst haben, breiten sie sich wie Krebsgeschwüre aus. Ich würde die Sumiyoshi-kai diesen Typen jederzeit vorziehen.«

Sekiguchi erreichte schließlich tatsächlich, dass Sugaya wegen versuchten Mordes und Verstoßes gegen das Waffengesetz angeklagt wurde. Er appellierte an Sugayas »männlichen Stolz« und brachte ihn so dazu, die Wahrheit zu sagen. Sugaya wurde zu zehn Jahren Gefängnis verurteilt, und ich musste die Familie Sekiguchi zum *yakiniku* ausführen und für eine Mahlzeit – inklusive erstklassigem japanischem Rindfleisch – 30 000 Yen (300 Dollar) hinblättern.

Shibata lächelte.

»Jake-san, manchmal sind Sie wirklich ein *bakayaro* (Dummkopf). Sie hätten nie mit diesem Cop wetten dürfen. Sogar ich habe von Sekiguchi gehört. Er war kein Freund von uns, aber alle haben ihn respektiert. Und dieser Sugaya – den bewundere ich. So waren die Yakuza früher. Sie begingen ein Verbrechen, und dann saßen sie ihre Strafe ab. Das war *gokudo*. Sie haben nicht gejammert oder gebettelt wie die heutigen *chinpira*. Sie lebten wie Männer und nahmen ihre Strafe auf sich wie Männer. Die heutigen Nichtsnutze haben Angst vor dem Knast. Verdammte Schwächlinge. Darum überlassen wir die Drecksarbeit den Chinesen und Iranern. Wenn die geschnappt werden, reden sie nicht, und sie werden einfach ausgewiesen. Wenn Sugaya entlassen wird, wird er keine Organisation mehr finden, in die er zurückkehren könnte, keinen Ort, an dem man sein ehrenvolles Verhalten würdigen würde.«

»Glauben Sie das wirklich?«

»Heute geht es doch nur noch um Geld. Treue zum *oyabun*, Ehre, Ausdauer, Verpflichtungen – das alles zählt nicht mehr viel. Die Kokusui-kai, auf deren Leute Sugaya geschossen hat, gehört jetzt zu uns. Voriges Jahr haben wir uns vereinigt. Jetzt sind wir also in Tokio. Bald werden wir das ganze Land beherrschen. Aber ich glaube nicht, dass das eine gute Sache ist.«

Ich war ein wenig verdutzt. »Sie sind doch selbst ein Yakuza. Sind Sie nicht stolz auf Ihre Organisation?«

Er lachte. »Vielleicht war ich mal stolz, Mitglied zu sein. Aber wenn das Ende naht, denkt man anders. Man beginnt sich zu fragen, ob alles richtig ist, was man für selbstverständlich gehalten hat. Die Organisation, der ich beigetreten bin, ist nicht mehr wie früher. Sie ist zu groß geworden, und darum hat sie vieles nicht mehr im Griff. Viele Yakuza kennen keine Regeln mehr, sie respektieren normale Bürger nicht mehr, sie respektieren gar nichts mehr. Sie sind in allen möglichen Mist verwickelt. Besonders die Goto-gumi.«

»Ist es wirklich schlimmer als früher?«, fragte ich.

Er schwieg eine Weile, legte die Hände auf die Knie und holte tief Luft. »Vielleicht war es schon immer so«, seufzte er dann, »ich weiß es nicht. Ich habe in meinem Leben viel Böses getan, aber manches habe ich auch richtig gemacht. Ich habe nie den *oyabun* betrogen, ich habe nie einen Freund hintergangen, und ich bin nie einem Kampf ausgewichen. Das ist vielleicht nicht viel, aber das sind meine Werte.«

»Das sind wichtige Tugenden.«

»Allerdings. Also, was möchten Sie wissen?«

»Ich habe zwei Fragen.«

»Ich habe nicht gesagt, dass Sie sie nummerieren sollen. Fragen Sie einfach.«

»Ich vermisse eine Freundin. Ich habe sie seit einigen Monaten nicht mehr gesehen.«

»Wie heißt sie?«

»Helena.«

»Haben Sie ein Foto?«

Ich gab ihm eines. Er betrachtete es, dann sah er mich an.

»Ich brauche Einzelheiten.«

Also weihte ich ihn ein, sagte ihm, wer sie war und worum ich sie gebeten hatte. Er zuckte ein wenig zusammen, als ich die Goto-gumi und die Tarnorganisation erwähnte, murmelte etwas und bedeutete mir, zu ihm ans Fenster zu kommen. Da ich ihn kaum hören konnte, beugte ich mich vor.

Dann schlug er mir mit solcher Wucht ins Gesicht, dass ich umfiel und auf dem Hintern landete. In meinen Ohren dröhnte es so laut, dass ich fürchtete, eines könne taub geworden sein. Dann stand er auf, schaute mich finster an und bedeutete mir mit der Hand, aufzustehen. Obwohl er etwas schwer atmete, schien es ihm gut zu gehen, was man von mir nicht behaupten konnte.

»Was zum Teufel haben Sie sich dabei gedacht?«, schrie er mich an.

»Ich wusste das nicht.«

»Das hätten Sie wissen müssen. Sie sind doch kein Kind mehr, sondern ein Mann. Sie hätten sie niemals bitten dürfen, sich um diese Organisation zu kümmern. Was haben Sie sich nur dabei gedacht?«

»Verdammt noch mal, Shibata. Ich habe ihr ja gesagt, dass sie aufhören soll.«

»Und Sie hätten wissen müssen, dass sie nicht aufhören würde. Sie hatten diese Frau gern, vielleicht mehr als das, und sie hatte Sie gern.

Warum also sind nicht Sie dieses Risiko eingegangen? Manchmal sind Sie so verdammt clever, Jake-san, und manchmal so ein schrecklicher Idiot.«

Er reichte mir die Hand und half mir auf. Sein Griff war stark. Dann setzte er sich wieder.

»Ich werde mich umhören. Ich glaube nicht, dass Sie die Antworten bekommen werden, die Sie haben wollen, aber ich werde fragen. Was wollen Sie sonst noch wissen?«

»Ich weiß, dass Goto nicht der Einzige war, der sich in Amerika eine neue Leber hat einpflanzen lassen. Da gab es wohl noch andere, und ich hätte gerne einige Namen.«

Shibata schüttelte den Kopf und starrte ein paar Minuten auf den Boden. Dann hob er den Kopf und schaute mir in die Augen. Ich weiß nicht, was er da sah, aber er nickte wieder.

»Ich weiß, worauf Sie hinauswollen, und ich halte das nicht für klug. Aber ich verstehe es. Sind Sie sicher, dass Sie damit weitermachen wollen? Es ist *kemono no michi*.«

»*Kemono no michi?*«

»Manchmal legen Tiere in den Bergen Pfade an, indem sie denselben Weg immer wieder benutzen. Wenn Sie nicht wissen, was das ist, könnten Sie glauben, dass Menschen den Pfad gemacht haben – so sieht er nämlich aus. Wenn Sie dem Pfad folgen, dann kommen Sie aber nirgendwo hin. Wenn Menschen sich verirren und einem solchen Pfad folgen, führt sie das weiter in die Wildnis, manchmal sterben sie sogar. Es ist kein Weg für Menschen, es ist ein gefährlicher Weg. Sind Sie sicher, dass Sie diesen Weg gehen wollen? Er wird Sie nicht dorthin bringen, wohin Sie wollen.«

»Schauen Sie, mir geht es nur um meine Story. Ich habe nicht vor, etwas Verrücktes zu tun.«

»Nein, Sie haben überhaupt keinen Plan. Denken Sie darüber nach. Behalten Sie den richtigen Weg im Auge, nicht den falschen.«

Dann schlug mir der alte Bastard erneut ins Gesicht, diesmal sogar noch härter. Und als ich zu Boden stürzte, trat er mir in den Bauch. Es gelang mir, meinen Brechreiz zu unterdrücken, aber ich krümmte mich wie ein Fötus zusammen. Dabei kam ich mir furchtbar dumm vor, und ich hatte Angst. Richtig Angst.

»Ich mache keine Scherze. Sie dürfen nicht leichtsinnig sein. Trauen Sie niemandem. Vielleicht denken Sie ja, dass das hier schmerzhaft ist. Aber was Goto Ihnen oder Ihren Freunden antun wird, wenn er erfährt, was Sie vorhaben, wird tausendmal schmerzhafter sein. Also machen Sie bloß keinen Blödsinn.«

»Ich hab's kapiert.«

»Gut. Und jetzt setzen Sie Ihren faulen Arsch in Bewegung und holen mir noch ein paar Zigaretten. Ich habe keine mehr.«

Ich holte ihm die Zigaretten. Da ich ihm aber lieber nicht mehr so nahe kommen wollte, warf ich ihm die Packungen aus einiger Entfernung zu. Er fing sie auf und kicherte. Danach unterhielten wir uns noch einige Zeit.

2007 starb Shibata, aber vorher verriet er mir noch einen Namen: Hisatoshi Mio, Gründer der Mio-gumi. Er war ein Helfershelfer des Kaisers der Kredithaie, Kajiyama. Das ergab Sinn. Goto hatte Kajiyama beigebracht, Geld durch Las Vegas zu schleusen. Es war also keine Überraschung, dass Goto auch Mio kannte. Ich war mir jetzt ziemlich sicher, dass der Fall Goto kein Einzelfall war. An der UCLA war etwas sehr Seltsames im Gange. Ich hielt mein Versprechen und überreichte Shibatas Frau den Brief ihres Mannes, und sie versprach mir, ihn ihrem Sohn zu geben, sobald er lesen konnte. Wahrscheinlich kehre ich eines Tages zurück und prüfe das nach.

Über Helena erfuhr ich von Shibata nichts.

Sekiguchi folgte Shibata im Herbst desselben Jahres. Auf einen Schlag hatte ich meinen wichtigsten Yakuza-Informanten und meinen wichtigsten Polizeiinformanten verloren. Was sollte jetzt aus meiner Goto-Story werden? Es sah düster aus.

Sekiguchi war 48 Jahre alt. Ich hatte ihn und seine Familie fast 14 Jahre lang gekannt. Er tat seinen letzten Atemzug an einem regnerischen Tag Ende August um 15.45 Uhr. Meine Familie und ich waren zu der Zeit nach Japan gekommen und wohnten bei meiner Schwiegermutter. Das war gut für die Kinder – sie sprachen sehr gut englisch und mussten nun ihr Japanisch verbessern.

Am Tag vor unserer beabsichtigten Rückreise in die USA, etwa am 29. August, aßen wir gerade chinesisch, als Sekiguchis Frau anrief und mich über seinen Tod unterrichtete. Ich wollte den Flug verschieben und zur Beerdigung gehen. Alle außer den Kindern ärgerten sich darüber. Ich hatte einen heftigen Streit mit Sunao und meiner Schwiegermutter. Denn sie waren beide der Meinung, dass ich zur Totenwache gehen sollte, falls es eine gab. Aber die Familie konnte ich bei meinem nächsten Aufenthalt in Japan besuchen. Ich jedoch war anderer Meinung. Kaum vorstellbar, dass ein verrückter jüdischer Bursche und ein zehn Jahre älterer Kriminalbeamter so gute Freunde werden konnten, aber genau das war in diesen vielen Jahren geschehen. Ich wollte daher bleiben, aber Sunao blieb stur. Ich fragte sie, ob sie nicht mit den Kindern allein nach Hause fahren könne. Ich würde sie zum Flughafen bringen und dafür sorgen, dass jemand sie in Amerika abholte und nach Hause brachte. Aber ich bekam nur den Vorwurf zu hören, dass ich meine egoistischen Bedürfnisse über die meiner Familie stellte.

Wir verließen das chinesische Restaurant und kehrten zurück zu Sunaos Elternhaus. Ich wollte zumindest die Familie Sekiguchi besuchen und dem Toten die letzte Ehre erweisen. Um zehn Uhr abends fuhr ich daher im Taxi durch den Regen zu Sekiguchis Haus im trostlosen Konan. Sunao begleitete mich. Wir redeten nicht miteinander. Es regnete so heftig, dass das Taxi unterwegs ein- oder zweimal anhalten musste. Der Fahrpreis betrug fast 250 Dollar.

Wir kamen um Mitternacht zu Sekiguchi. Ich fühlte mich fast wie in der alten Zeit, aber es war anders. Ich trug einen schwarzen Anzug, den ich mitgebracht hatte, und eine schwarze Krawatte, die ich von Sunaos Mutter ausgeliehen hatte.

Ich weiß, dass Beerdigungen und Totenwachen sinnlose Rituale sind – aber nicht für die Hinterbliebenen. Ich hatte Sekiguchi versprochen, zu seiner Beerdigung zu gehen, dabei einen guten Anzug zu tragen und, wenn möglich, passende Socken anzuziehen. Ich schuldete ihm daher zumindest ein Räucherstäbchen. Man sollte meinen, dass es jedem klar ist, dass manche Versprechen über den Tod hinaus gelten. Zu den wenigen Dingen, die ich in meinem Leben bereue, gehört, dass ich nicht bei seiner Beerdigung war, obwohl ich es versprochen hatte.

Sein Leichnam war schon im Haus, als ich ankam. Er war nicht nach buddhistischer Sitte aufgebahrt, wie es in Japan üblich ist, sondern sollte ein Shinto-Begräbnis erhalten. Darum lag er auf einem Futon im Wohnzimmer. Mit Shinto-Ritualen kannte ich mich nicht aus. Es war eine neue Erfahrung.

Sekiguchi hatte mir mehr über das Schreiben von Berichten, über Verhöre, Ehre und Vertrauen beigebracht als alle anderen Leute, die ich je gekannt hatte. In gewisser Weise war er mein zweiter Vater. Ich hatte ihm meine Tochter gezeigt, noch ehe ich sie zu meinen Eltern gebracht hatte. Noch im Tod lehrte er mich also etwas über Japan.

Es war seltsam, ihn so auf dem Tatami-Boden liegen zu sehen. Sie zogen das weiße Tuch weg, sodass ich sein Gesicht sehen konnte. Er schien zu lächeln. Es war das gleiche süffisante Grinsen, das er aufzusetzen pflegte, wenn er mir ein paar Informationsbrocken hinwarf, einen schlechten Witz riss oder wenn ich wieder mal eine Wette verloren hatte.

In den vergangenen Monaten hatte er große Schmerzen gehabt. Selbst Morphium half ihm nicht mehr. Der Krebs wütete in seinem ganzen Körper. Eine Zeitlang war er ins Ariake Cancer Institute in Odaiba gegangen, das etwa drei Stunden von seinem Haus in Saitama entfernt war. Dort wurde er ambulant behandelt. Nachdem man ihn mit Chemikalien und Strahlung traktiert hatte, musste er noch im Zug zurückgefahren, manchmal in der Stoßzeit, wenn es keine Sitzplätze gab.

Ich bestand darauf, dass er nach der Therapie im »Hotel Grand Pacific Le Daiba« in der Nähe der Klinik abstieg und wollte die Rechnung bezahlen. Denn er brauchte Ruhe, bevor er heimfuhr. Natürlich protestierte er und weigerte sich, da er so ein Geschenk als Polizist – es war kaum zu glauben, aber er arbeitete immer noch – nicht annehmen könne. Daher behauptete ich, dass ich für eine Firma arbeitete, der das Hotel gehörte, und das Zimmer kostenlos mieten konnte.

Das war natürlich gelogen. Und ich denke, er wusste, dass es eine Lüge war und dass ich wusste, dass er es wusste. Aber nur so konnte er mein Geschenk akzeptieren, was mir wirklich wichtig war. So ist das eben in Japan. Es gibt ein bestimmtes öffentliches Image, *tatemae*, eine Fassade, die man aufrechterhalten muss, und es gibt das, was tatsächlich passiert. Mit diesem Trick war ihm und mir gleichermaßen geholfen. »*Uso mo hoben*« – auch Lügen können eine schlaue Taktik sein – lautet ein Sprichwort aus einem buddhistischen Sutra.

Dieses Sutra erzählt die Geschichte von einigen Kindern, die in einem Haus spielen. Als es anfängt zu brennen, besteht die Gefahr, dass die Kinder verbrennen, wenn sie nicht hinauslaufen. Weil das Spiel ihnen gerade so großen Spaß macht, wollen die Kinder aber das Haus nicht verlassen. Draußen schreien Leute, dass sie herauskommen sollen, aber sie wollen nicht, und die Tür ist von innen versperrt. Da verspricht ihnen jemand köstliche Bonbons, wenn sie herauskommen. Das ist zwar eine Lüge, aber sie lockt die Kinder aus dem Haus, und sie sind gerettet.

Uso mo hoben. Manchmal ja.

Ich wusste, wie ich mich bei einer buddhistischen Beerdigung zu verhalten hatte, aber in diesem Fall war ich ratlos. Daher tat ich, was Frau Sekiguchi mir sagte: Ich gab ihm Wasser und verbeugte mich. Dann legte ich eine Zigarette auf den Tisch mit Speisen, der neben ihm stand.

Nicht die Zigaretten waren an seinem Krebs schuld. Es war ein Verrat. Denn ein Kollege hatte ihn vor ein paar Jahren bei einer Zeitung verleumdet, weil er ihm seinen Erfolg neidete.

Sekiguchis »Verbrechen« hatte darin bestanden, dass er einem Yakuza die Handschellen abgenommen hatte, damit er eine Schale Nudeln essen konnte. Erst danach hatte er ihn ins Revier gebracht, wo er dann eingesperrt wurde. Außerdem hatte Sekiguchi einen Aufstand in einem Gefängnis verhindert, indem er einen Yakuza aus der Zelle geholt und ihm eine Zigarette gegeben hatte. Damit hatte er allerdings gegen die Vorschriften der Polizei verstoßen. Der Kollege, der ihn nicht mochte, informierte einen Reporter der *Mainichi Shimbun* über diese Vorfälle. Die Zeitung veröffentlichte den Bericht natürlich, und alle anderen druckten ihn nach. Damit war er plötzlich ein »schlechter Polizist«.

Er verlor seinen Posten bei der Kripo, wurde degradiert, verwarnt und für einige Jahre zur Verkehrspolizei versetzt. Das setzte ihm furchtbar zu, wahrscheinlich bekam er damals Krebs. Für mich war der eigentliche Grund für die Erkrankung eine Kombination aus Verrat, Demütigung und Enttäuschung.

Einige Monate vor seinem Tod bat er mich um einige Dinge, und ich habe die meisten meiner Versprechen gehalten. Ich habe ihm versprochen, ab und zu nach seiner Frau und seinen Töchtern zu schauen. Und das tue ich immer noch. Es ist kaum zu glauben, dass die Töchter jetzt richtige Frauen sind. Wenn ich sie treffe, dann sehe ich immer noch das sechsjährige und das neunjährige Mädchen vor mir, die mir einreden wollten, dass ich kein Jude sei, weil alle Juden im Zweiten Weltkrieg umgekommen seien. Das hätten sie in der Schule gelernt. Die Jüngere wollte mich sogar als Musterexemplar mit in die Schule nehmen.

Sekiguchi lebte gut. Und er starb gut. Bei unserer letzten Begegnung hatte er frisch gewirkt. Damals war mir klargeworden, dass er sterben würde. Den meisten Menschen geht es kurz vor dem Ende scheinbar besser. Geistig Verwirrte werden klarer, Krebskranke sehen gesund aus. Am Tag vor seinem Tod hatte er mit seiner Familie gesprochen und hatte viel Positives erzählt. Es war ein gutes Gespräch gewesen. Er verließ die Welt offenbar im Frieden mit sich selbst und mit seiner Familie. Das erzählte mir Frau Sekiguchi, und ich freute mich sehr darüber.
Buddhisten glauben, dass sie nach 49 Tagen wiedergeboren werden, aber Shintoisten werden nach 50 Tagen zu einem Gott, erklärte mir die Familie Sekiguchi. Als ich ihn ansah, dachte ich: Hoffentlich stimmt das, denn es ist immer gut, einen Gott an seiner Seite zu haben.
Ich wusste, dass ich in Schwierigkeiten war. Ich wusste, dass ich meine Familie gefährdet hatte. Und Helena wurde immer noch vermisst.
Ich kann mich immer noch an das Lächeln auf Sekiguchis Gesicht erinnern. Es sah aus, als würde er schlafen. Im Geiste konnte ich ihn mit mir reden hören. Und ich hätte dringend seinen Rat gebraucht, hätte so gerne seine Worte gehört: »Jake, manchmal musst du dich erst zurückziehen und dann zurückschlagen. Überleg, ob das jetzt die richtige Zeit dafür ist.«
Ich hatte auf jeden Fall genug davon, verprügelt zu werden, aber Rückzug kam wohl nicht mehr in Frage. Vielleicht war es ja an der Zeit zurückzuschlagen. Das gefiel mir auf jeden Fall besser als die Alternative.

ZWEI GIFTE

Helenas Verschwinden veränderte mich. Hätte ich gewusst, was mit ihr passiert war, wäre es mir besser gegangen. Aber die Ungewissheit war schrecklich.

Ich musste unbedingt mehr über Tadamasa Goto erfahren. Wie viel Macht besaß er? Wer waren seine Verbündeten, wer seine Feinde? Shibatas Tod war ein harter Schlag für mich, und Sekiguchis Tod ein noch härterer.

Bis zu diesem Zeitpunkt wusste ich Folgendes über Goto:

Er hatte den Vorstoß der Yamaguchi-gumi nach Tokio angeführt und besaß mehr als 100 Tarnfirmen. Sein Vermögen wurde auf über eine halbe Milliarde Dollar geschätzt. Eine Zeitlang war er sogar der größte Aktionär der Japan Airlines.

Bekannt wurde er, weil er im Mai 1992 den angesehenen Filmregisseur Juzo Itami hatte ermorden lassen wollen. Itami hatte an einem Film mit dem Titel *Minbo no onna* gearbeitet, der die Yakuza im Gegensatz zu allen bisherigen Yakuza-Filmen als geldgierige, unangenehme Rüpel darstellte und nicht als edle Gesetzlose. Goto gefiel der Film nicht. Vor allem störten ihn Andeutungen, dass die Yakuza ihre Drohungen oft nicht wahr machten. Am 22. Mai überfielen daher fünf Mitglieder seiner Organisation Itami auf dem Parkplatz vor seinem Haus und verletzten ihn schwer.

Von da an unterstützte Itami öffentlich die neuen Gesetze gegen das organisierte Verbrechen, die die japanische Regierung in diesem Jahr auf den Weg brachte, und wurde zu einem Stachel im Fleisch der Gangster. Er war der lebende Beweis dafür, was die Yakuza wirklich taten, nicht was sie vorgaben zu tun. Angeblich nahm er sich ein paar Jahre später selbst das Leben, indem er von einem Hochhaus sprang.

Ich sammelte Hunderte von Seiten Material über die Goto-gumi und nutzte jeden Trick, den ich bei der *Yomiuri* gelernt hatte. Um ausreichend Informationen zu erhalten, musste ich einige moralische Kompromisse eingehen, aber ich musste auch meinen Feind kennen. Als sehr nützlich für mich erwies sich ein Geheimbericht über Tadamasa Goto und seine Organisation, den die Nationale Polizeibehörde mithilfe aller Polizeireviere des Landes 2001 erstellt hatte. Ein sehr wertvoller Informant gab ihn mir im Austausch für geleistete Dienste.

»Sie zögern nicht, extreme Maßnahmen gegen andere zu ergreifen, wenn es darum geht, einen Überfall oder einen Rachefeldzug zu planen. Sie schlagen in Gegenwart von Frauen und/oder Kindern zu und zwingen diese, grausame, gewalttätige Handlungen zu beobachten, damit sie hinterher nicht zur Polizei gehen. Die Hinrichtung von Feinden erfolgt wohlüberlegt, und die Planung kann lange dauern. Die Aufgabenverteilung ist klar (Opfer ausspähen, Ausführung des Mordes, Schmiere stehen usw.). Niemand weiß, wer der Auftraggeber ist (deshalb ist keine gründliche Aufklärung möglich). Wenn sie ein Verbrechen begehen, benutzen sie Fahrzeuge von unbeteiligten Personen und gestohlene Autokennzeichen aus anderen Präfekturen (auch das erschwert die Aufklärung).«

Außerdem heißt es in dem Bericht, es sei typisch für diese Organisation, »die Massenmedien einzuschüchtern«. »Mit dem Namen (und der Macht) der Organisation bedrohen sie ernsthaft und unablässig jeden, dessen Reportagen ihnen missfallen.«

Im Jahr 2006, noch bevor ich mit Shibata Kontakt aufnahm, hegte ich bereits den Verdacht, dass nicht nur Goto, sondern auch drei seiner Partner von der UCLA eine neue Leber erhalten hatten.

Es war sehr wichtig, dass Shibata mir Mios Namen verraten hatte, aber in gewisser Hinsicht war es Tadamasa Goto selbst, der mir am meisten half. Wegen der Methoden, mit denen er in seiner Organisation für Ordnung sorgte, hatte er sich in seinem innersten Kreis Feinde gemacht. Der Polizeibericht beschrieb diese Methoden detailliert:

[Bandenmitglieder werden] »mit Zuckerbrot und Peitsche bei der
Stange gehalten. Sie werden immer belohnt, wenn es angezeigt
ist (Lebensunterhalt der Familie, Unterhalt nach einem Gefäng-
nisaufenthalt, Bargeld, Autos usw.).
Wenn ein Mitglied die Organisation in Schwierigkeiten bringt,
degradiert Goto den Schuldigen. Um ein Exempel zu statuieren,
verprügelt er ihn vor Gleichgestellten oder zwingt Kollegen, die
Strafe auszuführen.«

Gotos Brutalität bewog einen seiner Soldaten, den er gezwungen hatte,
einen Freund zu verstümmeln, sich mir zu offenbaren. Er mochte mich
zwar nicht besonders, aber er hasste Goto. Und er war nicht mein einziger Informant aus der Organisation, aber er war der zuverlässigste.
Im November 2006 trafen wir uns weit außerhalb von Tokio, und er
erzählte mir etwas, das mich völlig verblüffte. Goto hatte in die USA
einreisen können, weil das FBI es ihm erlaubt hatte.
Das FBI.
Er gab mir die genauen Daten und verriet mir auch den Namen der
Mannes, der alles arrangiert hatte: Jim Moynihan, juristischer Attaché
(de facto ein FBI-Vertreter) der amerikanischen Botschaft in Japan.
Ich kannte Jim, er war ein Freund und Mentor. Am liebsten hätte
ich es nicht geglaubt, aber ich wusste, dass es stimmte. Jetzt begriff
ich auch, warum Goto meinen Artikel unbedingt verhindern wollte:
Denn er hatte Freunde verraten, damit man ihn in die USA einrei-
sen ließ. Es war ein ziemlich einfacher Handel. Er hatte den Behörden die Namen einiger Gangsterbosse, Dokumente und Listen von
Tarnfirmen gegeben und ihnen sogar die Banken genannt, die in den
USA für die Yamaguchi-gumi Geld wuschen. Ein Verrat dieser Grö-
ßenordnung wurde in der Welt der Yakuza sicherlich nicht toleriert.
Genau dieses Verhalten konnte den Ausschluss aus der Organisation
oder den Tod bedeuten.
Im Dezember 2006 aß ich mit Jim zu Mittag und fragte ihn vorsichtig, warum zum Teufel er mit diesem Mann paktierte.
Er erzählte mir, was er sagen durfte, und das ergab Sinn. Natürlich
verriet er mir nicht alle Einzelheiten, aber es reichte. Meine Akte
wurde dadurch dicker.

Die entscheidende Information erhielt ich allerdings im Sommer 2007, als ein Kripobeamter, der im Polizeirevier von Kitazawa pornografische Bilder auf seinen Computer herunterlud, zufällig ein Datenaustausch-Netzwerk namens WINNY knackte – und damit die gesamte Datei der Tokioter Polizei über Tadamasa Goto. Alle wichtigen japanischen Zeitungen berichteten darüber. Ich lud mir die Dateien sofort herunter.

Es war ein Informationsorgasmus. Die Datei enthielt alle seine Flugdaten, die Namen der meisten seiner Freundinnen (mindestens 9 von 15) und andere nützliche Informationen. Jetzt wusste ich, wann er sich in der UCLA hatte operieren lassen und wer ihn begleitet hatte. Eine der genannten Freundinnen war eine berühmte Schauspielerin. Natürlich berichtete die japanische Presse darüber, denn sie liebt Klatsch über Stars. Nicht erwähnt wurde allerdings, dass Burning Productions, Japans größte und mächtigste Talentagentur, auf der Liste der Tarnfirmen stand. Mit diesem Unternehmen konnte Goto Berichte unterdrücken, die ihm nicht gefielen. Denn jeder Fernsehsender, der ihn ärgerte, lief Gefahr, von Japans bekanntesten Schauspielerinnen, Sängern und Entertainern boykottiert zu werden. Das bedeutete auch, dass er fast jede Zeitung, die zur selben Unternehmensgruppe gehörte wie der Sender, indirekt bedrohen konnte. Und die Unterhaltungssendungen waren allemal lukrativer als Nachrichtensendungen.

In diesen vielen Gigabytes fand ich vieles bestätigt, was ich seit Langem vermutet hatte. Nach einem Gespräch mit einem Informanten im amerikanischen Justizministerium und mit Kontaktleuten bei der japanischen Polizei und in der Unterwelt konnte ich das Puzzle endlich zusammensetzen.

Im Januar oder Februar 2001 erfuhr Goto von seinen Ärzten an der Showa-Universität, dass er ohne eine Lebertransplantation sterben werde. Goto hatte Hepatitis C und Herzprobleme, und seine Chance, in Japan eine neue Leber zu bekommen, waren sehr gering.

Im April 2001 nahm Hoshi Hitoshi, der ehemalige »Fixer« (Spezialist für Schmiergeldzahlungen) von Nobusuke Kishi mit sehr guten Beziehungen zur LDP, in Gotos Auftrag Kontakt mit dem FBI auf.

(Kishi war zweimal japanischer Ministerpräsident gewesen. Sein Enkel Shinzo Abe wurde 2006 Ministerpräsident.) Kishi leitete Gotos Angebot weiter.

Das FBI wollte die Namen führender Yakuza haben, weil die japanische Polizei ihm diese Informationen nicht gab – aus Datenschutzgründen. Deshalb konnte das FBI die Aktivitäten der Yakuza in den USA nicht effektiv überwachen.

Goto versprach, dem FBI (vielleicht auch einer anderen Behörde) eine umfassende Liste der Yamaguchi-gumi-Mitglieder, ihrer Tarnfirmen und Banken zu überlassen und Informationen über nordkoreanische Machenschaften zu liefern.

Im Austausch für diese Informationen forderte Goto ein Visum für die USA, damit er sich an der UCLA einer Lebertransplantation unterziehen konnte.[21]

Zweifellos hatte Goto den Handel mit der UCLA selbst eingefädelt. Er bekam das Visum, nachdem das FBI die Einwanderungs- und Zollbehörde nachdrücklich dazu aufgefordert hatte.

An Jims Stelle hätte ich das auch gemacht, denn der Nutzen für das FBI hätte gewaltig sein können. Das FBI gab ihm aber keine Leber, sondern nur den Schlüssel zur Tür. Die UCLA besorgte den Rest.

Manabu Miyazaki, ein Journalist, Fürsprecher der Yakuza und enger Freund von Goto, erzählte mir, dass das FBI nicht nur an der Yakuza interessiert gewesen sei, sondern vor allem auch an Gotos Informationen über Nordkorea. Damals druckten die Nordkoreaner nämlich erstklassige Dollarbanknoten, was den USA natürlich ein Dorn im Auge war. Goto hatte immer gute Verbindungen nach Nordkorea gehabt und bekam von dort angeblich Drogen, Waffen und Geld.

Die Operation fand am 5. Juli statt. Aber Goto gab dem FBI nur einen Bruchteil der Informationen, die er versprochen hatte. Sobald

---

[21] Angeblich hatte Nobu Naiya, der Vater von Kazuyoshi Miura (auch »Kazu« genannt), einem der berühmtesten Fußballspieler Japans, Goto und seinem Arzt einen Termin in der UCLA-Klinik vermittelt. (Kazu benutzt den Familiennamen seines Vaters aus verschiedenen Gründen nicht.)

er seine Leber hatte, setzte er sich ins Flugzeug, flog zurück nach Japan und sprach nie wieder mit dem FBI. Über seine Rückkehr nach Japan gab es keine Aufzeichnungen.

Für das FBI war die ganze Geschichte also kein großer Erfolg.

Für Goto jedoch schon. Denn er war vor Jahresende wieder in Japan, ohne gelbe Augen und gesünder denn je.

Bei der jährlichen Neujahrsfeier der Yamaguchi-gumi war Goto bei bester Gesundheit. Er »aß und trank wie ein Wal«, wie die Japaner zu sagen pflegen, und rauchte wie ein Schlot.

Vor Chihiro Inagawa, einem anderen Yakuza-Boss, prahlte er sogar: »Seitdem ich die neue Leber habe, kriege ich ihn wieder jederzeit hoch.« Dabei zeigte er auf seine Leistengegend. Inagawa soll geantwortet haben: »Du hast wirklich verdammtes Glück gehabt. Du hast die Leber eines Jugendlichen bekommen, der bei einem Unfall ums Leben gekommen ist, und das nur zwei Monate, nachdem man dich auf die Transplantationsliste gesetzt hat. Ein unglaublicher Zufall.«

Goto kicherte. »Oh, das war kein Zufall.«

Inagawa lachte nicht.

Ich weiß bis heute nicht, ob Goto den Autounfall meinte oder seinen Spitzenplatz auf der Liste. Vermutlich hatte er in beiden Fällen die Hände im Spiel.

Auch Inagawa wollte später wegen einer Lebertransplantation in die USA reisen, doch er bekam kein Visum. Bei einem Gespräch mit Vertretern der US-Botschaft durfte er zwar sein Anliegen vortragen, aber ein FBI-Agent erklärte ihm unverblümt: »Wenn Sie wissen wollen, warum wir sie nicht ins Land lassen, dann fragen Sie Herrn Goto.«

Die amerikanische Einwanderungs- und Zollbehörde wollte sich kein zweites Mal übertölpeln lassen. Sie hatte eine ungefähre Vorstellung von dem Handel zwischen dem FBI und Goto und fand, dass er wenig verwertbares Material erbracht hatte.

Goto hatte einem seiner Partner erzählt, er habe für die Leber insgesamt drei Millionen Dollar bezahlt. In Polizeiberichten ist von einer Million die Rede, es wurde spekuliert, dass Gotos Arzt für jeden »Hausbesuch« in Japan, der meist im »Hotel Imperial« stattfand, 100 000 Dollar erhielt. Die einzigen Leute, die vom Handel mit dem FBI wussten, gehörten Gotos engstem Kreis an. Das war gut zu wissen.

Als ich zum ersten Mal das ganze Material über die Yamaguchi-gumi durcharbeitete, wurde mir klar, dass Goto wohl nicht als Einziger von der UCLA eine neue Leber bekommen hatte. Wahrscheinlich gab es noch drei andere Personen.

Das hielt ich für eine fantastische Story, nicht nur aus amerikanischer Sicht, sondern auch aus japanischer. Denn Japan hat sehr strenge Vorschriften, was Organtransplantationen anbelangt. Es gibt wenig Spender und wenig Operationen. Die meisten Japaner, die ein Spenderorgan brauchen, gehen ins Ausland oder sterben, während sie darauf warten. Für Amerikaner war die Sache ebenfalls schockierend: Denn japanische Kriminelle wurden gegenüber gesetzestreuen US-Bürgern eindeutig bevorzugt.

Ich schrieb alles, was ich wusste, für ein Buch auf, das bei Kodansha International, der englischsprachigen Abteilung des Kodansha-Verlags, einem der ältesten und bekanntesten Verlage Japans, erscheinen sollte. Ich versuchte auch, die Story bei einer Wochenzeitschrift unterzubringen. Die Antwort hieß: »Auf keinen Fall.« Gründe wurden nicht genannt.

Also beschloss ich zu warten. Und ich würde vermutlich heute noch warten, wenn es nicht eine kleine Panne gegeben hätte.

Kodansha International veröffentlichte auf seiner europäischen Website eine lange Vorbesprechung des Buches, ohne mich darüber zu informieren. Ich erfuhr erst im November 2007 davon. Die Website verriet nicht alles, aber genug, um Tadamasa Goto eine Vorstellung davon zu geben, was sich da zusammenbraute. Ich sorgte zwar dafür, dass die Besprechung aus dem Netz entfernt wurde, aber ich hatte die englischen Sprachkenntnisse von Gotos Handlangern unterschätzt und auch nicht damit gerechnet, dass sie Google Alerts nutzten. Einer von Gotos Partnern meinte später, es sei wahrscheinlich jemandem gelungen, sich eine Kopie der Katalogbeschreibung meines Buches zu beschaffen, und diese habe den Verdacht wohl bestätigt. Im Dezember 2007 häuften sich die Hinweise dafür, dass ich in ernsten Schwierigkeiten war. Im Januar 2008 wurde mir dann definitiv bestätigt, dass Goto mich ermorden lassen wollte.

Mein Informant bat mich, ihn in Kabukicho zu besuchen. Ich fuhr dorthin und traf ihn in seiner Lieblingsbar. Als ich bereits ziemlich betrunken war, erklärte er mir die Lage.

»Jake, du hast ein großes Problem. Goto weiß, dass du ein Buch schreibst, und das gefällt ihm gar nicht. An deiner Stelle wäre ich sehr vorsichtig.«

Ich versuchte erst gar nicht, es zu leugnen, zuckte aber mit den Schultern und meinte: »Was kann er schon tun? Mir mit meiner Ermordung drohen? Das hat er bereits getan.«

»Er wird nicht länger drohen, er wird es einfach tun. Und er wird dafür sorgen, dass es wie Selbstmord aussieht.«

»Wie bitte? Aber ich habe überhaupt keine Neigung zum Selbstmord.«

»Wie ist deiner Meinung nach Juzo Itami gestorben?«

»Das war Selbstmord. Natürlich habe ich zuerst an Mord gedacht, als ich von seinem Tod hörte, aber dann habe ich erfahren, dass er an Depressionen litt. Und dies besonders schlimm, weil die Wochenzeitschrift *Friday* seine außereheliche Affäre aufdecken wollte. Also sprang er vom Dach. Hätte es daran irgendwelche Zweifel gegeben, hätte die Polizei bestimmt Nachforschungen angestellt.«

»Hast du den Artikel gelesen? Und weißt du, dass er, als der Reporter ihn darauf ansprach, lachend geantwortet hat: ›Ach das, das weiß sie schon längst.‹ Verhält sich so jemand, der schwer depressiv ist?«

»Ich weiß nicht. Ich kenne die Details nicht. Aber er hat doch einen Brief hinterlassen.«

»Ja, einen Computerausdruck. Den kann jeder geschrieben haben.«

Auf einmal schmeckte mir mein Bourbon nicht mehr.

»Aber warum?«

»Er plante noch einen Film, und zwar über die Goto-gumi und deren Beziehungen zur Soko Gakkai. Goto fand das nicht besonders lustig. Deshalb schnappten sich fünf seiner Männer Itami und zwangen ihn mit vorgehaltener Waffe, vom Hochhaus zu springen. Das war der Selbstmord.«

»Woher weißt du, dass es so war?«

»Keine besonders höfliche Frage.« Seine Finger krümmten sich so fest um sein Glas, dass ich fürchtete, es werde zerbrechen.

Also entschuldigte ich mich schnell.

»Was soll ich deiner Meinung nach tun?«

»Sei vorsichtig. Schreib es jetzt, wenn du kannst.«

»Ich kenne den größten Teil der Geschichte.«

»Wenn du nicht alles weißt, wird dir keiner glauben, dann würde es dir nichts nützen. Du musst über alles schreiben, auch über die anderen.«

»Ja, ich weiß, dass es noch andere gibt. Kennst du sie?«

»Nein, du musst das herausfinden. Aber ich kenne jemanden, der dir helfen kann. Sie kann Goto nicht sonderlich gut leiden.«

»Sie?«

»Eine von vielen. Sie hat ihre Gründe.«

»Ist das nicht gefährlich für sie?«

»Ich glaube, das ist ihr egal.«

Dann gab er mir ihre Visitenkarte – auf der Rückseite stand ihre Anschrift – und noch eine zweite Karte. Diese Frau kannte ich aus der Polizeidatei über Goto.

»Warum gerade diese zwei Frauen?«

»Ich glaube, er vertraut ihnen. Außerdem kannst du gut mit Frauen umgehen. Sie vertrauen dir. Sie mögen dich. Ich habe gehört, dass du sogar mit einer Polizistin sehr gut befreundet bist.«

»Ich bin mit vielen Leuten befreundet, weil ich ein netter Kerl bin.«

Ich bat um die Rechnung und zahlte. Als wir gingen, fragte ich ihn, warum Goto mich nicht jetzt sofort umlegen ließ.

»Er wartet noch ab. Ich weiß nicht, warum. Wahrscheinlich weiß er nicht, wie viel du weißt oder wem du schon etwas erzählt hast. Darum lässt er sich Zeit. Er beobachtet dich, sammelt Informationen über dich. Vielleicht versucht er auch, dich unglaubwürdig zu machen, bevor du die Chance hast, etwas zu schreiben. Er könnte zum Beispiel Drogen in deinem Apartment verstecken und die Polizei rufen. Oder eine Frau behauptet, du hättest sie im Zug belästigt. Es gibt viele Möglichkeiten, dich unschädlich zu machen, ohne dich umzubringen. Ein Mord würde natürlich eine Menge Aufmerksamkeit erregen. Weißt du, dass das Gerichtsverfahren gegen ihn noch läuft?«

Natürlich wusste ich das.

Im Mai 2006 wurden Goto als Chef einer Immobilienfirma und acht andere verhaftet, weil man sie verdächtigte, bei den Besitzverhältnissen bezüglich eines Gebäudes im Bezirk Shibuya betrogen zu haben. Der Polizei zufolge hatte Goto als Direktor des börsennotierten Unternehmens Ryowa Life Create zusammen mit den anderen Verdächtigen die Übertragung des Eigentums an einem zwölfstöckigen Gebäude, dem Shjinjuku Building, falsch beurkunden lassen. Die Immobilie gehörte teilweise einer Tarnfirma der Goto-gumi. Die Festnahme erfolgte nach Ermittlungen, die mehr als ein Jahr zuvor begonnen hatten. Im März 2005 war Kazuoki Nozaki, ein 58-jähriger Berater einer Gebäudeverwaltungsfirma und Miteigentümer des Shinjuku Building, auf einer Straße im Tokioter Bezirk Minato erstochen worden.

Die Polizei hatte sich Goto wegen des Verstoßes gegen das Eigentumsrecht geschnappt, weil sie ihm den Mord an Nozaki anhängen wollte. Alle wussten das.

Der Mord war mit der Präzision der Goto-gumi begangen worden: kleine Gruppe, keine Zeugen, keine oder wenig Spuren. Vermutlich würde man auch mich so aus dem Verkehr ziehen, wenn meine Zeit gekommen wäre – man würde mich in irgendeiner Gasse niederstechen und verbluten lassen.

Ich antwortete ihm, dass ich von dem Strafprozess wusste. Mir war aber immer noch nicht klar, warum mich noch nicht das gleiche Schicksal ereilt hatte wie Nozaki.

»Die Leute kennen dich. Sie glauben, dass du für die CIA arbeitest. Das denkt jedenfalls Goto. Und du bist Jude. Er fürchtet Ärger zu bekommen, wenn er dich umlegt.«

»Weil ich Jude bin? Warum das denn?«

»Du könntest beim Mossad sein.«

»Soll das ein Witz sein?«

»Ich habe dir gesagt, was ich weiß. Du bist jetzt ganz allein. Viel Glück. Unterschätze den Mann nicht. Er unterschätzt dich auch nicht.«

Ich wusste, dass er recht hatte.

Die Lage spitzte sich schnell zu. Ich erfuhr schon bald, dass Goto mich für schuldig befunden hatte, was einem Todesurteil gleichkam. Daher würde er mich ermorden lassen.

Am 5. März 2008 wurde ich deshalb unter Polizeischutz gestellt. Ein Special Agent des FBI begleitete mich zur Nationalen Polizeibehörde, und dort wurde heftig diskutiert, welche Maßnahmen getroffen werden konnten. Das FBI nahm schließlich mit der örtlichen Polizei in Amerika Kontakt auf, damit die dort mein Haus bewachte. Bei dem Treffen wollten die Beamten auch wissen, wer mein Informant bei der Goto-gumi sei. Natürlich verweigerte ich die Auskunft. Sie warnten mich, dass es dies für die japanische Polizei noch schwieriger mache, einen Schutz rund um die Uhr zu begründen. Dazu konnte ich nur sagen: »Ich nehme eben das, was ich kriegen kann.«

Dann brachte man mich ins Polizeidepartment von Tokio, um mit Beamten der Abteilung drei (organisiertes Verbrechen) zu sprechen. Sie sollten sich um meinen Schutz kümmern. Früher hatte ich über diese Leute Artikel geschrieben, jetzt sollten sie mein Leben schützen.

Bevor ich ins Büro des Polizeidepartments ging, schickte ich den Polizisten, die ich dort kannte, rasch eine E-Mail, dass sie so tun sollten, als sei ich ihnen unbekannt. Aber einer der Beamten schrieb sofort zurück: »Wenn in einer Zeit wie dieser ein guter Freund in Schwierigkeiten ist, kümmert es mich einen Dreck, was aus meiner Karriere wird. Ich und die anderen gehen jetzt zum Chef und sagen ihm, dass wir Sie kennen und dass Sie in Ordnung sind. Wir schulden Ihnen immer noch etwas wegen der Soapland-Sache.«

Eigentlich stand ich diesen Polizisten nicht sehr nahe und betrachtete sie lediglich als gute Bekannte, deshalb freute mich das umso mehr. Ich musste mit der Zeit feststellen, dass Leute, die ich für gute Freunde gehalten hatte, keine wirklich guten Freunde waren und dass andere, die ich nur als Bekannte gesehen hatte, die besten Freunde waren, die ich je gehabt hatte. Es kommt im Leben nicht oft vor, dass wir in eine Situation geraten, in der die Loyalität unserer Freunde auf die Probe gestellt wird. Das Ergebnis sieht wahrscheinlich nie so aus, wie wir es erwartet hätten.

Das Gespräch im Polizeidepartment war gut. Einer der Kripobeamten schüttelte mir die Hand, als ich ging, und sagte: »Goto ist ein Dreckskerl. Er ist in mehr als 17 Morde verwickelt und in diesen versuchten Mord in Seijo. Dort fanden seine Schergen den Mann nicht, den Goto tot sehen wollte, deshalb stachen sie auf seine Frau ein. Sie machen ihm das Leben schwer. Sie tun das, was wir eigentlich tun sollten. Viel Glück.«

Das tat mir gut.

Ich musste noch einige Papiere ausfüllen und der Nationalen Polizeibehörde bringen. Als ich das Gebäude verließ, lud mich ein Polizist, den ich als Reporter in Saitama kennengelernt hatte, zu einem Kaffee ein.

Bei einem recht guten Cappuccino unterhielten wir uns über die alte Zeit. Der Leiter der Spurensicherung war zunächst Polizeichef in Saitama geworden, hatte dann gekündigt und war jetzt Vorstandsvorsitzender der örtlichen Gesellschaft für Verkehrssicherheit. Sein neuer Job machte ihm Spaß. Ein paar andere Beamte, die mit dem Hundezüchter-Fall befasst gewesen waren, hatten ebenfalls gekündigt.

Er hatte ein paar interessante Informationen für mich, aber auch schlechte Nachrichten: »Wahrscheinlich überlegen Sie zurzeit, nach Hause zu fahren. Davon kann ich Ihnen nur abraten. Wenn Sie nach Hause fahren und er weiß, wo Sie leben, gerät Ihre Familie in die Schusslinie. Er würde wahrscheinlich einen Killer anheuern, um Sie zu töten, und wenn Ihre Familie in der Nähe wäre, könnte es die auch erwischen. Wenn er aber an Sie persönlich nicht herankommt, dann wird er vermutlich Jagd auf Ihre Freunde machen.«

Das hatte ich eigentlich nicht hören wollen, denn natürlich wollte ich nach Hause. Aber er hatte noch mehr zu sagen.

»Als Goto in die UCLA-Klinik ging, überprüfte die Nationale Polizeibehörde den Geldfluss auf seinen Kasinokonten. Sie fand fast eine Million Dollar. Er hatte ein Konto in Tokio bei der japanischen Filiale eines großen Kasinos. Sie haben über den Kajiyama-Fall geschrieben, also wissen Sie, wie das abläuft. Ihre Informationen sind gut.«

»Was schlagen Sie vor?«

»Vielleicht sollte ich das nicht sagen, aber Sie sind eine Bedrohung für seinen Ruf und sein Ansehen. Wenn er Sie erledigt, kann er vielleicht verhindern, dass er auffliegt. Sobald Sie aber Ihr Buch veröffentlicht haben, macht es für ihn weniger Sinn, Sie umzubringen. Sie sind Schriftsteller, oder, dann ist es jetzt Zeit zu schreiben.«

Am 7. März ärgerte ich die Nationale Polizeibehörde, weil ich den Prozess gegen Goto im Bezirksgericht besuchte. Die Polizisten, die den Fall bearbeiteten, erzählten, dass ein Zeuge derart eingeschüchtert worden sei, dass er sich weigere auszusagen. Es gelang mir, ein paar Minuten im Gerichtssaal zu verbringen. Ich saß direkt hinter Goto. Ich hätte die Hand ausstrecken und ihn erwürgen können, wenn ich gewollt hätte. Oder ich hätte ihn mit einem Bleistift in den Kehlkopf stechen können. Natürlich tat ich das nicht, aber ich konnte es mir nicht verkneifen, ihn anzustupsen, nur um mich zu vergewissern, dass er echt war. Er bemerkte es anscheinend nicht.

Mitten in der Verhandlung musste ich gehen. Eigentlich hätte ich gar nicht dort im Gerichtssaal sein dürfen. Ich wartete draußen im Flur.

Nachdem die Journalisten über den Freispruch unterrichtet worden waren, sagte einer der Polizisten, die den Fall bearbeitet hatten, kopfschüttelnd zu mir: »Wissen Sie, jeder, der gegen Goto ausgesagt hat, wird verschwinden. Man wird einen nach dem anderen tot auffinden.«

Dann geschah etwas Unerwartetes. Goto kam mit seinem Leibwächter aus dem Gerichtssaal und ging zum Aufzug. Er nahm nicht den Hinterausgang, aber es warteten auch keine Publikumsmassen auf ihn. Kein einziger Reporter versuchte, mit ihm zu reden. Natürlich sahen ihn alle an, aber keiner wollte ihm folgen. Sobald jedoch sein Anwalt auftauchte, liefen alle schnellstmöglich zu ihm hin, fort von Goto. Und einen kurzen Augenblick lang standen nur ich, Goto und sein Bodyguard vor dem Aufzug. Es war das erste und letzte Mal, dass ich diesem Mann von Angesicht zu Angesicht gegenüberstand.

Und zum ersten Mal verstand ist, warum er so mächtig war. Er war nicht beleibt, muskulös oder imposant, doch wenn er einem in die Augen sah, hatte man das Gefühl, seine Hand an der Gurgel zu spüren. Als er mich erkannte, formten seine Lippen einige japanische Worte, eine hörbare Drohung wollte er wohl nicht ausstoßen. Aber mir kam es auf jeden Fall wie eine Drohung vor, doch ich bin in keiner Sprache ein guter Lippenleser. Also antwortete ich ebenfalls nonverbal – mit einem einzigen Finger. Das war alles, was wir einander zu sagen hatten.

Nachdem der Leibwächter seinen wütenden Chef in den Aufzug geschoben hatte, folgte ich der Reportermeute zu seinem Anwalt, Yoshiyuki Maki, einem ehemaligen Staatsanwalt.

Er strich sich über das grau gesprenkelte Kinn und faselte etwas darüber, wie ungerecht die Verhaftung seines Mandanten und die Anklage gegen ihn waren. Außerdem machte er deutlich, dass sein Mandant jede Zeitung verklagen könne, die ihn als Straftäter hinstelle. Durch Maki legte Goto so der ohnehin gefügigen Presse einen Maulkorb an. »Die gesetzwidrige Verhaftung und der lange Prozess waren für Goto-san die Hölle. Ich denke, die Medien sollten ein wenig Rücksicht darauf nehmen, was mein Mandant alles durchlitten hat.«
Ich konnte diesen Quatsch nicht länger ertragen und hob die Hand, um eine Frage zu stellen. Doch es wurde eher eine Schimpftirade als eine Frage, was nicht gerade sehr professionell von mir war. In einem Gerichtsgebäude sollte man nicht über Recht und Unrecht diskutieren. Und man sollte die Anwälte der Yakuza nicht beschuldigen, selbst Verräter und Verbrecher zu sein, schließlich tun sie auch nur ihre Pflicht. Aber es fiel mir doch sehr schwer, die Sache objektiv zu betrachten. Ich fand auch, dass der Anwalt dadurch alle Opfer beleidigte. Wenn es unter den Yakuza jemanden gab, der es verdient hatte zu leiden, dann war es Goto.
»Entschuldigen Sie bitte, aber was meinen Sie mit durchleiden? Dieser Mann gehört einer Organisation an, die Menschen ermordet, Drogen verkauft, Kinderpornografie verbreitet und ausländische Frauen sexuell ausbeutet. Warum sollte jemand auch nur einen Gedanken daran verschwenden, ob er leidet? Und wie können Sie als ehemaliger Staatsanwalt so etwas sagen?«
Maki war überrascht, entweder wegen meiner Frage oder wegen meiner Wut. Er zuckte richtig zusammen, und die anderen Reporter zogen sich von mir zurück, als wäre ich ein tollwütiger Hund. Dann räusperte sich Maki und erklärte: »Es ist meine Aufgabe, meinen Mandanten zu verteidigen, und es gibt keinen Zweifel daran, dass Goto-san nichts Illegales getan hat und dass ...«
Während er weiterredete, drehte ich mich um und ging. Wenige Sekunden später hörte ich die Journalisten kichern. Vermutlich hatte Maki einen Witz auf meine Kosten gemacht, und ein bisschen fühlte ich mich auch selbst wie eine Witzfigur. Aber ich hatte gesehen, wie er zusammengezuckt war, und das fühlte sich gut an.

Am Tag nach dem Prozess machte ich mich wieder an die Arbeit. Ich sammelte alle meine Notizen und gab sie Reportern, die ich kannte und denen ich vertraute. Einige kannte ich zwar, vertraute ihnen aber nicht. Mir ging es nicht um den Erfolg. Ich wollte nur, dass die Geschichte gedruckt wurde, und es war mir egal, wer die Lorbeeren dafür erntete.

Während ich das tat, wurde ich mit einem ernsten Problem konfrontiert.

Einige Beamte der Nationalen Polizeibehörde kamen vorbei, um etwas mit mir zu trinken. Einen von ihnen, Akira-kun, kannte ich schon lange. Zum Glück war Alien Cop für ein Jahr in die NPA versetzt worden und arbeitete nun in der Abteilung für das organisierte Verbrechen. Er brachte eine riesige Flasche Sake mit. Asako, eine gute Freundin aus meiner College-Zeit, die mich gelegentlich bei meinen Recherchen unterstützte, war ebenfalls anwesend. Sie flirtete mit den Polizisten und riss Witze. Wir saßen mit gekreuzten Beinen im Tatami-Raum um einen kleinen Tisch herum.

Erst unterhielten wir uns über den Goto-Prozess und seinen unglücklichen Ausgang. Alle hielten Gotos Anwalt Maki für einen Gauner, aber ich versuchte ihn zu verteidigen und wies darauf hin, dass er früher einmal gute Absichten gehabt habe. Vor etwa zehn Jahren hatte er ein vorzügliches Buch über das japanische Rechtssystem geschrieben.

Plötzlich setzte Alien Cop sein Sake-Glas ab, nickte seinen drei Kollegen aufmunternd zu und räusperte sich.

»Jake, einer unserer Kollegen, Leutnant K., steht auf Gotos Gehaltsliste. Er hat sich nach Ihnen erkundigt. Wir wissen, dass er korrupt ist, aber er beschafft uns nützliche Informationen über andere Ganoven, und darum lassen wir ihn sozusagen gewähren.«

Ich füllte mein Glas. »Was heißt das?«

»Das heißt, dass Goto alles über Sie weiß: wo Sie wohnen, wo Ihre Familie lebt – alles, was in unseren Akten über Sie steht. Und es ist möglich, ja sogar ziemlich wahrscheinlich, dass er über Ihre Telefongespräche Bescheid weiß. Ihre Nummer steht ja auf Ihrer Visitenkarte, also ist das vermutlich ganz einfach für ihn.«

Akira-kun nickte und fügte hinzu: »Angeblich hat er die G Detective Agency beauftragt, Sie gründlich auszuforschen. Goto besitzt mindestens zwei private Detektivbüros. Erpressung ist schließlich seine Spezialität. Wenn Sie Leichen im Keller haben, werden die es ziemlich bald herausfinden.«

Alien Cop bat mich, ihm mein Handy zu zeigen. Ich zog es aus der Tasche und reichte es ihm. Er betrachtete einige Sekunden lang das Namensverzeichnis und gab mir das Handy dann zurück.

»Überlegen Sie gut, wen Sie in den letzten zwei Monaten am häufigsten angerufen haben. Wenn Goto nämlich merkt, dass er an Sie nicht herankommt, oder wenn er wissen will, wo Sie sind, wird er sich an diese Leute wenden. Leutnant K. ist Gotos Erfüllungsgehilfe. Wenn K. eine Telefonnummer hat, kann er ganz leicht die Anschrift herausfinden. Das kostet ihn nur ein paar Anrufe. Und selbst wenn es ihm nicht gelingen sollte, die G Detective Agency hat die notwendigen Kontakte. Sie müssen unbedingt all die Leute warnen, die Ihnen nahestehen. Sie müssen sehr vorsichtig sein.«

Alien Cop goss mir noch ein Glas Sake ein. »Trinken Sie aus. Ich bezweifle ja, dass der Kerl überhaupt etwas unternehmen wird, aber wir dachten, Sie sollten Bescheid wissen. Nicht alle Polizisten sind Ihre Freunde.«

»Na, dann«, sagte ich, »trinken wir auf alle meine Freunde!«

»Übrigens«, fügte Alien Cop noch hinzu, während er allen nachschenkte, »K. sucht anscheinend nach einem guten Foto von Ihnen. Es gibt offenbar nicht viele davon. Da er weiß, dass ich Sie kenne, hat er mich gefragt, ob ich ihm eines geben könnte. Natürlich habe ich Nein gesagt. Vielleicht versucht er ja, sich mit Ihnen zu treffen. Das müssen Sie unbedingt ablehnen.«

»Warum?«

»K. ist ein guter Zeichner mit einem ausgezeichneten fotografischen Gedächtnis. Manchmal kann man einen Menschen anhand einer Zeichnung sogar noch leichter identifizieren. Wenn Sie ihn treffen, hängt bald ein hübsches Porträt von Ihnen in Gotos Hauptquartier. Und die Typen, die er Ihnen auf den Hals hetzt, haben dann eine Kopie in Brieftaschengröße dabei.«

»Toll. Und was soll ich jetzt tun?«

»Schreiben Sie diesen verdammten Artikel, und hören Sie auf herumzuschnüffeln. Nehmen Sie Goto das Motiv, Sie umzubringen.

Ganz einfach. Dann können Sie mich in diese Strip-Bar mit den vielen weißen Miezen einladen. Das schulden Sie mir, Adelstein.«

Asako lachte. »Jake, ich wusste ja gar nicht, dass du solche Lokale frequentierst.«

Alien Cop grinste. »Dann kennen Sie ihn aber nicht sehr gut.«

Irgendwann an diesem Abend gingen Alien und ich hinaus, um zu rauchen, und er fragte mich, wie es mir wirklich gehe.

»Ganz gut.« Mehr konnte ich nicht sagen.

»Ich habe mich wegen Ihrer Freundin umgehört.«

»Und?«

»Nichts. Die Bar, in der sie gearbeitet hat, wurde durchsucht, so im Februar 2006. Sie haben ohne *Gaijin*-Mädchen neu eröffnet. Ich habe versucht, sie zu finden. Die Einwanderungsbehörde schuldete mir noch einen Gefallen. Aber so viel die wissen, hat keine Frau namens Helena das Land verlassen. Hat sie vielleicht einen anderen Namen? Oder eine doppelte Staatsbürgerschaft?«

»Nicht dass ich wüsste.«

»Haben Sie mit ihr geschlafen?«

»Nein.«

»Warum nicht?«

»Weil sie eine gute Freundin war. Ich meine, sie ist eine gute Freundin.«

»Sie waren mit ihrem Beruf nicht einverstanden?«

»Nein, das ist es nicht.«

»Schlafen Sie überhaupt mit irgendwelchen anderen Frauen?«

»Ich bin ein Gentleman. Diese Frage würde ich schon aus Prinzip nicht beantworten.«

»Ich hatte recht, oder?«

»Womit?«

»Sie wissen schon.«

»Ach so, ja. Die Grundsätze. In einem Punkt haben Sie sich geirrt.«

»Und der wäre?«

»Es ist kein schlüpfriger Abhang, sondern eine verdammte Wasserrutschbahn.«

»Nun ja, Jake, manchmal müssen Sie Gift eben …«

»… mit Gift bekämpfen. Ich kenne das Sprichwort.«

»Sie tun, was Sie tun müssen, um Ihre Arbeit zu beenden. Darauf kommt es letztlich an. Verstehen Sie?«

»Klar«, versicherte ich ihm. Er war zwar nicht Sekiguchi, aber auf seine Art klug. Vielleicht kein guter Polizist, aber ein guter Mensch und ein guter Freund. Er setzte für mich seine Karriere aufs Spiel, dadurch dass er mir all das erzählte. Ich war mich nicht sicher, ob ich sein Wohlwollen verdiente, aber ich war sehr froh darüber.

Wir tranken noch bis halb zwölf, dann gingen alle nach Hause. Als sie weg waren, goss ich mir einen Drink ein, zündete eine Zigarette an, legte ein paar Miles-Davis-Platten auf und dämpfte das Licht. Dann dachte ich nach.

Wer allein trinkt, weiß, dass er Probleme hat. Die ganze Welt schien tot zu sein, die einzigen Geräusche waren das Knistern der Zigaretten, der Wind, der an den Jalousien rüttelte, und die Klänge der CDs.

Ich habe mich in meinem ganzen Leben noch nie einsamer gefühlt. Die Erkenntnis traf mich wie ein Schlag in die Magengrube: Ich hatte jeden Menschen, den ich mochte, liebte oder auch nur kannte, in Gefahr gebracht. Jeder, den ich auch nur irgendwann mit diesem verdammten Telefon angerufen hatte, war jetzt ein potenzielles Druckmittel für einen Mann, der sich nicht scheute, Menschen als Mittel zum Zweck zu benutzen.

Ich musste mit jemandem reden. Da ich ein wenig betrunken war und nicht mehr klar denken konnte, rief ich Sekiguchis Handy an. Die Nummer hatte ich immer noch gespeichert. Erst nach einigen Klingelzeichen fiel mir ein, dass er nicht antworten konnte. Ich hatte keinen Mentor mehr. Niemanden, der mir einen guten Rat geben konnte. Ich war auf mich selbst angewiesen.

Was würde Sekiguchi in meiner Situation tun?

Zuerst würde er die Lage analysieren. Also tat ich das. Sie war nicht gerade erfreulich.

Die meisten Yakuza lassen normale Bürger in Ruhe, das sollen sie zumindest. Denn es gilt nicht als ehrenhaft, auf die Frau, die Freundin oder den besten Freund eines Mannes loszugehen, den man nicht leiden kann. Kein echter Yakuza vermöbelt den Bruder einer Zielperson, er schlägt die Zielperson selbst zusammen.

Aber Tadamasa Goto war ein Yakuza anderer Art. Er stand im Ruf, skrupellos alles niederzumachen. Und dieser verdammte Cop hatte ihm dazu alle Informationen geliefert. Wichtig war nun herausfinden, an wen er sich wohl als Erstes wenden würde.

Ich musste unverzüglich damit anfangen, für Schadensbegrenzung zu sorgen, Also holte ich meine Schachtel mit Visitenkarten, breitete alle Karten auf dem Fußboden aus, öffnete meinen Laptop und schrieb alle Namen ab, die ich in meinem Handy gespeichert hatte. Ich erstellte eine Rangliste meiner am meisten gefährdeten Freunde. Da ich keine Liste meiner Telefongespräche besaß, durchsuchte ich meine E-Mails der letzten zwei Monate und versuchte zu rekonstruieren, wo und bei wem ich gewesen war.

Unter den vielen Visitenkarten war auch die von Helena – eingerissen, verblasst und zerknittert, weil ich sie immer wieder in meine Brieftasche gestopft und wieder herausgeholt hatte.

Ich weiß noch, wann sie mir die Karte gab. Ich hatte sie mir verdienen müssen. Bei unserer ersten Begegnung hatte ich Helena meine Karte gegeben, aber erst beim dritten oder vierten Treffen hatte sie so viel Vertrauen zu mir, dass sie mir ihren richtigen Namen verriet. Sie parodierte geschickt eine japanische Verbeugung und überreichte mir ihre Karte mit beiden Händen. »Helena«, sagte sie dabei, »eine Hure, aber keine gewöhnliche – eine professionelle Hure.« Sie lachte und ihre Augen blitzten, so sehr amüsierte sie sich über ihren Scherz.

Ich habe immer ein Tagebuch geführt, wenn auch nicht immer ganz exakt. Das ist hilfreich, weil wir Reporter so viel vergessen. Wir begegnen so vielen Leuten, schreiben über so viele Tragödien, verfassen so viele Artikel, dass wir uns kaum merken können, was alles passiert und wo wir überall gewesen sind. Aber manche Gegenstände wecken mehr Erinnerungen als ein Tagebuch in Telefonbuchformat. Die Visitenkarte in meiner Hand weckte unzählig viele Erinnerungen in mir.

Ich vermisste meine Gespräche mit Helena plötzlich so sehr, dass ich ein paar Sekunden lang kaum atmen konnte.

Am liebsten hätte ich nicht mehr an sie gedacht, aber ich konnte nicht anders.

Hätte ich im Jahr 2005 nicht nachgegeben, wäre Goto vielleicht entmachtet worden, und all das wäre und würde nicht geschehen.

Damals schien es mir die richtige Entscheidung zu sein. Ein strategischer Rückzug. Aber war es das wirklich gewesen? War es nicht Feigheit oder einfach Faulheit? Ich spiele diesen Augenblick immer wieder durch.

Dann beschloss ich, dass ich jetzt alles tun musste, um Goto das Handwerk zu legen. Ich hatte es satt wegzulaufen. Realistisch betrachtet hatte ich nicht viel. Ich konnte weder auf 900 Leute zurückgreifen, die für mich arbeiteten, noch auf mehrere Millionen auf versteckten Bankkonten. Aber ich hatte einige gute Freunde, ein paar Informationen, Kontakte und eine Menge Wut.

Doch bevor ich etwas unternehmen konnte, musste ich ein paar Leute anrufen und einige E-Mails verschicken. Viele Leute waren nicht gerade sehr erfreut über das, was ich ihnen zu sagen hatte. Einige kündigten mir sogar die Freundschaft. Es wäre gelogen, wenn ich behaupten würde, dass mir das egal gewesen sei. Aber ich konnte sie verstehen, weil Freundschaft normalerweise nicht bedeutet, zur menschlichen Zielscheibe zu werden.

Schließlich schrieb ich den Artikel.

Es schien mir ganz einfach: Schreib oder stirb!

Doch das Problem war, dass niemand meinen Artikel veröffentlichen wollte. Nicht einmal die Leute, auf die ich ganz fest gezählt hatte. »Die Sache ist zu alt.« »Wir wollen die Nationale Polizeibehörde nicht verärgern – die stünde schließlich ziemlich dumm da, wenn wir das drucken würden.« »Ich glaube nicht, dass das FBI bereit ist, das zu bestätigen.« Eine Zeitung schien interessiert sein, aber ihr ging es letztlich nur darum, dem FBI eins auszuwischen, und das brachte meiner Meinung nach nichts. Außerdem fand ich, dass das FBI mit dem Handel keinen Fehler begangen hatte, und wollte Jim nicht lächerlich machen. Das konnte ich nicht zulassen.

Nur der Chefredakteur eines Verlages war ehrlich zu mir. »Das ist ziemlich gefährliches Material. Wenn wir das herausbringen, kriegen wir es nicht nur mit Gotos Anwälten zu tun, sondern wir müssen ein Vermögen für ein besseres Sicherheitssystem ausgeben. Denn er wird ganz bestimmt zurückschlagen. Menschen werden darunter leiden. Vielleicht lässt er Brandbomben in unsere Büros werfen. Außerdem drucken wir einiges für die Soko Gakkai, und Goto würde uns diese Verträge kündigen. Tut mir leid.«

Das war wohl die schlimmste Zeit in meinem Leben. Ich hatte alle wichtigen Daten, konnte aber nichts damit anfangen. Eine Zeitschrift versicherte mir, dass sie die Story drucken würde, wenn ich eindeutigere Beweise beschaffen könnte. Also machte ich heimlich einen Abstecher an die amerikanische Westküste und sprach mit einem Kunsthändler, der für die Goto-gumi Geld wusch. Doch das Gespräch war ein totaler Reinfall.

Ich konnte nicht herbeischaffen, was die Zeitschrift wollte und forderte. Mein Gefühl, dass mir alles aus den Händen rutschte, wurde immer stärker. Als ich am Abend in meinem Hotel saß, las ich *Das Handbuch für den perfekten Selbstmord* und überlegte, ob ich seine Tipps ausprobieren sollte. Es schien eine Alternative zu sein. Viele japanische Versicherungen zahlen die Prämie nach Ablauf einer bestimmten Zeit auch nach einem Freitod aus. Wenn ich mir das Leben nähme, wäre meine Familie versorgt, und Goto hätte keinen Grund mehr, jemanden zu belästigen, der mir nahestand. Vor zehn Jahren hätte ich mir niemals vorstellen können, auch nur im Entferntesten zu erwägen, mich den vielen Unglücklichen anzuschließen, die sich an die Vorschläge des Handbuchs gehalten hatten. Aber jetzt war ich unzufrieden mit mir selbst und machte mir Sorgen – über alles.

Ich war richtig deprimiert, und hätte mich nicht rechtzeitig die richtige Person angerufen, wäre ich vielleicht diesen Weg gegangen, obwohl ich mich schäme, es zuzugeben.

Schließlich beschloss ich, die Geschichte selbst zu schreiben – auf Englisch. Ich rauchte eine Zigarette, betrachtete die aufgehende Sonne und bereitete mich auf den Rückflug nach Japan vor. Dann wusste ich plötzlich, was ich tun musste. Ich hätte wissen müssen, dass mein Artikel auf keinen Fall zuerst in Japan veröffentlicht werden würde, daher hätte ich von Anfang an anders vorgehen müssen.

Ich ging davon aus, dass die Zeitung des Foreign Correspondents' Club of Japan (FCCJ) den Artikel drucken würde. Aber auch das war ein Irrtum. Nachdem ich ihn eingereicht hatte, schickte mir ein Redakteur versehentlich eine E-Mail, deren Tenor lautete: »Das FBI soll einem berüchtigten Yakuza ein Visum gegeben haben, damit er sich eine neue Leber einpflanzen lassen kann? Das klingt total unglaubwürdig. Der Typ hat wohl eine Macke.«

Das tat weh. Natürlich wusste ich, dass ich den Eindruck eines Spinners erweckte und sich die Geschichte unglaublich anhörte.

Ich setzte mich nun mit allen Leuten in Verbindung, die ich kannte. Dann stellte ein Freund der Familie mich John Pomfret vor, einem Redakteur der *Washington Post*. Auch er hielt mich zunächst für verrückt, was ich ihm nicht vorwerfen konnte. Als er nach Beweisen fragte, gab ich ihm alles, was ich hatte, etwa 100 Seiten.

Keiner meiner Artikel war jemals so gründlich geprüft worden wie dieser. Ich beantwortete jeden Tag stundenlang Fragen, überprüfte Fakten und Informanten, bis Pomfret nach mehr als einem Monat endlich zufrieden war. Schließlich erhielt die *Washington Post* vom FBI die Bestätigung, dass ich die Wahrheit sagte. Und am 11. Mai wurde der Artikel dann veröffentlicht. Auch der FCCJ druckte ihn ab, allerdings ohne Gotos Namen zu nennen.

Vor der Veröffentlichung hatte ich ein Mitglied einer anderen bedeutenden Gruppe innerhalb der Yamaguchi-gumi kontaktiert. Ich wusste, dass diese Männer Goto für einen Unruhestifter hielten.

Ich teilte ihm mit, dass ich einen Artikel auf Englisch über Tadamasa Gotos Handel mit dem FBI schrieb, und bat um eine Stellungnahme der Yamaguchi-gumi-Führung. Natürlich rechnete ich nicht wirklich damit, eine zu erhalten. »Ich möchte wissen, ob die Führung der Yamaguchi-gumi mit diesem Handel einverstanden war und wenn ja, warum. Ist das ein Problem?«

Dann gab ich ihm den englischen Artikel und meine Übersetzung. Er las sie sofort, zeigte jedoch keinerlei Reaktion.

Ein paar Tage später rief er mich an und meinte sehr höflich.

»Wir haben keinen offiziellen Standpunkt dazu. Wie Sie wissen, gibt die Yamaguchi-gumi keine Interviews und keine Kommentare. Aber ich wurde beauftragt, Ihnen dafür zu danken, dass Sie uns auf diese Sache aufmerksam gemacht haben. Wir wussten nichts davon. Wir würden das Ganze wirklich gerne intern regeln. Natürlich ist uns klar, dass Sie eine Menge Arbeit investiert haben, und wir würden Sie gerne für Ihre Zeit und Ihre Bemühungen entschädigen.«

Da mir nicht klar war, was er damit meinte, fragte ich ganz unverblümt: »Ich bin kein Japaner, ich bin Ausländer und Subtilitäten verstehe ich nicht. Was genau wollen Sie damit sagen?«

»Ich kann Ihnen 300 000 Dollar anbieten, wenn Sie den Artikel nicht schreiben. Ich brauche nur den Namen Ihrer Bank und Ihre Kontonummer. Dann haben Sie das Geld morgen.«

»Das kann ich leider nicht annehmen.«

»Ich kann Ihnen innerhalb einer Woche eine halbe Million besorgen. Aber ich muss die Summe dann auf zwei verschiedene Konten überweisen. Sie können problemlos ein zweites Konto eröffnen, wenn Sie noch keines haben.«

»Vielen Dank, aber es geht mir nicht um den Betrag. Ich werde Sie auf dem Laufenden halten.«

»Nun, ich denke nicht, dass das eine kluge Entscheidung ist. Sie können doch erreichen, was Sie meiner Ansicht nach erreichen wollen, und dann als reicher Mann ein neues Leben beginnen.«

»Ich liebe mein Leben, wie es ist. Aber ich weiß Ihr Angebot zu schätzen und fühle mich geehrt. Doch ich muss es ablehnen.«

»Bitte halten Sie mich auf dem Laufenden.«

Ich versprach es.

Ich würde lügen, wenn ich bestreiten würde, dass ich versucht war, das Geld anzunehmen und abzuhauen. Aber dann wäre ich erpressbar gewesen.

Bevor der Artikel erschien, schickte ich eine Kopie an die *Yomiuri*. Ich hielt das für anständig, aber er wurde ignoriert, genau wie von den anderen Zeitungen in Japan auch. Ich war mir ziemlich sicher gewesen, dass es so kommen würde.

Darum hatte ich bereits mit der *Los Angeles Times* gesprochen, noch ehe der Artikel für die *Washington Post* fertig war. Ich hatte im Mai John Glionna, den Bürochef in San Francisco, während seines Aufenthalts in Japan getroffen, und er hatte sofort eine gute Story gewittert. Wochenlang arbeitete ich mit ihm und Charles Ornstein zusammen. Die *Washington Post* hatte die UCLA nicht erwähnt, und darüber waren sie sehr erfreut. Es war ihre Schlagzeile am 31. Mai. Diesmal konnten die japanischen Medien die Sache nicht unter den Teppich kehren, obwohl einige es versuchten. Aber fast jede Zeitung, die darüber berichtete, hatte kalte Füße und formulierte es in der Art: »Einem Artikel in der *Los Angeles Times* zufolge ...« Das ist eine beliebte Vorgehensweise in Japan, wenn man schwierige Nachrichten veröffentlichen muss: Die anderen sind schuld. Wir haben das nicht gesagt – es war die *Los Angeles Times*! Ich fand keinen einzigen Artikel, in dem jemand versucht hätte, den Sachverhalt selbst zu verifizieren oder gar tiefer zu schürfen.

Die Story war somit draußen, aber das schien Goto nicht wirklich zu berühren. Ich weiß nicht, wie er sich aus der Sache herausredete, aber der Artikel hatte keine erkennbaren Folgen. Allerdings schlief ich jetzt erheblich besser. Nun war ich ein klar erkennbares Ziel, und gerade das machte es viel unwahrscheinlicher, dass Goto mich auslöschen oder einen meiner Freunde behelligen würde. Aber wenn ich Goto wirklich stürzen wollte, musste ich wohl alles bis ins kleinste Detail erforschen und auf Japanisch schreiben.

Tomohiko Suzuki, ein guter Freund und ehemaliger Redakteur einer Zeitschrift für Yakuza-Fans, fragte mich, ob ich ein Kapitel für einen Sammelband mit »gefährlichen Geschichten und Nachrichten« für den Takarajima-Verlag schreiben wolle. Ich fragte, ob wir es gemeinsam schreiben könnten. Das war eine ganz schöne Zumutung, weil er die Goto-gumi dann auch gegen sich aufbringen würde. Aber er schreckte nicht davor zurück, warnte mich aber vor dem enormen Risiko. Als ich erklärte, dass ich bereit sei, das Risiko auf mich zu nehmen, riet er mir, einen Mann namens Teruo Mochizuki als Leibwächter zu engagieren. Ich kannte diesen Mann. Er war ein guter Freund von Yasunobu Endo gewesen, dem Yakuza-Chef, den Gen Sekine in den Neunzigerjahren ermordet hatte. Sie gehörten nicht derselben Clique an, aber manchmal schlossen Yakuza Freundschaften jenseits der Grenzen ihrer Gruppe. Ein Mitglied der Sumiyo Shikai konnte der »Blutsbruder« eines Inagawakai-Yakuza sein. So war es bei Mochizuki und Endo gewesen. Wichtig war, dass wir einander kannten. Ich fragte Suzuki, warum Mochizuki dazu bereit sei.

»Er ist kein Yakuza mehr. Er ist voriges Jahr ausgestiegen. Aber er ist der perfekte Bodyguard und Fahrer. Ein guter Mann.«

»Ja, ich kenne ihn. Aber er war doch ein Gangsterboss, und so viel ich weiß, arbeiteten 100 Leute für ihn.«

»Stimmt.«

»Dann wäre es doch ein Abstieg, wenn er für mich arbeiten würde.«

»Das schon, aber ein Yakuza mit neun Fingern und einer Ganzkörper-tätowierung kann nicht wählerisch sein. Es ist schon in Ordnung.«

Also stellte ich Mochizuki ein. Glücklicherweise hatte ich etwas Geld zurückgelegt, das ich von einer kalifornischen Firma für Recherchen über die Spielhallen-Industrie bekommen hatte. Im Grund hatte ich keine andere Wahl.

Im Juli war der Sammelband druckreif. Mochizuki war schon einige Zeit bei mir. Ich wollte seine Meinung hören, ehe ich die endgültige Version einreiche, denn er kannte Goto recht gut und schien mir der geeignete Ratgeber.

Nachdem er das Manuskript gelesen hatte, sah er nicht besonders glücklich aus. Da er sehr höflich ist, brauchte er einige Sekunden, um aussprechen zu können, was ihm durch den Kopf ging.

»Jake, wenn Sie das schreiben, versucht er womöglich, uns beide um-zubringen. Zuerst Sie natürlich, denn er hasst Sie wirklich. Niemand wird es Ihnen verübeln, wenn Sie es nicht veröffentlichen. Sie könn-ten einfach das Land verlassen.«

Mochizuki holte eine Zigarette aus seiner Manteltasche, reichte sie mir und gab mir Feuer.

Es war ein seltsames Gefühl, sich von einem ehemaligen Yakuza Zi-garetten anzünden und morgens Kaffee kochen zu lassen.

Aber gut, er war eben kein Gangsterboss mehr und arbeitete für mich. Ich würde lieber sagen, er habe mit *mir* gearbeitet, aber das würde ihm nicht gefallen. Da ich ihn bezahlte, war ich sein Chef. Er war 50 Jahre alt, ich 39, er war also älter und viel härter als ich, aber er befolgte meine Anweisungen. Ich verstand diesen Yakuza-Soldaten nie ganz, aber ich schätzte seine Arbeitshaltung.

Wie gewöhnlich trug er ein langärmliges Hemd, das seine Tattoos bedeckte. Der fehlende Finger an seiner linken Hand ließ sich aller-dings nicht verbergen. Er hätte eigentlich nie Yakuza werden sollen, sondern Künstler. Tatsächlich war er einmal Künstler gewesen, und zwar kein schlechter. Aber dann hatte er sich mit den falschen Leu-ten eingelassen und Schulden angehäuft. So war er bei der Yakuza gelandet. Als sein Untergebener einen Auftrag vermasselte und er sich einen Teil seines kleinen Fingers abhackte, um Buße und Reue zu bekunden, war eine Rückkehr zur Kunst so gut wie unmöglich – dafür hätte er alle zehn Finger gebraucht. Später drängte ihn die Yakuza aus der Organisation – wegen Ungehorsams. Die zunehmende Geldgier der Führung gefiel ihm nicht, denn er war altmodisch, ein Relikt aus einer Zeit, als alle Yakuza noch eine Art Ehrenkodex hatten, so fragwürdig dieser in moralischer Hinsicht auch gewesen sein mochte. Vor einem Jahr hatte er 100 Gangster befehligt, jetzt zündete er einem verrückten Juden Zigaretten an und riskierte als Bodyguard 24 Stunden am Tag sein Leben.

Wir waren wohl beide Ausgestoßene, jeder auf seine Art. Mit Sicherheit waren wir beide nicht dort gelandet, wo wir wollten. Ich sah Mochizuki an, der auf meine Antwort wartete.

»Ich werde es zu tun. Verdammt, er bringt mich sowieso um. Er wartet doch nur darauf, dass der aufgewirbelte Staub sich legt. Wenn ich die Chance habe, den Kerl endgültig zu ruinieren und vielleicht seinen Rauswurf aus der Yamaguchi-gumi zu erreichen, dann möchte ich diese Chance auch nutzen.«

»Dann halte ich Ihnen den Rücken frei.«

»Das weiß ich zu schätzen, aber was haben Sie davon?«

»Ein neues Leben. Ich arbeite gerne für Sie.«

»Aber ich zahle Ihnen einen kümmerlichen Lohn.«

»Das stimmt.«

»Wollen Sie nicht wieder Gangsterboss werden, wenn sich die Lage in Ihrer alten Organisation beruhigt hat?«

»Nein. Ich denke jetzt anders. Die letzten paar Monate waren sehr angenehm. Ich hatte endlich Zeit für meinen Sohn und meine Frau. Und meine Arbeit gefällt mir. Außerdem muss ich mich nicht mehr ständig nach hinten abzusichern, wenn ich die Straße entlanggehe.«

»Ich kann Sie nur bis zum Jahresende bezahlen.«

»Dann suche ich mir eben einen neuen Job.«

»Danke. Was raten Sie mir?«

»Streichen Sie das Wort ›betrogen‹. Das ist ein zu emotionales Wort. Wenn Sie sagen, Goto habe die Yamaguchi-gumi betrogen, schütten Sie Öl ins Feuer. Suchen Sie ein besseres Wort.«

Ich befolgte seinen Rat.

Als der Tag der Veröffentlichung nahte, bat er mich um ein Gespräch. Wir saßen im Erdgeschoss, rauchten Zigaretten und hörten eine unbekannte japanische Rockband, die er mochte.

»Jake«, sagte er auf einmal, »eines verspreche ich Ihnen. Wenn Ihnen etwas zustößt, finde ich heraus, wer das war, und bringe ihn um.«

»Nein, das würde ich nie von Ihnen verlangen, und Sie dürfen es auch nicht tun.«

»*Isshukuippaku no ongi*. Das ist eine japanische Redensart, die Sie kennen sollten. In der Yakuza-Welt ist damit der Dank gemeint, den Sie jemandem schulden, der Sie für eine Nacht aufnimmt und verköstigt. Sie haben mich aufgenommen und sich um mich gekümmert, deshalb stehen meine Familie und ich in Ihrer Schuld. Und ich bezahle meine Schulden immer. So wie es sich für einen echten Yakuza gehört.«

»Ich schätze Ihre Einstellung, aber …«

»Dann respektieren Sie bitte, was ich sage. Ich werde es tun. Was für ein Mann wäre ich denn, wenn ich kneifen würde? Ich wäre überhaupt kein Mann.«

»Und was erwarten Sie von mir?«

»Versuchen Sie nicht, mich zu rächen, wenn mir etwas zustößt. Lassen Sie es auf sich beruhen. Sie sind kein Yakuza, aber Sie sind ein guter Mann. Versprechen Sie, dass Sie sich um meinen Sohn kümmern – sorgen Sie dafür, dass er eine gute Ausbildung erhält, dass er gut erzogen wird. Das erwarte ich von Ihnen, darum bitte ich Sie.«

»Natürlich werde ich das tun. Wenn Ihnen etwas passiert, adoptiere ich ihn. Und was soll ich ihm dann über seinen Vater erzählen?«

»Sagen Sie ihm, dass sein Vater ein Yakuza war, einer der letzten richtigen Yakuza, und dass er verdammt stolz darauf war.«

»Das werde ich tun, falls etwas passiert. Und Ihre Frau?«

»Die, ach sorgen Sie nur dafür, dass sie keinen Idioten heiratet. Oder einen Journalisten. Diese Leute machen nur Ärger.«

Ich war mir nicht sicher, ob er das scherzhaft meinte.

Der Sammelband wurde am 9. August unter dem Titel *Heisei Nihon Taboo Daizen* 2008 (Tabu-Nachrichten in Japan 2008) veröffentlicht.

Mein Mann in der Yakuza-Führung bekam eine Kopie des Kapitels, lange bevor das Buch im Handel erschien.

Ich hatte etwas eingefügt, was nie zuvor publiziert worden war: die Namen der anderen drei Yakuza, die sich einer Lebertransplantation unterzogen hatten. Nach Goto war es Yoshiro Ogino, ein Gangsterboss der Matsuba-kai, einer anderen Tokioter Yakuza-Gruppe.[22] Er und Goto waren Blutsbrüder. Ogino soll der UCLA nach seiner Operation 100 000 Dollar gespendet haben. Ihm folgte wahrscheinlich Hisatoshi Mio, dessen Namen mir Shibata genannt hatte. Dann kam Saburo Takeshita. Er war das Finanzgenie der Goto-gumi. Takeshita leitete 20 Tarnfirmen und verwaltete einen Großteil der Goto-gumi-Gelder. 1992 verhaftete die Polizei von Shizuoka ihn und einen Komplizen wegen Bedrohung und Körperverletzung. Denn er hatte von einem Firmeninhaber Schutzgeld verlangt, und als der 51-jährige Mann nicht zahlen konnte, hatte ihm Takeshita befohlen, seine Tochter zu holen, »um ihr das Gesicht zu zerschneiden«. Als der Mann nicht gehorchte, traten Takeshita und sein Komplize ihn so hart in den Brustkorb und auf die Beine, dass er mehrere Wochen im Krankenhaus verbringen musste.

Ja, sie alle waren hart arbeitende japanische Männer, die es verdienten, vor irgendwelchen faulen, wertlosen Amerikanern eine Leber zu bekommen.

Allerdings – das sei zugunsten der UCLA erwähnt – wurde nie nachgewiesen, dass sie oder Dr. Busuttil zur Zeit der Operationen wussten, dass ihre Patienten zur japanischen Mafia gehörten. Beide erklärten, dass sie normalerweise kein moralisches Urteil über ihre Patienten fällen und ihren Entscheidungen nur medizinische Aspekte zugrunde legen. Sie bestritten jedoch nicht ausdrücklich, gewusst zu haben,

---

[22] So viel ich weiß, schlossen Ogino – der heute die Matsubakai anführt – und die anderen Yakuza keinen Handel mit dem FBI, sondern schlichen sich unter falschem Namen und/oder mit falschen Angaben ein. Goto half ihnen angeblich, in der UCLA-Klinik unterzukommen, aber es ist unklar, wie die drei auf die Transplantationsliste der UCLA kamen.

dass einige dieser Patienten Verbindungen zur Yakuza hatten. Sie verweigerten einfach die Auskunft darüber, was genau sie über diese vier Männer wussten und wann sie es erfuhren. Außerdem möchte ich erwähnen, dass die amerikanischen Centers for Medicare and Medicaid Services zusammen mit der UCLA untersucht haben, ob das medizinische Zentrum der UCLA rechtswidrig gehandelt hatte, als es die vier japanischen Patienten mit einer neuen Leber versorgte. Der *Los Angeles Times* zufolge erbrachte die Untersuchung keine Hinweise auf unrechtmäßiges Verhalten. Wie dem auch sei, auf jeden Fall bezweifelten viele Leute, dass es moralisch korrekt sei, Ausländern mit kriminellem Hintergrund auf Kosten von Amerikanern Organe zu überlassen.

Was in der UCLA geschehen ist, könnte aber nicht nur moralisch verwerflich sein. Die Bundespolizei hat angedeutet, dass die UCLA möglicherweise unwissentlich an einer Geldwäsche beteiligt war. Mehrere Beamte erklärten mir, dass Geldwäsche auf internationaler Ebene nichts weiter bedeute als den Transfer schmutziger Gelder von Übersee in die USA, so wie im Fall des Kaisers der Kredithaie. Da die Yakuza-Leute den größten Teil ihres Geldes mit kriminellen Geschäften verdienen, ist es zumindest recht wahrscheinlich, dass das Honorar, das die UCLA von mindestens einem der vier behandelten Männer mit Yakuza-Kontakten erhielt, teilweise aus illegalen Aktivitäten in Japan stammte. Meines Wissens wurde gegen keinen dieser Männer wegen Geldwäsche ermittelt. Jede Ermittlung würde natürlich die Unterstützung der japanischen Behörden voraussetzen. Es bleibt also die Frage, ob die UCLA überhaupt wusste, dass sie Yakuza-Mitglieder behandelte (soviel ich weiß, hat sie es nie abgestritten, sondern nur betont, sie fälle kein moralisches Urteil über ihre Patienten), und ob sie wusste, dass irgendwelche Zahlungen (einschließlich Spenden) möglicherweise aus kriminellen Aktivitäten stammten. Ich wüsste gerne die Antwort darauf.

Die Reaktion auf die Textsammlung war heftig. Suzuki bekam alle Telefonanrufe und Drohungen ab. Ich glaube, ich hatte Glück, mich nicht darum kümmern zu müssen. Das Buch wurde von einigen Stellen zur Kenntnis genommen und rezensiert. *Shukan Jitsuwa*, ein Yomiuri-Fanmagazin, veröffentlichte einen Artikel über das Buch und mich. Man warf mir vor, ein CIA-Agent zu sein, eine Schachfigur der CIA oder möglicherweise Teil einer internationalen jüdischen Verschwörung oder aber ein publicitygeiler, blöder Amerikaner, der keine Ahnung davon hatte, wie großartig die Yakuza war und wie viel sie für die japanische Gesellschaft tat.

Ohne mein Wissen stellte Mochizukis Blutsbruder, der immer noch in der Organisation war, als der Sammelband erschien, 24 Stunden am Tag vier Autos in meiner Nähe ab. Das war eine Warnung an die Goto-gumi: Ich stand unter dem Schutz einer anderen kriminellen Gruppe. Obwohl ich nicht darum gebeten hatte, war ich froh darüber. Er hatte auch nicht gefragt, ob das in Ordnung sei, da er wusste, dass ich Nein gesagt hätte. Denn ich wollte unbedingt vermeiden, irgendeiner japanischen Mafiagruppe etwas zu schulden. Aber nun war es so und ich musste dem Mann dankbar dafür sein, dass er für mich seinen Hals riskierte.

Leider hatte das Ganze noch eine bedauerliche Folge. Kodansha International zog das Buch zurück. Man hatte die Risiken einer Veröffentlichung geprüft, und das Ergebnis war nicht gut ausgefallen.

Um den 14. Oktober wurde Goto schließlich offiziell aus der Yamaguchi-gumi ausgeschlossen. Wer mag da noch behaupten, Bücher seien wirkungslos? Offiziell hieß es, der reichste und einflussreichste Yakuza des Landes sei ausgeschlossen worden, weil er lieber Partys gefeiert habe, statt seine Pflicht zu erfüllen. Doch die Polizei versicherte mir, dass die Veröffentlichung des *Heisei Nihon Taboo Daizen 2008* der ausschlaggebende Grund gewesen sei. Man riet mir daher auch, mich eine Weile möglichst ruhig zu verhalten.

Einige von Gotos Helfershelfern wurden ebenfalls für immer oder zeitweise hinausgeworfen. Die Goto-gumi wurde in zwei Familien aufgeteilt, und Goto war damit kein Gangsterboss mehr, nur ein ehemaliger Gangsterboss. Das war ein großer Tag für mich. Ich erhielt Glückwünsche von Polizisten, Freunden, Kollegen und Informanten.

Am 15. nahm ich den Telefonhörer ab und hörte eine Stimme, die mich sprachlos machte. Ich hatte sie schon einmal gehört, auf einer DVD über eine Yamaguchi-gumi-Zeremonie. Aber ich hätte nie erwartet, von einem so ranghohen Mafioso angerufen zu werden.

Nachdem er seinen Namen genannt hatte, kam er sofort zur Sache.
»Danke, dass Sie uns auf die Angelegenheit aufmerksam gemacht
haben. Ich glaube, wir haben sie zufriedenstellend gelöst. Wir wissen
Ihre harte Arbeit zu schätzen.«
Dann hängte er auf.
Ich habe keine Ahnung, woher er meine Nummer hatte.

EPILOG

Jetzt blieb mir nur noch eines zu tun.

Ich vereinbarte ein Treffen in Hongkong mit Zyklop, dem Mann, der mich auf Gotos Spur gebracht hatte. Er war in der Organisation in Ungnade gefallen und sehr schwer aufzuspüren. Sein Vater half mir dabei. Zyklop machte mich zum Teil für den Ärger verantwortlich, den er sich eingebrockt hatte. Dennoch war er bereit, mit mir zu reden. Vielleicht fühlte er sich immer noch ein wenig dazu verpflichtet. Wir trafen uns im internationalen Flughafen, mir war es lieber, auf sicherem Gelände zu sein, denn ich traute ihm nicht. Dafür hatte ich auch meine Gründe. Ich wollte von ihm nur eine Sache wissen: Hatte er mich ganz gezielt mit Informationen versorgt? War das Ganze eine Falle gewesen? Diese Frage beschäftigte mich schon eine ganze Weile.

Zyklop antwortete sofort.

»Natürlich war das eine Falle. Hätten Sie getan, was wir von Ihnen erwartet haben, dann wäre Goto schon 2005 erledigt gewesen. Aber Sie haben es nicht getan. Ich habe allen erzählt, dass Sie den Artikel schreiben würden, aber stattdessen sind Sie einfach abgehauen. Und ich saß in der Tinte. Ich habe Ihnen bei der Kajiyama-Story geholfen, und Sie haben mich im Stich gelassen. Sie haben mein Leben ruiniert. Wegen Ihnen wurde ich rausgeworfen.«

Dazu fiel mir keine gute Erwiderung ein.

»Woher hätte ich wissen sollen, was man von mir erwartet? Sie haben nie etwas gesagt. Und sind Sie sicher, dass man Sie nicht etwa rausgeworfen hat, weil Sie Speed konsumiert haben?«

Das stimmte tatsächlich, Zyklop hatte ein ernstes Problem mit Speed. Er war schon so lange süchtig, dass er wütend und gefährlich wurde, wenn er die Droge nicht nahm.

»Jeder nimmt das Zeug, das ist keine große Sache. Deswegen bin ich nicht ausgebootet worden, das war nur Ihre Schuld.«

»Sie haben mir nur ein Teilchen des Puzzles gegeben, daher hatte ich nicht genug Material für einen Artikel. Hätten Sie mir vom FBI erzählt, wäre alles anders gekommen.«

»Ich habe zwar nicht das FBI erwähnt, aber ich habe Ihnen gesagt, dass er einen Handel mit den Cops geschlossen hat. Das hätte reichen müssen.«

»Nein, das haben Sie nicht. Sie haben nichts von Cops erwähnt.«

»Natürlich habe ich das, da haben Sie nur nicht aufgepasst.«

Vielleicht hatte er ja recht. Denn wir – oder zumindest ich – waren betrunken gewesen, als er mir diesen kleinen Brocken über Gotos großes Abenteuer in L. A. hingeworfen hatte. Allerdings bin ich mir ziemlich sicher, dass ich mich an ein so wichtiges Detail erinnert hätte.

»Egal, jetzt ist es vorbei und er ist weg. Ich habe getan, was ich tun sollte. Und übrigens – ich finde es nicht lustig, die Spielfigur anderer Leute zu sein.«

Ich nippte noch einmal an meinem Kaffee, dann stand ich auf, da unser Gespräch anscheinend beendet war.

»Sagen Sie, was ist eigentlich mit Ihrer Freundin passiert?«

»Mit welcher Freundin?« Die Frage machte mir Angst.

»Sie wissen schon, welche Braut ich meine.«

»Nein.«

»So eine *Gaijin*-Nutte. Hieß sie nicht Helena?«

Mir wurde richtig flau im Magen und mir fiel keine schlagfertige Entgegnung ein. Daher setzte ich mich wieder und nahm noch einen Schluck Kaffee.

»Ich kenne eine Frau namens Helena, die ich schon seit einiger Zeit suche. Schon sehr lange.«

»Sie werden nie mehr etwas von ihr hören, denn Sie haben sie umgebracht, wissen Sie das?«

Dabei setzte der Bastard ein großes, fettes, glückliches Grinsen auf. So wie Kinder, wenn man ihnen einen Witz erzählt und sie mit der Pointe herausplatzen. Er ließ die Worte wie einzelne Murmeln von seinen Lippen rollen: »Sie hat in Ihrem Auftrag die International

Entertainment Association ausspioniert, stimmt's? Dabei wurde sie erwischt und dann nach Ebisu in ein Büro gebracht. Sie hatte Ihre Visitenkarte dabei. Aber sie wollte nicht reden. Sie wollte Ihren mageren Arsch unbedingt retten.«

Dann berichtete er ausführlich, was sie mit ihr gemacht hatten. »Sie brauchten ein paar Stunden dazu. Sie haben sie eine Weile gefoltert. Geschlagen. Auch vergewaltigt, mit Dingen, die herumlagen. Sie hat heftig geblutet. Wahrscheinlich ist sie an einem Schwanz erstickt, der in ihrem Mund steckte. Oder an Erbrochenem. Vielleicht wollten sie sie ja gar nicht töten, aber sie hat einfach nicht geredet.«

Das Ganze erzählte er wie beiläufig und machte sich nicht einmal die Mühe, leiser zu sprechen. Als er fertig war, fügte er noch hinzu: »Es war Ihre Schuld, dass sie herumgeschnüffelt hat. Hätte die Gotogumi Sie für einen verkappten Polizisten gehalten, wären Sie damals auch umgebracht worden. Sie sind eine echte Plage.«

»Das ist doch totaler Quatsch.«

»Woher kenne ich dann ihren Namen?«

Darauf wusste ich keine Antwort. Von mir hatte er ihn nicht bekommen. Ich hatte einige meiner Informanten gebeten, sie zu suchen, und vielleicht hatte einer von ihnen mit Zyklop darüber gesprochen. Das konnte ich aber nicht erwähnen, ohne meinen Informanten zu gefährden. Ich dachte nach.

»Hallo, sind Sie noch da? Jetzt reißen Sie keine Witze mehr, was?«

Dabei zog er einen braunen Umschlag aus seinem Rucksack und knallte ihn auf den Tisch.

»Betrachten Sie das als Geschenk. Ich habe Ihnen mal etwas geschuldet, deshalb habe ich für Sie herumgefragt, und jetzt sind wir quitt.«

»Was ist da drin?«

»Fotos. Warum einen so hübschen Körper vergeuden? Sie haben die Fotos gemacht und den anderen Mädchen in den Clubs gezeigt, damit die wissen, was mit ihnen passiert, wenn sie lästig werden. Werfen Sie einen Blick darauf, dann wissen Sie, dass ich Sie nicht anlüge.«

Ich holte die Fotos heraus. Sie waren schrecklich. Ich habe keine Lust, sie genauer zu beschreiben.

Es war eine Frau. Vielleicht war es Helena, ich weiß es nicht. Das Haar war wie ihres, lang und kastanienbraun. Die Augen waren glasig, sie wirkten nicht wie ihre, aber tote Augen sehen wahrscheinlich immer anders aus. Ich suchte nach dem Leberfleck, den sie auf der Oberlippe hatte, fand ihn aber nicht. Allerdings hatte man ihr die Lippen abgeschnitten – keine sehr subtile Botschaft.

Ich hatte nicht viel Zeit, die Fotos anzuschauen, bevor er sie mir aus der Hand riss und wieder in den Umschlag und dann in den Rucksack steckte.

Ich hatte Mühe, mich nicht zu übergeben, und zu verbergen, dass ich mich sehr, sehr elend fühlte. Auf einmal hatte ich das Gefühl, dass die Schwerkraft stärker geworden war und mich auf meinem Stuhl festnagelte.

»Wie dem auch sei, gute Arbeit. Goto ist weg vom Fenster. Das macht das Leben für mich ein wenig leichter.«

»Ich habe noch eine Frage.«

»Aber ich habe keine Antworten mehr.«

»Hat Goto angeordnet, sie zu ermorden? Falls sie ermordet wurde.«

»Was denken Sie?«

»Ich glaube gar nichts. Ich will nur wissen, was passiert ist.«

»Das kann ich mir vorstellen. Vielleicht hat ihn jemand angerufen und gefragt, was sie tun sollen. Vielleicht haben sie aber auch auf eigene Faust gehandelt. Ich weiß es nicht. Warum fragen Sie Goto nicht selbst?«

»Glauben Sie denn, er würde es mir sagen?«

»Nein, aber es wäre lustig, wenn Sie ihn fragen würden. Selbst wenn er den Befehl erteilt hat, bezweifle ich, dass er sich daran erinnern würde.«

»Warum erzählen Sie mir das alles?«

»Damit Sie es wissen. Damit Sie erkennen, was passiert, wenn man nicht das tut, was man tun soll.«

»Was hätte ich denn tun sollen?«

»Sie hätten einen Artikel darüber schreiben sollen, dass Tadamasa Goto einen Handel mit dem FBI geschlossen hat, um sich in den USA eine Leber transplantieren zu lassen – und dass er dafür einige Mitglieder der Kodo-kai verpfiffen hat. Das hätten Sie tun sollen. Dann wäre seine Karriere sofort beendet gewesen.«

»Aber genau das habe ich jetzt getan. Ich habe Goto und drei andere Dreckskerle entlarvt, die in der UCLA eine Leber bekommen haben.«

Zyklop grinste. »Tja, über die anderen drei hätten Sie besser nicht schreiben sollen. Die hätten sie nicht einmal kennen sollen. Eine Menge Leute sind sauer darüber, dass Sie so tief gegraben haben. Ich gebe zu, dass Sie ein besserer Reporter sind, als ich dachte. Aber Sie sind dumm, begriffsstutzig, stur und rücksichtslos, doch das macht wohl einen guten Journalisten aus.«

Wir saßen stumm am Tisch.

Dann streckte er sein Kinn vor und hob die Augenbrauen.

»Und?«

»Und was?«

»Bedanken Sie sich nicht, wenn Ihnen jemand etwas schenkt?«

»Danke.« Mehr konnte ich nicht sagen.

»Gern geschehen. Tja, es muss hart sein zu wissen, dass sie noch am Leben wäre, wenn Sie sich richtig verhalten hätten. Das muss echt weh tun. So etwas kann einem Journalisten echt die Karriere versauen. Denn wer traut noch einem Reporter, dessen Informanten umgebracht werden?«

»Wenn das, was Sie sagen, stimmt … dann ja.«

»Sie wissen, dass es stimmt, Sie feiger Scheißkerl. Ich lüge nicht.«

»Doch«, sagte ich, allmählich wütend, »Sie lügen. Sie haben mich schon einmal belogen, und ich habe keinen Grund anzunehmen, dass Sie jetzt nicht lügen.«

»Warum sollte ich Sie anlügen?«

»Weil Sie ein rachsüchtiger Wichser sind und wollen, dass ich mich so mies fühle wie Sie.«

Er kicherte. Er war eindeutig bekifft.

»Sie glauben also, ich habe mir das nur ausgedacht, um Sie zu ärgern?«

»Ich weiß nicht, sagen Sie es mir doch.«

»Wenn Sie das glauben wollen, bitte sehr. Wir sind fertig miteinander.« Damit stand er auf und ich stand auch auf.

»Hören Sie«, sagte ich und versuchte ihn aufzuhalten, »sagen Sie mir einfach, dass Sie die Wahrheit sagen. Geben Sie mir eines dieser

Fotos. Das kann ich dann jemandem zeigen, eine Fotoanalyse machen lassen, die Knochenstruktur vergleichen oder so. Wenn sie es ist, will ich es wissen. Mehr will ich nicht.«

Er hielt den Rucksack in der Hand. Dann stellte er ihn wieder auf den Tisch – sodass ich ihn leicht hätte packen können. Anscheinend wollte er mich herausfordern. Dann verschränkte er die Arme, neigte den Kopf zur Seite und starrte mich an. Er lächelte sogar ein klein wenig, fast unmerklich.

»Sie beleidigen mich.«

»Sie haben mich belogen. Sie haben mir nicht gesagt, wer Sie waren und was Sie wollten. Sie haben mich manipuliert. Sie haben mit mir gespielt wie mit einem Trottel. Woher soll ich wissen, dass Sie jetzt nicht lügen? An meiner Stelle würden Sie genauso reagieren.«

Zyklop war unbeeindruckt. »Ich bin aber nicht Sie. Und wenn ich Sie wäre, dann wäre ich ein Mann und würde Goto umbringen. Das wäre nicht schwer. Ich kann Ihnen sagen, wo Sie ihn finden und wo Sie ihn allein antreffen.«

»Ich bin aber kein Yakuza.«

»Sie sind auch kein Mann.«

»Und Sie sind kein echter Yakuza.«

»Dummes Geschwätz.«

»Nein, Sie waren nicht einmal auf Shibatas Beerdigung. Wo bleibt die Loyalität, der Respekt?«

»Ich war dort. Aber Ihren weißen *Gaijin*-Arsch habe ich nicht gesehen.«

Er nahm den Rucksack vom Tisch und zuckte mit den Schultern.

»Wenn ich Ihnen je etwas schuldig war, dann schulde ich Ihnen jetzt nichts mehr. Wir sind quitt.«

»Geben Sie mir nur ein Foto. Wenn es stimmt, was Sie sagen, dann kann ich das nachprüfen. Nur ein verdammtes Foto von ihrem Gesicht. Das ist alles, was ich will.«

»Wie viel würden Sie dafür bezahlen? Das sind wertvolle Dinge.«

»Wie viel wollen Sie denn?«

»Mehr als Sie haben.«

»Ich brauche eine vernünftige Antwort.«

»Dann wünsche ich Ihnen viel Glück, aber gehen Sie mir besser aus dem Weg.«

»Ich weiß nicht, ob das möglich ist.«

Er beugte sich ein wenig vor und sagte ganz leise: »Einmal hatten Sie Glück. Fordern Sie Ihr Schicksal nicht heraus. Sie durften weiterleben, weil Sie nützlich waren. Jetzt, da Goto weg ist, könnten manche Leute das aber anders sehen. Wenn Sie mir oder meinen Kollegen in die Quere kommen, zerquetschen wir Sie. Es gibt Mittel und Wege, das zu tun, ohne Sie auch nur mit einem Finger zu berühren.« Dann drehte er sich um und ging zu seinem Flugsteig. Ich habe keine Ahnung, wo er jetzt ist. Und ich werde ihn bestimmt nicht suchen.

Ich weiß, dass Helena ein neues Leben anfangen wollte. Sie hatte Geld auf der Bank, und sie hatte ein Haus gekauft. Sie war schön, fürsorglich, tapfer und sehr lustig, wenn man deftigen Humor mag. Ein Teil von mir will glauben, dass sie ihre Sachen gepackt, alle Verbindungen abgebrochen und ein neues Leben begonnen hat. Seit damals bin ich mit einigen ihrer Freundinnen in Kontakt geblieben, und ich schicke immer noch Neujahrsgrüße an ihre alte E-Mail-Adresse. Sie kommen immer als unzustellbar zurück. Aber ich hoffe, dass ich eines Tages eine Antwort erhalte. Manchmal, wenn ich durch Tokio gehe, meine ich sie zu sehen, ihre Stimme zu hören, aber sie ist es nie.

Beamte der Mordkommission versuchen ihren Verdächtigen oft mit folgendem Satz ein Geständnis zu entlocken: »*Kokuhaku shinai to hotoke ga ukabarenai.*« In Kriminalfilmen hört man diesen Satz häufig. Frei übersetzt bedeutet er: »Wenn Sie nicht gestehen, kann die Buddhanatur des Toten nicht aufsteigen. Dann findet er niemals Frieden.« Denn einem japanischen Volksglauben zufolge sind Mordopfer zwischen zwei Inkarnationen gefangen wie ein hungriger Geist, bis ihr Tod gesühnt ist. In der buddhistischen Mythologie sind sogar Himmel und Hölle nur zwei Stadien der Existenz. Wir sind dazu verdammt, immer wieder zu sterben und neu geboren zu werden, bis wir als Menschen frei von Hass, Unwissenheit und Gier sind. Was dann geschieht – nun, darauf gibt es keine klare Antwort. Ich vermute, dass es eine sehr angenehme Existenzebene sein wird.

Wenn es möglich ist, von einem Toten verfolgt zu werden, nehme ich an, dass Helena mich heimsucht. Oder ich suche mich selbst heim.

Ich bin ziemlich sicher, dass sie nicht mehr am Leben ist, obwohl ich gerne etwas anderes denken würde. Hin und wieder träume ich von ihr. Manchmal ist sie verständnisvoll, ein andermal sehr wütend. Manchmal will sie nur umarmt werden. Ich schlafe nicht sehr gut. Ich habe seit März 2006 nicht mehr gut geschlafen. Falls sie tot ist, wird sie vielleicht erlöst, wenn Goto diese Welt verlässt. Dann kann sie endlich nach Hause gehen. Ich wüsste gerne, dass sie angekommen ist.

Als ich die letzten Beweisstücke sammelte, schloss ich Freundschaft mit einer von Gotos Geliebten. Kurz bevor sie im Mai 2008 Japan verließ, trafen wir uns noch einmal auf dem internationalen Flughafen Narita. Ich schimpfte über Goto, und sie hörte geduldig zu. Wahrscheinlich hasste sie ihn mehr als ich. Mitten in meiner Tirade unterbrach sie mich.

»Jake, haben Sie je daran gedacht, dass sie ihn so sehr hassen, weil Sie ihm ähnlich sind?«

»Nein, das habe ich noch nie gedacht.«

»Ihr seid beide arbeits- und adrenalinsüchtige, schamlose Frauenhelden mit starker Libido. Ihr trinkt zu viel, ihr raucht zu viel, und ihr fordert Loyalität. Ihr seid großzügig zu euren Freunden und rücksichtslos zu euren Feinden. Ihr tut alles, um zu bekommen, was ihr haben wollt. Ihr seid euch sehr ähnlich. So sehe ich Sie.«

»Das glaube ich nicht.«

»Denken Sie darüber nach.«

»Wollen Sie damit sagen, dass wir Zwillinge sind?«

Sie lachte. »Nein. Es gibt zwei große Unterschiede.«

»Da bin ich aber erleichtert. Welche sind es?«

»Sie genießen es nicht, wenn andere leiden, und Sie hintergehen Ihre Freunde nicht. Das sind gewaltige Unterschiede.«

Se küsste mich leicht auf die Wange und ging zur Sicherheitskontrolle und zu ihrem Flugzeug. Seither habe ich sie nicht mehr gesehen. Ich glaube, es geht ihr sehr gut in ihrem neuen Leben.

Früher einmal wollte ich buddhistischer Priester werden. Ich wollte ein guter Mensch sein, etwas für die Welt tun. Als ich im Tempel lebte, versuchte ich es. Ich rauchte nicht, ich trank nicht, ich versuchte, den Edlen Pfad zu gehen. Sehr erfolgreich war ich damit nicht.

Am 8. April 2009 legte Tadamasa Goto in einem Tempel in Kanagawa das buddhistische Gelübde ab und begann ein Studium, um Priester zu werden. Natürlich war das mehr ein Publicitygag als der ernste Wunsch, für all das Elend Buße zu tun, das er angerichtet hatte. Er wartete gerade auf seinen nächsten Prozess und wollte wahrscheinlich einen guten Eindruck auf den Richter machen. Gerüchten zufolge hat die Führung der Yamaguchi-gumi ein Kopfgeld auf ihn ausgesetzt – denn er weiß zu viel und ist dafür bekannt, dass er Geschäfte mit der Polizei macht. Vielleicht glaubt er, dass es dem Image der Mafia schaden könnte, einen Priester zu ermorden, oder er hofft, dass ein Rosenkranz ihn ebenso gut schützen kann wie eine kugelsichere Weste. Vielleicht bereut er aber sein bisheriges Leben wirklich, nachdem er seine Macht verloren hat und in Todesangst leben muss.

Trotzdem ärgert es mich ein wenig. Ich finde es blasphemisch.

Aber wenn er wirklich Schuldgefühle hat, wenn er echte Reue empfindet – nun, dann wünsche ich ihm alles Gute.

Ich weiß, dass ich als guter Mensch anfing. Aber ich bin mir nicht sicher, ob ich es geblieben bin.

Ich bereue nicht viel. Vielleicht habe ich ja als Spielfigur begonnen, aber ich habe das Spiel gespielt, so gut ich konnte. Ich habe Gift mit Gift bekämpft und mich dabei wohl selbst vergiftet. Aber mir blieb nichts anderes übrig. Ich habe versucht, meine Leute zu schützen, und meine Arbeit getan, und letztlich ist das eine Art Sieg.

Ich finde es erstaunlich, dass er und ich Amateurbuddhisten sind. Bei ihm dürfte es eher Berechnung als Glaube sein. Andererseits – vielleicht hat er wirklich ein schlechtes Gewissen. Möglich wäre es.

Ich lese gerne buddhistische Sutras, obwohl ich kein Konvertit bin. Ich glaube nicht an Karma oder Reinkarnation. Ich würde gerne daran glauben, würde gerne glauben, dass das Böse bestraft und das Gute belohnt wird, dass die Liebe den Hass und die Wahrheit die Lüge besiegt und jeder bekommt, was er verdient. Wenn man sich in der Welt umschaut, muss man kein Zyniker sein, um zu erkennen, dass dies leider nicht der Realität entspricht.

Vielleicht liegt es an meiner jüdischen Erziehung, dass ich die Strenge des traditionellen Buddhismus schätze. Die einzige Möglichkeit,

Fehler wiedergutzumachen, besteht darin, das Richtige zu tun. Ein
»Tut mir leid« genügt nicht. Es gibt keine Freikarte aus dem Gefängnis. Das finde ich richtig.

Die heiligen Schriften sind ein gewisser Trost für mich, vor allem
das *Hokukyo*, eine Sammlung buddhistischer Sprüche. Wenn Goto
den Edlen Pfad ernsthaft studiert, wird er es früher oder später lesen.
Einige Passagen möchte ich ihm besonders ans Herz legen.

> *Alle Wesen zittern vor der Gewalt.*
> *Alle Wesen fürchten den Tod.*
> *Alle Wesen lieben das Leben.*
> *Denk daran, du bist wie sie,*
> *und sie sind wie du.*
> *Wem also willst du weh tun?*
> *Wer nach Glück strebt,*
> *indem er anderen schadet,*
> *die nach Glück suchen wie er,*
> *wird niemals glücklich sein.*
> *Weder im Himmel noch im tiefen Meer*
> *noch auf dem höchsten Berg*
> *kannst du dich vor deiner Missetat verstecken.*

Wenn Goto spät in der Nacht auf seinem Futon liegt und sein ver-
pfuschtes Leben noch einmal vor seinem geistigen Auge vorüberzie-
hen lässt, dann denkt er hoffentlich darüber nach, was er getan hat
und was seine Handlanger getan haben, und vielleicht denkt er lange
und gründlich über diese Worte nach.

Ich werde es bestimmt tun.

ANMERKUNGEN ÜBER INFORMANTEN
UND DEREN SCHUTZ

Über eines habe ich lange nachgedacht, als ich dieses Buch schrieb:
Wie verhindere ich, dass ich meine Informanten gefährde und/oder
den anderen beteiligten Personen schade? In Japan kann ein Polizist,
der einem Reporter Informationen zukommen lässt, strafrechtlich
verfolgt werden; es kann ihn auf jeden Fall seinen Job kosten. Das geschieht zwar nicht oft, aber das ist bestimmt kein großer Trost für den
Polizisten, Staatsanwalt oder NPA-Beamten, der entlassen wird, weil
ich seine Identität preisgegeben habe. Einen Yakuza kann es sogar
das Leben kosten, wenn er Geheimnisse seiner Organisation verrät
oder mit Leuten wie mir zusammenarbeitet.
Natürlich war ich nicht der erste Journalist oder der erste Mensch in
Japan, der von der Yakuza bedroht wurde. Wenn es nur bei Drohungen bleibt, wäre das auch nicht so schlimm, aber manchmal macht
die Yakuza ihre Drohungen wahr. Der angesehene Reporter Mizoguchi Atsushi konnte nicht verhindern, dass Mitglieder der Yamaguchi-gumi seinen Sohn niederstachen, nachdem er eine Reihe von
Artikeln geschrieben hatte, die sie nicht schmeichelhaft fanden. Sie
griffen nicht den Autor selbst an, sondern seinen Sohn – nur deshalb,
weil der gerade in der Nähe war. Das war kein Einzelfall. Wer über
das organisierte Verbrechen schreibt, muss seine Informanten schützen – denn es geht um Leben oder Tod. Ich nehme dieses Gebot sehr
ernst.
Wenn Goto Tadamasa immer noch seine alte Organisation anführen
würde, würde dieses Buch weder Danksagungen noch Widmungen
enthalten. Aber Gotos Priester und Guru Jishi Tsukagoshi versichern,
dass der einstige Gangsterboss jetzt voller Hingabe den Buddhismus

studiert und ein Leben des Friedens, der Buße und der Toleranz führt –
darum nehme ich an, dass die Dinge sich geändert haben.

Das andere Problem, das mich beschäftigt hat, ist: Die meisten Frau-
en, die in der Sexindustrie gearbeitet haben, während ich Reporter war, führen heute ein anderes Leben. Manche sind verheiratet,
einige haben Kinder, die meisten haben einen ganz anderen Job.
Es wäre mir sehr unangenehm, wenn ich sie beschämen oder ihre
Vergangenheit bloßlegen würde.

Ich habe mir daher große Mühe gegeben, meine Informanten zu
schützen. Ich habe Namen, verräterische Details und Nationalitäten
geändert, Spitznamen verwendet und so weiter. Ich habe versucht,
ein vernünftiges Gleichgewicht zwischen Verschleiern und Irrefüh-
ren zu finden und hoffe, dass es mir gelungen ist.

DANKSAGUNG

Ich danke allen Menschen, die mir geholfen haben, dieses Buch zu schreiben, am Leben zu bleiben und meine Freunde und Angehörigen zu schützen. Die Reihenfolge der Namen ist völlig willkürlich: 15 Jungs bei der Tokioter Polizei und der Nationalen Polizeibehörde, vor allem der »Fünferbande«.

Ein paar guten Yakuza. Ja, die gibt es auch.

Der mutigen Michelle Johnson, die zu mir hielt, als alle anderen mich im Stich ließen, und die mich aufmunterte, als ich es nötig hatte.

Howard Rosenberg, der jahrelang auf meinen Vater und mich aufgepasst hat.

Sunao Adelstein, die viel durchgemacht und unsere Kinder fast allein großgezogen hat. Sie ist eine großartige Frau, eine fantastische Mutter und einer der intelligentesten und schönsten Frauen, die ich je getroffen habe. Ich wünschte, ich hätte manches anders gemacht und einiges wäre anders gelaufen.

Beni, meiner hübschen, gescheiten Tochter, und Ray, meinem superschlauen und sehr tapferen Sohn. Wenn sie alt genug sind, um dieses Buch zu lesen, dann werden sie hoffentlich aus meinen Fehlern lernen und ein besseres Leben führen.

Bob Whiting, einem großartigen Autor und tollen Freund. Ohne ihn hätte ich dieses Buch nicht beenden können.

Tim O'Connell, meinem Redakteur bei Pantheon, einem prima Kerl und einem angeblich verdammt guten Sushi-Koch. Ich werde das testen.

Katie Preston. Ihr erstaunliches Wissen über alles, was englisch ist, ihre hervorragende Beherrschung der japanischen Sprache und Kultur und ihre editorische Vernunft waren von unschätzbarem Wert.

Christina Kinney, meinem weiblichen Freitag, meiner Rechercheurin, dem mädchenhaften Genie.

Michiel Brandt, der fröhlichsten Rechercheurin der Welt, die zweimal eine Leukämieerkrankung überstanden hat. Sie ist eine Quelle der Inspiration.

Asako Ischisaka, meiner engen Freundin und Vertrauten und besten Assistentin der Welt.

Seiner Heiligkeit dem Dalai-Lama für einige gute Ratschläge, verbunden mit einer Entschuldigung dafür, dass ich ihm im Flugzeug diese Frage gestellt habe – aber ich musste es einfach wissen. Ich hoffe, die geräuschdämpfenden Kopfhörer funktionieren noch.

Der *Yomiuri Shimbun* dafür, dass sie mir überhaupt eine Chance gegeben hat.

Boting Zhang, seit 27 Jahren Redakteur, sieben Tage in der Woche und 24 Stunden am Tag. Er war mein Ratgeber und persönlicher Kannon Bosatsu.

Dank an Tama Lung, die Ronin-Redakteurin, und ihren Mann Phil – beide boten mir Unterschlupf an und halfen mir, als alles schiefging – und besonders an Tama, die das zweifelhafte Vergnügen genoss, mit mir zusammenzuarbeiten.

Merci beaucoup auch an Kaori Shoji, eine brillante Autorin in zwei Sprachen – »die Dorothy Parker Japans«. Sie war eine gute Freundin und Vertraute, wann immer ich eine brauchte.

Kathy Laubach, der Stolz von Montana, und die hart arbeitende Journalistin Sarah Noorbakhsh steuerten Übersetzungen bei und waren am Lektorat beteiligt.

Dank an John Pomfret und Emily Langer von der *Washington Post*, die im Mai 2008 meinen Artikel auf Herz und Nieren prüften und druckten.

Andrew Morse, früher beim *Wall Street Journal*, unterstützte mich und stellte mich John »Soulpatch« Glionna von der *Los Angeles Times* vor. Es war wunderbar, mit ihm und mit Charlie Ornstein zusammenzuarbeiten.

Ein besonderer Dank gilt Lara Logan, deren freimütige Kritik mir half, dem Manuskript den letzten Schliff zu geben, und Vanessa Mobley, einer Meisterin des Wortes, die mich ebenfalls in die richtige Richtung steuerte.

Lob an die Special Agents (ICE) Jerry Kawai und Mike Cox, die wie Pferde schufteten, um Kajiyamas blutiges Geld zu beschlagnahmen und seinen Opfern in Japan zurückzuerstatten. Sie sind großartige Männer. Dankbar bin ich auch dem ehemaligen Special Agent Jim Moynihan, weil er ehrlich zu mir war und weil er die Japaner dazu brachte, Kinderpornografie teilweise zu verbieten.

Danken muss ich auch meinen Kollegen und ehemaligen Chefs bei der *Yomiuri*: Maruyama, Komatsu, Yamamoto, Shimizu, Murai, Hirao, Mizoguchi, Yamakoshi, Wakae, Misawa, Inoue, Umemura, Kurita-desk, Crazy Nakamura, Endo, Chairman Mizukami, Ishima und allen anderen. Ich bin sehr dankbar für die Zeit, die ich dort verbrachte, und die Ausbildung, die sie mir zuteilwerden ließen.

Ich danke allen, die mir in meiner College-Zeit in Japan halfen: Ryogan Adachi, dem buddhistischen Priester, der mich im Tempel wohnen ließ. Laurence Moriette, der mir Tischmanieren und ein wenig Einfühlungsvermögen beibrachte. Meinen Professoren an der Sophia University, vor allem Professor James Shields, der mich in die japanische Literatur einweihte, und Professor Richard Gardner, der mir zeigte, was für ein verrücktes, mystisches Land Japan immer noch sein kann. Speer Morgan, Autor, Redakteur und Mentor, verdanke ich ebenfalls wertvolle Ratschläge.

Ein Lob auch an Folgende: Action und seinen Partner, zwei Leute, deren Namen ich nicht nennen darf, die aber im Licht und in der Finsternis da waren. Ikuru Kuwajima, meinen Protegé, einen fantastischen Fotojournalisten und furchtlosen Freund. Rod Goldfarb, der mir immer den Rücken stärkte, und Tim und Gina Overshiner dafür, dass sie mich ertragen haben. Arianne, die ehemalige Bandkollegin – sie war mein zweiter Lieblingsskorpion. Shannon Loar, meine Nachbarin aus Kindheitstagen und immer noch gute Freundin. J. T. Rogers, Drehbuchautor und *sempai*. Aya Yoshikawa, Männermörderin, Supermama und enge Freundin, und die bezaubernde P-rama, die mit geschlossenen Augen tanzt. Nochmals danke an Greg Starr und Elmer Luke, die den ersten Entwurf möglich gemacht haben. Und natürlich an Willa Adelstein, meine Mutter, die mich neun Monate in ihrem Leib getragen hat, woran sie mich ständig erinnert. Gracias an meine Schwestern Jennifer und Jacky, die mich immer noch für moralisch verkommen und für einen Trottel halten, sodass ich bescheiden bleibe. Mein Dank gilt auch einigen Freunden beim OSI, bei der NCIS und bei der DEA, die für mich keine Mühe scheuten. Lob für Pete, Joe und Miki, die verhinderten, dass nordkoreanische Drogen Japan überschwemmten. Besondere Anerkennung verdienen Miles Saverin, Yakuza-Experte und bekannter Geheimdienstler, und Aki Adachi, ein fantastischer Kollege. Anna Przeplasko schulde ich großen Dank für die Umschlagfotos. Kou Sundberg verdanke ich wichtige Informationen über die Keizai-Yakuza.

Danken möchte ich ferner Dan Frank, Pat Johnson, Paul Bogaards, Edward Kastenmeier, Chris Gillespie, meiner ehemaligen Saitama-Kommilitonin Michiko Clark, Altie Karper, Catherine Courtade, Virginia Tan und allen anderen bei Pantheon Books, die mir bei diesem Buch halfen.

Dank und Bücklinge schulde ich außerdem einigen anderen hart arbeitenden Journalisten hier in Japan, die gute Freunde sind und mich in den letzten paar Jahren inspiriert haben. Es sind der Yakuza-Experte David McNeill, der furchtlose Justin McCurry, der ausgefuchste Wirtschaftsjournalist Leo Lewis, die clevere Coco Masters, der Kriminalist Mark Schreiber, das Subkulturgenie Hiroko Tabuchi, Dan Slater, Allison Backham, Marsha Cooke, Richard Parry, Julian Ryall und all die anderen, die außerhalb des Presseclubsystems gestrandet sind. Ich weiß nicht, ob es üblich ist, sich am Ende einer Danksagung zu entschuldigen. Jedenfalls möchte ich es hier tun. Ich muss meine Familie und einige Freunde um Verzeihung dafür bitten, dass sie wegen mir so viel Druck aushalten mussten und vielleicht sogar in Gefahr waren. Ich war eine Weile wirklich verrückt, und in dieser Phase war ich wahrscheinlich für viele Menschen ziemlich nervig und unerträglich. Es tut mir leid.

Einigen Leuten hat sicher mein Verhalten nicht gefallen, und manche habe ich wohl auch enttäuscht. Aber ich habe getan, was ich für richtig hielt, und meist war es auch richtig.

Zum Schluss danke ich allen Menschen, die in schweren Zeiten bei mir geblieben sind. Ich werde es nie vergessen und es mit gleicher Münze vergelten.

ANMERKUNG DES AUTORS

Mehr über das Verbrechen in Japan und die Yakuza sowie eine Zusammenfassung des NPA-Berichts über die Goto-gumi und einige andere wichtige Informationen finden Sie auf meiner oft vernachlässigten Website www.japansubculture.com. Vieles steht dort auf Japanisch – dafür entschuldige ich mich. Eines Tages wird es eine zweisprachige Website sein.

ÜBER DEN AUTOR

Jake Adelstein war von 1993 bis 2005 Reporter bei der *Yomiuri Shimbun*, Japans größter Zeitung. Von 2006 bis 2007 war er als Chefermittler an einer von der US-Regierung finanzierten Studie über Menschenhandel in Japan beteiligt. Er gilt als einer der besten Experten für das organisierte Verbrechen in Japan und arbeitet als Autor und Berater in Japan und in den USA. Außerdem ist er Leiter der PR-Abteilung des Polaris Project Japan in Washington, das gegen Menschenhandel und sexuelle Ausbeutung von Frauen und Kindern kämpft.

DER ERFOLGREICHSTE TRUE-CRIME-BESTSELLER ALLER ZEITEN

748 Seiten
Preis: 24,90 € (D) | 25,60 € (A) | sFr. 41,90
ISBN 978-3-86883-057-6

Vincent Bugliosi

Helter Skelter

**Der Mordrausch des
Charles Manson.
Eine Chronik des Grauens**

Im Sommer 1969 erschüttert eine Reihe bestialischer Morde die USA. Sharon Tate, die schwangere Ehefrau von Roman Polanski, ist eines der sieben Opfer. Vincent Bugliosi war leitender Staatsanwalt in diesem spektakulären Fall. In seinem meisterhaft geschriebenen Buch berichtet er, wie es ihm in minutiöser Detektivarbeit gelang, Charles Manson und seine Hippie-Kommune für das Massaker hinter Gitter zu bringen. Die akribischen Ermittlungen, der komplexe Prozess, die kranke Weltanschauung, die Manson seinen Anhängern einflößte ... All dies macht diesen atemberaubend spannenden Weltbestseller aus.

»Er war der Wolf im Schafspelz der Polizei«

Berliner Morgenpost

»Ein interessantes Buch!«

Günther Jauch

»Dass Schubert regelmäßig mit Blutergüssen oder Schürfwunden beim Dienst erschien, zuweilen Knochenbrüche hatte und sein Name über die Jahre in einem halben Dutzend Straf- oder Ermittlungsverfahren gefallen war, wurde von seiner Dienststelle nicht wahrgenommen.«

Die Welt

300 Seiten
Preis: 19,90 € (D) | 20,50 € (A) | sFr. 33,50
ISBN 978-3-86883-064-4

Stefan Schubert

Gewalt ist eine Lösung

Morgens Polizist, abends Hooligan - mein geheimes Doppelleben

Stefan Schubert führte acht Jahre lang ein unglaubliches Doppelleben: als Polizist und Fußball-Hooligan. Von Montag bis Freitag sorgte er auf Deutschlands Straßen für Recht und Ordnung, an den Wochenenden überzog er sie mit Gewalt. Jahrelang konnte er seine brutale Freizeitaktivität geheim halten, bis ihm eine Massenschlägerei zum Verhängnis wurde. Hart und ehrlich berichtet Stefan Schubert vom süchtig machenden Rausch der Gewalt und deckt das Versagen der Polizei auf, die ihn unbehelligt ließ, obwohl sie von seinem blutigen Hobby wusste.

DIE DUNKLEN SEITEN DER HELLS ANGELS

Spiegel-Bestseller

384 Seiten
Preis: 19,90 € (D) | 20,50 € (A) | sFr. 33,50
ISBN 978-3-86883-026-2

Jay Dobyns
Nils Johnson-Shelton

Falscher Engel
Mein Höllentrip als Undercover-Agent bei den Hells Angels

Der Geheimagent Jay Dobyns schaffte es, sich als Biker, Waffennarr und kaltblütiger Geldeintreiber auszugeben und so das Vertrauen der Hells Angels zu gewinnen. In seinem Buch, das auch in Deutschland längst zum Bestseller geworden ist, schildert er das Abenteuer seiner fast zwei Jahre dauernden verdeckten Ermittlung bei den Hells Angels, die ihn fast seine Familie, seine Gesundheit und sein Leben gekostet hätte.